MATLAB in der Regelungstechnik

Analyse linearer Systeme

Von Professor Dr.-Ing. Helmut Bode
Hochschule für Technik und Wirtschaft Dresden

Mit 107 Bildern

D1673868

B. G. Teubner Stuttgart · Leipzig 1998

Die Deutsche Bibliothek – CIP-Einheitsaufnahme

Bode, Helmut:
MATLAB in der Regelungstechnik : Analyse linearer Systeme / von
Helmut Bode. – Stuttgart ; Leipzig : Teubner, 1998
   ISBN 3-519-06252-6

© 1998 B. G. Teubner Stuttgart · Leipzig
Printed in Germany
Gesamtherstellung: Präzis-Druck GmbH, Karlsruhe
Einbandgestaltung: Peter Pfitz, Stuttgart

Vorwort

Die Notwendigkeit der computerunterstützten Analyse und Synthese dynamischer Systeme und das Vorhandensein leistungsfähiger Rechner hat zahlreiche Softwareprodukte auf den Markt gebracht. Die in diesem Buch auf die Belange der linearen Regelungstechnik angewendete Software MATLAB® gehört mit zu den am weitesten verbreiteten Produkten dieser Art.

Auf der Grundlage des Prinzips Lehren und Lernen mit dem Computer soll den Studierenden eine Anweisung in die Hand gegeben werden, die es ihnen erlaubt, den in der Vorlesung vorgetragenen Stoff in Form von betreuten und selbständigen Übungen am Rechner zu erlernen, zu hinterfragen und zu festigen.

Gedacht ist an Studierende der Fachrichtungen Elektrotechnik, Maschinenbau und Verfahrenstechnik, die das Fach Automatisierungstechnik/Regelungstechnik belegen, aber auch an Fachleute aus der Praxis, Forschung und Entwicklung, die regelungstechnische Aufgabenstellungen zu lösen haben.

Grundlage sind die MATLAB Version 4.2c.1 mit der Control System Toolbox Version 3.0b und der Symbolic Math Toolbox Version 1.1a.

In einigen Fällen wurde mit der MATLAB Version 5 sowie den dazugehörenden Toolboxes Control System und Symbolic Math gerechnet. Für das leihweise Überlassen dieser MATLAB Version bedanke ich mich auch an dieser Stelle bei der Scientific Computer GmbH in Unterföhring.

Die numerischen Berechnungen wurden mit dem MATLAB-Notebook Version 1 für Winword 6.0a aufgezeichnet.

Der Inhalt des Kapitels 2, mit der Beschreibung von MATLAB-Kommandos, -Konstanten sowie -Darstellungsweisen von Zahlen, Vektoren, Matrizen und Polynomen einschließlich dem Erstellen einfacher MATLAB-Dateien ist als eine für notwendig empfundene Einführung in MATLAB anzusehen, welche aber nicht die mitgelieferten Handbücher ersetzten soll und kann.

Gegenstand des Kapitels 3 ist die Vorgehensweise bei dem Erstellen mathematischer Prozeßmodelle an Hand eines mechanischen Systems Stab-Wagen, eines Gleichstrom-Nebenschluß-Motors, der Vereinigung dieser Systeme zum Inversen Pendel, eines Gleichspannungs-Netzgerätes, eines sprungfähigen Systems in Form eines elektrischen Netzwerkes sowie eines RLC-Netzwerkes als Brückenschaltung.

Die Beispiele repräsentieren eine große Klasse der in der Regelungstheorie auftretenden Systemarten, einschließlich der Beschreibungsmöglichkeiten durch

Differentialgleichungen und Übertragungsfunktionen sowie im Zustandsraum.
Das Bilden des Modells für das System Stab-Wagen wird Schritt für Schritt
aufgezeigt, wobei Wert auf das Nachvollziehen möglichst vieler Schritte mit
Hilfe der Symbolic Math Toolbox gelegt wurde.

Aus Platzgründen war es leider nicht möglich, die vom Autor noch vorgesehene
Analyse eines verfahrenstechnischen Prozesses zu behandeln.

Die im Kapitel 3 abgeleiteten Modelle werden in der Mehrzahl der späteren Beispiele immer wieder verwendet. Für jedes Modell existiert eine MATLAB-
Funktion, mit der die Werte der Zustandsmodelle bzw. der Übertragungsfunktionen ausgegeben werden können.

Die Gliederung der weiteren Kapitel richtet sich im wesentlichen nach der Vorgehensweise bei der Vermittlung regelungstechnischer Grundlagen.

Das Kapitel 4 beinhaltet die Möglichkeiten der Beschreibung linearer, zeitinvarianter Systeme im Zeit- und Frequenzbereich.

Kapitel 5 hat Testsignale und ihre Zeitantworten zum Inhalt. Die Eigenschaften
linearer, zeitinvarianter Systeme werden im Kapitel 6 behandelt. Die verschiedenen Arten der Modelltransformation sind Gegenstand des Kapitels 7.

Im Kapitel 8 werden die einzelnen Möglichkeiten des Zusammenschaltens zweier
Einzelsysteme zu einem Gesamtsystem aufgezeigt, wobei die Beschreibung
durch Übertragungsfunktionen und Zustandsmodelle getrennt behandelt wird.

Das vorliegende Buch soll einen Beitrag dazu liefern, wie die Regelungstheorie
im Zusammenhang mit der Software MATLAB zur Analyse technischer Systeme herangezogen werden kann, um damit einer ganzheitlichen Synthese durch
ein Team von Fachleuten der verschiedensten Disziplinen den Weg zu ebnen.

Mein besonderer Dank gilt Frau Dipl.-Ing. Monika Niehues, Hochschule für
Technik und Wirtschaft Dresden, für das Korrekturlesen und die wertvollen
fachlichen Hinweise.

Herrn Dr. J. Schlembach vom Teubner-Verlag danke ich für die gute Zusam-
menarbeit und vor allem für die aufgebrachte Geduld.

Mein Dank wäre letztlich unvollständig, wenn ich in ihn nicht meine Frau Ro-
semarie für das intensive Korrekturlesen und ihr sowie unserer Kinder Verständnis für meine intensive Beschäftigung mit den Problemen, die dieses Buch
entstehen ließen, einschließen würde.

Postbauer-Heng, im August 1998

Helmut Bode

Inhaltsverzeichnis

1 Einleitung   **1**

2 Einführung in MATLAB   **5**

2.1 Eingaben, Kommandos, Operationen, Werte und Funktionen 5

   2.1.1 Eingaben 5

   2.1.2 Allgemeine Kommandos 7

   2.1.3 Operationen 9

   2.1.4 Spezielle Werte 10

   2.1.5 Spezielle Funktionen 11

2.2 Matrizen, Vektoren, Skalare und Polynome 13

   2.2.1 Matrizen und ihre Elemente 13

      2.2.1.1 Eingabe von Matrixelementen 13

      2.2.1.2 Kennzeichnung und Ansprache von Elementen einer Matrix 15

      2.2.1.3 Auswahl von Elementen oder Reihen einer Matrix 15

   2.2.2 Vektoren 16

   2.2.3 Bilden erweiterter Matrizen 17

      2.2.3.1 Stapeln von Matrizen 17

      2.2.3.2 Aneinanderreihen von Matrizen 18

      2.2.3.3 Erweitern von Matrizen durch Hinzufügen neuer Elemente 19

   2.2.4 Bilden neuer Matrizen durch das Streichen von Reihen 19

   2.2.5 Skalare 20

   2.2.6 Spezielle Matrizen 20

      2.2.6.1 Nullmatrix 20

      2.2.6.2 Quadratische Nullmatrix vom Typ (n,n) 20

      2.2.6.3 Einsmatrix 21

      2.2.6.4 Quadratische Einsmatrix vom Typ (n,n) 21

      2.2.6.5 Einheitsmatrix 21

      2.2.6.6 Leermatrix - empty matrix [ ] 22

   2.2.7 Polynome 22

      2.2.7.1 Multiplikation von Polynomen mit *conv* 23

      2.2.7.2 Division von Polynomen mit *deconv* 24

2.3 Operationen mit Matrizen und Vektoren 25

   2.3.1 Transponierte Matrix zur Matrix A 25

   2.3.2 Addition und Subtraktion von Matrizen gleichen Typs 25

   2.3.3 Multiplikation einer Matrix mit einem Skalar 26

2.3.4 Operationen mit Vektoren - Element-mit-Element.............................. 27
 2.3.4.1 Vektor-Multiplikation, Element-mit-Element 27
 2.3.4.2 Vektor-Division linksseitig, Element-mit-Element 27
 2.3.4.3 Vektor-Division rechtsseitig, Element-mit-Element........................ 28
 2.3.4.4 Potenzen von Vektoren.. 28
 2.3.5 Multiplikation von Matrizen... 29

2.4 Eigenschaften von Matrizen... 30
 2.4.1 Die Inverse einer Matrix mit *inv* 30
 2.4.2 Rang einer Matrix mit *rank* 31
 2.4.3 Eigenschaften einer quadratischen Matrix 31
 2.4.4 Determinante einer Matrix mit *det*..................................... 31
 2.4.5 Singuläre und nichtsinguläre Matrizen 32

2.5 MATLAB-Dateien... 33
 2.5.1 Skriptdateien 34
 2.5.2 Funktionsdateien 34

2.6 Graphische Darstellungen... 34
 2.6.1 Graphische Darstellungen mit *plot* 35
 2.6.2 Halblogarithmische Darstellungen mit *semilogx* 36
 2.6.3 Beschriftung der Graphiken mit *title, xlabel, ylabel* und *text* 36

3 Systeme und ihre mathematischen Modelle   38
3.1 System Stab-Wagen 38
 3.1.1 Verallgemeinerte Koordinaten des Systems Stab-Wagen...................... 39
  3.1.1.1 Schwerpunkt des Stabes... 39
  3.1.1.2 Symbolische Berechnung der Schwerpunktkoordinaten 40
  3.1.1.3 Schwerpunkt des Wagens 41
 3.1.2 System Stab-Wagen - Nichtlineares Modell 41
  3.1.2.1 Allgemeiner Gleichungsansatz 42
  3.1.2.2 Verallgemeinerte Koordinaten....................................... 43
  3.1.2.3 Kinetische Energien 43
  3.1.2.4 Potentielle Energie 44
  3.1.2.5 Dissipative Energie 44
  3.1.2.6 Potentiale 44
  3.1.2.7 Ableitung der Energiebilanz nach dem Winkel........................ 45
  3.1.2.8 Nichtlineare Differentialgleichung des Winkels........................ 45
  3.1.2.9 Symbolische Ermittlung der n.l. Differentialgleichung des Winkels. 46
  3.1.2.10 Ableitung der Energiebilanz nach dem Weg.......................... 47
  3.1.2.11 Nichtlineare Differentialgleichung des Weges 47
  3.1.2.12 Nichtlineare Differentialgleichungen des Systems Stab-Wagen...... 48
 3.1.3 System Stab-Wagen - Linearisiertes Modell -............................. 48

3.1.3.1 Linearisierung und Vereinfachung der Modellgleichungen............. 48
3.1.3.2 Symbolische Lösung der linearen Beschleunigungsgleichungen 49
3.1.3.3 Modellgleichungen des Systems Stab-Wagen mit den Koeffizienten 50
3.1.4 Überführung der linearisierten Modelle in den Zustandsraum................ 51
3.1.4.1 Wahl der Zustandsgrößen - 1. Schritt... 52
3.1.4.2 Bestimmen der Eingangsgrößen - 2. Schritt.................................... 53
3.1.4.3 Auffinden der Differentialgleichungen 1. Ordnung - 3. Schritt........ 53
3.1.4.4 Zusammenfassen der Differentialgleichungen zu Paaren - 4. Schritt 54
3.1.4.5 Vektor-Matrix-Differentialgleichungen der Teilsysteme - 5. Schritt. 54
3.1.4.6 Auswahl der Ausgangsgrößen für die Teilsysteme - 6. Schritt......... 55
3.1.4.7 Signalflußbilder der Teilsysteme - 7. Schritt................................... 56
3.1.5 Bilden des Gesamtmodells Stab-Wagen im Zustandsraum 57
3.1.5.1 Reihenschaltung der beiden Teilsysteme... 57
3.1.5.2 Gesamtschaltung durch Rückführung der Geschwindigkeit 58
3.1.6 Koeffizienten und Zustandsgleichungen des linearen Modells................ 60
3.1.6.1 Koeffizienten des Systems Stab.. 60
3.1.6.2 Zustandsgleichungen des Systems Stab... 61
3.1.6.3 Koeffizienten des Systems Wagen 61
3.1.6.4 Zustandsgleichungen des Systems Wagen.. 62
3.1.6.5 Zustandsgleichungen des Systems Stab-Wagen................................ 62
3.1.6.6 Modell des Systems Stab-Wagen mit *blkbuild, connect* und *printsys* 62
3.1.7 Eigenwerte des Systems Stab-Wagen mit *eig* und *esort*...................... 64
3.2 Gleichstrom-Nebenschluß-Motor 65
3.2.1 Grundgleichungen - elektrische Seite... 66
3.2.1.1 Spannungsbilanz.. 66
3.2.1.2 Geschwindigkeit des Winkels und der eines Seilpunktes................. 66
3.2.1.3 Im Motor induzierte Spannung... 67
3.2.1.4 Differentialgleichung für den Ankerstrom 67
3.2.2 Grundgleichungen - mechanische Seite 67
3.2.2.1 Mechanisch-elektrische Kopplung des Motors............................... 67
3.2.2.2 Beschleunigungsmoment.. 68
3.2.2.3 Lastmoment 68
3.2.2.4 Gesamtmoment des Motors 68
3.2.2.5 Differentialgleichung für die Geschwindigkeit eines Seilpunktes 69
3.2.3 Zustandsbeschreibung des Gleichstrom-Nebenschluß-Motors 69
3.2.3.1 Vektor-Matrix-Differentialgleichung.. 69
3.2.3.2 Vektor-Matrix-Ausgangsgleichung... 70
3.2.4 Koeffizienten und Zustandsgleichungen des Motormodells.................... 71
3.2.4.1 Koeffizienten des Motormodells 71
3.2.4.2 Zustandsgleichungen des Gleichstrom-Nebenschluß-Motors........... 72
3.2.5 Eigenwerte des Motors mit *eig* und *esort*....................................... 72
3.2.6 Vereinfachtes Modell des Gleichstrom-Nebenschluß-Motors 73

3.2.6.1 Grundgleichungen - elektrische Seite 73
3.2.6.2 Grundgleichungen - mechanische Seite 74
3.2.6.3 Reduziertes Modell des Gleichstrom-Nebenschluß-Motors 74
3.2.6.4 Reduzieren der Modellordnung mit *modred* und *ssdelete* 75
3.2.7 Funktion zur Berechnung der Matrizen des Motormodells 77

3.3 Inverses Pendel 79
3.3.1 Die Zugkraft als Koppelgröße zwischen den Teilsystemen 79
3.3.2 Gesamtmodell des Inversen Pendels 80
    3.3.2.1 Symbolischer Aufbau der Koeffizienten und ihre Werte 81
    3.3.2.2 Matrizen in symbolischer und numerischer Form 83
    3.3.2.3 Zustandsgleichungen des Inversen Pendels 84
3.3.3 Berechnung der Systemgleichungen mit *blkbuild* und *connect* 85
3.3.4 Eigenwerte des Inversen Pendels mit *eig* und *esort* 88
3.3.5 Funktion zur Berechnung der Matrizen des Inversen Pendels 88

3.4 Gleichspannungs-Netzgerät 91
3.4.1 OV in Subtrahierschaltung als Soll-Istwert-Vergleicher 92
3.4.2 Invertierender, gegengekoppelter OV als *PI*-Regler 94
    3.4.2.1 Mathematische Beschreibung des Operationsverstärkers 94
    3.4.2.2 Gleichungen des *PI*-Reglers 95
3.4.3 Signalflußbild des Soll-Istwert-Vergleichs mit dem *PI*-Regler 95
3.4.4 Leistungsverstärker als Stellglied 96
3.4.5 RLC-Glied als Glättungstiefpaß 96
    3.4.5.1 Spannungsbilanz 96
    3.4.5.2 Kondensatorspannung als Ausgangsgröße 97
    3.4.5.3 Übertragungsfunktionen für die Kondensatorspannung 98
    3.4.5.4 Strom des RLC-Gliedes als Ausgangsgröße 99
3.4.6 Die Regelstrecke 99
3.4.7 Übertragungsfunktion der Störung am Streckenausgang 100
3.4.8 Das Netzgerät als Regelkreis in der Standardform 100
    3.4.8.1 Übertragungsfunktionen der offenen Kette 101
    3.4.8.2 Gleichungen des Regelkreises 101
    3.4.8.3 Führungsübertragungsfunktion 102
    3.4.8.4 Störübertragungsfunktion 102
3.4.9 Fehlerfunktionen des geschlossenen Systems 103
    3.4.9.1 Allgemeine Beziehung 103
    3.4.9.2 Fehlerfunktion bei Führungsänderung 104
    3.4.9.3 Fehlerfunktion bei Störgrößenänderung 104
3.4.10 Beschreibung der offenen Kette als Zustandsmodell 104
    3.4.10.1 *PI*-Regler und Soll-Istwert-Vergleicher 104
    3.4.10.2 Stellglied 105
    3.4.10.3 RLC-Glied als Glättungstiefpaß 106

3.4.10.4 Zustandsmodell der Regelstrecke.................................... 106
3.4.10.5 Zustandsmodell der offenen Kette.............................. 106
3.4.11 Funktion zur Berechnung der Matrizen des Netzgerätes 107

3.5 Elektrisches Netzwerk - sprungfähiges System........................... 109
3.5.1 Das mathematische Modell... 110
3.5.2 Lineare, zeitinvariante Differentialgleichung 2. Ordnung 111
3.5.3 Übertragungsfunktion des sprungfähigen Netzwerkes.................. 112
3.5.4 Zustandsraummodell 112
3.5.5 Funktion zur Berechnung der Matrizen des Netzwerkes................ 115

3.6 RLC-Netzwerk als Brückenschaltung................................... 116
3.6.1 Mathematisches Modell... 116
3.6.1.1 Maschengleichungen................................... 117
3.6.1.2 Zustandsgrößen 117
3.6.1.3 Differentialgleichungen der Zustandsgrößen............ 117
3.6.1.4 Ausgangsgleichung 118
3.6.2 Vektor-Matrix-Gleichungen des Zustandsmodells................ 119
3.6.3 Eigenwerte der Brückenschaltung................................ 120
3.6.4 Funktion zur Berechnung der Matrizen der Brückenschaltung........... 122

4 Mathematische Beschreibung linearer, zeitinvarianter Systeme 123
4.1 Lineare Differentialgleichungen und ihre Lösung 124
4.1.1 Grundlagen 124
4.1.2 Symbolische Lösung mit *dsolve* 124
4.1.3 Allgemeine Aussagen zur numerischen Lösung...................... 125
4.1.4 Die Funktionen *ode*23 und *ode*45 126

4.2 Zustandsgleichungen 128
4.2.1 Allgemeine Aussagen zur Zustandsraumbeschreibung.............. 129
4.2.2 Geometrische Deutung der Zustandsraumbeschreibung 130
4.2.3 Das Zustandsmodell 131
4.2.3.1 Systemgleichungen eines Mehrgrößensystems........... 132
4.2.3.2 Systemgleichungen eines Eingrößensystems........... 133
4.2.3.3 Vektor-Matrix-Signalflußbild der Systemgleichungen 133
4.2.4 Numerische Lösung mit *ode*23 und *ode*45 133
4.2.4.1 Zustandsgleichungen für sprungfähige Eingrößensysteme 135
4.2.4.2 Numerische Lösung von Eingrößensystemen mit *ode*45 136

4.3 Die Laplace-Transformation 138
4.3.1 Definition der Laplace-Transformation.......................... 138
4.3.2 Die Funktionen *laplace* und *invlaplace* 139
4.3.3 Regeln für das Rechnen mit der Laplace-Transformation................ 141
4.3.3.1 Additionssatz 141

4.3.3.2 Ähnlichkeitssatz... 142
4.3.3.3 Dämpfungssatz.. 143
4.3.3.4 Verschiebungssatz.. 144
4.3.3.5 Differentiationssatz 145
4.3.3.6 Integralsatz 146
4.3.3.7 Anfangswertsatz... 147
4.3.3.8 Endwertsatz... 148
4.3.4 Lösen von linearen, zeitinvarianten Differentialgleichungen............... 149
4.3.4.1 Bestandteile der Laplace-Transformierten einer
        Differentialgleichung 150
4.3.4.2 Partialbruchzerlegung 153

4.4 Die Übertragungsfunktion... 159
4.4.1 Übertragungsfunktion in der Polynomform.. 159
4.4.1.1 Pole und Nullstellen mit *pzmap* 160
4.4.1.2 Polynomform mit *tf* - MATLAB 5 162
4.4.2 Übertragungsfunktion in der Pol-Nullstellen-Form 162
4.4.2.1 Pol-Nullstellen-Form mit *zpk* - MATLAB 5................................. 163
4.4.3 Übertragungsfunktion in der Zeitkonstantenform................................. 164

4.5 Der Frequenzgang 166
4.5.1 Die Antwort auf ein komplexes harmonisches Eingangssignal............. 166
4.5.2 Die Ortskurve als graphische Darstellung des Frequenzganges 167
4.5.3 Berechnung der Ortskurve mit *nyquist*... 169
4.5.4 Spezielle Punkte der Ortskurve 169
4.5.4.1 $\omega = 0$ bei Übertragungsgliedern mit Ausgleich 169
4.5.4.2 $\omega = 0$ bei Übertragungsgliedern ohne Ausgleich........................ 170
4.5.4.3 $\omega \to \infty$ bei Übertragungsgliedern mit oder ohne Ausgleich........... 171

4.6 Das Frequenz-Kennlinien-Diagramm 178
4.6.1 Systeme minimaler Phase und Allpaßglieder 178
4.6.2 Logarithmischer Amplituden- und Phasengang 179
4.6.2.1 Zerlegung des Frequenzganges in seinen Real- und Imaginärteil ... 179
4.6.2.2 Zerlegung des Frequenzganges in seine Amplitude und Phase 180
4.6.3 Berechnung der Amplituden- und Phasengänge mit *bode* 181
4.6.4 Bode-Diagramme typischer Grundglieder 181
4.6.4.1 Das Proportionalglied, P-Glied... 181
4.6.4.2 Verzögerungsglied 1. Ordnung, PT_1-Glied 182
4.6.4.3 Das Integrierglied, I-Glied.. 185
4.6.4.4 Vorhaltglied 1. Ordnung, DT_1-Glied... 186
4.6.4.5 Differenzierglied, ideales D-Glied 187
4.6.4.6 Schwingungsglied, PT_{2d}-Glied.. 188
4.6.5 Bode-Diagramme von Systemen nichtminimaler Phase 194
4.6.5.1 Das Allpaßglied.. 194

4.6.5.2 Das Totzeitglied - T_t-Glied 194

4.7 Das Wurzelortverfahren... 199
    4.7.1 Einführung.. 199
    4.7.2 Die Methode der Wurzelortskurve nach Evans................................ 205
        4.7.2.1 Die Wurzelortskurve mit *rlocus* und *rlocfind*...................... 205
        4.7.2.2 Grundlegende Regeln des Wurzelortverfahrens 207
    4.7.3 Das Wurzelortverfahren für beliebige Faktoren.............................. 215

5 Testsignale und Zeitantworten   219
5.1 Anfangswertantwort mit *initial*.. 219

5.2 Sprungantwort - Übergangsfunktion 223
    5.2.1 Einheitssprung 223
    5.2.2 Sprungantwort... 223
    5.2.3 Übergangsfunktion 223
    5.2.4 Die Übergangsfunktion mit *step* 224

5.3 Impulsantwort - Gewichtsfunktion.. 225
    5.3.1 Die Impulsfunktion.. 225
    5.3.2 Die Stoßfunktion 226
    5.3.3 Die Gewichtsfunktion 227
    5.3.4 Die Gewichtsfunktion mit *impulse*... 228

5.4 Antwort auf ein beliebiges Signal mit *lsim*..................................... 230

6 Systemeigenschaften   236
6.1 Dämpfungsgrad und Eigenfrequenzen mit *damp*............................... 236
    6.1.1 Charakteristische Werte eines Schwingungsgliedes 236
    6.1.2 Charakteristische Werte eines Übertragungsgliedes mit *damp*.............. 238

6.2 Stationäre Verstärkung mit *dcgain*.. 241

6.3 Eigenschaften der Systemmatrix A 243
    6.3.1 Lösungsansatz für die Eigenbewegung des Systems 243
    6.3.2 Charakteristisches Polynom der Systemmatrix mit *poly*................... 246
    6.3.3 Wurzeln des charakteristischen Polynoms mit *roots*....................... 247
    6.3.4 Eigenwerte und Eigenvektoren der Systemmatrix mit *eig* 247
    6.3.5 Beispiel zu *poly*, *roots* und *eig*.. 247

6.4 Stabilität linearer Systeme 249
    6.4.1.1 Lösungen der charakteristischen Gleichung............................ 250
    6.4.1.2 Das Hurwitz-Kriterium.. 252
    6.4.1.3 Von der offenen Kette zum geschlossenen Kreis 253
    6.4.1.4 Das Nyquist-Kriterium 254

6.4.1.5 Das allgemeine Nyquist-Kriterium 255
6.4.1.6 Berechnung von Stabilitätswerten mit *margin* 256
6.4.1.7 Stabile offene Systeme mit Totzeit 256
6.4.1.8 Beispiele zur Stabilität von geschlossenen Eingrößensystemen 257

6.5 Normalformen der Systemmatrix 261
6.5.1 Transformation der Zustandsgleichungen in die Diagonalform 261
6.5.1.1 Die Systemmatrix A 261
6.5.1.2 Transformation der Standardform in die Diagonalform 262
6.5.1.3 Transformation der Standardform in die Diagonalform mit *canon*. 263
6.5.2 Regelungsnormalform für Eingrößensysteme 265
6.5.2.1 Regelungsnormalform aus der Standardform 266
6.5.2.2 Regelungsnormalform aus der Übertragungsfunktion 267
6.5.2.3 Regelungsnormalform mit *rn_form* 269
6.5.2.4 Beispiele zur Regelungsnormalform 271
6.5.3 Beobachtungsnormalform für Eingrößensysteme 272
6.5.3.1 Analogien zwischen der Beobachtungs- und
         Regelungsnormalform 273
6.5.3.2 Beobachtungsnormalform mit *bn_form* 273
6.5.3.3 Beispiele zur Beobachtungsnormalform 275
6.5.4 Regelungs- und Beobachtungsnormalform mit *ss2ss* 276

6.6 Steuerbarkeit und Beobachtbarkeit 277
6.6.1 Steuerbarkeit 277
6.6.2 Kriterium der Steuerbarkeit nach Kalman 280
6.6.2.1 Die Steuerbarkeitsmatrix und ihr Rang 280
6.6.2.2 Steuerbarkeitstest mit *ctrb* 281
6.6.3 Beobachtbarkeit 282
6.6.4 Kriterium der Beobachtbarkeit nach Kalman 284
6.6.4.1 Die Beobachtbarkeitsmatrix und ihr Rang 284
6.6.4.2 Beobachtbarkeitstest mit *obsv* 285
6.6.5 Kanonische Zerlegung 286
6.6.5.1 Zerlegung des Systems nach seiner Steuerbarkeit mit *ctrbf* 286
6.6.5.2 Zerlegung des Systems nach seiner Beobachtbarkeit mit *obsvf* 288
6.6.6 Minimalkonfiguration eines Systems mit *minreal* 290

7 Modelltransformationen   296
7.1 Pol-Nullstellen-Kürzung mit *minreal* 296

7.2 Zustandsmodelle 296
7.2.1 Transformation in die Polynomform mit *ss2tf* 297
7.2.2 Transformation in die Pol-Nullstellen-Form mit *ss2zp* 299

7.3 Übertragungsfunktion in Polynomform 301
    7.3.1 Transformation in ein Zustandsraummodell mit *tf2ss* 301
    7.3.2 Transformation in die Pol-Nullstellen-Form mit *tf2zp* 302
    7.3.3 Transformation in Partialbrüche mit *residue* 303

7.4 Übertragungsfunktion in Pol-Nullstellen-Form 304
    7.4.1 Transformation in die Polynomform mit *zp2tf* 304
    7.4.2 Transformation in ein Zustandsmodell mit *zp2ss* 305

7.5 Vom Signalflußbild zum Zustandsmodell mit *blkbuild* und *connect*
    sowie *printsys* 306

8 Zusammenschalten von Systemen   309
    8.1 Beschreibung durch Übertragungsfunktionen 309
        8.1.1 Zwei Übertragungsglieder als Reihenschaltung mit *series* 309
        8.1.2 Zwei Übertragungsglieder als Parallelschaltung mit *parallel* 311
        8.1.3 Zwei Übertragungsglieder als Rückführschaltung 312
            8.1.3.1 Rückführschaltung mit *feedback* 312
            8.1.3.2 Rückführschaltung mit *cloop* - Regelkreis bei Führung - 314

    8.2 Beschreibung durch Zustandsgleichungen 316
        8.2.1 Vereinigung zweier ungekoppelter Systeme mit *append* 316
        8.2.2 Zwei Zustandssysteme als Reihenschaltung mit *series* 317
        8.2.3 Zwei Zustandssysteme als Parallelschaltung mit *parallel* 322
        8.2.4 Zustandssysteme in Rückführschaltung 326
            8.2.4.1 Rückführschaltung mit *feedback* 326
            8.2.4.2 Rückführschaltung mit *cloop* 333

Verzeichnis der MATLAB Funktionen   341

Literaturverzeichnis   346

Namen- und Sachverzeichnis   349

1 Einleitung

Die im Titel genannte Regelungstechnik beruht auf dem Prinzip der Rückkopplung. Die einfachste Struktur einer Regelung ist der einschleifige Regelkreis:

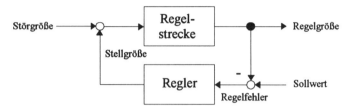

Bild 1.1 Der einschleifige Regelkreis als einfachste Form einer Regelung

Er besteht aus der Regelstrecke, deren zu regelnde Größe ständig gemessen und mit dem Sollwert verglichen wird. Der aus dem Vergleich resultierende Regelfehler wird im Regler entsprechend dessen Charakteristik zur Stellgröße verarbeitet. Mit der Stellgröße ist die Regelstrecke so zu beeinflussen, daß die als Folge einer Störgröße hervorgerufene Abweichung der Regelgröße kompensiert wird. Voraussetzung für eine Kompensation der Störung ist die Umkehr des Signalvorzeichens im Regelkreis.

Die Regelungstechnik gehört neben der Steuerungs- und Nachrichtentechnik, der Physiologie, der Mengenlehre und der mathematischen Logik zu den Wurzeln der Automatisierungstechnik, wobei diese die Mittel und Methoden zur Verfügung stellt, die für die Automatisierung von Prozessen aller Art notwendig sind.

Automatisierung ist das Ersetzen formalisierbarer geistiger Arbeit des Menschen durch technische Mittel zur zielgerichteten Beeinflussung von Prozessen.

Der Begriff der Automatisierung stammt aus dem angloamerikanischen Sprachraum und wurde 1936 von dem Ford-Manager D.S. Harder eingeführt[1].

Ein Prozeß ist ein sich über eine gewisse Zeit erstreckender strukturverändernder Vorgang, bei dem Stoffe, Energien oder Informationen transportiert bzw. umgeformt werden.

---

[1] Brockhaus 19. Auflage, 2. Band (1987), S. 409

Eine Vorstufe auf dem Weg zur Automatisierung ist die Mechanisierung. Sie beinhaltet die Übergabe schwerer körperlicher, gesundheitsschädlicher und zeitraubender Arbeiten des Menschen an Maschinen, welche die Befehle für die Ausführung ihrer Operationen vom bedienenden Menschen erhalten.

Die Mittel und Methoden zur Lösung technischer Probleme im Sinne einer Automatisierung gehen im wesentlichen auf die weitgehend allgemeingültigen Methoden und Betrachtungsweisen der *Kybernetik* zurück.
Die Kybernetik ist aus der Tatsache entstanden, daß bei den verschiedensten Wissenschaftsdisziplinen wie z.B. der Technik, Biologie, Psychologie, Soziologie, Ökonomie immer wieder analoge Probleme und Gesetzmäßigkeiten auftraten, die eine übergeordnete Wissenschaft vermuten ließen. Für diese übergeordnete Wissenschaft prägte Norbert Wiener[1], in seinem 1948 erstmalig erschienen Buch [Wiener-68] *Kybernetik - Regelung und Nachrichtenübertragung in Lebewesen und Maschine*, den Begriff Kybernetik.
Die Kybernetik hat sich trotz oder wegen ihres integrierenden Charakters zwischen den einzelnen Wissensgebieten nicht als eine selbständige, übergeordnete Disziplin durchsetzen können, da der notwendige Wissensumfang für die *Kybernetiker* viel zu umfangreich seien würde. Die in der Blütezeit der Kybernetik als ihre modernste und leistungsfähigste Errungenschaft postulierten universell programmierbaren Analog- und Digitalrechner [Peschel-72], die den Menschen von routinemäßiger geistiger Arbeit befreien, sind heute Gegenstand der Informatik, einer selbständigen Wissenschaft.

Die Kybernetik stellt eine allgemeine Systemtheorie dar. Ihr Anwendungsbereich ist die gesamte objektive Realität, in der Begriffe wie System, Information, Signal, wesentliche und unwesentliche Kopplungen sowie Einflußgrößen auftreten.

Ein System ist die Gesamtheit von Objekten, die sich in einem ganzheitlichen Zusammenhang befinden. Durch ihre wesentlich stärkeren Wechselbeziehungen untereinander als zur Umgebung, grenzen sie sich gegenüber dieser ab.

Zwischen den Objekten eines Systems sowie zwischen dem System und der Umwelt bestehen Kopplungen. Diese Kopplungen sind mit dem Austausch von Energien und Stoffen verbunden. Dieser Austausch ist jedoch im Zusammenhang mit der Automatisierung eines Prozesses von untergeordneter Bedeutung, also unwesentlich.

---

[1] Norbert Wiener, *26.11.1894 Columbia (USA) † 18.3.1964 Stockholm, Mathematiker, Kybernetiker

Wesentlich dagegen sind die Informationen, die von Signalen getragen, von einem Objekt oder System zum anderen gelangen und zum Kontrollieren, Lenken und Leiten der Prozesse genutzt werden können.

Eine Information ist eine Mitteilung über das Eintreten eines Ereignisses. Durch sie wird Ungewißheit über dieses Ereignis beim Empfänger der Information beseitigt. Der Informationsgehalt ist um so höher, je unbestimmter das Ereignis vorherzusehen war. Jede physikalische Größe kann in der Form eines Signals als Träger von Informationen dienen.

Der Verlauf eines Parameters bestimmt den Inhalt einer Information. Die für die Übertragung einer Information notwendigen Merkmale eines Signals, d.h. seine Werte oder sein Werteverlauf, heißen Informationsparameter. Ein Signal muß mittels technischer Einrichtungen erfaßt, verarbeitet, genutzt und übertragen sowie gespeichert werden können, so daß die in ihm enthaltenen Informationen in eindeutiger Weise reproduzierbarer sind.

Die Signale lassen sich in Nutz- und Störsignale unterteilen. Im Sinne der Automatisierung wird ein Nutzsignal entweder am Eingang eines Systems zum Steuern des Prozesses verwendet, oder es verläßt als gesteuertes Signal das System über den Ausgang. Störsignale sind von weitreichender Bedeutung, denn sie beeinflussen in negativer Weise den zielgerichteten Ablauf eines Prozesses, so daß in ihrer Beseitigung vielfach der Grund für eine Automatisierung liegt. Sie werden im allgemeinen als Störungen oder Störgrößen bezeichnet.

Gründe die eine Automatisierung notwendig machen, sind neben der Beseitigung von Störungen, das Betreiben von Prozessen, die auf Grund der großen Änderungsgeschwindigkeiten ihrer Systemgrößen vom Menschen alleine nicht beherrscht werden können oder von denen eine Gefahr für Leben und Gesundheit der Bedienenden ausgeht.

Das Ziel der Automatisierung von Prozessen ist es, sie mit einem Höchstmaß an Wirtschaftlichkeit, Sicherheit und Zuverlässigkeit betreiben zu können sowie den Menschen weitgehend von Routinearbeiten zu entlasten.

Der Kompliziertheitsgrad und die in den Automatisierungsobjekten, Bild 1.2, gespeicherten Energien sowie Sachwerte steigen bei Weiterentwicklungen überproportional an. Dies bedeutet, daß die Prozesse immer komplexer werden und ihr Gefahrenpotential für Mensch und Umwelt steigt.

Damit wird der mit der Bedienung und Betreuung dieser Systeme beauftragte Personenkreis vor Aufgaben gestellt, die nur mit den Mitteln und Methoden der Automatisierungstechnik bewältigt werden können.

Die Kategorien Stoff, Energie, Information und Störung entsprechend, Bild 1.2, sind die Basis für die Betrachtungen an einem Prozeß, der zu automatisieren ist.

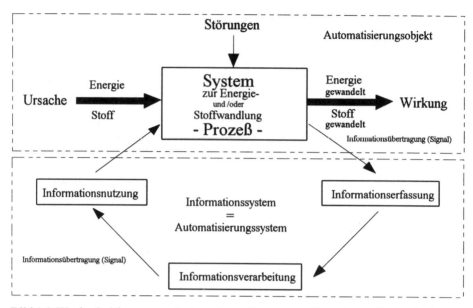

Bild 1.2 Wechselwirkungen zwischen einem System zur Energie- und/oder Stoffwandlung und einem System zur Informationswandlung

Aufgabe der Automatisierungstechnik ist es, die vorliegenden allgemeingültigen Methoden und Gesetzmäßigkeiten so in die Praxis zu überführen, daß daraus gut handhabbare Verfahren für die Analyse bereits bestehender Automatisierungsobjekte und die Synthese von Automatisierungssystemen entstehen.
Neben der Unmöglichkeit einer Gesamtoptimierung wird oft die Chance vergeben, einem Automatisierungsobjekt schon während der Phasen des Entwurfs und der Konstruktion ein günstiges automatisierungstechnisches Verhalten zu geben. Da vielfach der Automatisierungstechniker oder speziell der Regelungstechniker erst mit dem Entwurf beauftragt wird, wenn der Prozeß bereits in seiner Grundkonzeption vorliegt, bleibt ihm nur noch die Möglichkeit vorgegebene Strukturen zu analysieren und daran den Regler bzw. den Regelalgorithmus anzupassen, was keinesfalls optimal sein wird.
Die nachfolgenden Kapitel sollen einen Beitrag dazu liefern, wie die Regelungstheorie im Zusammenhang mit der leistungsfähigen Software MATLAB zur Analyse technischer Systeme herangezogen werden kann, um damit die Voraussetzung für eine fundierte Synthese der Regeleinrichtung zu schaffen.

2 Einführung in MATLAB

MATLAB® ist eine leistungsfähige Software zur numerischen Lösung und graphischen Darstellung von wissenschaftlich-technischen Aufgabenstellungen. Der Name MATLAB steht für <u>mat</u>rix <u>lab</u>oratory. Eine Vielzahl mathematischer Funktionen bilden die Grundlage, die mittels leistungsfähiger Bausteine, wie z.B. in der Regelungstechnik durch die *Control System Toolbox* und ihrer vielen Erweiterungen sowie der Toolboxes *System Identification, Signal Processing, Fuzzy Logic, Neuronal Network, Symbolic Math* usw. fachspezifisch ergänzt wird. Wesentliche erweitert wurde MATLAB durch SIMULINK, womit Signalflußbilder dargestellt und die dazugehörenden Systeme simuliert werden können.

Die nachfolgenden Ausführungen erheben keinesfalls den Anspruch, alle Kommandos bzw. Funktionen die MATLAB beinhaltet zu behandeln. Hierfür wird auf die zusammen mit der Software gelieferten Handbücher verwiesen.

Die meisten der beschriebenen Zusammenhänge beziehen sich auf den Grundbaustein der MATLAB Version 4.2c.1, der *Symbolic Math Toolbox* Version 1.1a und der *Control System Toolbox* Version 3.0b. Bei einer Bezugnahme auf MATLAB 5, einschließlich der *Symbolic Math Toolbox* und *Control System Toolbox*, wird dies gesondert vermerkt.

Die Anweisungen -Input- in `Courier New grün` und die dazugehörenden Ergebnisse -Output- in `Courier New blau` wurden mit dem MATLAB-*Notebook* Version 1.0 über *MS-Word* 6.0a für *Windows* aufgezeichnet.

Besonders soll hier auf die preiswerte, aber auch größenmäßig Beschränkungen unterliegende Studentenversion *The Student Edition of MATLAB* mit der *Symbolic Math Toolbox* und der *Signal and Systems Toolbox* verwiesen werden.

2.1 Eingaben, Kommandos, Operationen, Werte und Funktionen

2.1.1 Eingaben

Bei der Verwendung von MATLAB zur Lösung numerischer und graphischer Aufgabenstellungen können sowohl die Daten als auch die Anweisungen *direkt* über die *Tastatur* oder *indirekt* über eine *Skriptdatei - script file -* mit der Extension .*m* eingegeben werden.

Jede Eingabe - Anweisung - im MATLAB Command Window beginnt hinter
dem Promtzeichen » und wird durch Betätigen der Return-Taste ⏎ abgeschlossen, was zu ihrer Verarbeitung führt.

Die *direkte Eingabe*, wie z.B. die Addition zweier Zahlen:

     5 + 4

liefert:

     ans =
        9

Ist für das Ergebnis einer numerischen Operation keine Variable vereinbart, so
wird es der Variablen *ans - answer -* zugewiesen.

Soll dagegen das Ergebnis der Addition der Variablen c zugewiesen werden,
dann ist zu schreiben:

     c = 5 + 4

und es ergibt sich:

     c =
        9

Die indirekte Eingabe erfolgt mit Hilfe eines Texteditors über eine Skriptdatei im
ASCII-Code. Skriptdateien sind mit der Extension .*m* versehen und werden folglich auch als M-Dateien bzw. M-files bezeichnet.

Eine M-Datei mit dem Namen *name.m* wird über File Run M-file ... oder vom
MATLAB Command Window aus mit *name* zum Abarbeiten gestartet.

Das Erstellen von M-Dateien wird im laufenden Text wiederholt behandelt.
Mit der Anweisung:

     $x = input('Test','s')$

können beliebige Daten und Texte über die Tastatur eingegeben werden.
Diese Anweisung gibt den Text *Test* aus und wartet auf eine Eingabe über die
Tastatur. Wird ein Text erwartet, so ist 's' anzugeben, was bei einem numeri-
schen Wert nicht erforderlich ist. Diese Funktion wird nicht unter dem

MATLAB-Notebook abgearbeitet, denn es ergibt sich folgendes:

```
x = input('Test','s')
Test
Warning: Input command not available when using
MATLAB as Engine x =
       []
```

2.1.2 Allgemeine Kommandos

Nachfolgend sind einige sehr hilfreiche Kommandos aufgelistet und wenn erforderlich, kurz erläutert bzw. durch ein Beispiel konkretisiert.

– Ermitteln des aktuellen MATLAB-Verzeichnisses

```
cd
C:\MATLAB\BIN
```

– Auswahl eines neuen MATLAB-Verzeichnisses

```
cd C:\matlab\eigen
```

– Löschen der Variablen *variable* aus dem Arbeitsspeicher

```
clear variable
```

– Löschen der Datei *datei* aus dem aktuellen Verzeichnis

```
delete datei
```

– Anlegen einer Datei

```
diary name.txt
diary name.doc
```

Es werden alle nachfolgenden Ein- und Ausgaben unter MATLAB in die Datei *name.txt* bzw. *name.doc* geschrieben. Durch Entfernen der Ergebnisse und Ersetzen der Extension *.txt* bzw. *.doc* durch *.m* entsteht eine M-Datei, die durch Eingabe von *name* gestartet werden kann.

– Beenden des Schreibens und Schließen der gegenwärtig geöffneten Datei

```
diary off
```

– Öffnen der zuletzt geschlossenen Datei und Fortsetzen des Schreibens

```
diary on
```

– Auflisten des Inhaltes des aktuellen MATLAB-Verzeichnisses

```
dir oder ls
```

– Festlegen des Zahlenformats
  siehe im MATLAB Command Window unter *Options*.

– Unterdrücken der sonst üblichen Leerzeile bei der Ausgabe

  format compact

– Aufrufen der Hilfefunktion allgemein

  help

– Information über die M-Datei *name.m*

  ```
  help name
    NAME
    ist eine fiktive Datei,
    die nur zu Testzwecken gebildet wurde.
  ```

– Information über MATLAB allgemein

  info

– Übernahme der in *datei.mat* gespeicherten Variablen in den Arbeitsspeicher

  load datei

– Ausgabe der in *matlabrc.m* und *startup.m* eingetragenen Pfade

  path

– Übertragen der im Arbeitsspeicher abgelegten Variablen in *datei.mat*

  save datei

  Überträgt alle aktuellen Variablen in die Datei *datei.mat*. Sollen nur einige ausgewählte Variable, z.B. A, B, C, D, in *datei.mat* gespeichert werden, so ist folgendes anzugeben:

  save datei A B C D

– Ausgabe des Inhaltes der M-Datei *startup.m*

  ```
  type startup
  % Das ist der STARTUP.M file. Er wird automatisch
  % zum Beginn jeder MATLAB-Sitzung ausgeführt.

  path('C:\MATLAB\eigen\run-m',path)
  path('C:\MATLAB\eigen\texte',path)
  path('C:\MATLAB\eigen\mat',path)
  symtest
  ```

– Ausgabe der M-, MAT- und MEX-Dateien im aktuellen Verzeichnis

```
what
M-files in the current directory C:\MATLAB
matlabrc startup
MAT-files in the current directory c:\matlab
gasdruck
```

– Angabe des Verzeichnisses, in dem sich die M-Datei *name.m* befindet

```
which name
c:\matlab\eigen\run-m\name.m
```

– Ausgabe einer Liste mit den aktuellen Variablen im Arbeitsspeicher

```
who
Your variables are:
a          ans        b          c          d
```

– Ausgabe einer erweiterten Variablenliste

```
whos
```

Name	Size	Elements	Bytes	Density	Complex
a	1 by 1	1	8	Full	No
ans	1 by 1	1	8	Full	No
b	1 by 1	1	8	Full	No
c	1 by 1	1	16	Full	Yes
d	1 by 1	1	8	Full	No

```
Grand total is 5 elements using 48 bytes
```

2.1.3 Operationen

Mit den drei numerischen Variablen a, b und c können bei Vorgabe der Variablen a und b die folgenden Operationen ausgeführt werden:

```
a = 3
a   =
      3

b = 4
b   =
      4
```

– Addition

```
c = a + b
c =
      7
```

– Subtraktion

```
c = a - b
c =
      -1
```

– Multiplikation

```
c = a * b
c =
      12
```

– Division von rechts

```
c = a/b
c =
      0.7500
```

– Division von links

```
c = a\b
c =
      1.3333
```

– Potenzen

```
c = a^b
c =
      81
```

2.1.4 Spezielle Werte

– *ans*

beim Fehlen einer Ergebnisvariablen, wird das Resultat automatisch der Variablen *ans* zugewiesen.

– *i* oder *j*

imaginäre Zahl $i = j = \sqrt{-1}$

```
c = i
c =
      0 + 1.0000i
```

– *inf*

Infinity, entspricht ∞, z.B. das Ergebnis bei der Division mit Null.

```
c = 1/0
Warning: Divide by zero
```

```
c =
    Inf
```

– *NaN*

Not-a-Number, d.h. Division Null mit Null

```
c = 0/0
Warning: Divide by zero
c =
    NaN
```

– *pi*

π, das Verhältnis des Umfanges zum Durchmesser eines Kreises

```
c = pi
c =
    3.14159265358979
```

2.1.5 Spezielle Funktionen

– *abs*(*x*)

absoluter Wert einer komplexen Zahl

```
c = a + b*j
c =
    3.0000 + 4.0000i

d = abs(c)
d =
    5
```

– *exp*(*x*)

Exponentialfunktion e^x

```
d = exp(1)
d =
    2.7183
```

– *fix*(*x*)

Umwandlung reeller Zahlen in ganze Zahlen

```
d = fix(d)
d =
    2
```

– *imag*(*x*)

imaginärer Teil einer komplexen Zahl

```
d = imag(c)
d =
      4
```

– *real(x)*

realer Teil einer komplexen Zahl

```
d = real(c)
d =
      3
```

– *round(x)*

rundet zur nächsten ganzen Zahl

```
d = round(3.5)
d =
      4
```

```
d = round(3.49)
d =
      3
```

– *log(x)*

natürlicher Logarithmus *ln*

```
d = log(a)
d =
      1.0986
```

– *log10(x)*

dekadischer Logarithmus *lg*

```
d = log10(a)
d =
      0.4771
```

– *sqrt(x)*

Quadratwurzel $\sqrt{x}$

```
d = sqrt(b)
d =
      2
```

2.2 Matrizen, Vektoren, Skalare und Polynome

2.2.1 Matrizen und ihre Elemente

Der allgemeinste Datentyp unter MATLAB ist eine Matrix vom Typ (m,n), d.h. ein rechteckiges Zahlenschema von m Zeilen und n Spalten. Die Zahlen, aus denen sich die Matrizen zusammensetzen, werden ihre *Elemente* genannt. Die Elemente können reelle oder komplexe Zahlen sein.

$$\mathbf{A} = \begin{bmatrix} a_{11} & a_{12} & \cdots & a_{1n} \\ \vdots & \ddots & \cdots & \vdots \\ a_{m1} & a_{m2} & \cdots & a_{mn} \end{bmatrix} \qquad (2.1)$$

2.2.1.1 Eingabe von Matrixelementen

Für die Eingabe der Elemente der Matrix **A** unter dem MATLAB *Command Window*, damit **A** im MATLAB *Workspace* abgearbeitet werden kann, gibt es zwei Möglichkeiten:

1. Die Elemente werden hintereinander aufgeführt und durch ein *Leerzeichen* oder *Komma* getrennt. Der letzte Koeffizient einer Zeile wird mit einem *Semikolon* abgeschlossen. Vor dem ersten Element der ersten Zeile öffnet eine eckige Klammer, welche nach dem letzten Element der letzten Zeile schließt, hier entfällt das Semikolon für den Zeilenschluß:

$$\mathbf{A} = \begin{bmatrix} a_{11}\, a_{12} \, \dots \, a_{1n}; \, \dots; \, a_{m1}\, a_{m2} \, \dots \, a_{mn} \end{bmatrix} \qquad (2.2)$$

2. Die Elemente werden hintereinander aufgeführt und durch ein Leerzeichen oder Komma getrennt. Nach dem letzten Koeffizient jeder Zeile werden drei Leerzeichen eingegeben und die Return-Taste ↵ betätigt, d.h. die Anweisung soll auf einer neuen Zeile fortgesetzt werden. Vor dem ersten Element öffnet eine eckige Klammer, welche nach dem letzten Element geschlossen wird:

$$\mathbf{A} = [\quad \begin{matrix} a_{11} & a_{12} & \cdots & a_{1n} & \cdots ↵ \\ \cdots & \cdots & \cdots & \cdots & \cdots ↵ \\ a_{m1} & a_{m2} & \cdots & a_{mn} \end{matrix} \,] \qquad (2.3)$$

Wird die Anweisungszeile mit einem Semikolon abgeschlossen, z.B. bei der Eingabe von **A** nach der schließenden Klammer, so wird das Ergebnis der Eingabe nicht auf dem Bildschirm angezeigt.

Beispiel 2.1

Die nachfolgend gegebene Matrix **A** ist nach den beiden Möglichkeiten von MATLAB für die Eingabe von Matrizen entsprechend der Gleichungen (2.2) und (2.3) einzugeben.

$$\mathbf{A} = \begin{bmatrix} 1 & 2 & 3 \\ 4 & 5 & 6 \\ 7 & 8 & 9 \\ 0 & 11 & 12 \end{bmatrix}$$

Lösung:

Die Matrix **A** ist vom Typ (m = 4 Zeilen, n = 3 Spalten).

Eingabe nach der ersten Methode:

```
A = [1 2 3;4 5 6;7 8 9;0 11 12]
```

mit dem Ergebnis:

```
A =
       1       2       3
       4       5       6
       7       8       9
       0      11      12
```

Eingabe nach der zweiten Methode:

```
A = [1 2 3
     4 5 6
     7 8 9
     0 11 12];
```

mit dem gleichen Ergebnis, so daß auf eine Wiedergabe verzichtet wird.

Wenn in einer Matrix mindestens ein Element eine Dezimalzahl ist, dann werden alle Zahlen in Dezimalform ausgegeben.

Das im Deutschen übliche Dezimalkomma muß unter MATLAB durch einen Dezimalpunkt ersetzt werden!

Beispiel 2.2

Die nachfolgend gegebene Matrix **B** = [11 12 13;14 15 16;17 18 19;10 1,1 -2] ist entsprechend Gleichung (2.2) unter Beachtung des Wechsels zwischen Dezimalkomma und Dezimalpunkt einzugeben.

Lösung:

Eingabe der Matrix **B**:

```
B = [11 12 13;14 15 16;17 18 19;10 1.1 -2]
B =
    11.0000    12.0000    13.0000
    14.0000    15.0000    16.0000
    17.0000    18.0000    19.0000
    10.0000     1.1000    -2.0000
```

2.2.1.2 Kennzeichnung und Ansprache von Elementen einer Matrix

Das Element in der i-ten Zeile und j-ten Spalte einer Matrix **A** vom Typ (m,n) wird wie folgt angesprochen:

$$A(i,j) \tag{2.4}$$

Beispiel 2.3
Gesucht ist der Wert des Elements in der dritten Zeile und zweiten Spalte der Matrix **A**. Der Wert soll der Variablen a32 zugewiesen werden.
Lösung:

```
a32 = A(3,2)
a32 =
     8
```

2.2.1.3 Auswahl von Elementen oder Reihen einer Matrix

Wenn von einer Matrix vom Typ (m,n) m als Zeilenzähler und n als Spaltenzähler bezeichnet werden, dann gilt:

Ein Doppelpunkt anstelle des Zeilenzählers bedeutet, daß alle Zeilen angesprochen sind. Entsprechendes gilt für den Spaltenzähler.

Mit dem Ausdruck:

$$A(i:k,:) \tag{2.5}$$

wird vereinbart, daß die i-te bis k-te Zeile mit allen Spalten angesprochen werden sollen.
Der Ausdruck:

$$A(:,j) \tag{2.6}$$

besagt, daß die j-te Spalte mit allen Zeilen gemeint ist.

Beispiel 2.4

Von der Matrix **A** sind die 2. bis 4. Zeile mit der 2. Spalte in a242 abzulegen.
Lösung:

```
a242 = A(2:4,2)
a242 =
      5
      8
     11
```

2.2.2 Vektoren

In MATLAB wird zwischen Klein- und Großschreibung der Buchstaben unterschieden, so daß es sich anbietet, für Matrizen große und für Vektoren kleine Buchstaben zu verwenden.

Matrizen mit nur einer Zeile oder nur einer Spalte sind *Vektoren*. Die nachfolgend angegebene Matrix:

$$\mathbf{a} = \begin{bmatrix} a_1 & a_2 & \dots & a_n \end{bmatrix} \tag{2.7}$$

ist vom Typ $(1,n)$ und heißt *Zeilenvektor* bzw. einfach *Zeile*. Matrizen, wie in Gleichung (2.8) angegeben, sind vom Typ $(m,1)$ und werden als *Spaltenvektoren* oder einfach *Vektoren* bezeichnet:

$$\mathbf{b} = \begin{bmatrix} b_1 \\ b_2 \\ \vdots \\ b_m \end{bmatrix} \tag{2.8}$$

Bei der Eingabe von Vektoren sind die Hinweise für die Eingabe von Matrizen zu beachten, d.h. bei *Zeilen*, wie in Gleichung (2.7), sind die einzelnen Elemente durch Leerzeichen oder Kommas getrennt einzugeben. Bei *Spaltenvektoren*, wie der in der Gleichung (2.9) aufgeführte Vektor **b**, sind die Elemente durch Semikolons zu trennen:

$$\mathbf{b} = \begin{bmatrix} b_1; & b_2; & \cdots; & b_n \end{bmatrix} \tag{2.9}$$

Spaltenvektoren können aber auch als transponierte Zeilenvektoren eingegeben werden, dann müssen die Semikolons entfallen:

$$\mathbf{b} = \begin{bmatrix} b_1 & b_2 & \cdots & b_n \end{bmatrix}' \qquad (2.10)$$

Beispiel 2.5

Der Vektor **a** ist als Spalten- und als transponierter Zeilenvektor einzugeben.

$$\mathbf{a} = \begin{bmatrix} 8 \\ 6 \\ 4 \\ 2 \end{bmatrix}$$

Lösung:

Der Vektor **a** ist vom Typ (4,1) und läßt sich als Spaltenvektor:

```
a = [8;6;4;2]
a =
        8
        6
        4
        2
```

oder als transponierter Zeilenvektor:

```
a = [8 6 4 2]';
```

eingeben, was selbstverständlich zum gleichen Ergebnis führt.

2.2.3 Bilden erweiterter Matrizen

Neben den üblichen Operationen mit Matrizen gibt es einige Anweisungen in MATLAB mit denen aus vorhandenen Matrizen oder Vektoren neue Matrizen zusammengesetzt werden können.

2.2.3.1 Stapeln von Matrizen

Haben die Matrizen **A** - Typ (m_A, n) - und **B** - Typ (m_B, n) - die gleiche Anzahl von Spalten n, dann lassen sie sich zu einer erweiterten Matrix:

$$\mathbf{ABs} = \begin{bmatrix} \leftarrow \mathbf{A} \rightarrow \\ \hline \leftarrow \mathbf{B} \rightarrow \end{bmatrix} \qquad (2.11)$$

vom Typ $(m_A + m_B, n)$ zusammenfassen. Das MATLAB-Kommando dazu lautet:

$$\mathbf{ABs} = \begin{bmatrix} \mathbf{A}; \mathbf{B} \end{bmatrix} \qquad (2.12)$$

Beispiel 2.6

Es ist eine neue Matrix durch Stapeln der beiden Matrizen **A** und **B** nach Gleichung (2.12) zu bilden.

Lösung:

```
ABs  =  [A;B]
ABs  =
         1.0000       2.0000       3.0000
         4.0000       5.0000       6.0000
         7.0000       8.0000       9.0000
              0      11.0000      12.0000
        11.0000      12.0000      13.0000
        14.0000      15.0000      16.0000
        17.0000      18.0000      19.0000
        10.0000       1.1000      -2.0000
```

2.2.3.2 Aneinanderreihen von Matrizen

Stimmen die Anzahl der Zeilen m von **A** - Typ (m, n_A) - und **B** - Typ (m, n_B) - überein, dann wird mit:

$$\mathbf{AB}m = \begin{bmatrix} \mathbf{A} & \mathbf{B} \end{bmatrix} \tag{2.13}$$

die neue erweiterte Matrix vom Typ $(m, n_A + n_B)$ gebildet:

$$\mathbf{ABr} = \begin{bmatrix} \uparrow & | & \uparrow \\ \mathbf{A} & | & \mathbf{B} \\ \downarrow & | & \downarrow \end{bmatrix} \tag{2.14}$$

Beispiel 2.7

Es ist durch Aneinanderreihen der beiden Matrizen **A** und **B** nach Gleichungen (2.13) und (2.14) eine neue Matrix zu bilden.

Lösung:

```
ABr  =  [A B]
ABr  =
    1.0000    2.0000    3.0000   11.0000   12.0000   13.0000
    4.0000    5.0000    6.0000   14.0000   15.0000   16.0000
    7.0000    8.0000    9.0000   17.0000   18.0000   19.0000
         0   11.0000   12.0000   10.0000    1.1000   -2.0000
```

Beispiel 2.8

Aus der Matrix **A** vom Typ (4,3) und dem Vektor **a** vom Typ (4,1) ist durch entsprechende Anordnung eine neue Matrix **C** vom Typ (4,4) aufzubauen.

Lösung:

```
C = [a A]
C =
    8      1      2      3
    6      4      5      6
    4      7      8      9
    2      0     11     12
```

2.2.3.3 Erweitern von Matrizen durch Hinzufügen neuer Elemente

Eine Matrix A vom Typ (m,n) kann durch Hinzufügen eines neuen Elementes um i Zeilen und j Spalten wie folgt erweitert werden:

$$A(m+i, n+j) = a \qquad (2.15)$$

Beispiel 2.9
Die Matrix A vom Typ $(4,3)$ ist auf den Typ $(4,5)$ dadurch zu erweitern, daß ein Element $A(4,5) = 6$ in der vierten Zeile und fünften Spalte hinzugefügt wird.
Lösung:

```
A(4,5) = 6
A =
    1      2      3      0      0
    4      5      6      0      0
    7      8      9      0      0
    0     11     12      0      6
```

2.2.4 Bilden neuer Matrizen durch das Streichen von Reihen

Reduzierte Matrizen können durch das Streichen von Zeilen und/oder Spalten, also von Reihen, entstehen. Siehe für die Auswahl der entsprechenden Reihen den Unterpunkt *Auswahl von Elementen oder Reihen einer Matrix* in 2.2.1.3.

Beispiel 2.10
Aus der Matrix A vom neuen Typ $(4,5)$ soll eine quadratische Matrix Aq so gebildet werden, daß die erste, zweite und vierte Zeile sowie die ersten drei Spalten erhalten bleiben.
Lösung:

```
Aq = A([1 2 4],1:3)
Aq =
    1      2      3
    4      5      6
    0     11     12
```

Die neue Matrix **Aq** wird aus **A** gebildet, indem von dieser die Zeilen [1 2 4] über-
nommen werden, zusammen mit den Spalten 1 bis 3 (1:3).

Beispiel 2.11
Dem Element in der dritten Zeile und ersten Spalte der Matrix **Aq** soll der Wert 8
zugewiesen werden.
Lösung:

```
Aq(3,1) = 8
Aq =
        1       2       3
        4       5       6
        8      11      12
```

2.2.5 Skalare

Eine Matrix vom Typ (1,1) entspricht einem Skalar. Es ist nicht zwingend notwendig die Zahl in eckige Klammern einzufügen.

2.2.6 Spezielle Matrizen

2.2.6.1 Nullmatrix
Alle ihre Elemente haben den Wert Null.

$$N = zeros(m,n) \tag{2.16}$$

Beispiel 2.12
Es ist eine Nullmatrix **N** vom Typ (3,4) zu bilden.
Lösung:

```
N = zeros(3,4)
N =
        0       0       0       0
        0       0       0       0
        0       0       0       0
```

2.2.6.2 Quadratische Nullmatrix vom Typ (*n*,*n*)

$$Nq = zeros(n) \tag{2.17}$$

Beispiel 2.13
Es ist eine quadratische Nullmatrix **Nq** vom Typ (3) zu erzeugen.

Lösung:

```
Nq = zeros(3)
Nq =
     0     0     0
     0     0     0
     0     0     0
```

2.2.6.3 Einsmatrix

Alle ihre Elemente haben den Wert Eins.

$$\mathbf{E} = ones\,(m,n) \tag{2.18}$$

Beispiel 2.14

Es ist eine Matrix **E** vom Typ (3,4) zu bilden, deren sämtliche Elemente den Wert Eins haben.

Lösung:

```
E = ones(3,4)
E =
     1     1     1     1
     1     1     1     1
     1     1     1     1
```

2.2.6.4 Quadratische Einsmatrix vom Typ (*n,n*)

$$\mathbf{E}q = ones\,(n) \tag{2.19}$$

Beispiel 2.15

Es ist eine quadratische Matrix **Eq** vom Typ (3) zu bilden, deren sämtliche Elemente den Wert Eins haben.

Lösung:

```
Eq = ones(3)
Eq =
     1     1     1
     1     1     1
     1     1     1
```

2.2.6.5 Einheitsmatrix

Die *Einheitsmatrix* ist eine *quadratische* Matrix. Alle Elemente ihrer Hauptdiagonalen haben den Wert Eins, die übrigen Elemente sind gleich Null.

$$I = eye(n) \tag{2.20}$$

Beispiel 2.16
Es ist eine Einheitsmatrix **I** vom Typ (3) zu bilden.
Lösung:

```
I = eye(3)
I =
     1     0     0
     0     1     0
     0     0     1
```

2.2.6.6 Leermatrix - empty matrix [ ]

Die Leermatrix enthält kein Element. Sie darf nicht mit der Nullmatrix verwechselt werden. Mit ihr ist es u.a. möglich, beliebige Zeilen oder Spalten einer Matrix zu streichen.

$$L = [] \tag{2.21}$$

Beispiel 2.17
Die Aufgabe des Beispiels 2.10, bei der aus der Matrix **A** eine quadratische Matrix **Aq** durch Streichen der dritten Zeile sowie vierten und fünften Spalte zu bilden war, läßt sich mit einer Leermatrix wie folgt ausführen:

```
Aq(:,4:5) = []; Aq(3,:) = []
Aq =
     1     2     3
     4     5     6
     0    11    12
```

Die erste Anweisung streicht die vierte und fünfte Spalte. Mit der zweiten Anweisung wird die dritte Zeile von **Aq** gestrichen. Durch das Semikolon nach der ersten Anweisung wird das Zwischenergebnis auf dem Bildschirm nicht ausgegeben.

2.2.7 Polynome

Polynome, im Bereich der Regelungstechnik ein wesentlicher Bestandteil der Beschreibungsmöglichkeiten des dynamischen Verhaltens im Frequenzbereich, werden als Zeilenvektoren eingegeben.
Das Polynom:

$$a_4 s^4 + a_2 s^2 + a_1 s + a_0 = 0 \tag{2.22}$$

lautet in seiner vollständigen Darstellung:

$$a_4 s^4 + 0 s^3 + a_2 s^2 + a_1 s + a_0 = 0 \qquad (2.23)$$

und so muß es auch eingegeben werden, d.h.:

Jeder Koeffizient eines Polynoms *n-ter* Ordnung von a_0 bis a_n, ob verschieden von oder gleich Null, muß wie ein Zeilenvektor mit dem Koeffizienten der höchsten Potenz beginnend nach rechts hin fallend eingegeben werden.

Beispiel 2.18
Das nachfolgend gegebene Polynom ist unter MATLAB einzugeben.

$$p = 5 s^4 - 3 s^2 + s + 6$$

Lösung:

```
p = [5 0 -3 1 6]
p =
5       0      -3       1       6
```

MATLAB ermittelt aus der Anzahl der Koeffizienten den Grad des Polynoms und geht davon aus, daß der am weitesten links stehende Koeffizient zu der Variablen mit der höchsten Potenz gehört.

2.2.7.1 Multiplikation von Polynomen mit *conv*

Eigenschaft von *conv*:
    Multipliziert zwei Polynome.
Syntax:
    p = *conv*(p1,p2) $\qquad (2.24)$
Beschreibung:
    Die Funktion *conv*(p1,p2) multipliziert Element für Element des ersten Polynoms mit den Elementen des zweiten Polynoms. Elemente des Produkts mit gleicher Potenz der Variablen werden vorzeichengerecht addiert und sortiert.

Beispiel 2.19
Es sind die beiden Polynome:

$$p_1 = 5 s^4 - 3 s^2 + s + 6 \quad \text{und} \quad p_2 = s^2 + 5 s + 6$$

miteinander zu multiplizieren. Das Ergebnis ist darzustellen.
Lösung:
Eingabe der Polynome:

```
p1 = [5 0 -3 1 6]
p1 =
        5       0      -3       1       6

p2 = [1 5 6]
p2 =
        1       5       6
```

Multiplikation der beiden Polynome mit *conv*:

```
p = conv(p1,p2)
p =
        5      25      27     -14      -7      36      36
```

Es muß sich ein Polynom 6. Ordnung ergeben. Das Ergebnis lautet:

$$p = 5s^6 + 25s^5 + 27s^4 - 14s^3 - 7s^2 + 36s + 36$$

2.2.7.2 Division von Polynomen mit *deconv*

Eigenschaft von *deconv*:

Dividiert zwei Polynome.

Syntax:

$$[q,r] = deconv(p1,p2) \tag{2.25}$$

Beschreibung:

Die Funktion *deconv*(p1,p2) dividiert das Polynom p_1 mit dem Polynom p_2. Elemente des Quotienten q mit gleicher Potenz der Variablen werden vorzeichengerecht addiert und sortiert. Ist im Polynom p_1 das Polynom p_2 enthalten, so ist der Rest r gleich Null. Es muß gelten:

$$p_1 = conv(q, p_2) + r \tag{2.26}$$

Beispiel 2.20

Das im Beispiel 2.19 durch Polynommultiplikation gefundene Polynom p ist mit nachfolgend gegebenem Polynom p_3 zu dividieren:

$$p_3 = s^2 + 5s + 4$$

Lösung:

Eingabe des Polynoms p_3:

```
p3 = [1 5 4];
```

Division des Polynoms p mit p_3:

```
[q,r] = deconv(p,p3)
```

```
q =
     5      0      7    -49    210
r =
     0      0      0      0      0   -818   -804
```

Das Ergebnis lautet:

$$q = 5s^4 + 7s^2 - 49s + 210, \quad r = -\frac{818s + 804}{s^2 + 5s + 4}$$

Die Division ergibt den Quotienten q, da aber p_3 nicht vollständig in p enthalten ist, ergibt sich noch der Rest r.

2.3 Operationen mit Matrizen und Vektoren

2.3.1 Transponierte Matrix zur Matrix A

Die Zeilen werden zu Spalten und umgekehrt:

$$\mathbf{A}^T \;\hat{=}\; \mathbf{A}' \tag{2.27}$$

Beispiel 2.21
Von der Matrix **A** ist die transponierte Matrix **AT** zu bilden.
Lösung:

```
A = [1 2 3; 4 5 6;7 8 9;0 11 12];
AT = A'
AT =
      1      4      7      0
      2      5      8     11
      3      6      9     12
```

Weiterhin gelten folgende Zusammenhänge:

$$\left(\mathbf{A}^T\right)^T = \mathbf{A}; \quad \left(\mathbf{A}+\mathbf{B}\right)^T = \mathbf{A}^T + \mathbf{B}^T; \quad \left(\mathbf{A}\,\mathbf{B}\right)^T = \mathbf{B}^T\mathbf{A}^T \tag{2.28}$$

2.3.2 Addition und Subtraktion von Matrizen gleichen Typs

Es müssen die Zeilen- und die Spaltenzahl der beiden Matrizen übereinstimmen. Die Übereinstimmung des Typs der Matrizen **A** und **B** ermittelt sich mit *size*:

$$\left[m_A, n_A\right] = size\left(A\right); \quad \left[m_B, n_B\right] = size\left(B\right) \tag{2.29}$$

Erst nachdem festgestellt ist, daß die Matrizen vom gleichen Typ sind, gilt:

$$C = A + B; \quad D = C - B \tag{2.30}$$

Der Typ der Ergebnismatrix ist gleich dem der beteiligten Matrizen.

Beispiel 2.22
Das Ergebnis der Addition von **A** mit **B** soll der Matrix **C** und das Ergebnis der Subtraktion von **C** mit **B** soll der Matrix **D** zugewiesen werden. Zuvor ist der Typ der beiden Matrizen zu ermitteln. Die Matrizen **D** und **A** müssen gleich sein.
Lösung:

```
[mA,nA] = size(A)
mA =
         4
nA =
         3

[mB,nB] = size(B)
mB =
         4
nB =
         3
```

Beide Matrizen sind vom gleichen Typ.

```
C = A + B
C =
    12.0000    14.0000    16.0000
    18.0000    20.0000    22.0000
    24.0000    26.0000    28.0000
    10.0000    12.1000    10.0000

D = C - B
D =
       1        2        3
       4        5        6
       7        8        9
       0       11       12
```

Die Matrizen **D** und **A** stimmen überein.

2.3.3 Multiplikation einer Matrix mit einem Skalar

Es wird jedes Element der Matrix mit dem Skalar bzw. Faktor multipliziert.

Beispiel 2.23
Die Matrix **A** ist mit vier zu multiplizieren. Das Ergebnis soll die Matrix A_f sein.

Lösung:

```
Af = 4*A
Af =
        4        8       12
       16       20       24
       28       32       36
        0       44       48
```

2.3.4 Operationen mit Vektoren - Element-mit-Element

Operationen dieser Art sind dadurch gekennzeichnet, daß die vor dem Operationszeichen stehende Variable mit einem Punkt '.' abgeschlossen wird.

2.3.4.1 Vektor-Multiplikation, Element-mit-Element

Existieren zwei Vektoren **a** und **b** von jeweils gleichem Typ, dann entsteht durch eine Multiplikation der zueinander gehörenden Elemente ein neuer Vektor **c**.

$$c = a.* b \tag{2.31}$$

Beispiel 2.24
Die nachfolgend gegebenen Vektoren **a** und **b** vom Typ (4,1) sind wechselseitig miteinander zu multiplizieren. Die Ergebnisse sind den Vektoren **c** und **d** zuzuweisen und miteinander zu vergleichen.
Lösung:

```
a = [8  6  4  2]';

b = [3  7  5  1]';

c = a.*b
c =
       24
       42
       20
        2

d = b.*a;
```

Die Ergebnisse stimmen überein, auf eine Wiedergabe wird verzichtet.

2.3.4.2 Vektor-Division linksseitig, Element-mit-Element

Jedes Element des ersten Vektors wird mit dem entsprechenden Element des zweiten Vektors dividiert. Beide Vektoren müssen vom gleichen Typ sein.

$$c = a./ b \tag{2.32}$$

Beispiel 2.25

Ein neuer Vektor **c** ist durch linksseitige Division des Vektors **a** mit dem Vektor **b** zu bilden. Das Zahlenformat ist auf *Rational* einzustellen.

Lösung:

```
a = [8  6  4  2]';

b = [3  7  5  1]';

c = a./b
c =
      8/3
      6/7
      4/5
      2
```

2.3.4.3 Vektor-Division rechtsseitig, Element-mit-Element

Jedes Element des zweiten Vektors wird mit dem entsprechenden Element des ersten Vektors dividiert. Beide Vektoren müssen vom gleichen Typ sein.

$$d = a.\backslash b \qquad\qquad\qquad (2.33)$$

Beispiel 2.26

Ein neuer Vektor **d** ist durch rechtsseitige Division des Vektors **a** mit dem Vektor **b** aus Beispiel 2.25 zu bilden. Das Zahlenformat ist auf *Rational* einzustellen.

Lösung:

```
d = a.\b
d =
      3/8
      7/6
      5/4
      1/2
```

2.3.4.4 Potenzen von Vektoren

Jedes Element des ersten Vektors wird mit dem entsprechenden Element des zweiten Vektors potenziert. Beide Vektoren müssen vom gleichen Typ sein.

$$c = a.\^\ b \qquad\qquad\qquad (2.34)$$

Beispiel 2.27

Ein neuer Vektor **c** ist durch Potenzieren des Vektors **a** mit dem Vektor **b** zu bilden.

Lösung:

```
c = a.^b
c =
       512
    279936
      1024
         2
```

Beispiel 2.28
Ein neuer Vektor **d** ist durch Potenzieren des Vektors **a** mit zwei zu bilden.

```
d = a.^2
d =
    64
    36
    16
     4
```

2.3.5 Multiplikation von Matrizen

Die Multiplikation von Matrizen ist nur definiert für das Produkt einer Matrix **A**
vom Typ (m,p) mit einer Matrix **B** vom Typ (p,n) - nur in dieser Reihenfolge.
Das Produkt dieser *verketteten Matrizen* ist eine Matrix **C** vom Typ (m,n).

$$\mathbf{C} = \mathbf{A} * \mathbf{B} \tag{2.35}$$

Beispiel 2.29
Die Matrix **A** vom Typ (4,3) soll mit ihrer transponierten Matrix **A'** vom Typ (3,4)
multipliziert werden. Das Ergebnis ist der Matrix **C** zuzuweisen.
Lösung:

```
C = A * A'
C =
        14          32          50          58
        32          77         122         127
        50         122         194         196
        58         127         196         265
```

Die Matrix **C** ist vom Typ (4,4), denn durch die Multiplikation ist die Spaltenzahl von
A mit der Zeilenzahl von **A'** kompensiert worden. Im allgemeinen entsteht eine recht-
eckige Matrix. Eine quadratische Matrix ergibt sich, wenn die Zeilenzahl der ersten
Matrix mit der Spaltenzahl der zweiten Matrix übereinstimmt, was für die Multiplikation einer Matrix mit ihrer Transponierten immer gilt.

2.4 Eigenschaften von Matrizen

2.4.1 Die Inverse einer Matrix mit *inv*

Zu jeder quadratischen Matrix A existiert eine inverse Matrix A^{-1}, wenn die Matrix A eine von Null verschiedene Determinante besitzt. Die Inverse A^{-1} einer quadratischen Matrix A hat die Eigenschaft:

$$A A^{-1} = I \qquad\qquad (2.36)$$

Mit der unter Kapitel 2.2.6.5 aufgeführten Einheitsmatrix I und den folgenden Regeln für inverse Matrizen:

$$\begin{aligned}
\left(A^{-1}\right)^{-1} &= A \\
\left(A^{-1}\right)^{T} &= \left(A^{T}\right)^{-1} \\
(AB)^{-1} &= B^{-1} A^{-1}
\end{aligned} \qquad\qquad (2.37)$$

lautet die Kommandofolge:

$$Ai = inv(A) \qquad\qquad (2.38)$$

Beispiel 2.30
Gesucht sind die zur Matrix Aq gehörende inverse Matrix und das Produkt aus der Matrix Aq und ihrer inversen Matrix.
Lösung:

```
Aqi = inv(Aq)
Aqi =
    -0.2000     0.3000    -0.1000
    -1.6000     0.4000     0.2000
     1.4667    -0.3667    -0.1000

I = Aq * Aqi
I =
              1.00        0.00        0.00
              0.00        1.00        0.00
              0.00        0.00        1.00
```

Das Produkt der Matrix mit ihrer Inversen ist die Einheitsmatrix I.

2.4.2 Rang einer Matrix mit *rank*

Der Rang einer Matrix vom Typ (m,n) ist die Ordnungszahl der nicht verschwindenden Unterdeterminante höchster Ordnung. Er genügt folgender Ungleichung:

$$r(\mathbf{A}) \leq \min(m,n) \qquad (2.39)$$

Der Rang ist eine wesentliche Größe im Zusammenhang mit dem Test zur Steuerbarkeit und Beobachtbarkeit von Systemen. Er ermittelt sich mit:

$$r = rank(\mathbf{A}) \qquad (2.40)$$

Beispiel 2.31
Gesucht ist der Rang der wiederholt verwendeten Matrix A vom Typ (4,3).
Lösung:

```
r = rank(A)
r =
       3
```

Ein Rang $r = 3$ besagt, daß aus der untersuchten Matrix **A** vom Typ (4,3) nur Unterdeterminanten bis zur dritten Ordnung gebildet werden können.

2.4.3 Eigenschaften einer quadratischen Matrix

Quadratische Matrizen haben für die Regelungstechnik bei der Beschreibung von linearen dynamischen Systemen im Zustandsraum, als *Systemmatrizen*, eine fundamentale Bedeutung. Mit der *Systemmatrix* **A** sind die Begriffe *charakteristisches Polynom* $cp(\mathbf{A})$, *Eigenwert* p_i und *Eigenvektor* **r** verbunden.
Ausführliche Betrachtungen zu diesem Thema sind unter Kapitel 6.3, Eigenschaften der Systemmatrix **A**, angestellt.

2.4.4 Determinante einer Matrix mit *det*

Einer quadratischen Matrix vom Typ (n,n) kann eine Zahl zugeordnet werden, die ihre *Determinante* heißt und aus den Elementen der Matrix wie folgt gebildet wird:

$$A = \det \mathbf{A} = |\mathbf{A}| = \begin{vmatrix} a_{11} & a_{12} & \dots & a_{1n} \\ \vdots & \ddots & \dots & \vdots \\ a_{n1} & a_{n2} & \dots & a_{nn} \end{vmatrix} \qquad (2.41)$$

Die Determinante:

$$A = det(\mathbf{A}) \tag{2.42}$$

Beispiel 2.32
Von der Matrix A = [-40 0 0;400 -29 -10;0 10 0] ist der Wert ihrer Determinante zu berechnen.
Lösung:

```
A = [-40 0 0;400 -29 -10;0 10 0];
detA = det(A)
detA =
        -4000
```

Der Wert der Matrix **A** beträgt, wie sich leicht prüfen läßt, -4000.

2.4.5 Singuläre und nichtsinguläre Matrizen

Eine quadratische Matrix vom Typ (n,n) heißt *singulär*, wenn ihre Determinante den Wert Null hat:

$$|\mathbf{A}| = 0 \tag{2.43}$$

Für diesen Fall kann die Inverse der Matrix nicht gebildet werden. Ist dagegen:

$$|\mathbf{A}| \neq 0 \tag{2.44}$$

dann heißt die quadratische Matrix *nichtsingulär* und ihre Inverse existiert.

Beispiel 2.33
Es ist nachzuweisen, daß die Matrix A = [1 2 3;4 5 6;7 8 9] singulär ist. Von dieser singulären Matrix ist versuchsweise die Inverse zu bestimmen. Anschließend ist das Element A(3,3) = 9,01 zu setzen. Damit sind die obigen Untersuchungen erneut zu führen. Die Ergebnisse sind zu vergleichen.
Lösung:

```
A = [1 2 3;4 5 6;7 8 9];
detA = det(A)
detA =
        0
```

Der Wert der Determinante ist Null, damit handelt es sich um eine singuläre Matrix.

```
invA = inv(A)
Warning: Matrix is close to singular or badly sca-
led.
```

```
Results may be inaccurate. RCOND = 2.937385e-018
invA =
   1.0e+016 *
     0.3152    -0.6304     0.3152
    -0.6304     1.2609    -0.6304
     0.3152    -0.6304     0.3152
```

MATLAB gibt eine Warnung mit den Hinweis auf die singuläre Eigenschaft der Matrix aus, berechnet aber trotzdem ein Ergebnis für die Inverse!

```
A(3,3) = 9.01
A =
     1.0000     2.0000     3.0000
     4.0000     5.0000     6.0000
     7.0000     8.0000     9.0100

detA = det(A)
detA =
    -0.0300

invA = inv(A)
invA =
    98.3333  -199.3333   100.0000
  -198.6667   399.6667  -200.0000
   100.0000  -200.0000   100.0000

I = invA*A
I =
     1.0000     0.0000     0.0000
     0.0000     1.0000     0.0000
     0.0000     0.0000     1.0000
```

Durch eine geringfügige Korrektur eines Koeffizienten ergibt sich eine brauchbare Inverse zur Matrix **A**, wie aus der Einheitsmatrix **I** zu entnehmen ist.

2.5 MATLAB-Dateien

Einleitend wurde ausgeführt, daß die Eingabe unter MATLAB entweder direkt über die Tastatur, also zeilenweise, oder mit Hilfe von sogenannten M-Dateien erfolgen kann. Die zeilenweise Eingabe ist für kürzere Kommandofolgen geeignet. Längere oder immer wiederkehrende Folgen werden besser mit Hilfe von M-Dateien eingegeben bzw. abgearbeitet.

M-Dateien werden in *Text-* und *Funktionsdateien* mit der Extension *.m* unterschieden. Die Eingabe der Kommandofolgen geschieht mittels eines Texteditors.

Für die Speicherung dieser M-Dateien empfiehlt es sich ein eigenes Verzeichnis einzurichten, welches nicht unbedingt im MATLAB Verzeichnis angesiedelt sein muß. Für ein Abarbeiten unter MATLAB ist es lediglich erforderlich, den entsprechenden Pfad in der Startdatei *startup.m* einzutragen.

2.5.1 Skriptdateien

Soll bei verschiedenen MATLAB Sitzungen mit den gleichen Beispielen gerechnet werden, so bietet es sich an, die dazu notwendigen Daten und Matrizen in einer *Skriptdatei* abzulegen. Wird diese gestartet, so stehen die mit einmaligem Aufwand eingegebenen notwendigen Daten zur Verfügung.

2.5.2 Funktionsdateien

Funktionsdateien definieren eine Funktion, der in einer Argumentliste Werte zur Berechnung neuer Werte übergeben werden, die die Funktion an die aufrufende Prozedur, was auch die MATLAB Plattform sein kann, zurückgibt. Der Funktionsdatei hat folgenden festen Aufbau:

$$\textit{function } [1.\text{Wert}, ..., n\text{-ter Wert}] = \text{Funktionsname (Argumentliste)}$$
$$\% \text{ Kommentar}$$
$$\textit{Anweisungen}$$

Der Funktionsdatei wird mit:

$$[1.\textit{Wert}, ..., n\text{-}\textit{ter Wert}] = \textit{Funktionsname (Argumentliste)} \qquad (2.45)$$

aufgerufen. Wird nur die rechts vom Gleichheitszeichen angegebene Kommandofolge eingegeben und ist nichts anders vereinbart, erfolgt lediglich die Ausgabe des 1. Wertes.
Mit dem Aufruf:

$$\textit{help Funktionsname} \qquad (2.46)$$

wird der Kommentar ausgegeben, so daß es günstig ist, hier eine Kurzbeschreibung der Funktion einzutragen.

2.6 Graphische Darstellungen

In der Mehrzahl der Fälle sollen die gewonnenen Ergebnisse graphisch dargestellt werden, was auch einem Hauptanliegen von MATLAB entspricht. Aus der Vielzahl der Möglichkeiten wird nachfolgend auf Darstellungen mit linearer und halblogarithmischer Teilung eingegangen.

2.6.1 Graphische Darstellungen mit *plot*

Für graphische Darstellungen mit linearer Achsenteilung steht die Funktion *plot.m* zur Verfügung.
Die Anweisung:

$$plot(x, y, 'Linientyp') \qquad (2.47)$$

erzeugt einen zweidimensionalen Graphen, wobei x und y Vektoren vom gleichen Typ sein müssen. Mit *Linientyp* werden die Art und die Farbe der Linie angegeben. Entfällt der *Linientyp*, dann wird der Graph als Vollinie farbig dargestellt. Für eine Vielzahl von Darstellungen interessiert der Verlauf über der Zeit bzw. über der Frequenz der das Systemverhalten beschreibenden Größen. Diese Zeit- oder Frequenzvektoren lassen sich durch:

$$linspace(xa, xe, n) \qquad (2.48)$$

mit xa = Anfangs-, xe = Endpunkt und n Schritten vorgeben. Wird n nicht angegeben, werden 100 Punkte berechnet. Anstelle von *linspace* kann z.B. auch der Zeitvektor wie folgt vorgegeben werden:

$$t = Anfangszeit{:}Schrittweite{:}Endzeit \qquad (2.49)$$

Bei vielen Funktionen, wie z.B. *step.m*, *bode.m* usw., können die Zeit- bzw. Frequenzvektoren für eine spätere Nutzung mit ausgegeben und auch wieder in den nachfolgenden Funktionen verwendet werden. Dies ist besonders sinnvoll, wenn mit den oben angeführten Funktionen mehrere Zeitantworten bzw. Bode-Diagramme berechnet und dann mittels *plot* gemeinsam dargestellt werden sollen. Die Funktion *plot.m* ermöglicht es, gleichzeitig mehrere Kurven darzustellen und diese unterschiedlich farbig sowie graphisch zu kennzeichnen. Sollen z.B. drei Sprungfunktionen in einer Graphik dargestellt werden, so müssen die drei Vektorpaare (t_i, y_i) mit $i = 1 \ldots 3$ vom gleichen Typ, d.h. gleich lang, sein. Dies läßt sich wie folgt realisieren:

```
% Die Funktion step.m ist ausführlich im Kapitel 5.2.4 beschrieben.
[y1,x,t] = step(Z1,N1);     % Übertragungsfunktion des 1. Systems, siehe Kapitel 4.4
% Z1 und N1 beschreiben den Zähler und Nenner der Übertragungsfunktion
% y1 und t sind die interessierenden Vektoren,
% x als Vektor der Zustandsgrößen ist hier nicht von Interesse
y2 = step (Z2,N2,t);       % Übertragungsfunktion des 2. Systems
% der Vektor der Ausgangsgröße des zweiten Systems wird in Abhängigkeit
% des Zeitvektors des ersten Systems berechnet
y3 = step (Z3,N3,t);       % Übertragungsfunktion des 3. Systems
```

% gleiche Aussage, wie zum zweiten System
% die Funktion *plot.m* für die gemeinsame Darstellung der drei Systeme
plot (t,y1,'r-',t,y2,'b-.',t,y3,'g:')
% y1 wird mit einer roten Vollinie, y2 mit einer blauen strichpunktierten
% Linie und y3 mit einer grün gestrichelten Linie dargestellt

Entfallen die Angaben zum *Linientyp*, dann werden alle Graphen als Vollinie, aber unterschiedlich farbig, dargestellt.

Zur gezielten Veränderung von Achsenskalierungen im Bereich von x_{min} bis x_{max} sowie y_{min} und y_{max} dient die Funktion:

     axis([xmin xmax ymin ymax])

2.6.2 Halblogarithmische Darstellungen mit *semilogx*

Für halblogarithmische Darstellungen, wie z.B. der Amplitude |F| in *dB* über dem Logarithmus der Frequenz ω, wie es im Bode-Diagramm geschieht, dient die Funktion:

     semilogx (ω,|F|)

Der Abszissenvektor ω läßt sich mit Hilfe der Funktion:

     logspace (a,e,n)

bilden. Die Größe *a* entspricht der *a*-ten Potenz von zehn, d.h. 10^a als Anfangswert, für *b* gilt Entsprechendes als Endwert. Wird *n* nicht vorgegeben, werden 50 Punkte berechnet. Diese Funktion bietet sich u.a. auch für die Erweiterung des Bereiches von mit der Funktion *bode.m* berechneten Frequenzkennlinien an. Für graphische Darstellungen mit einer logarithmischen Einteilung der *y*-Achse ist die Funktion *semilogy.m* zu verwenden.

2.6.3 Beschriftung der Graphiken mit *title, xlabel, ylabel* und *text*

Für die notwendige Beschriftung der Graphen stehen die Funktionen:

     title('Text')

zur Angabe eines Textes oberhalb des Graphen,

     xlabel('Text') und *ylabel*('Text')

zur Beschriftung des Achsenkreuzes und

     text(x,y,'Text')

für einen Text an vorzugebender Position zur Verfügung. Die Koordinaten x und y geben an, wo der Text in der Graphik plaziert werden soll. Grundlage ist das Koordinatensystem der Graphik.

Beispiel 2.32
Für die Funktion des Amplitudenfrequenzganges:

$$\left| F(\omega) \right| = -20 \lg \sqrt{4 + \omega^2}$$

eines Übertragungsgliedes erster Ordnung, ist der Verlauf graphisch über $\lg(\omega)$ in den Grenzen von 10^{-2} bis 10^2 darzustellen.
Lösung:

```
w = logspace(-2,2);

absF = -20*log10(sqrt(4+w.*w));

semilogx(w,absF), grid

title('Logarithmischer Amplitudenverlauf')

xlabel('lg w'), ylabel('|F(w)|')
```

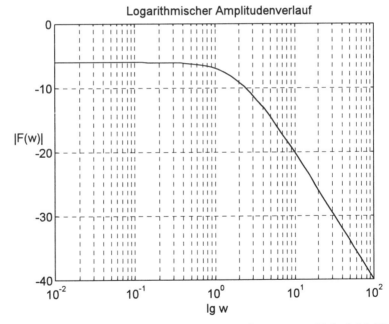

Bild 2.1 Lösung zum Beispiel 2.32

3 Systeme und ihre mathematischen Modelle

In diesem Kapitel werden für verschiedene technische Systeme die dazugehörenden mathematischen Modelle abgeleitet. Diese Modelle spiegeln Klassen unter-
schiedlichen dynamischen Verhaltens wider. Auf sie wird immer wieder in Form
von Beispielen zurückgegriffen werden.

3.1 System Stab-Wagen

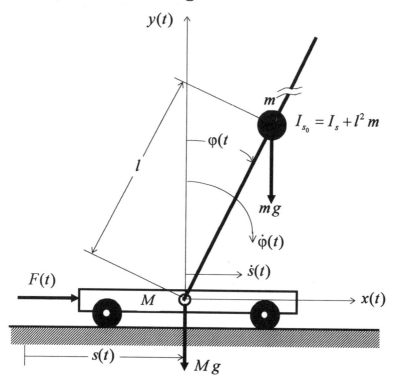

Bild 3.1 Prinzipskizze des Systems Stab-Wagen zur Systemanalyse

Das System eines auf einem Wagen zu balancierenden Stabes - *System Stab-
Wagen* - ist besonders durch sein dynamisch instabiles Verhalten gekennzeichnet. Seine Stabilisierung gelingt nicht einfach dadurch, daß die das System be-

schreibenden Parameter geeignet gewählt werden, denn es ist strukturbedingt instabil und kann somit nur mit Hilfe einer geeigneten Rückkopplung stabilisiert werden. Die im Zusammenhang mit diesem System auftretenden Probleme sind so vielseitig, interessant und anspruchsvoll, daß es als besonders geeignet für die regelungstechnische Ausbildung und speziell mit MATLAB angesehen wird.

3.1.1 Verallgemeinerte Koordinaten des Systems Stab-Wagen

Das System soll entsprechend Bild 3.1 aus einem spurgeführten Wagen mit der Masse M bestehen, der durch eine Kraft $F(t)$ horizontal in einer Ebene so bewegt werden kann, daß der auf ihm um eine Achse drehbar angebrachte Stab mit der Masse m und der Länge $2l$ durch den Einfluß der Massenkräfte balanciert wird. Für das dynamische Verhalten spielen der Drehwinkel $\varphi(t)$ des Stabes, der Weg $s(t)$ des Wagens und die am Wagen angreifende Kraft $F(t)$ eine besondere Rolle. Nachfolgend wird das System einer theoretischen Prozeßanalyse mit dem Ziel unterzogen, das dynamische Verhalten durch Modellgleichungen zu beschreiben.

3.1.1.1 Schwerpunkt des Stabes

Die in Bild 3.2 dargestellte Skizze beschreibt die Schwerpunktveränderung des Stabes bezogen auf die beiden Koordinaten x und y. Mit ihrer Hilfe werden die Gleichungen der vom Schwerpunkt zurückgelegten Wege entlang der beiden Koordinaten abgeleitet.

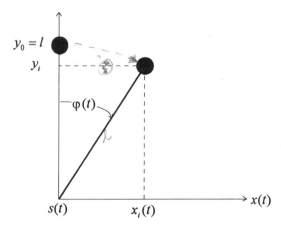

Bild 3.2 Skizze der Schwerpunktveränderung des Stabes

– Weg des Stabschwerpunktes entlang der Koordinaten x und y:

$$x(t) = s(t) + x_i(t) = s(t) + l\sin\varphi(t) \tag{3.1}$$

$$y(t) = y_0 - y_i(t) = l - l\cos\varphi(t) = l\left[1 - \cos\varphi(t)\right] \qquad (3.2)$$

Die Geschwindigkeit und die Beschleunigung des Stabschwerpunktes ergeben sich aus der ersten und zweiten zeitlichen Ableitung seines Weges.

– Geschwindigkeiten des Stabschwerpunktes in x- und y-Richtung

$$\dot{x}(t) = \dot{s}(t) + \dot{\varphi}(t) l \cos\varphi(t) \qquad (3.3)$$

$$\dot{y}(t) = \dot{\varphi}(t) l \sin\varphi(t) \qquad (3.4)$$

– Beschleunigungen des Stabschwerpunktes in x- und y-Richtung

$$\ddot{x}(t) = \ddot{s}(t) + \ddot{\varphi}(t) l \cos\varphi(t) - \dot{\varphi}^2(t) l \sin\varphi(t) \qquad (3.5)$$

$$\ddot{y}(t) = \ddot{\varphi}(t) l \sin\varphi(t) + \dot{\varphi}^2(t) l \cos\varphi(t) \qquad (3.6)$$

3.1.1.2 Symbolische Berechnung der Schwerpunktkoordinaten

Die Bestimmung der Geschwindigkeiten und der Beschleunigungen wird zum Vergleich mit den oben gewonnenen Ergebnissen mit der *Symbolic Math Toolbox* wiederholt und mit Hilfe des Notebook aufgezeichnet. Die griechischen Buchstaben werden durch ihre deutsche Benennung umschrieben. Eine Ausgabe erfolgt nicht, wenn die Anweisung mit einem Semikolon abgeschlossen wird.

Eingabe der x-Koordinate nach Gleichung (3.1) als 'Zeichenfolge':

```
x = 's(t)+l*sin(phi(t))';
```

Erste Ableitung $Dx(t)$:

```
Dx = diff(x,'t')
Dx =
diff(s(t),t)+l*cos(phi(t))*diff(phi(t),t)
```
(3.7)

Zweite Ableitung von x nach t:

```
D2x = diff(Dx,'t')
D2x =
diff(diff(s(t),t),t)-l*sin(phi(t))*diff(phi(t),t)^2
+l*cos(phi(t))*diff(diff(phi(t),t),t)
```
(3.8)

Die Gleichungen (3.7) & (3.8) sowie (3.3) & (3.5) stimmen überein, wenn gilt.:

$$Dx := \dot{x}(t)$$

$$\text{diff(s(t),t)} := \dot{s}(t)$$

$$\cos(\text{phi(t)}) := \cos\varphi(t)$$

$$\text{diff(phi(t),t)} := \dot{\varphi}(t)$$

$$\text{D2x} := \ddot{x}(t)$$

$$\text{diff(diff(s(t),t),t)} := \ddot{s}(t)$$

$$\text{diff(diff(phi(t),t),t)} := \ddot{\varphi}(t)$$

Eingabe der *y*-Koordinate nach Gleichung (3.2) als '*Zeichenfolge*':

```
y = 'l*(1-cos(phi(t)))';
```

Erste Ableitung von *y* nach *t*:

```
Dy = diff(y,'t')
Dy =
l*sin(phi(t))*diff(phi(t),t)
```
                                                                                    (3.9)

Zweite Ableitung von *y* nach *t*:

```
D2y = diff(Dy,'t')
D2y =
l*cos(phi(t))*diff(phi(t),t)^2+l*sin(phi(t))
*diff(diff(phi(t),t),t)
```
                                                                                    (3.10)

Die Gleichungen (3.9) und (3.10) entsprechen den Gleichungen (3.4) und (3.6).

3.1.1.3 Schwerpunkt des Wagens

– Weg des Wagenschwerpunktes

$$x(t) = s(t) \qquad\qquad (3.11)$$

– Geschwindigkeit des Wagenschwerpunktes

$$\dot{x}(t) = \dot{s}(t) \qquad\qquad (3.12)$$

3.1.2 System Stab-Wagen - Nichtlineares Modell

Für die hier gesuchte Beschreibung des dynamischen Verhaltens eines mechanischen Systems stehen das nach d'Alembert[1] benannte *Prinzip* oder die Bewe-

---

[1] d'Alembert, Jean Le Rond *16.11.1717 Paris, †29.10.1783 Paris, Philosoph, Mathematiker und Literat

gungsgleichungen nach Lagrange[1] zur Verfügung, so wie es für elektrische Netzwerke die *Kirchhoff'schen Gesetze* sind.

Für die mathematische Beschreibung des dynamischen Verhaltens des Systems Stab-Wagen sollen die *Lagrange'schen Bewegungsgleichungen 2. Art mit verallgemeinerten Koordinaten* herangezogen werden oder anders ausgedrückt, die gesuchten Systemgleichungen sollen mit Hilfe des Erhaltungssatzes der Energie bestimmt werden.

Es sind die Bezeichnungen *verallgemeinerte Koordinate* oder *generalisierte Koordinate* üblich. Die Lagrange'schen Bewegungsgleichungen 2. Art mit verallgemeinerten Koordinaten dienen in der Mechanik zur Ermittlung der Bewegungsgleichungen eines Systems zwischen zwei Punkten.

Für die Herleitung bzw. Anwendungsfälle der weiter unten angeführten allgemeinen Gleichung (3.13) wird auf die umfangreiche Literatur verwiesen, wie z.B. [Föppl-10], [Kneschke-68], [Kulikowski/Wunsch-73], [Muschik_ua-80], [Rüdiger/Kneschke_III-64], [Weber-41].

Als vermutlich erste Anwendung zur Lösung eines technischen Problems mit Lagrange'schen Bewegungsgleichungen ist die Arbeit von Veltmann[3] [Veltmann-1876] anzusehen. Ihm gelang unter Zuhilfenahme der Lagrange'schen Bewegungsgleichungen 2. Art der Nachweis, warum sich der 765 kg schwere Klöppel der 1875 im *Dom zu Köln* aufgehängten 26.250 kg schweren *Kaiserglocke* nicht relativ zur Glocke bewegte, sondern stets in der Mittellinie derselben verharrte, so daß die Glocke beim Läuten keinen Ton abgab.

3.1.2.1 Allgemeiner Gleichungsansatz

Der allgemeine Gleichungsansatz, welcher auf dem Prinzip der Erhaltung der Energie beruht, siehe [Weber-41] und [Kulikowski/Wunsch-73], geht vom Vermögen der einzelnen Bauglieder eines Systems aus, Energie zu speichern:

$$\frac{d}{dt}\left(\frac{\partial T}{\partial \dot{q}_i}\right) - \frac{\partial T}{\partial q_i} + \frac{\partial V}{\partial q_i} + \frac{1}{2}\frac{\partial D}{\partial \dot{q}_i} = y_i \qquad (3.13)$$

mit:

T: kinetische Energie

V: potentielle Energie

D: pro Zeiteinheit in Wärme umgesetzte Energie - Dissipative Energie -,

---

1 Lagrange, Joseph Louis de *25.1.1736 Turin, †10.4.1813 Paris, Mathematiker und Physiker
2 Kirchhoff, Gustav Robert *12.3.1824 Königsberg(Pr), †17.10.1887 Berlin, Physiker
3 Veltmann, W. im Februar 1876 Realschullehrer in Düren

dieser Anteil ist nach [Weber-41] auf den Vorschlag von Rayleigh[1] in die Lagrange'schen Bewegungsgleichungen eingeführt worden, siehe unten.

y_i: eine am System auf die verallgemeinerte Koordinate wirkende Kraft oder ein wirkendes Potential

q_i: verallgemeinerte Koordinate

3.1.2.2 Verallgemeinerte Koordinaten

Welche Größen als verallgemeinerte Koordinaten zu wählen sind, ist nicht eindeutig bestimmt. Im vorliegenden Beispiel bietet es sich an, den Winkel des Stabes zur Senkrechten und den Weg des Wagens zu wählen:

$$q_1(t) = \varphi(t) \, [°]; \quad q_2(t) = s(t) \, [m] \tag{3.14}$$

3.1.2.3 Kinetische Energien

– Kinetische Energie der Translation

$$T_T = \frac{1}{2} \left[M \dot{s}^2(t) + m \left\{ \left(\dot{s}(t) + l \, \dot{\varphi}(t) \cos \varphi(t) \right)^2 + \left(l \, \dot{\varphi}(t) \sin \varphi(t) \right)^2 \right\} \right]$$

$$T_T = \frac{1}{2} \left[(M + m) \dot{s}^2(t) + 2 \, l \, m \, \dot{s}(t) \, \dot{\varphi}(t) \cos \varphi(t) + l^2 m \, \dot{\varphi}^2(t) \right] \tag{3.15}$$

$$T_T \quad \left[\frac{kg \, m^2}{s^2} = N \, m \right]$$

– Kinetische Energie der Rotation

$$T_R = \frac{1}{2} I_s \, \dot{\varphi}^2(t) \quad \left[\frac{kg \, m^2}{s^2} = N \, m \right] \tag{3.16}$$

– Gesamte kinetische Energie

$$T = T_T + T_R$$

$$T = \frac{1}{2} \left[(M + m) \dot{s}^2 + 2 \, l \, m \, \dot{s} \, \dot{\varphi} \cos \varphi + l^2 m \, \dot{\varphi}^2 \right] + \frac{1}{2} I_s \, \dot{\varphi}^2 \tag{3.17}$$

Mit dem *Satz von Steiner*[2][3] ergibt sich das auf den Drehpunkt des Stabes be-

---

[1] Rayleigh, John William Strutt, 3. Baron *12.11.1842 Langford Grove, †30.6.1919 Witham, Physiker
[2] Steiner, Jakob *18.3.1796 Utzentorf, †1.4.1863 Bern, Mathematiker
[3] Huygens, Christiaan *14.4.1629 Den Haag, †8.7.1695 ebd., Mathematiker, Physiker, Astronom und Uhren-

zogene Massenträgheitsmoment:

$$I_{s_0} = I_s + l^2 m \tag{3.18}$$

und damit die gesamte kinetische Energie:

$$T = \frac{1}{2}\left[(M+m)\dot{s}^2(t) + 2\,l\,m\,\dot{s}(t)\,\dot{\varphi}(t)\cos\varphi(t) + I_{s_0}\,\dot{\varphi}^2(t)\right] \tag{3.19}$$

3.1.2.4 Potentielle Energie

$$V = 0 \tag{3.20}$$

3.1.2.5 Dissipative Energie

Die durch Reibung entstehenden Verluste - Umwandlung von Bewegungsenergie in Wärme - werden durch einen rotatorischen Anteil - ein der Winkelgeschwindigkeit proportionales Reibmoment - und durch einen translatorischen Anteil - eine der Geschwindigkeit proportionale Reibkraft - auf Vorschlag von Rayleigh, welche er als Dissipationsfunktion bezeichnete, berücksichtigt [Weber-41]:

$$D = D_\varphi\big(\dot{\varphi}(t)\big) + D_s\big(\dot{s}(t)\big) = \delta\,\dot{\varphi}^2(t) + d\,\dot{s}^2(t) \tag{3.21}$$

mit den Dämpfungskoeffizienten:

$$\delta\left[\frac{kg\,m^2}{s}\right]; \quad d\left[\frac{kg}{s}\right]$$

3.1.2.6 Potentiale

Das im Bereich der verallgemeinerten Koordinate des Winkels $\varphi(t)$ wirkende Moment der Erdanziehung:

$$y_\varphi = g\,l\,m\,\sin\varphi(t) \quad \left[\frac{kg\,m}{s^2}\,m = N\,m\right] \tag{3.22}$$

Im Bereich der verallgemeinerten Koordinate des Weges $s(t)$ wirkende Zugkraft:

$$y_s = F(t) \quad [N] \tag{3.23}$$

---

bauer; nach [Rüdiger/Kneschke_III-64] wurde dieser Zusammenhang bereits 1673 von ihm erkannt

3.1.2.7 Ableitung der Energiebilanz nach dem Winkel

- Kinetische Energie bezogen auf den Winkel
  Partielle Ableitung der Gleichung (3.19) nach der Winkelgeschwindigkeit:

$$\frac{\partial T}{\partial \dot\varphi} = l\, m\, \dot s(t)\, \cos\varphi(t) + I_{s_0}\, \dot\varphi(t) \tag{3.24}$$

Ableitung der Gleichung (3.24) nach der Zeit:

$$\frac{d}{dt}\left(\frac{\partial T}{\partial \dot\varphi}\right) = l\, m\, \ddot s(t)\, \cos\varphi(t) - l\, m\, \dot s(t)\, \dot\varphi(t)\, \sin\varphi(t) + I_{s_0}\, \ddot\varphi(t) \tag{3.25}$$

Partielle Ableitung der Gleichung (3.19) nach dem Winkel:

$$\frac{\partial T}{\partial \varphi} = -l\, m\, \dot s(t)\, \dot\varphi(t)\, \sin\varphi(t) \tag{3.26}$$

- Potentielle Energie bezogen auf den Winkel
  Der Anteil der Potentiellen Energie ist Null, somit auch die Ableitung nach dem Winkel:

$$\frac{\partial V}{\partial \varphi} = 0 \tag{3.27}$$

- Dissipative Energie bezogen auf den Winkel
  Partielle Ableitung der Gleichung (3.21) nach der Winkelgeschwindigkeit:

$$\frac{\partial D}{\partial \dot\varphi} = 2\delta\, \dot\varphi(t) \tag{3.28}$$

3.1.2.8 Nichtlineare Differentialgleichung des Winkels

Aus den Gleichungen (3.22) und (3.25) bis (3.28) ergibt sich mit der Beziehung für die Gesamtenergiebilanz des Winkels:

$$\frac{d}{dt}\left(\frac{\partial T}{\partial \dot\varphi}\right) - \frac{\partial T}{\partial \varphi} + \frac{\partial V}{\partial \varphi} + \frac{1}{2}\frac{\partial D}{\partial \dot\varphi} = y_\varphi \tag{3.29}$$

die nichtlineare Differentialgleichung der verallgemeinerten Koordinate Winkel:

$$I_{s_0}\, \ddot\varphi(t) + l\, m\, \ddot s(t)\, \cos\varphi(t) + \delta\, \dot\varphi(t) = g\, l\, m\, \sin\varphi(t) \tag{3.30}$$

3.1.2.9 Symbolische Ermittlung der n.l. Differentialgleichung des Winkels

Die nichtlineare (n.l.) Differentialgleichung wird symbolisch ermittelt.
Gleichung (3.19) für die gesamte kinetische Energie als '*Zeichenfolge*':

```
T = '1/2*((M+m)*(Ds)^2+2*l*m*Ds*Dphi*cos(phi)
+I*(Dphi)^2)';
```

Partielle Ableitung von *T* nach *Dphi*:

```
pTDphi = diff(T,'Dphi')
pTDphi =
l*m*Ds*cos(phi)+I*Dphi
```

Partielle Ableitung von *T* nach *phi*:

```
pTphi = diff(T,'phi')
pTphi =
-l*m*Ds*Dphi*sin(phi)
```

Einführen der Variablen *t* in *pTDphi* als '*Zeichenfolge*':

```
pTDphit = 'l*m*Ds(t)*cos(phi(t))+I*Dphi(t)';
```

Bilden der ersten Ableitung von *pTDphi* nach *t*:

```
DpTDphit = diff(pTDphit,'t')
DpTDphit =
l*m*diff(Ds(t),t)*cos(phi(t))-l*m*Ds(t)*sin(phi(t))
*diff(phi(t),t)+I*diff(Dphi(t),t)
```

Einführen der Beziehung für die Dissipative Energie *D* als '*Zeichenfolge*':

```
D = 'delta*(Dphi)^2+d*(Ds)^2';
```

Partielle Ableitung von *D* nach *Dphi*:

```
pDphi = diff(D,'Dphi')
pDphi =
2*delta*Dphi
```

Zusammensetzen der einzelnen Terme der Energiebilanz und Subtraktion der
Beziehung für *pTphi* von *DpTDphit* mit *symsub* zu *zs*:

```
zs = symsub(DpTDphit,pTphi)
zs =
l*m*diff(Ds(t),t)*cos(phi(t))-l*m*Ds(t)*sin(phi(t))
*diff(phi(t),t)+I*diff(Dphi(t),t)
+l*m*Ds*Dphi*sin(phi)
```

Addition von *zs* und *pDphi*/2 zur gesuchten nichtlinearen Differentialgleichung *yphi* des Winkels *phi*:

```
yphi = symadd(zs,symdiv(pDphi,2))
yphi =
l*m*diff(Ds(t),t)*cos(phi(t))-l*m*Ds(t)
*sin(phi(t))*diff(phi(t),t)+I*diff(Dphi(t),t)+l*m*D
s*Dphi*sin(phi)+delta*Dphi
```

Nach dem Kürzen der beiden gleichen Terme mit unterschiedlichem Vorzeichen entspricht das Ergebnis der Gleichung (3.30).

3.1.2.10 Ableitung der Energiebilanz nach dem Weg

– Kinetische Energie bezogen auf den Weg
  Partielle Ableitung der Gleichung (3.19) nach der Geschwindigkeit:

$$\frac{\partial T}{\partial \dot{s}} = \left(M + m\right)\dot{s}\left(t\right) - l\,m\,\dot{\varphi}\left(t\right)\cos\varphi\left(t\right) \tag{3.31}$$

Ableitung der Gleichung (3.31) nach der Zeit:

$$\frac{d}{dt}\left(\frac{\partial T}{\partial \dot{s}}\right) = \left(M + m\right)\ddot{s} - l\,m\,\dot{\varphi}^2\,\sin\varphi + l\,m\,\ddot{\varphi}\,\cos\varphi \tag{3.32}$$

Partielle Ableitung der Gleichung (3.19) nach dem Weg:

$$\frac{\partial T}{\partial s} = 0 \tag{3.33}$$

– Potentielle Energie bezogen auf den Weg
  Der Anteil der potentiellen Energie ist Null, somit auch die Ableitung:

$$\frac{\partial V}{\partial s} = 0 \tag{3.34}$$

– Dissipative Energie bezogen auf den Weg
  Partielle Ableitung der Gleichung (3.21) nach der Geschwindigkeit:

$$\frac{\partial D}{\partial \dot{s}} = 2\,d\,\dot{s}\left(t\right) \tag{3.35}$$

3.1.2.11 Nichtlineare Differentialgleichung des Weges

Aus den Gleichungen (3.23) und (3.32) bis (3.35) ergibt sich mit der Beziehung für die Gesamtenergiebilanz des Weges:

$$\frac{d}{dt}\left(\frac{\partial T}{\partial \dot{s}}\right) - \frac{\partial T}{\partial s} + \frac{\partial V}{\partial s} + \frac{1}{2}\frac{\partial D}{\partial \dot{s}} = y_s \tag{3.36}$$

die nichtlineare Differentialgleichung für die verallgemeinerte Koordinate Weg:

$$(M + m)\ddot{s} - l\,m\,\dot{\varphi}^2\sin\varphi + l\,m\,\ddot{\varphi}\cos\varphi + d\,\dot{s} = F \tag{3.37}$$

3.1.2.12 Nichtlineare Differentialgleichungen des Systems Stab-Wagen

Die Gleichungen (3.30) und (3.37) liefern die gesuchten nichtlinearen Differentialgleichungen für das System Stab-Wagen:

$$I_{s_0}\ddot{\varphi}(t) + l\,m\,\ddot{s}(t)\cos\varphi(t) + \delta\,\dot{\varphi}(t) = g\,l\,m\sin\varphi(t)$$

$$(M + m)\ddot{s}(t) - l\,m\,\dot{\varphi}^2(t)\sin\varphi(t) + l\,m\,\ddot{\varphi}(t)\cos\varphi(t) + d\,\dot{s}(t) = F(t)$$

Es handelt sich um ein System von zwei verkoppelten bzw. simultanen nichtlinearen Differentialgleichungen 2. Ordnung.

3.1.3 System Stab-Wagen - Linearisiertes Modell -

Die lineare Regelungstheorie setzt voraus, daß die betrachteten Modelle linear sind bzw. in linearisierter Form vorliegen. Aus diesem Grunde ist es notwendig, daß oben abgeleitete nichtlineare Gleichungssystem zu linearisieren.

3.1.3.1 Linearisierung und Vereinfachung der Modellgleichungen

Als Grundlagen der Linearisierung des Systems von nichtlinearen Differentialgleichungen wird angenommen, daß die Abweichungen des Winkels $\varphi(t)$ von der Senkrechten, entspricht $\varphi(t) = 0$, in dem Bereich:

$$-10° \leq \varphi° \leq +10°$$

liegen und damit folgende Vereinfachungen angenommen werden können:

$$\begin{aligned} \sin\varphi° &\approx \widehat{\varphi} = \varphi(t) \\ \cos\varphi° &\approx 1 \\ \dot{\varphi}^2 &\to 0 \end{aligned} \tag{3.38}$$

Mit den Vereinfachungen nach Gleichung (3.38) ergeben sich die linearisierten Formen der Gleichungen (3.30) und (3.37) zu:

$$I_{s_0}\ddot{\varphi}(t) + \delta\,\dot{\varphi}(t) + l\,m\,\ddot{s}(t) = g\,l\,m\,\varphi(t) \tag{3.39}$$

$$\left(M + m\right) \ddot{s}(t) + d\,\dot{s}(t) + l\,m\,\ddot{\varphi}(t) = F(t) \tag{3.40}$$

Zur Vereinfachung von Gleichung (3.39) wird das auf die Drehachse bezogene Massenträgheitsmoment des Stabes aus der Beziehung:

$$I_{s_0} = I_s + l^2\,m$$

bestimmt, was sich wie folgt berechnet:

$$I_s = \frac{1}{12} L^2\,m$$

da $L = 2\,l$ gilt, wird:

$$I_s = \frac{1}{12}\left(2\,l\right)^2 m = \frac{1}{3} l^2\,m \tag{3.41}$$

Mit Gleichung (3.41) ergibt sich:

$$I_{s_0} = I_s + l^2\,m = \frac{1}{3} l^2\,m + l^2\,m = \frac{4}{3} l^2\,m$$

und damit letztlich das Massenträgheitsmoment:

$$I_{s_0} = \frac{4}{3} l^2\,m \tag{3.42}$$

Die Gleichung (3.31) in (3.39) eingesetzt, liefert die Modellgleichung:

$$\frac{4}{3} l^2\,m\,\ddot{\varphi}(t) + \delta\,\dot{\varphi}(t) + l\,m\,\ddot{s}(t) = g\,l\,m\,\varphi(t) \tag{3.43}$$

3.1.3.2 Symbolische Lösung der linearen Beschleunigungsgleichungen

Die Gleichungen (3.40) und (3.43) sind in die explizite Form für die Beschleunigungen des Winkels und des Weges:

$$\ddot{\varphi}(t) \quad \text{und} \quad \ddot{s}(t)$$

umzuformen, damit daraus dann das Gleichungssystem im Zustandsraum abgeleitet werden kann. Die Umformung geschieht mit der *Symbolic Math Toolbox*. Gleichung (3.43) als '*Zeichenfolge*':

```
g1 = '(4/3)*l^2*m*D2phi(t)+delta*Dphi(t)
+l*m*D2s(t)-g*l*m*phi(t)';
```

Gleichung (3.40) als *'Zeichenfolge'*:

```
g2 = '(M+m)*D2s(t)+d*Ds(t)+l*m*D2phi(t)-F(t)';
```

Auflösen von *g*1 und *g*2 nach *D2phi* und *D2s* mit *solve*:

```
[D2phi,D2s] = solve(g1,g2,'D2phi(t),D2s(t)')
D2phi =
3*(-M*delta*Dphi(t)+M*g*l*m*phi(t)-
delta*Dphi(t)*m+g*l*m^2*phi(t)+m*l*d*Ds(t)-
m*l*F(t))/l^2/m/(4*M+m)
D2s =
-(4*l*d*Ds(t)-4*l*F(t)-
3*delta*Dphi(t)+3*g*l*m*phi(t))/l/(4*M+m)
```

Die Ergebnisse für die Beschleunigung des Winkels:

$$
\ddot{\varphi}(t) = +\frac{3g(M+m)}{l(4M+m)}\varphi(t) \quad -\frac{3\delta(M+m)}{l^2\,m(4M+m)}\dot{\varphi}(t)
$$
$$
-\frac{3}{l(4M+m)}F(t) \quad +\frac{3d}{l(4M+m)}\dot{s}(t)
\tag{3.44}
$$

und des Weges:

$$
\ddot{s}(t) = -\frac{4d}{(4M+m)}\dot{s}(t) \quad +\frac{4}{(4M+m)}F(t)
$$
$$
-\frac{3gm}{(4M+m)}\varphi(t) \quad +\frac{3\delta}{l(4M+m)}\dot{\varphi}(t)
\tag{3.45}
$$

3.1.3.3 Modellgleichungen des Systems Stab-Wagen mit den Koeffizienten

Die Gleichungen (3.44) und (3.45) für die verallgemeinerten Koordinaten Winkel und Weg werden durch das Zusammenfassen der Konstanten zu Koeffizienten, die den einzelnen Variablen zugeordnet sind, vereinfacht. Es gehören:

$$
\left.\begin{array}{c} a_{Sij} \\ a_{Wij} \end{array}\right\} \text{zur verallgemeinerten Koordinate des Systems} \left\{\begin{array}{l} Stab \\ Wagen \end{array}\right.
$$

$$
\left.\begin{array}{c} b_{Sij} \\ b_{Wij} \end{array}\right\} \text{zur Eingangsgröße des Systems} \left\{\begin{array}{l} Stab \\ Wagen \end{array}\right.
$$

– Koeffizienten des Stabes

$$a_{S21} = \frac{3g(M+m)}{l(4M+m)} \quad \left[\tfrac{1}{s^2}\right]; \quad a_{S22} = -\frac{3\delta(M+m)}{l^2 m(4M+m)} \quad \left[\tfrac{1}{s}\right]$$

$$b_{S21} = -\frac{3}{l(4M+m)} \quad \left[\tfrac{1}{kg\,m}\right]; \quad b_{S22} = \frac{3d}{l(4M+m)} \quad \left[\tfrac{1}{ms}\right]$$

– Koeffizienten des Wagens

$$a_{W22} = -\frac{4d}{(4M+m)} \quad \left[\tfrac{1}{s}\right]; \quad b_{W21} = \frac{4}{4M+m} \quad \left[\tfrac{1}{kg}\right]$$

$$b_{W22} = -\frac{3g\,m}{(4M+m)} \quad \left[\tfrac{m}{s^2}\right]; \quad b_{W23} = \frac{3\delta}{l(4M+m)} \quad \left[\tfrac{m}{s}\right]$$

Diese Koeffizienten ergeben zusammen mit den Gleichungen (3.44) und (3.45) das gesuchte linearisierte Modell des Systems Stab-Wagen:

$$\ddot{\varphi}(t) = a_{S21}\,\varphi(t) + a_{S22}\,\dot{\varphi}(t) + b_{S21}\,F(t) + b_{S22}\,\dot{s}(t) \qquad (3.46)$$

$$\ddot{s}(t) = a_{W22}\,\dot{s}(t) + b_{W21}\,F(t) + b_{W22}\,\varphi(t) + b_{W23}\,\dot{\varphi}(t) \qquad (3.47)$$

Die expliziten Gleichungen (3.46) und (3.47) für:

$$\ddot{\varphi}(t) \quad \text{und} \quad \ddot{s}(t)$$

sind die Ausgangsbeziehungen für die Darstellung des mathematischen Modells.

3.1.4 Überführung der linearisierten Modelle in den Zustandsraum

Mit den beiden letzten Gleichungen liegt ein System von zwei Differentialgleichungen 2. Ordnung vor, welche über die Variablen:

$$\varphi(t), \quad \dot{\varphi}(t) \quad \text{und} \quad \dot{s}(t)$$

miteinander verkoppelt sind. Winkel und Weg liegen jeweils in ihrer zweiten zeitlichen Ableitung vor, außerdem tritt in beiden die Kraft $F(t)$ auf.

Es gilt, daß sich jede Differentialgleichung n-ter Ordnung in ein System von n Differentialgleichungen 1. Ordnung überführen läßt.

Die Überführung dieser zwei Differentialgleichungen 2. Ordnung in vier Differentialgleichungen 1. Ordnung erfordert, daß neue Variable als Zustandsgrößen eingeführt werden. Im hier betrachteten Beispiel wird der Zustand des Systems durch die Koordinaten des Winkels und des Weges sowie ihren zeitlichen Ableitungen beschrieben.

Das Aufstellen der Gleichungen für die Beschreibung des Systems Stab-Wagen im Zustandsraum erfolgt in nachfolgend angegebenen Schritten. Es wird von getrennten Modellen der beiden Systeme Stab und Wagen ausgegangen.

3.1.4.1 Wahl der Zustandsgrößen - 1. Schritt

Die Wahl der Zustandsgrößen ist willkürlich und somit auch nicht eindeutig. Vielfach werden diejenigen physikalischen Größen als Zustandsgrößen ausgewählt, die im Zusammenhang mit der im System gespeicherten Energie stehen.

– Zustandsgrößen des Systems Stab
  Winkel:

$$\varphi(t) \quad [°]$$

Winkelgeschwindigkeit:

$$\dot{\varphi}(t) = \omega(t) \quad \left[s^{-1} \right]$$

mit dem Zustandsvektor:

$$\mathbf{x}_S(t) = \begin{bmatrix} \varphi(t) \\ \omega(t) \end{bmatrix} \tag{3.48}$$

– Zustandsgrößen des Systems Wagen
  Weg:

$$s(t) \quad [m]$$

und Geschwindigkeit:

$$\dot{s}(t) = v(t) \quad \left[m\,s^{-1} \right]$$

mit dem Zustandsvektor:

$$\mathbf{x}_W(t) = \begin{bmatrix} s(t) \\ v(t) \end{bmatrix} \tag{3.49}$$

3.1.4.2 Bestimmen der Eingangsgrößen - 2. Schritt

Auf den Eingang beider Systeme wirkt die Zugkraft:

$$F(t) \quad \left[N = kg\,m\,s^{-2} \right]$$

Sie gehört zur Klasse der steuerbaren Eingangsgrößen.

- Eingangsgrößen des Systems Stab
  Neben der Zugkraft tritt noch die Geschwindigkeit $v(t)$ - Zustandsgröße des Wagens - als Eingangsgröße auf:

$$\mathbf{u}_S(t) = \begin{bmatrix} F(t) \\ v(t) \end{bmatrix} \tag{3.50}$$

- Eingangsgrößen des Systems Wagen
  Auf den Wagen wirken neben der Zugkraft noch die vom System Stab kommenden Zustandsgrößen Winkel $\varphi(t)$ und Winkelgeschwindigkeit $\omega(t)$:

$$\mathbf{u}_W(t) = \begin{bmatrix} F(t) \\ \varphi(t) \\ \omega(t) \end{bmatrix} \tag{3.51}$$

3.1.4.3 Auffinden der Differentialgleichungen 1. Ordnung - 3. Schritt

Es werden folgende Ansätze gemacht:

- Mathematisches Modell des Stabes
  Die erste zeitliche Ableitung des Winkels entspricht der Winkelgeschwindigkeit, daraus ergibt sich die erste Differentialgleichung 1. Ordnung:

$$\dot{\varphi}(t) = \omega(t) \tag{3.52}$$

Mit der Gleichung (3.52) und

$$\dot{s}(t) = v(t) \tag{3.53}$$

sowie

$$\ddot{\varphi}(t) = \dot{\omega}(t) \tag{3.54}$$

wird aus der Gleichung (3.46) die zweite Differentialgleichung 1. Ordnung für das System Stab gewonnen:

$$\dot{\omega}(t) = a_{S21}\,\varphi(t) + a_{S22}\,\omega(t) + b_{S21}\,F(t) + b_{S22}\,v(t) \tag{3.55}$$

Die Gleichungen (3.52) und (3.55) sind das dynamische Modell des Stabes.
- Mathematisches Modell des Wagens
Die Gleichung (3.53) ergibt die erste Differentialgleichung 1. Ordnung für den Wagen. Diese und ihre Ableitung in (3.47) eingesetzt, liefern die zweite Differentialgleichung 1. Ordnung für das System Wagen:

$$\dot{v}(t) = a_{W22}\, v(t) + b_{W21}\, F(t) + b_{W22}\, \varphi(t) + b_{W23}\, \omega(t) \qquad (3.56)$$

Die Gleichungen (3.53) und (3.56) sind das dynamische Modell des Wagens.

3.1.4.4 Zusammenfassen der Differentialgleichungen zu Paaren - 4. Schritt

- Mathematisches Modell des Stabes

$$\dot{\varphi}(t) = \omega(t)$$

$$\dot{\omega}(t) = a_{S21}\, \varphi(t) + a_{S22}\, \omega(t) + b_{S21}\, F(t) + b_{S22}\, v(t) \qquad (3.57)$$

- Mathematisches Modell des Wagens

$$\dot{s}(t) = v(t)$$

$$\dot{v}(t) = a_{W22}\, v(t) + b_{W21}\, F(t) + b_{W22}\, \varphi(t) + b_{W23}\, \omega(t) \qquad (3.58)$$

3.1.4.5 Vektor-Matrix-Differentialgleichungen der Teilsysteme - 5. Schritt

Die Vektor-Matrix-Darstellung erfordert, daß auch alle diejenigen Variablenkombinationen aufgeführt werden müssen, deren Koeffizienten gleich Null sind.
- Mathematisches Modell des Stabes
In den Gleichungen von (3.57) treten die Variablen $F(t)$, $\varphi(t)$ und $\omega(t)$ auf, d.h. für jede dieser drei Größen muß in den dazugehörenden Matrizen bzw. Vektoren ein Platz reserviert werden. Daraus folgt:

$$\dot{\varphi}(t) = \quad + \quad 0\, \varphi(t) \quad + \quad 1\, \omega(t) \quad + \quad 0\, F(t) \quad + \quad 0\, v(t)$$

$$\dot{\omega}(t) = \quad + a_{S21}\, \varphi(t) \quad + a_{S22}\, \omega(t) \quad + b_{S21}\, F(t) \quad + b_{S22}\, v(t)$$

Die Zustandsgrößen und ihre ersten Ableitungen sowie die Eingangsgrößen werden jeweils mit ihren Koeffizienten zu Blöcken zusammengefaßt:

$$\left.\begin{array}{c} \dot{\varphi}(t) \\ \dot{\omega}(t) \end{array}\right| = \left|\begin{array}{cc} 0\, \varphi(t) & + \quad 1\, \omega(t) \\ a_{S21}\, \varphi(t) & + \quad a_{S22}\, \omega(t) \end{array}\right| + \left|\begin{array}{cc} 0\, F(t) & + \quad 0\, v(t) \\ b_{S21}\, F(t) & + \quad b_{S22}\, v(t) \end{array}\right|$$

Anschließend sind diese Blöcke in Vektoren und Matrizen aufzugliedern, was die gesuchte Darstellung im Zustandsraum liefert:

$$\begin{bmatrix} \dot{\varphi}(t) \\ \dot{\omega}(t) \end{bmatrix} = \begin{bmatrix} 0 & 1 \\ a_{S21} & a_{S22} \end{bmatrix} \begin{bmatrix} \varphi(t) \\ \omega(t) \end{bmatrix} + \begin{bmatrix} 0 & 0 \\ b_{S21} & b_{S22} \end{bmatrix} \begin{bmatrix} F(t) \\ v(t) \end{bmatrix}$$ (3.59)

bzw. in allgemeiner Form:

$$\dot{\mathbf{x}}_S(t) = \mathbf{A}_S\, \mathbf{x}_S(t) + \mathbf{B}_S\, \mathbf{u}_S(t)$$

- Mathematisches Modell des Wagens
  Analog der Vorgehensweise bei dem Modell für den Stab folgt für den Wagen aus den beiden Gleichungen von (3.58):

$$\dot{s}(t) = \quad +0\, s(t) \quad + 1\, v(t) \quad + 0\, F(t) \quad + 0\, \varphi(t) \quad + 0\, \omega(t)$$
$$\dot{v}(t) = \quad +0\, s(t) \quad + a_{W22}\, v(t) \quad + b_{W21}\, F(t) \quad + b_{W22}\, \varphi(t) \quad + b_{W23}\, \omega(t)$$

Nach der Blockbildung und dem Auflösen dieser Blöcke in Vektoren und Matrizen ergibt sich die gesuchte Darstellung im Zustandsraum:

$$\begin{bmatrix} \dot{s}(t) \\ \dot{v}(t) \end{bmatrix} = \begin{bmatrix} 0 & 1 \\ 0 & a_{W22} \end{bmatrix} \begin{bmatrix} s(t) \\ v(t) \end{bmatrix} + \begin{bmatrix} 0 & 0 & 0 \\ b_{W21} & b_{W22} & b_{W23} \end{bmatrix} \begin{bmatrix} F(t) \\ \varphi(t) \\ \omega(t) \end{bmatrix}$$ (3.60)

$$\dot{\mathbf{x}}_W(t) = \mathbf{A}_W\, \mathbf{x}_W(t) + \mathbf{B}_W\, \mathbf{u}_W(t)$$

3.1.4.6 Auswahl der Ausgangsgrößen für die Teilsysteme - 6. Schritt

Ausgangsgrößen können nur aus Linearkombinationen der Zustandsgrößen und gegebenenfalls der Eingangsgrößen gebildet werden.
- Mathematisches Modell des Stabes
  Der Winkel und die Winkelgeschwindigkeit treten im System Wagen neben der Zugkraft als Eingangsgrößen auf. Da von einer Reihenschaltung beider Teilsysteme ausgegangen wird, muß folglich das System Stab diese als Ausgangsgrößen bereithalten, was zu folgendem Gleichungssystem führt:

$$\mathbf{y}_S(t) = \begin{bmatrix} F(t) \\ \varphi(t) \\ \omega(t) \end{bmatrix} = \begin{bmatrix} 0 & 0 \\ 1 & 0 \\ 0 & 1 \end{bmatrix} \begin{bmatrix} \varphi(t) \\ \omega(t) \end{bmatrix} + \begin{bmatrix} 1 & 0 \\ 0 & 0 \\ 0 & 0 \end{bmatrix} \begin{bmatrix} F(t) \\ v(t) \end{bmatrix}$$ (3.61)

bzw. in allgemeiner Form:

$$\mathbf{y}_S(t) = \mathbf{C}_S\,\mathbf{x}_S(t) + \mathbf{D}_S\,\mathbf{u}_S(t)$$

– Mathematisches Modell des Wagens

Im System Stab tritt die Geschwindigkeit des Wagens $v(t)$ als Eingangsgröße auf. Weiterhin sind der Weg $s(t)$ und der Winkel $\varphi(t)$ von besonderem Interesse, so daß diese drei als Ausgangsgrößen festgelegt werden:

$$\mathbf{y}_W(t) = \begin{bmatrix} \varphi(t) \\ s(t) \\ v(t) \end{bmatrix} = \begin{bmatrix} 0 & 0 \\ 1 & 0 \\ 0 & 1 \end{bmatrix} \begin{bmatrix} s(t) \\ v(t) \end{bmatrix} + \begin{bmatrix} 0 & 1 & 0 \\ 0 & 0 & 0 \\ 0 & 0 & 0 \end{bmatrix} \begin{bmatrix} F(t) \\ \varphi(t) \\ \omega(t) \end{bmatrix} \qquad (3.62)$$

bzw. in allgemeiner Form:

$$\mathbf{y}_W(t) = \mathbf{C}_W\,\mathbf{x}_W(t) + \mathbf{D}_W\,\mathbf{u}_W(t)$$

3.1.4.7 Signalflußbilder der Teilsysteme - 7. Schritt

Die Gleichungen (3.59) und (3.61) liefern das Signalflußbild des Stabes:

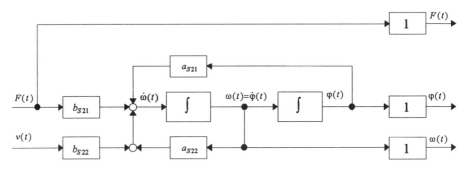

Bild 3.3 Signalflußbild des dynamischen Systems Stab

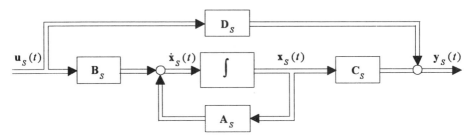

Bild 3.4 Vektor-Matrix-Signalflußbild des Systems Stab

Die Gleichungen (3.60) und (3.62) liefern das in Bild 3.5 dargestellte Signalflußbild des Wagens. Das dazugehörende Vektor-Matrix-Signalflußbild entspricht dem des Systems Stab, auf eine Wiedergabe wird verzichtet, da sich lediglich die Indizes ändern.

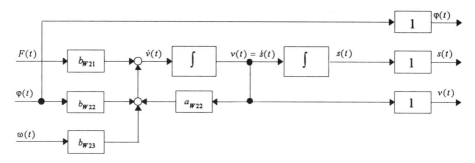

Bild 3.5 Signalflußbild des dynamischen Systems Wagen

3.1.5 Bilden des Gesamtmodells Stab-Wagen im Zustandsraum

Beide Teilsysteme werden nun zu dem *System Stab-Wagen* vereinigt:

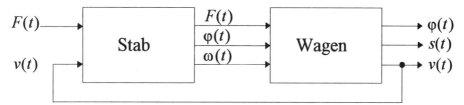

Bild 3.6 Zusammenschaltung der Teilsysteme Stab-Wagen

3.1.5.1 Reihenschaltung der beiden Teilsysteme

Bei dem System Stab treten die Kraft $F(t)$ und die Geschwindigkeit $v(t)$ als Eingangsgrößen auf. Wird zunächst vernachlässigt, daß die Geschwindigkeit eine Zustandsgröße des Systems Wagen ist und damit für das Gesamtsystem eine Rückkopplung bildet, so kann die Zusammenschaltung dieser beiden Teilsysteme als Reihenschaltung aufgefaßt werden. Damit lauten die vier Gleichungen:
– Für den Stab

$$\dot{\mathbf{x}}_S(t) = \mathbf{A}_S \, \mathbf{x}_S(t) + \mathbf{B}_S \, \mathbf{u}_S(t) \tag{3.63}$$

$$\mathbf{y}_S(t) = \mathbf{C}_S \, \mathbf{x}_S(t) + \mathbf{D}_S \, \mathbf{u}_S(t) \tag{3.64}$$

- Für den Wagen

$$\dot{\mathbf{x}}_W(t) = \mathbf{A}_W\,\mathbf{x}_W(t) + \mathbf{B}_W\,\mathbf{u}_W(t) \tag{3.65}$$

$$\mathbf{y}_W(t) = \mathbf{C}_W\,\mathbf{x}_W(t) + \mathbf{D}_W\,\mathbf{u}_W(t) \tag{3.66}$$

Der Zustandsvektor wird aus denen der beiden Teilsysteme gebildet:

$$\mathbf{x}_{SW}(t) = \left[\begin{array}{c} \mathbf{x}_S(t) \\ \hline \mathbf{x}_W(t) \end{array}\right] \tag{3.67}$$

Der Eingangsvektor des Wagens ist gleich dem Ausgangsvektor des Stabes:

$$\mathbf{u}_W(t) = \mathbf{y}_S(t) = \mathbf{C}_S\,\mathbf{x}_S(t) + \mathbf{D}_S\,\mathbf{u}_S(t) \tag{3.68}$$

Für den Eingangsvektor des Systems Stab gilt:

$$\mathbf{u}_S(t) = \left[\begin{array}{c} F(t) \\ v(t) \end{array}\right] \tag{3.69}$$

Die Reihenschaltung dieser zwei Zustandssysteme ergibt dann folgende resultierende Vektor-Matrix-Differentialgleichung:

$$\left[\begin{array}{c} \dot{\mathbf{x}}_S(t) \\ \hline \dot{\mathbf{x}}_W(t) \end{array}\right] = \left[\begin{array}{c|c} \mathbf{A}_S & \mathbf{0} \\ \hline \mathbf{B}_W\,\mathbf{C}_S & \mathbf{A}_W \end{array}\right] \left[\begin{array}{c} \mathbf{x}_S(t) \\ \hline \mathbf{x}_W(t) \end{array}\right] + \left[\begin{array}{c} \mathbf{B}_S \\ \hline \mathbf{B}_W\,\mathbf{D}_S \end{array}\right]\mathbf{u}_S(t) \tag{3.70}$$

$$\left[\begin{array}{c} \dot{\varphi}(t) \\ \dot{\omega}(t) \\ \hline \dot{s}(t) \\ \dot{v}(t) \end{array}\right] = \left[\begin{array}{cc|cc} 0 & 1 & 0 & 0 \\ a_{S21} & a_{S22} & 0 & 0 \\ \hline 0 & 0 & 0 & 1 \\ b_{W22} & b_{W23} & 0 & a_{W22} \end{array}\right] \left[\begin{array}{c} \varphi(t) \\ \omega(t) \\ \hline s(t) \\ v(t) \end{array}\right] + \left[\begin{array}{cc} 0 & 0 \\ b_{S21} & b_{S22} \\ \hline 0 & 0 \\ b_{W21} & 0 \end{array}\right]\left[\begin{array}{c} F(t) \\ v(t) \end{array}\right] \tag{3.71}$$

3.1.5.2 Gesamtschaltung durch Rückführung der Geschwindigkeit

Die in das System Stab eintretende Geschwindigkeit $v(t)$ ist im System Wagen eine Zustandsgröße und damit auch für das Gesamtsystem. Folglich muß die in der Eingangsmatrix zu $v(t)$ gehörende zweite Spalte additiv mit der vierten Spalte der Systemmatrix von Gleichung (3.71) verknüpft werden.

- Vektor-Matrix-Differentialgleichung des Systems Stab-Wagen
  Das Gesamtsystem hat nur die Kraft $F(t)$ als Eingangsgröße. Mit den neu bezeichneten Koeffizienten ergeben sich:

$$\begin{bmatrix} \dot{\varphi}(t) \\ \dot{\omega}(t) \\ \dot{s}(t) \\ \dot{v}(t) \end{bmatrix} = \begin{bmatrix} 0 & 1 & \vdots & 0 & 0 \\ a_{SW21} & a_{SW22} & \vdots & 0 & a_{SW24} \\ \hdashline 0 & 0 & \vdots & 0 & 1 \\ a_{SW41} & a_{SW42} & \vdots & 0 & a_{SW44} \end{bmatrix} \begin{bmatrix} \varphi(t) \\ \omega(t) \\ s(t) \\ v(t) \end{bmatrix} + \begin{bmatrix} 0 \\ b_{SW21} \\ \hdashline 0 \\ b_{SW41} \end{bmatrix} F(t) \qquad (3.72)$$

$$\dot{\mathbf{x}}_{SW}(t) = \mathbf{A}_{SW}\,\mathbf{x}_{SW}(t) + \mathbf{b}_{SW}\,F(t)$$

- Ausgangsgleichung des Systems Stab-Wagen
  Der Winkel und der Weg sind die Ausgangsgrößen des Gesamtsystems:

$$\mathbf{y}_{W(1:2)}(t) = \mathbf{C}_{W(1:2)}\,\mathbf{x}_W(t) + \mathbf{D}_{W(1:2)}\,\mathbf{u}_W(t)$$

$$\mathbf{y}_{W(1:2)}(t) = \begin{bmatrix} \varphi(t) \\ s(t) \end{bmatrix} = \begin{bmatrix} 0 & 0 \\ 1 & 0 \end{bmatrix} \begin{bmatrix} s(t) \\ v(t) \end{bmatrix} + \begin{bmatrix} 0 & 1 & 0 \\ 0 & 0 & 0 \end{bmatrix} \begin{bmatrix} F(t) \\ \varphi(t) \\ \omega(t) \end{bmatrix} \qquad (3.73)$$

In der Gleichung (3.73) ist der Eingangsvektor $\mathbf{u}_W(t)$ durch den Ausgangsvektor des Systems Stab zu ersetzen:

$$\mathbf{u}_W(t) = \mathbf{C}_S\,\mathbf{x}_S(t) + \mathbf{D}_S\,\mathbf{u}_S(t)$$

$$\mathbf{y}_{W(1:2)}(t) = \mathbf{C}_{W(1:2)}\,\mathbf{x}_W + \mathbf{D}_{W(1:2)}\,\mathbf{C}_S\,\mathbf{x}_S + \mathbf{D}_{W(1:2)}\,\mathbf{D}_S\,\mathbf{u}_S \qquad (3.74)$$

$$\begin{bmatrix} \varphi(t) \\ s(t) \end{bmatrix} = \begin{bmatrix} 0 & 0 \\ 1 & 0 \end{bmatrix} \begin{bmatrix} s(t) \\ v(t) \end{bmatrix} + \begin{bmatrix} 1 & 0 \\ 0 & 0 \end{bmatrix} \begin{bmatrix} \varphi(t) \\ \omega(t) \end{bmatrix} + \begin{bmatrix} 0 & 0 \\ 0 & 0 \end{bmatrix} \begin{bmatrix} F(t) \\ v(t) \end{bmatrix} \qquad (3.75)$$

Aus Gleichung (3.75) ist zu ersehen, daß die Ausgangsgleichung des Gesamtsystems unabhängig von dem Eingangsgrößenvektor $u_S(t)$ und somit auch von F(t) ist, damit ergibt sich als Ausgangsgleichung für das System Stab-Wagen:

$$\mathbf{y}_{SW}(t) = \begin{bmatrix} \varphi(t) \\ s(t) \end{bmatrix} = \begin{bmatrix} 1 & 0 & \vdots & 0 & 0 \\ 0 & 0 & \vdots & 1 & 0 \end{bmatrix} \begin{bmatrix} \mathbf{x}_S(t) \\ \mathbf{x}_W(t) \end{bmatrix} + \begin{bmatrix} 0 \\ 0 \end{bmatrix} F(t) \qquad (3.76)$$

$$\mathbf{y}_{SW}(t) = \begin{bmatrix} \mathbf{D}_{W(1:2)}\,\mathbf{C}_S & \vdots & \mathbf{C}_{W(1:2)} \end{bmatrix} \begin{bmatrix} \mathbf{x}_S(t) \\ \mathbf{x}_W(t) \end{bmatrix} + \begin{bmatrix} \mathbf{D}_{W(1:2)}\,\mathbf{D}_S \end{bmatrix} \mathbf{u}_S(t)$$

$$\mathbf{y}_{SW}(t) = \mathbf{C}_{SW}\,\mathbf{x}_{SW}(t)$$

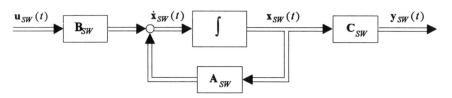

Bild 3.7 Vektor-Matrix-Darstellung der Gleichungen (3.72) und (3.76)

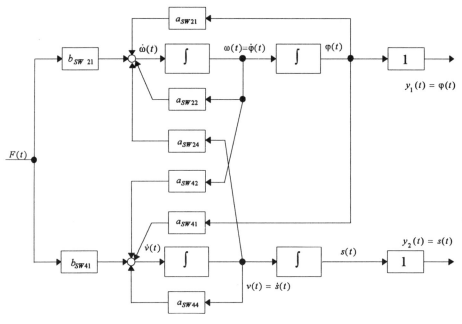

Bild 3.8 Signalflußbild des Systems Stab-Wagen

3.1.6 Koeffizienten und Zustandsgleichungen des linearen Modells

Die technischen Daten sowie die daraus berechneten Koeffizienten und Matrizen sind in der Funktion *invpendl.m* unter 3.3.5 enthalten. Hier werden nur der Aufbau der Koeffizienten, ihre Werte und die Zustandsgleichungen angegeben.

3.1.6.1 Koeffizienten des Systems Stab

– Systemmatrix

$$a_{S21} = \frac{3g(M+m)}{l(4M+m)} = 12{,}3788 \; s^{-2}$$

$$a_{S22} = -\frac{3\delta(M+m)}{l^2\,m(4M+m)} = -0,55\,s^{-1}$$

- Eingangsmatrix

$$b_{S21} = -\frac{3}{l(4M+m)} = -1,1429\,\frac{1}{kg\,m}$$

$$b_{S22} = \frac{3d}{l(4M+m)} = 0,1143\,\frac{1}{m\,s}$$

3.1.6.2 Zustandsgleichungen des Systems Stab

Für die Zustandsgleichungen des Stabes ergibt sich mit den oben angeführten Koeffizienten bzw. mit [AS,BS,CS,DS] = $invpendl$('ST') folgender Aufbau:

$$\begin{bmatrix} \dot\varphi(t) \\ \dot\omega(t) \end{bmatrix} = \begin{bmatrix} 0 & 1 \\ 12,3788 & -0,55 \end{bmatrix}\begin{bmatrix} \varphi \\ \omega \end{bmatrix} + \begin{bmatrix} 0 & 0 \\ -1,1429 & 0,1143 \end{bmatrix}\begin{bmatrix} F \\ v \end{bmatrix} \qquad (3.77)$$

$$\mathbf{y}_S(t) = \begin{bmatrix} F(t) \\ \varphi(t) \\ \omega(t) \end{bmatrix} = \begin{bmatrix} 0 & 0 \\ 1 & 0 \\ 0 & 1 \end{bmatrix}\begin{bmatrix} \varphi(t) \\ \omega(t) \end{bmatrix} + \begin{bmatrix} 1 & 0 \\ 0 & 0 \\ 0 & 0 \end{bmatrix}\begin{bmatrix} F(t) \\ v(t) \end{bmatrix} \qquad (3.78)$$

3.1.6.3 Koeffizienten des Systems Wagen

- Systemmatrix

$$a_{W22} = -\frac{4d}{4M+m} = -0,1143\,s^{-1}$$

- Eingangsmatrix

$$b_{W21} = \frac{4}{4M+m} = 1,1429\,kg^{-1}$$

$$b_{W22} = -\frac{3g\,m}{4M+m} = -2,5721\,m\,s^{-2}$$

$$b_{W23} = \frac{3\delta}{l(4M+m)} = 0,1143\,m\,s^{-1}$$

3.1.6.4 Zustandsgleichungen des Systems Wagen

Für die Zustandsgleichungen des Wagens ergibt sich mit den oben angeführten Koeffizienten bzw. mit [AW,BW,CW,DW] = *invpendl*('WA') folgender Aufbau:

$$
\begin{bmatrix} \dot{s}(t) \\ \dot{v}(t) \end{bmatrix} = \begin{bmatrix} 0 & 1 \\ 0 & -0,1143 \end{bmatrix} \begin{bmatrix} s \\ v \end{bmatrix} + \begin{bmatrix} 0 & 0 & 0 \\ 1,1429 & -2,5721 & 0,1143 \end{bmatrix} \begin{bmatrix} F \\ \varphi \\ \omega \end{bmatrix} \tag{3.79}
$$

$$
\mathbf{y}_W(t) = \begin{bmatrix} \varphi(t) \\ s(t) \\ v(t) \end{bmatrix} = \begin{bmatrix} 0 & 0 \\ 1 & 0 \\ 0 & 1 \end{bmatrix} \begin{bmatrix} s(t) \\ v(t) \end{bmatrix} + \begin{bmatrix} 0 & 1 & 0 \\ 0 & 0 & 0 \\ 0 & 0 & 0 \end{bmatrix} \begin{bmatrix} F(t) \\ \varphi(t) \\ \omega(t) \end{bmatrix} \tag{3.80}
$$

3.1.6.5 Zustandsgleichungen des Systems Stab-Wagen

Für das System Stab-Wagen ergeben sich mit den oben angeführten Koeffizienten und der Gleichung (3.72) bzw. mit [AW,BW,CW,DW] = *invpendl*('SW') folgende Vektor-Matrix-Differentialgleichung:

$$
\begin{bmatrix} \dot{\varphi} \\ \dot{\omega} \\ \hline \dot{s} \\ \dot{v} \end{bmatrix} = \left[\begin{array}{cc|cc} 0 & 1 & 0 & 0 \\ 12,3788 & -0,55 & 0 & 0,1143 \\ \hline 0 & 0 & 0 & 1 \\ -2,5721 & 0,1143 & 0 & -0,1143 \end{array} \right] \begin{bmatrix} \varphi \\ \omega \\ \hline s \\ v \end{bmatrix} + \begin{bmatrix} 0 \\ -1,1429 \\ \hline 0 \\ 1,1429 \end{bmatrix} F \tag{3.81}
$$

und aus der Gleichung (3.76) die Vektor-Matrix-Ausgangsgleichung:

$$
\mathbf{y}_{SW}(t) = \begin{bmatrix} \varphi(t) \\ s(t) \end{bmatrix} = \left[\begin{array}{cc|cc} 1 & 0 & 0 & 0 \\ 0 & 0 & 1 & 0 \end{array} \right] \mathbf{x}_{SW}(t) \tag{3.82}
$$

3.1.6.6 Modell des Systems Stab-Wagen mit *blkbuild, connect* und *printsys*

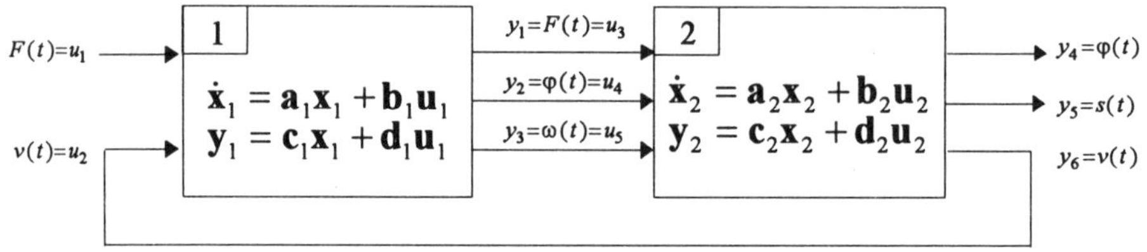

Bild 3.9 Vereinfachtes Signalflußbild des Systems Stab-Wagen

Ausgehend von dem vereinfachten Signalflußbild (3.9) werden mit den in Kapitel 7.5 behandelten Funktionen *blkbuild.m* und *connect.m* die Zustandsgleichungen des Gesamtmodells gefunden.

Das schrittweise Auffinden der Zustandsgleichungen des aus den beiden Zustandssystemen 1 und 2 gebildeten Gesamtsystems wird mit dem *Notebook* aufgezeichnet:

1. Schritt

   Numerierung der Blöcke, siehe Bild 3.9.

2. Schritt

   Eingabe der Systemmatrizen mit Hilfe der Funktion *invpendl.m*.

   System 1 - Stab:

   ```
   [a1,b1,c1,d1] = invpendl('ST');
   ```

   System 2 - Wagen:

   ```
   [a2,b2,c2,d2] = invpendl('WA');
   ```

3. Schritt

   Numerierung der Ein- und Ausgänge, siehe Bild 3.9.

4. Schritt

   Anzahl der Blöcke

   ```
   nblocks = 2;
   ```

5. Schritt

   Aufruf der Funktion *blkbuild.m* zum Bilden eines Zwischensystems:

   ```
   blkbuild
   State model [a,b,c,d] of the block diagram has 5
   inputs and 6 outputs
   ```

6. Schritt

   Zuordnen der internen Ausgänge zu den internen Eingängen:

   ```
   Q = [2 6; 3 1;4 2;5 3];
   ```

7. Schritt

   Festlegen der externen Ein- und Ausgänge:

   ```
   ein = [1]; aus = [4 5];
   ```

8. Schritt

   Aufruf der Funktion *connect.m* zum Bilden des Gesamtsystems:

   ```
   [ASW,BSW,CSW,DSW] = connect(a,b,c,d,Q,ein,aus);
   ```

9. Schritt

Darstellen des Gesamtsystems mit der Funktion *printsys.m* nach Kapitel 6. Definition der Symbole für die Eingangs-, Ausgangs- und Zustandsgrößen:

```
uSW = ['F(t)']; ySW = ['phi(t) s(t)'];

xSW = ['phi(t) omega(t) s(t) v(t)'];

printsys(ASW,BSW,CSW,DSW,uSW,ySW,xSW)
a =
               phi(t)        omega(t)       s(t)          v(t)
phi(t)              0         1.00000          0             0
omega(t)     12.37879        -0.55002          0       0.11429
s(t)                0               0          0       1.00000
v(t)         -2.57214         0.11429          0      -0.11429


b =
                              F(t)
         phi(t)                  0
       omega(t)           -1.14286
           s(t)                  0
           v(t)            1.14286


c =
               phi(t)        omega(t)          s(t)          v(t)
phi(t)  1.00000                  0             0             0
   s(t)        0                  0       1.00000             0


d =
                              F(t)
         phi(t)                  0
           s(t)                  0
```

Die Modellgleichungen stimmen mit den Gleichungen (3.81) und (3.82) überein.

3.1.7 Eigenwerte des Systems Stab-Wagen mit *eig* und *esort*

Eigenwerte des Stabes mit *eig*:

```
PoS = eig(AS)
PoS =
     3.2541
    -3.8041
```

Der positive Eigenwert kennzeichnet das System Stab als strukturinstabil. Eigenwerte des Wagens mit *eig*:

```
PoW = eig(AW)
```

```
PoW =
          0
    -0.1143
```

Das Verhalten des Wagens ist grenzstabil.
Eigenwerte des Systems Stab-Wagen mit *eig* und mit *esort* nach der Größe ihres Realteils sortiert:

```
PoSW = esort(eig(ASW))
PoSW =
     3.2434
          0
    -0.0905
    -3.8172
```

Das System Stab-Wagen besteht aus einer Reihenschaltung dieser beiden Teilsysteme mit einer Rückkopplung der Zustandsgröße Geschwindigkeit des Wagens auf den Stab, so daß die Eigenwerte geringfügig von den Eigenwerten der beiden Teilsysteme abweichen. Im Falle einer Reihenschaltung, würden die Eigenwerte des Gesamtsystems denen der Teilsysteme entsprechen.

3.2 Gleichstrom-Nebenschluß-Motor

Gesucht ist das mathematische Modell eines permanent erregten Gleichstrom-Nebenschluß-Motors mit Seilscheibe und Umlenkrollen, wie im Bild 3.10 dargestellt. Der Motor soll als Antrieb für das System Stab-Wagen dienen.

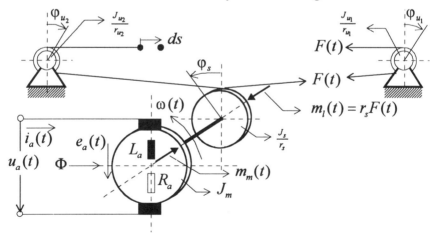

Bild 3.10 Gleichstrom-Nebenschluß-Motor mit Seilscheibe und Umlenkrollen

3.2.1 Grundgleichungen - elektrische Seite

3.2.1.1 Spannungsbilanz

Für den Motorkreis läßt sich folgende Spannungsbilanz aufstellen:

$$L_a \frac{di_a(t)}{dt} + R_a i_a(t) + e_a(t) = u_a(t) \tag{3.83}$$

3.2.1.2 Geschwindigkeit des Winkels und der eines Seilpunktes

Zwischen den zeitlichen Änderungen des Ankerdrehwinkels $d\varphi_a(t)$, welcher dem der Seilscheibe entspricht, der Seilscheibe $d\varphi_s(t)$ und der Umlenkrollen $d\varphi_{ui}(t)$ sowie des Weges $ds(t)$ eines Seilpunktes bestehen nach Bild 3.11 folgende Zwangsbedingungen, wenn vorausgesetzt wird, daß sich die Seillänge infolge der Belastung nicht verändert:

$$ds(t) = r_i \, d\varphi_i(t) \text{ mit } i = a = s = u_1 = u_2 \tag{3.84}$$

Die Ableitung der Gleichung (3.84) nach der Zeit liefert:

$$\frac{ds(t)}{dt} = r_i \frac{d\varphi_i(t)}{dt} = r_i \omega_i(t) = v(t) \tag{3.85}$$

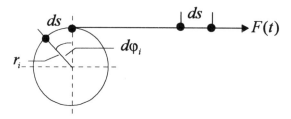

Bild 3.11 Zusammenhang zwischen der Winkel- und Wegänderung

Für die Seilscheibe und den Anker des Motors wird mit $\omega_s(t) = \omega_a(t)$:

$$r_s \frac{d\varphi_s(t)}{dt} = r_s \omega_s(t) = r_s \omega_a(t) = v(t) \tag{3.86}$$

Die Zusammenhänge an den Umlenkrollen lassen sich wie folgt beschreiben:

$$r_{u_1} \frac{d\varphi_{u_1}(t)}{dt} = r_{u_1} \omega_{u_1}(t) = v(t) \tag{3.87}$$

$$r_{u_2} \frac{d\varphi_{u_2}(t)}{dt} = r_{u_2} \, \omega_{u_2}(t) = v(t) \tag{3.88}$$

Für die Winkelgeschwindigkeit des Ankers gilt somit folgende Beziehung:

$$\omega_a(t) = \frac{1}{r_s} v(t) \tag{3.89}$$

3.2.1.3 Im Motor induzierte Spannung

Für die Kopplung zwischen der elektrischen und mechanischen Seite gilt:

$$e_a(t) = k_e \, \omega_a(t) \tag{3.90}$$

mit der elektrischen Motorkonstanten k_e [$V\,s$]. Mit der Gleichung (3.89) wird:

$$e_a(t) = \frac{k_e}{r_s} v(t) \tag{3.91}$$

3.2.1.4 Differentialgleichung für den Ankerstrom

Aus den Gleichungen (3.83) und (3.90) folgt die lineare Differentialgleichung 1. Ordnung mit konstanten Koeffizienten für den Ankerstrom:

$$\frac{di_a(t)}{dt} = -\frac{R_a}{L_a} i_a(t) - \frac{k_e}{L_a \, r_s} v(t) + \frac{1}{L_a} u_a(t) \tag{3.92}$$

3.2.2 Grundgleichungen - mechanische Seite

3.2.2.1 Mechanisch-elektrische Kopplung des Motors

Die Grundgleichungen der mechanischen Seite beschreiben das vom Motor abgegebene Moment als die Differenz zwischen dem elektrisch erzeugten und dem Dämpfungsmoment:

$$m_m(t) = k_m \, i_a(t) - k_d \, \omega_a(t) \tag{3.93}$$

In der Gleichung (3.93) entsprechen k_m [$N\,m\,A^{-1}$] der mechanischen Motorkonstante und k_d [$N\,m\,s$] der geschwindigkeitsproportionalen Dämpfungskonstante. In der Dämpfungskonstante sind alle Dämpfungsverluste die im Motor auftreten, wie z.B. Eisenverluste, Reibung, Luftverwirbelung, enthalten.
Mit der Gleichung (3.89) ergibt sich das abgegebene Motormoment zu:

$$m_m(t) = k_m \, i_a(t) - \frac{k_d}{r_s} v(t) \qquad (3.94)$$

3.2.2.2 Beschleunigungsmoment

Das Beschleunigungsmoment ist die Summe der Momente, die zur Beschleunigung aller beweglichen Massenteile, wie Anker, Seilscheibe und Umlenkrollen, vom Motor aufgebracht werden muß:

$$m_{ma}(t) = J_m \frac{d\omega_a}{dt} + J_s \frac{d\omega_s}{dt} + J_{u_1} \frac{d\omega_{u_1}}{dt} + J_{u_2} \frac{d\omega_{u_2}}{dt} \qquad (3.95)$$

$J_i \; [N \, m \, s^2 = kg \, m^2]$ entspricht den Massenträgheitsmomenten der bewegten Teile.

Transformation der Winkelbeschleunigungen der einzelnen Komponenten auf die Beschleunigung eines Seilpunktes:

$$\frac{d\omega_i(t)}{dt} = \frac{1}{r_i} \frac{dv(t)}{dt} \quad \text{bzw.} \quad \dot{\omega}_i(t) = \frac{1}{r_i} \dot{v}_i(t) \qquad (3.96)$$

Es wird angenommen, daß die beiden Umlenkrollen gleich sind:

$$\omega_{u_1} = \omega_{u_2} = \omega_u, \quad J_{u_1} = J_{u_2} = J_u \quad \text{und} \quad r_{u_1} = r_{u_2} = r_u \qquad (3.97)$$

Somit ergibt sich das Beschleunigungsmoment des Motors zu:

$$m_{ma}(t) = \frac{1}{r_s \, r_u} \left[r_u \left(J_m + J_s \right) + 2 r_s \, J_u \right] \frac{dv(t)}{dt} \qquad (3.98)$$

3.2.2.3 Lastmoment

Das Lastmoment entsteht durch die an der Seilscheibe angreifende Zugkraft $F(t)$:

$$m_l(t) = r_s \, F(t) \qquad (3.99)$$

3.2.2.4 Gesamtmoment des Motors

Das Gesamtmoment ist die Summe aus Beschleunigungs- und Lastmoment:

$$m_m(t) = m_{ma}(t) + m_l(t)$$

$$m_m(t) = \frac{1}{r_s \, r_u} \left[r_u \left(J_m + J_s \right) + 2 r_s \, J_u \right] \frac{dv(t)}{dt} + r_s \, F(t) \qquad (3.100)$$

3.2.2.5 Differentialgleichung für die Geschwindigkeit eines Seilpunktes

Die Gleichung (3.100) nach $\dot{v}(t)$ umgestellt und für $m_m(t)$ die Gleichung (3.94) eingesetzt, liefert die gesuchte lineare Differentialgleichung 1. Ordnung mit konstanten Koeffizienten für die Geschwindigkeit eines Seilpunktes:

mit:

$$\frac{dv(t)}{dt} = k_{J_r} k_m r_s r_u i_a(t) - k_d k_{J_r} r_u v(t) - k_{J_r} r_s^2 r_u F(t) \qquad (3.101)$$

$$\frac{1}{r_u(J_m + J_s) + 2r_s J_u} = k_{J_r} \left[\frac{1}{N\,m^2\,s^2} \right] \qquad (3.102)$$

3.2.3 Zustandsbeschreibung des Gleichstrom-Nebenschluß-Motors

Das Modell des Gleichstrom-Nebenschluß-Motors wird aus den Gleichungen (3.92) und (3.101) gebildet. Der Ankerstrom $i_a(t)$ und die Geschwindigkeit $v(t)$ eines Seilpunktes sind dabei die Zustandsgrößen. Die Ankerspannung $u_a(t)$ ist die steuerbare Eingangsgröße und die Zugkraft $F(t)$ wirkt als Störgröße. Bezogen auf die Zusammenschaltung des Gleichstrom-Nebenschluß-Motors mit dem System Stab-Wagen stellt die Zugkraft $F(t)$ die Koppelgröße dar.

3.2.3.1 Vektor-Matrix-Differentialgleichung

Mit dem Zustandsvektor:

$$\begin{bmatrix} x_{M1}(t) \\ x_{M2}(t) \end{bmatrix} = \begin{bmatrix} i_a(t) \\ v(t) \end{bmatrix} \qquad (3.103)$$

ergibt sich die gesuchte Vektor-Matrix-Differentialgleichung:

$$\begin{bmatrix} \dot{x}_{M1}(t) \\ \dot{x}_{M2}(t) \end{bmatrix} = \begin{bmatrix} a_{M11} & a_{M12} \\ a_{M21} & a_{M22} \end{bmatrix} \begin{bmatrix} x_{M1} \\ x_{M2} \end{bmatrix} + \begin{bmatrix} b_{M11} \\ 0 \end{bmatrix} u_M + \begin{bmatrix} 0 \\ \beta_{M21} \end{bmatrix} z_M \qquad (3.104)$$

mit den Koeffizienten:

$$a_{M11} = -\frac{R_a}{L_a} \left[\frac{1}{s} \right]; \quad a_{M12} = -\frac{k_e}{L_a r_s} \left[\frac{A}{m} \right]$$

$$a_{M21} = k_{J_r} k_m r_s r_u \left[\frac{m}{A\,s} \right]; \quad a_{M22} = -k_d k_{J_r} r_u \left[\frac{1}{s} \right]$$

$$b_{M11} = \frac{1}{L_a}\left[\frac{A}{Vs}\right]; \quad \beta_{M21} = -k_{J,}\, r_s^2\, r_u \left[\frac{m}{N\,s^2}\right]$$

bzw. in allgemeiner Form:

$$\dot{\mathbf{x}}_M(t) = \mathbf{A}_M\,\mathbf{x}_M(t) + \mathbf{b}_M\,u_M(t) + \boldsymbol{\beta}_M\,z_M(t) \qquad (3.105)$$

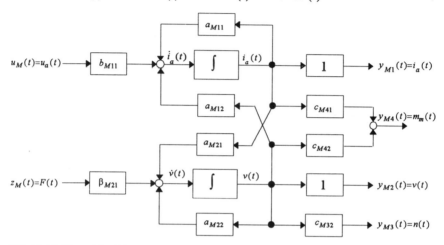

Bild 3.12 Signalflußbild des Gleichstrom-Nebenschluß-Motors

3.2.3.2 Vektor-Matrix-Ausgangsgleichung

Als Ausgangsgrößen interessieren die beiden Zustandsgrößen, die Drehzahl des Motors und das vom Motor abgegebene Moment.
Die Drehzahl ergibt sich aus:

$$v(t) = \frac{\pi r_s n}{30}\left[\frac{m}{s}\right] \Rightarrow n = \frac{30}{\pi r_s}v(t)\left[\frac{1}{min}\right] \qquad (3.106)$$

und das Motormoment aus der Gleichung (3.100):

$$\begin{bmatrix} i_a(t) \\ v(t) \\ n(t) \\ m_m(t) \end{bmatrix} = \begin{bmatrix} 1 & 0 \\ 0 & 1 \\ 0 & c_{M32} \\ c_{M41} & c_{M42} \end{bmatrix}\begin{bmatrix} x_{M1}(t) \\ x_{M2}(t) \end{bmatrix} + \mathbf{0}\,u_M(t) + \mathbf{0}\,z_M(t) \qquad (3.107)$$

mit den Koeffizienten:

$$c_{M32} = \frac{30}{\pi\, r_s}\left[\frac{s}{m\,min}\right]; \quad c_{M41} = k_m\left[\frac{N\,m}{A}\right]; \quad c_{M42} = -\frac{k_d}{r_s}\left[N\,s\right]$$

bzw. in allgemeiner Form:

$$\mathbf{y}_M(t) = \mathbf{C}_M\,\mathbf{x}_M(t) + \mathbf{d}_M\,u_M(t) + \delta_M\,z_M(t) \tag{3.108}$$

3.2.4 Koeffizienten und Zustandsgleichungen des Motormodells

Es wird mit den Daten eines Gleichstrom-Scheibenläufer-Motors, Baureihe MO 80 MAVILOR, der Firma INFRANOR GmbH Heidelberg gerechnet. Diese Gleichstrom-Scheibenläufer-Motoren können in weiten Drehzahlbereichen einfach geregelt werden. Selbst bei Schleichdrehzahl unter einer Umdrehung pro Minute haben sie noch einen exakten Rundlauf. Die Erregung wird durch ihr starkes Dauermagnetfeld hervorgerufen.

Für die Umrechnung der verwendeten Konstanten ist folgendes zu beachten:
Arbeit, Energie oder Wärmemenge in *Joule*[1]: $J = W\,s = N\,m = V\,A\,s$
Induktivität in *Henry*[2]: $H = V\,s\,A^{-1}$ und Kapazität in *Farad*[3]: $F = A\,s\,V^{-1}$.

3.2.4.1 Koeffizienten des Motormodells

Die technischen Daten sowie die daraus berechneten Koeffizienten und Matrizen sind in der Funktion *motor.m* unter 3.2.7 enthalten. Nachfolgend werden nur der Aufbau der Koeffizienten, ihre Werte und die Zustandsgleichungen angegeben.

– Systemmatrix

$$a_{M11} = -\frac{R_a}{L_a} = -21.751\tfrac{1}{s}; \quad a_{M12} = -\frac{k_e}{L_a\,r_s} = -305.150\tfrac{A}{m}$$

$$a_{M21} = k_{Jr}k_m r_s r_u = 22{,}4125\tfrac{m}{As}; \quad a_{M22} = -k_d k_{Jr} r_u = -388{,}4213\tfrac{1}{s}$$

– Eingangsvektor der Steuergröße $u_a(t)$ und der Störgröße $F(t)$

$$b_{M11} = \frac{1}{L_a} = 21.881{,}84\tfrac{A}{Vs}; \quad \beta_{M21} = -k_{Jr} r_s^2 r_u = -10{,}1014\tfrac{m}{Ns^2}$$

---

[1] Joule, James Prescott *24.12.1818 Salford †11.10.1889 Sale - England -, Physiker
[2] Henry, Joseph *17.12.1797 Albany †18.5.1878 Washington, Physiker
[3] nach Faraday, Michael *22.9.1791 Newington †25.8.1867 Hampton Court - London - Physiker und Chemiker

– Ausgangsmatrix

$$c_{M32} = \frac{30}{\pi r_s} = 373,0194 \frac{s}{m \, min} \, ; \quad c_{M41} = k_m = 0,0568 \frac{N \, m}{A}$$

$$c_{M42} = -\frac{k_d}{r_s} = -0,9844 \, N \, s$$

3.2.4.2 Zustandsgleichungen des Gleichstrom-Nebenschluß-Motors

Für die Zustandsgleichungen des Motors ergibt sich mit den oben angeführten und zum Teil gerundeten Koeffizienten sowie den Gleichungen (3.104) und (3.107) bzw. mit [AM,BM,CM,DM] = motor(1) folgender Aufbau:

$$\begin{bmatrix} i_a(t) \\ \dot{v}(t) \end{bmatrix} = \begin{bmatrix} -21751 & -305149 \\ 22,41 & -388,42 \end{bmatrix} \begin{bmatrix} i_a \\ v \end{bmatrix} + \begin{bmatrix} 21882 & 0 \\ 0 & -10,104 \end{bmatrix} \begin{bmatrix} u_a \\ F \end{bmatrix} \quad (3.109)$$

$$\begin{bmatrix} i_a(t) \\ v(t) \\ n(t) \\ m_m(t) \end{bmatrix} = \begin{bmatrix} 1 & 0 \\ 0 & 1 \\ 0 & 373,02 \\ 0,06 & -0,98 \end{bmatrix} \begin{bmatrix} i_a(t) \\ v(t) \end{bmatrix} + \begin{bmatrix} 0 & 0 \\ 0 & 0 \\ 0 & 0 \\ 0 & 0 \end{bmatrix} \begin{bmatrix} u_a(t) \\ F(t) \end{bmatrix} \quad (3.110)$$

3.2.5 Eigenwerte des Motors mit *eig* und *esort*

Die beiden Eigenwerte des Motors:

```
PoM = esort(eig(AM))
PoM =
          -713.52
       -21425.45
```

liegen wesentlich weiter links von der imaginären Achse der komplexen Ebene, als die unter 3.1.7 für das System Stab-Wagen berechneten:

```
PoSW = esort(eig(ASW))
PoSW =
        3.2434
             0
       -0.0905
       -3.8172
```

Das absolute Verhältnis des größten Eigenwertes des Motors zum kleinsten Eigenwert des Systems Stab-Wagen beträgt 187:1. Damit ist der Motor wesentlich schneller, als das anzutreibende System. Für den Verwendungszweck des Motors - Antrieb des Systems Stab-Wagen - erscheint es daher sinnvoll die Ordnung des Motormodells zu reduzieren, was anschließend erfolgt.

3.2.6 Vereinfachtes Modell des Gleichstrom-Nebenschluß-Motors

Die schnellste zeitliche Änderung weist die Zustandsgröße Ankerstrom $i_a(t)$ auf. Dies ergibt sich aus der gegenüber den anderen die Motordynamik bestimmenden Konstanten um Größenordnungen kleineren Ankerinduktivität:

$$L_a = 45,7\,\mu H = 0,0000457\,\tfrac{V\,s}{A}$$

Wird nun für die weitere Rechnung die Ankerinduktivität L_a gleich Null gesetzt, so ergeben sich nachfolgend aufgeführte vereinfachte Grundgleichungen.

3.2.6.1 Grundgleichungen - elektrische Seite

– Spannungsbilanz

$$R_a\,i_a(t) + e_a(t) = u_a(t) \tag{3.111}$$

– Winkelgeschwindigkeit und Geschwindigkeit eines Seilpunktes
Für den Zusammenhang zwischen der Winkelgeschwindigkeit des Ankers und der Geschwindigkeit eines Seilpunktes gilt nach Gleichung (3.89):

$$\omega_a(t) = \frac{1}{r_s} v(t)$$

– Induzierte Spannung
Die Kopplung zwischen der elektrischen und mechanischen Seite des Motors wird durch:

$$e_a(t) = k_e \omega_a(t)$$

mit der elektrischen Motorkonstanten k_e [$V\,s$] beschrieben. Unter Verwendung der Gleichung (3.89) folgt damit die Gleichung (3.91):

$$e_a(t) = \frac{k_e}{r_s} v(t)$$

– Ankerstrom

Die Gleichung (3.91) in (3.111) eingesetzt liefert für den Ankerstrom:

$$i_a(t) = -\frac{k_e}{R_a\, r_s}\, v(t) + \frac{1}{R_a}\, u_a(t) \qquad\qquad (3.112)$$

3.2.6.2 Grundgleichungen - mechanische Seite

– Vom Motor abgegebenes Moment

Das vom Motor abgegebene Moment nach Gleichung (3.93) beschreibt die Kopplung zwischen der mechanischen und elektrischen Seite des Motors:

$$m_m(t) = k_m i_a(t) - k_d\, \omega_a(t)$$

Mit den Gleichungen (3.93) und (3.112) folgt:

$$m_m(t) = -\frac{R_a k_d + k_e k_m}{R_a\, r_s}\, v(t) + \frac{k_m}{R_a}\, u_a(t) \qquad\qquad (3.113)$$

– Differentialgleichung für die Geschwindigkeit eines Seilpunktes

Die Gleichung (3.100) nach $\dot v\,(t)$ umgestellt und für $m_m(t)$ die Gleichung (3.113) eingesetzt, ergibt eine lineare Differentialgleichung 1. Ordnung mit konstanten Koeffizienten:

$$\dot v = -\frac{k_{Jr} r_u}{R_a}\left(k_e k_m + R_a k_d\right) v + \frac{k_{Jr} k_m r_s r_u}{R_a} u_a - k_{Jr} r_s^2 r_u F$$

$$\dot v(t) = a_{m11}\, v(t) + b_{m11}\, u_a(t) + \beta_{m11}\, F(t) \qquad\qquad (3.114)$$

3.2.6.3 Reduziertes Modell des Gleichstrom-Nebenschluß-Motors

Die technischen Daten sowie die daraus berechneten Koeffizienten und Matrizen sind in der Funktion *motor.m* unter 3.2.7 enthalten. Nachfolgend werden nur der Aufbau der Koeffizienten, ihre Werte und die Zustandsgleichungen angegeben.

– Systemmatrix

$$a_{m11} = -\frac{k_{Jr} r_u}{R_a}\left(k_e k_m + R_a k_d\right) = -702{,}86\tfrac{1}{s}$$

– Eingangsvektor der Steuergröße $u_a(t)$ und der Störgröße $F(t)$

$$b_{m11} = \left(k_{Jr}\, k_m\, r_s\, r_u\right)/R_a = 22,55\,\tfrac{m}{V s^2}\; ;\quad \beta_{m11} = -k_{Jr}\, r_s^2\, r_u = -10,10\,\tfrac{m}{N s^2}$$

– Ausgangsvektor
  Es interessiert nur die Geschwindigkeit $v(t)$ eines Seilpunktes am Ausgang, da sie gleichzeitig die des Wagens ist, gelten folgende Zusammenhänge:

$$c_{m11} = 1 \quad \text{und} \quad d_{m11} = \delta_{m11} = 0$$

– Differentialgleichung

$$\frac{dv(t)}{dt} = -702,86\,v(t) + 22,55\,u_a(t) - 10,10\,F(t)$$

$$\frac{dv(t)}{dt} = a_{m11}\,v(t) + b_{m11}\,u_a(t) + \beta_{m11}\,F(t) \tag{3.115}$$

– Ausgangsgleichung

$$y_m(t) = 1v + 0u_a + 0F = c_{m11}v + d_{m11}u_a + \delta_{m11}F \tag{3.116}$$

3.2.6.4 Reduzieren der Modellordnung mit *modred* und *ssdelete*

Eigenschaft von *modred*:
  Reduziert die Ordnung eines Zustandsmodells.
Syntax:

$$[\mathbf{Ar,Br,Cr,Dr}] = modred(\mathbf{A,B,C,D},elim) \tag{3.117}$$

Beschreibung:
  Reduziert die Ordnung eines Zustandsmodells durch die Eliminierung der im Vektor *elim* durch ihre Indizes vorgegebenen Zustände unter Berücksichtigung der ursprünglichen Zusammenhänge zwischen den Zuständen sowie den Relationen zwischen Ein- und Ausgang.

Von dem Modell des Motors ist die erste Zustandsgröße zu eliminieren:

```
elim = 1;

[AMr,BMr,CMr,DMr] = modred(AM,BM,CM,DM,elim)
AMr =
        -702.86
BMr =
        22.55           -10.10
```

```
CMr =
              -14.03
                1.00
              373.02
               -1.78
DMr =
                1.01                    0
                   0                    0
                   0                    0
                0.06                    0
```

Die Matrizen **AMr** und **BMr** stimmen mit der Gleichung (3.117) überein. Wie weiter oben angeführt, interessiert nur die Geschwindigkeit als Ausgangsgröße, somit ist von der Ausgangsgleichung (3.110) nur die zweite Zeile zu übernehmen. Die Funktion *ssdelete.m* liefert das entsprechende Ergebnis.

Eigenschaft von *ssdelete*:
            Löscht Ein-, Aus- und Zustandsgrößen eines Zustandsmodells.
Syntax:
            [Asd,Bsd,Csd,Dsd] = *ssdelete*(**A,B,C,D**,*ein,aus*)   (3.118)
Beschreibung:
            Die zu löschenden Größen sind in *ein* bzw. *aus* zu spezifizieren.

Angewendet auf das Modell des Gleichstrom-Nebenschluß-Motors.
Da keine Eingangsgrößen zu streichen sind, ist *ein* eine *Leermatrix* [ ]:

```
ein = [];
```

Es sind die Ausgangsgrößen eins, drei und vier zu streichen:

```
aus = [1 3 4];
```

Reduziertes Zustandsmodell:

```
[am,bm,cm,dm] = ssdelete(AMr,BMr,CMr,DMr,ein,aus)
am =
              -702.86
bm =
                22.55                -10.10
cm =
                 1.00
dm =
                   0                    0
```

Die ermittelten Werte entsprechen denen der Gleichungen (3.117) und (3.118), daraus ergibt sich folgendes Signalflußbild:

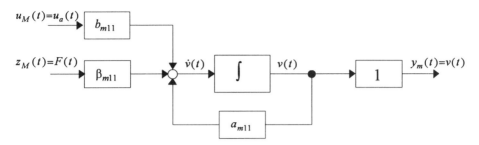

Bild 3.13 Signalflußbild des reduzierten Motormodells

3.2.7 Funktion zur Berechnung der Matrizen des Motormodells

function [A,B,C,D] = motor(n)
% Die Funktion [A,B,C,D] = motor(n) enthält die Daten und berechnet die Koeffizi-
% enten der Systemmatrizen des Motormodells und des um eine Zustandsgröße
% reduzierten Modells. n = 1 liefert das Motormodell, n = 2 das reduzierte Modell
% Bei der Eingabe von motor(n) werden lediglich die Systemmatrizen mit printsys
% dargestellt, sonst erfolgt eine Übergabe an die vorgegebenen Variablen.

% Technische Daten des Motors und des Antriebs
  ke = 0.357;   % Elektrische Motorkonstante [V s]
  km = 0.0568;   % Mechanische Motorkonstante [N m/A]
  kd = 0.0252;   % Dämpfungskonstante [N m s]
  Ra = 0.994;   % Ankerkreiswiderstand bei Nennbetrieb [V/A]
  La = 0.457e-004;   % Ankerkreisinduktivität [V s/A]
  Jm = 0.44e-004;   % Massenträgheitsmoment [N m s² = kg m²]
  rs = 25.6e-003;   % Durchmesser der Seilscheibe in [m]
  Js = 0.1883e-004;   % MTM der Seilscheibe [N m s² = kg m²]
  ru = 8e-003;   % Durchmesser der Umlenkrollen in [m]
  Ju = 0.0032e-004;   % MTM der Umlenkrollen [N m s² = kg m²]
% Normiertes Massenträgheitsmoment
  kJr = 1/(ru*(Jm+Js)+2*rs*Ju);
% Modellkoeffizienten und Modellgleichungen des Motors
  aM11 = -Ra/La;
  aM12 = -ke/(La*rs);
  aM21 = kJr*km*rs*ru;
  aM22 = -kd*kJr*ru;
  bM11 = 1/La;
  bettaM21 = -kJr*rs^2*ru;
  cM32 = 30/(pi*rs);

```
        cM41 = km;
        cM42 = -kd/rs;
        AM = [aM11 aM12;aM21 aM22];
        bM = [bM11;0];
        bettaM = [0;bettaM21];
        BM = [bM bettaM];           % Steuer- und Störeingang gemeinsam
        CM = [1 0;0 1;0 cM32;cM41 cM42];
        dM = zeros(4,1);
        deltaM = dM;
        DM = zeros(4,2);            % Steuer- und Störeingang gemeinsam
% Modellkoeffizienten und Modellgleichungen des Motors, reduziert
        am11 = -(kJr*ru)/Ra*(ke*km+Ra*kd);
        bm11 = (kJr*km*rs*ru)/Ra;
        bettam11 = -kJr*rs^2*ru;
        Am = [am11];
        Bm = [bm11 bettam11];
        Cm = [1];
        Dm = [0 0];
% Ausgabe der Systemgleichungen
        if nargout == 4 | nargout == 3 & n == 1
                A = AM; B = BM; C = CM; D = DM;
        end
        if nargout == 4 | nargout == 3 & n == 2
                A = Am; B = Bm; C = Cm; D = Dm;
        end
% Ausgabe der Systemgleichungen ohne Übergabe der Variablen
        if nargout == 0 & n == 1
                disp('Systemgleichungen des Gleichstrom-Nebenschluß-Motors')
                eg = ('u(t) z(t)');
                ag = ('ia(t) v(t) n(t) mm(t)');
                zg = ('ia(t) v(t)');
                printsys(AM,BM,CM,DM,eg,ag,zg)
        end
        if nargout == 0 & n == 2
                disp('Systemgleichungen des reduzierten Motormodells')
                eg = ('u(t) z(t)');
                ag = ('v(t) n(t) mm(t)');
                zg = ('v(t)');
                printsys(Am,Bm,Cm,Dm,eg,ag,zg)
        end
% Ende der Funktion [A,B,C,D] = motor(n)
```

3.3 Inverses Pendel

Das Inverse Pendel ist ein in der Literatur der Regelungstechnik häufig anzutreffendes Beispiel. Sein dynamisches Verhalten ist durch Systemeigenschaften gekennzeichnet, die es sinnvoll erscheinen lassen, es zu behandeln. Nachdem die Modelle für die Systeme Stab-Wagen und Motor gesondert untersucht wurden, werden sie jetzt zu dem gemeinsamen Modell *Inverses Pendel* vereinigt. Die in beiden Systemen auftretende Kraft $F(t)$ stellt dabei die Koppelgröße dar.

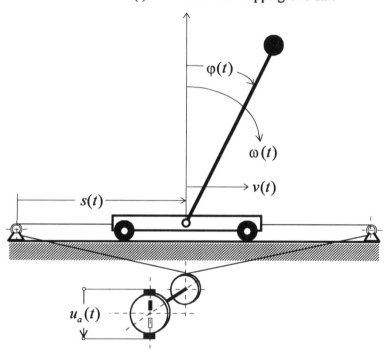

Bild 3.14 Inverses Pendel, gebildet aus den Teilsystemen Stab-Wagen und Motor

3.3.1 Die Zugkraft als Koppelgröße zwischen den Teilsystemen

Für die weiteren Betrachtungen interessiert vom Teilsystem Motor der Zusammenhang zwischen der Kraft $F(t)$ und der Ankerspannung $u_a(t)$, welcher sich aus der Gleichung (3.117) durch entsprechendes Umformen ergibt:

$$F(t) = \frac{1}{\beta_{m11}}\left[\dot{v}(t) - a_{m11}v(t) - b_{m11}u_a(t)\right] \qquad (3.119)$$

Die Geschwindigkeit $v(t)$ und die Beschleunigung $\dot{v}(t) = a(t)$ des Antriebssystems in der Gleichung (3.119) entsprechen denen des Systems Stab-Wagen, d.h. die Beschleunigung kann durch die vierte Zeile der Gleichung (3.72):

$$
\begin{bmatrix} \dot{\varphi}(t) \\ \dot{\omega}(t) \\ \dot{s}(t) \\ \dot{v}(t) \end{bmatrix} = \begin{bmatrix} 0 & 1 & \vdots & 0 & 0 \\ a_{SW21} & a_{SW22} & \vdots & 0 & a_{SW24} \\ \hline 0 & 0 & \vdots & 0 & 1 \\ a_{SW41} & a_{SW42} & \vdots & 0 & a_{SW44} \end{bmatrix} \begin{bmatrix} \varphi(t) \\ \omega(t) \\ s(t) \\ v(t) \end{bmatrix} + \begin{bmatrix} 0 \\ b_{SW21} \\ \hline 0 \\ b_{SW41} \end{bmatrix} F(t)
$$

ersetzt werden. Nach einigen Umformungen ergibt sich die Kraft als Funktion der Zustandsgrößen des Systems Stab-Wagen und der als Steuergröße wirkenden Ankerspannung des Motors in der Vektor-Matrix-Darstellung:

$$
F(t) = F_x(t) + F_u(t) = \mathbf{f}_x^T \mathbf{x}(t) + f_u u_a(t) \tag{3.120}
$$

mit dem zum Zustandsvektor gehörenden anteiligen Zeilenvektor:

$$
\mathbf{f}_x^T = \begin{bmatrix} \dfrac{a_{SW41}}{\beta_{m11} - b_{SW41}} & \dfrac{a_{SW42}}{\beta_{m11} - b_{SW41}} & 0 & \dfrac{a_{SW44} - a_{m11}}{\beta_{m11} - b_{SW41}} \end{bmatrix} \tag{3.121}
$$

und dem zur steuerbaren Eingangsgröße gehörenden Koeffizienten der Kraft:

$$
f_u = -\dfrac{b_{m11}}{\beta_{m11} - b_{SW41}} \tag{3.122}
$$

3.3.2 Gesamtmodell des Inversen Pendels

Die mit Gleichung (3.120) ermittelte Beziehung für die Kraft $F(t)$ wird nachfolgend in die Vektor-Matrix-Differentialgleichung des Systems Stab-Wagen eingesetzt. Für den in dieser Differentialgleichung angegebenen Zustand gilt:

$$
\mathbf{x}_{SW}(t) = \mathbf{x}(t) \tag{3.123}
$$

$$
\begin{aligned} \dot{\mathbf{x}}(t) &= \mathbf{A}_{SW}\mathbf{x}(t) + \mathbf{b}_{SW}F(t) \\ &= \left[\mathbf{A}_{SW} + \mathbf{b}_{SW}\mathbf{f}_x^T\right]\mathbf{x}(t) + \mathbf{b}_{SW}f_u u_a(t) \end{aligned} \tag{3.124}
$$

mit der erweiterten Systemmatrix:

$$
\mathbf{A} = \left[\mathbf{A}_{SW} + \mathbf{b}_{SW}\mathbf{f}_x^T\right] \tag{3.125}
$$

und der Eingangsmatrix:

$$\mathbf{b} = \mathbf{b}_{SW}\, f_u \tag{3.126}$$

3.3.2.1 Symbolischer Aufbau der Koeffizienten und ihre Werte

Die Berechnung der Koeffizienten erfolgt mit der *Symbolic Math Toolbox*, die Aufzeichnung geschieht mit dem *Notebook*.

- Bilden der symbolischen Systemmatrix des Systems Stab-Wagen mit *sym*

```
ASWs = sym('[0,1,0,0;aSW21s,aSW22s,0,aSW24s;
0,0,0,1; aSW41s,aSW42s,0,aSW44s]')
ASWs =
[    0,      1,0,      0]
[aSW21s,aSW22s,0,aSW24s]
[    0,      0,0,      1]
[aSW41s,aSW42s,0,aSW44s]
```

- Eingangsmatrix des Systems Stab-Wagen

```
bSWs = sym('[0;bSW21s;0;bSW41s]');
```

- Symbolische Komponenten der Kraft, Anteil des Zustandsvektors

```
fxs = sym('[(aSW41s/(bettam11s-
bSW41s)),(aSW42s/(bettam11s-bSW41s)),0,((aSW44s-
am11s)/(bettam11s-bSW41s))]');
```

- Symbolische Komponenten der Kraft, Anteil der Steuergröße

```
fus = sym('[(-bm11s/(bettam11s-bSW41s))]');
```

- Systemmatrix gebildet durch eine beliebige symbolische Operation mit *symop*

```
As = symop(ASWs,'+',bSWs,'*',fxs);
```

- Koeffizienten der symbolischen Systemmatrix und ihre numerischen Werte

```
a21s = sym(As,2,1)
a21s =
aSW21s+bSW21s*aSW41s/(bettam11s-bSW41s)
```

$$a_{21} = a_{SW21} + \frac{a_{SW41}\, b_{SW21}}{\beta_{m11} - b_{SW41}} = 12,1174\,\tfrac{1}{s^2}$$

```
a22s = sym(As,2,2)
a22s =
aSW22s+bSW21s*aSW42s/(bettam11s-bSW41s)
```

$$a_{22} = a_{SW22} + \frac{a_{SW42} b_{SW21}}{\beta_{m11} - b_{SW41}} = -0{,}5384 \, \tfrac{1}{s}$$

```
a24s = sym(As,2,4)
a24s =
aSW24s+bSW21s*(aSW44s-am11s)/(bettam11s-bSW41s)
```

$$a_{24} = a_{SW24} + \frac{\left(a_{SW44} - a_{m11}\right) b_{SW21}}{\beta_{m11} - b_{SW41}} = 71{,}5404 \, \tfrac{1}{ms}$$

– Vereinfachung von Koeffizienten mit *simplify*

```
a41s = simplify(sym(As,4,1))
a41s =
aSW41s*bettam11s/(bettam11s-bSW41s)
```

$$a_{41} = \frac{a_{SW41} \beta_{m11}}{\beta_{m11} - b_{SW41}} = -2{,}3107 \, \tfrac{m}{s^2}$$

```
a42s = simplify(sym(As,4,2))
a42s =
aSW42s*bettam11s/(bettam11s-bSW41s)
```

$$a_{42} = \frac{a_{SW42} \beta_{m11}}{\beta_{m11} - b_{SW41}} = 0{,}1027 \, \tfrac{m}{s}$$

```
a44s = simplify(sym(As,4,4))
a44s =
(aSW44s*bettam11s-bSW41s*am11s)/(bettam11s-bSW41s)
```

$$a_{44} = \frac{a_{SW44} \beta_{m11} - a_{m11} b_{SW41}}{\beta_{m11} - b_{SW41}} = -71{,}5404 \, \tfrac{1}{s}$$

– Symbolische Eingangsmatrix durch symbolische Multiplikation mit *symmul*

```
bs = symmul(bSWs,fus)
bs =
[                                    0]
[-bm11s/(bettam11s-bSW41s)*bSW21s]
[                                    0]
[-bm11s/(bettam11s-bSW41s)*bSW41s]
```

– Koeffizienten der symbolischen Eingangsmatrix und ihre numerischen Werte

```
b21s = sym(bs,2,1)
b21s =
-bm11s/(bettam11s-bSW41s)*bSW21s
```

$$b_{21} = -\frac{b_{SW21}\,b_{m11}}{\beta_{m11} - b_{SW41}} = -2{,}2917\,\frac{1}{V\,s^2}$$

```
b41s = sym(bs,4,1)
b41s =
-bm11s/(bettam11s-bSW41s)*bSW41s
```

$$b_{41} = -\frac{b_{SW41}\,b_{m11}}{\beta_{m11} - b_{SW41}} = 2{,}2917\,\frac{m}{V\,s^2}$$

3.3.2.2 Matrizen in symbolischer und numerischer Form

– Systemmatrix

Ersetzen der symbolischen durch ihre numerischen Werte:

```
A1 = subs(As,aSW21,'aSW21s');
A2 = subs(A1,aSW22,'aSW22s');
A3 = subs(A2,aSW24,'aSW24s');
A4 = subs(A3,aSW41,'aSW41s');
A5 = subs(A4,aSW42,'aSW42s');
A6 = subs(A5,aSW44,'aSW44s');
A7 = subs(A6,bSW21,'bSW21s');
A8 = subs(A7,bSW41,'bSW41s');
A9 = subs(A8,am11,'am11s');
```

Die Substitution von der symbolischen in die numerische Form liefert die gesamt mögliche Anzahl von Ziffern. Mit der Funktion *numeric.m* wird die Zahlendarstellung in das numerische Format *short* überführt.

```
A = numeric(subs(A9,bettam11,'bettam11s'))
A =
         0    1.0000         0         0
   12.1174   -0.5384         0   71.5404
         0         0         0    1.0000
   -2.3107    0.1027         0  -71.5404
```

Die auf symbolischem Weg gefundene Systemmatrix entspricht der mit der Funktion *invpendl.m* gefundenen, was auch für die restlichen Matrizen gilt.

– Eingangsmatrix

```
B1 = subs(subs(bs,bSW21,'bSW21s'),bSW41,'bSW41s');

B = numeric(subs(subs(B1,bm11,'bm11s'),
bettam11,'bettam11s'))
B =
        0
  -2.2917
        0
   2.2917
```

– Ausgangsmatrix

```
C = [1 0 0 0;0 0 1 0];
```

– Durchgangsmatrix

```
D = zeros(2,1);
```

– Numerische Werte der Kraft
  Anteil des Zustandsvektors:

```
fx = [(aSW41/(bettam11-bSW41)),(aSW42/(bettam11-
bSW41)),0,((aSW44-am11)/(bettam11-bSW41))]
fx =
    0.2288    -0.0102          0   -62.4979
```

$$F_x(t) = \mathbf{f}_x^T \mathbf{x}(t) = \begin{bmatrix} 0,2288 & -0,0102 & 0 & -62,4979 \end{bmatrix} \mathbf{x}(t) \qquad (3.127)$$

Anteil der Steuergröße:

```
fu = (-bm11/(bettam11-bSW41))
fu =
    2.0053
```

$$F_u(t) = f_u u(t) = 2,0053 u_a(t) \qquad (3.128)$$

Die numerischen Werte der Koeffizienten und Matrizen können zur Kontrolle wieder mit der Funktion *invpendl.m* unter 3.3.5 berechnet werden.

3.3.2.3 Zustandsgleichungen des Inversen Pendels

– Vektor-Matrix-Differentialgleichung

$$\dot{\mathbf{x}}(t) = \mathbf{A}\,\mathbf{x}(t) + \mathbf{b}\,u(t) \qquad (3.129)$$

$$
\begin{bmatrix} \dot{\varphi}(t) \\ \dot{\omega}(t) \\ \dot{s}(t) \\ \dot{v}(t) \end{bmatrix} = \begin{bmatrix} 0 & 1 & 0 & 0 \\ a_{21} & a_{22} & 0 & a_{24} \\ 0 & 0 & 0 & 1 \\ a_{41} & a_{42} & 0 & a_{44} \end{bmatrix} \begin{bmatrix} \varphi(t) \\ \omega(t) \\ s(t) \\ v(t) \end{bmatrix} + \begin{bmatrix} 0 \\ b_{21} \\ 0 \\ b_{41} \end{bmatrix} u_a(t)
$$

$$
\begin{bmatrix} \dot{\varphi}(t) \\ \dot{\omega}(t) \\ \dot{s}(t) \\ \dot{v}(t) \end{bmatrix} = \begin{bmatrix} 0 & 1 & 0 & 0 \\ 12,1174 & -0,5384 & 0 & 71,5404 \\ 0 & 0 & 0 & 1 \\ -2,3107 & 0,1027 & 0 & -71,5404 \end{bmatrix} \begin{bmatrix} \varphi \\ \omega \\ s \\ v \end{bmatrix} + \begin{bmatrix} 0 \\ -2,2917 \\ 0 \\ 2,2917 \end{bmatrix} u_a
$$

Die Anzahl der Koeffizienten der System- und Eingangsmatrix, deren Wert verschieden von Null ist, hat sich durch die Hinzunahme des Motors zum System Stab-Wagen nicht verändert, lediglich von einigen der Wert.

– Vektor-Matrix-Ausgangsgleichung

$$
\mathbf{y}(t) = \mathbf{C}\,\mathbf{x}(t) + \mathbf{d}\,u(t) \tag{3.130}
$$

$$
\begin{bmatrix} y_1(t) \\ y_2(t) \end{bmatrix} = \begin{bmatrix} \varphi(t) \\ s(t) \end{bmatrix} = \begin{bmatrix} 1 & 0 & 0 & 0 \\ 0 & 0 & 1 & 0 \end{bmatrix} \mathbf{x}(t) + \begin{bmatrix} 0 \\ 0 \end{bmatrix} u_a(t)
$$

3.3.3 Berechnung der Systemgleichungen mit *blkbuild* und *connect*

Grundlage zum Bestimmen der Gleichungen des Gesamtsystems entsprechend Bild 3.15 mit *blkbuild.m* und *connect.m* sind für das System Motor die nach der Kraft umgestellte Gleichung (3.117) mit der Beschleunigung $\dot{v}(t) = a(t)$:

$$
F(t) = \frac{1}{\beta_{m11}}a(t) - \frac{a_{m11}}{\beta_{m11}}v(t) - \frac{b_{m11}}{\beta_{m11}}u_a(t) \tag{3.131}
$$

und für das System Stab-Wagen die Vektor-Matrix-Differentialgleichung (3.72):

$$
\dot{\mathbf{x}}_{SW}(t) = \mathbf{A}_{SW}\,\mathbf{x}_{SW}(t) + \mathbf{b}_{SW}\,F(t) \tag{3.132}
$$

sowie die um die Ausgangsgrößen $v(t)$ und $\dot{v}(t) = a(t)$ erweiterte Vektor-Matrix-Ausgangsgleichung (3.76):

$$
\mathbf{y}_{SWew}(t) = \mathbf{C}_{SWew}\,\mathbf{x}_{SW}(t) + \mathbf{d}_{SWew}\,F(t) \tag{3.133}
$$

$$\mathbf{y}_{SWew}(t) = \begin{bmatrix} \varphi(t) \\ s(t) \\ \overline{v(t)} \\ a(t) \end{bmatrix} = \begin{bmatrix} 1 & 0 & 0 & 0 \\ 0 & 0 & 1 & 0 \\ 0 & 0 & 0 & 1 \\ a_{SW41} & a_{SW42} & 0 & a_{SW44} \end{bmatrix} \begin{bmatrix} \varphi(t) \\ \omega(t) \\ \overline{s(t)} \\ v(t) \end{bmatrix} + \begin{bmatrix} 0 \\ 0 \\ \overline{0} \\ b_{SW41} \end{bmatrix} F(t)$$

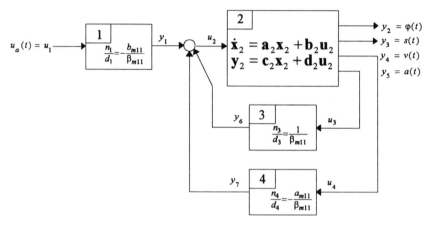

Bild 3.15 Signalflußbild zur Bildung der Systemgleichungen des Inversen Pendels

Die Aufgabenstellung erfordert, daß die Gleichung (3.133) für die Kraft $F(t)$ in ihre drei Bestandteile, welche die proportionalen Übertragungsglieder 1, 3 und 4 bilden, zerlegt wird:

$$y_1 = -\frac{b_{m11}}{\beta_{m11}} u_a(t) \tag{3.134}$$

$$y_6 = \frac{1}{\beta_{m11}} u_3 = \frac{1}{\beta_{m11}} y_5 = \frac{1}{\beta_{m11}} a(t) \tag{3.135}$$

$$y_7 = -\frac{a_{m11}}{\beta_{m11}} u_4 = -\frac{a_{m11}}{\beta_{m11}} y_4 = -\frac{a_{m11}}{\beta_{m11}} v(t) \tag{3.136}$$

Das System Stab-Wagen ist mit 2 gekennzeichnet. Das Auffinden der Zustandsgleichungen des Gesamtsystems erfolgt wiederum in Schritten, wobei auf eine Ausgabe der bekannten Werte verzichtet wird:

1. Schritt
   Numerierung der Blöcke, siehe Bild 3.15.

2. Schritt
Eingabe der Systemmatrizen:
System 1 - Übertragungsfunktion:

```
n1 = -bm11; d1 = bettam11;
```

System 2 - Zustandsraumdarstellung:

```
a2 = ASW; b2 = bSW;

c2 = [CSW;[0 0 0 1];ASW(4,:)];

d2(4,1) = bSW(4,1);
```

System 3 - Übertragungsfunktion:

```
n3 = 1; d3 = bettam11;
```

System 4 - Übertragungsfunktion:

```
n4 = -am11; d4 = bettam11;
```

3. Schritt
Numerierung der Ein- und Ausgänge, siehe Bild 3.15.

4. Schritt
Anzahl der Blöcke:

```
nblocks = 4;
```

5. Schritt
Aufruf der Funktion *blkbuild.m* zur Bildung eines Zwischensystems:

```
blkbuild
State model [a,b,c,d] of the block diagram has 4
inputs and 7 outputs
```

6. Schritt
Zuordnen der internen Ausgänge zu den internen Eingängen - Koppelmatrix:

```
Q = [2 1 6 7;3 5 0 0;4 4 0 0]
```

7. Schritt
Festlegen der externen Ein- und Ausgänge:

```
ein = [1]; aus = [2 3];
```

8. Schritt
Aufruf der Funktion *connect.m* zur Bildung des Gesamtsystems:

```
[Ac,Bc,Cc,Dc] = connect(a,b,c,d,Q,ein,aus);
```

Die Ergebnisse stimmen mit den Gleichungen (3.129) und (3.130) überein. Das dazugehörige Signalflußbild ergibt sich zu:

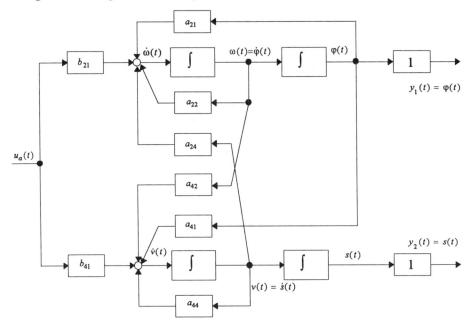

Bild 3.16 Signalflußbild des Inversen Pendels

3.3.4 Eigenwerte des Inversen Pendels mit *eig* und *esort*

```
PoIP = esort(eig(AIP))   PoSW = esort(eig(ASW))
Po =                     PoSW =
     2.9338                   3.2434
          0                        0
    -3.3363                  -0.0905
   -71.6764                  -3.8172
```

Durch die Hinzunahme des Motors erfolgt, bis auf den Eigenwert im Ursprung, eine Linksverschiebung der Eigenwerte des Systems Stab-Wagen .

3.3.5 Funktion zur Berechnung der Matrizen des Inversen Pendels

function [A,B,C,D] = invpendl(Ent)
% Die Funktion [A,B,C,D] = invpendl(Ent) enthält Daten und Koeffizienten.
% Sie berechnet die Systemmatrizen der Systeme Stab-Wagen und Inverses Pendel,
% Bei der Eingabe von invpendl(Ent) werden nur die Systemmatrizen dargestellt,

% sonst erfolgt eine Ausgabe der Daten in die vorgegebenen Matrizen [A,B,C,D].
% Ent = 'ST' für den Stab
% Ent = 'WA' für den Wagen
% Ent = 'SW' für das System Stab-Wagen
% Ent = 'IP' für das Inverse Pendel

% Technische Daten für den Stab und den Wagen

```
        g = 9.80665;        % Fallbeschleunigung g [kg m/s²]
        l = 0.75;           % Abstand des Stabschwerpunktes vom Drehpunkt [m]
        m = 0.306;          % Masse des Stabes [kg]
        delta = 0.1;        % Dämpfungskoeffizient der Stabdrehbewegung [kg m/s]
        d = 0.1;            % Dämpfungskoeffizient der Fahrbewegung [kg/s]
        M = 0.7985;         % Masse des Wagens in [kg]
```

% Modellkoeffizienten des Stabes

```
        aS21 = 3*g/l*(M+m)/(4*M+m);
        aS22 = -3*delta*(M+m)/l^2/m/(4*M+m);
        bS21 = -3/l/(4*M+m);
        bS22 = 3/l*d/(4*M+m);
```

% Modellgleichungen des Stabes

```
        AS = [0,1;aS21,aS22];
        BS = [0,0;bS21,bS22];
        CS = [0 0;1 0;0 1];
        DS = zeros(3,2);
        DS(1,1) = 1;
```

% Ausgabe der Systemgleichungen des Stabes

```
        if Ent == 'ST'
                if nargout == 4
                        A = AS;         B = BS;
                        C = CS;         D = DS;
                end
        end
```

% Modellkoeffizienten des Wagens

```
        aW22 = -4/(4*M+m)*d;
        bW21 = 4/(4*M+m);
        bW22 = -3/(4*M+m)*g*m;
        bW23 = 3/(4*M+m)*delta/l;
```

% Modellgleichungen des Wagens

```
        AW = [0,1;0,aW22];
        BW = [0,0,0;bW21,bW22,bW23];
        CW = [0 0;1 0;0 1];
```

```
        DW = zeros(3);
        DW(1,2) = 1;
% Ausgabe der Systemgleichungen des Wagens
        if Ent == 'WA'
                if nargout == 4
                        A = AW;          B = BW;
                        C = CW;          D = DW;
                end
        end

% Modellgleichungen des Stab-Wagens
        ASW = [0 1 0 0;aS21 aS22 0 bS22;0 0 0 1;bW22 bW23 0 aW22];
        BSW = [0;bS21;0;bW21];
        CSW = [1 0 0 0;0 0 1 0];
        DSW = zeros(2,1);

% Ausgabe der Systemgleichungen des Stab-Wagens
        if Ent == 'SW'
                if nargout == 4
                        A = ASW;         B = BSW;
                        C = CSW;         D = DSW;
                end

% Ausgabe der Systemgleichungen ohne Übergabe der Variablen
                if nargout == 0
                        eg = ('u(t) z(t)');
                        ag = ('Winkel Weg');
                        zg = ('phi omega s v');
                        printsys(ASW,BSW,CSW,DSW,eg,ag,zg)
                end
        end

% Inverses Pendel - Stab, Wagen, reduzierter Motor
        if Ent == 'IP'
                [Am,Bm,Cm,Dm] = motor(2); % Berechnung der Motorgleichungen
                am11 = Am (1,1);
                bm11 = Bm(1,1);
                bettam11 = Bm(1,2);
                % Modellkoeffizienten des Inversen Pendels
                aSW21 = ASW(2,1);        aSW22 = ASW(2,2);
                aSW24 = ASW(2,4);        aSW41 = ASW(4,1);
                aSW42 = ASW(4,2);        aSW44 = ASW(4,4);
                bSW21 = BSW(2,1);        bSW41 = BSW(4,1);
```

```
        kip = 1/(bettam11-bSW41);        % wiederholt auftretende Konstante

        a21 = aSW21+(aSW41*bSW21*kip);
        a22 = aSW22+(aSW42*bSW21*kip);
        a24 = aSW24+(aSW44-am11)*bSW21*kip;
        a41 = aSW41*bettam11*kip;
        a42 = aSW42*bettam11*kip;
        a44 = (aSW44*bettam11-am11*bSW41)*kip;
        b21 = -bSW21*bm11*kip;
        b41 = -bSW41*bm11*kip;

% Modellgleichungen des Inversen Pendels
        A1 = [0 1 0 0;a21 a22 0 a24;0 0 0 1;a41 a42 0 a44];
        B1 = [0 b21 0 b41]';
        C1 = [1 0 0 0;0 0 1 0];
        D1 = zeros(2,1);

% Ausgabe der Systemgleichungen des Inversen Pendels
        if nargout == 4
                A = A1;         B = B1;
                C = C1;         D = D1;
        end

% Ausgabe der Systemgleichungen ohne Übergabe der Variablen
        if nargout == 0
                eg = ('u(t) z(t)');
                ag = ('Winkel Weg');
                zg = ('phi omega s v');
                printsys(A1,B1,C1,D1,eg,ag,zg)
        end
    end
% Ende der Funktion invpendl.m
```

3.4 Gleichspannungs-Netzgerät

Das nachfolgend behandelte und stark vereinfachte Netzgerät dient der Abgabe einer geregelten Gleichspannung. Der als Stellglied verwendete Leistungsverstärker soll im Schaltbetrieb mit Pulsbreitenmodulation arbeiten, so daß seiner Ausgangsspannung Oberschwingungen überlagert sind [Leonhard/Schnieder-92]. Diese Oberschwingungen müssen durch ein Tiefpaßfilter am Ausgang entfernt werden. Der Leistungsverstärker und das Tiefpaßfilter bilden die Regelstrecke. Der Istwert der zu regelnden Spannung $y(t)$ entspricht der Kondensatorspannung, die dem als Subtrahierer aufgebauten Operationsverstärker (OV) neben der Sollspannung $w(t)$ zum Zwecke des Soll-Istwert-Vergleichs zugeführt wird. Der Regler ist ebenfalls ein OV, dessen Rückführnetzwerk *PI*-Verhalten erzeugt. Besonders von Bedeutung ist der als Störgröße $z(t)$ wirkende Laststrom $i_z(t)$. Im Gegensatz zu dem vorhergehend behandelten Inversen Pendel ist das Gleichspannungs-Netzgerät im offenen Zustand ein stabiles System. Ausgehend von dem vereinfachten Schaltbild werden die einzelnen Bauteile im Hinblick auf die Beschreibung ihres dynamischen Verhaltens untersucht.

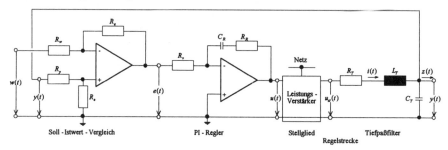

Bild 3.17 Vereinfachtes Schaltbild eines geregelten Gleichspannungs-Netzgerätes

3.4.1 OV in Subtrahierschaltung als Soll-Istwert-Vergleicher

Der als Soll-Istwert-Vergleicher wirkende gegengekoppelte Operationsverstärker des Bildes 3.17 ist als Differenzbildner beschaltet [Seifart_AS-88]. Der Operationsverstärker verstärkt die Differenzspannung, die aus den auf die beiden Eingänge geführten Spannungen $w(t)$ und $y(t)$ gebildet wird. Die sich ergebende Ausgangsspannung entspricht dem Regelfehler $e(t)$ und berechnet sich nach dem Überlagerungssatz für die zwei Eingangsspannungen $y(t)$ und $w(t)$ wie folgt:

$$i_w(t) + i_r(t) = 0 \tag{3.137}$$

$$w(t) = R_w\, i_w(t) + R_e\, i_y(t) \tag{3.138}$$

$$y(t) = \left(R_y + R_e\right) i_y(t) \tag{3.139}$$

$$e(t) = R_e\, i_r(t) + R_e\, i_y(t) \tag{3.140}$$

Mit $y(t) = 0$ und folglich $i_y(t) = 0$ wird die Schaltung zu einem invertierenden Verstärker für die Sollwertspannung $w(t)$:

$$\frac{e_w(t)}{w(t)} = \frac{R_e \, i_r(t)}{R_w \, i_w(t)} = -\frac{R_e}{R_w} \qquad (3.141)$$

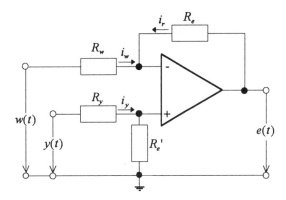

Bild 3.18 Gegengekoppelter OV in Differenzbeschaltung als Soll-Istwert-Vergleicher

Mit $w(t) = 0$ wird die Schaltung zu einem nichtinvertierenden Verstärker für die Spannung über R_e' :

$$i_w(t) = -\frac{R_e}{R_w} i_y(t) = -i_r(t) \qquad (3.142)$$

$$e_y(t) = \left(R_e \frac{R_e}{R_w} + R_e \right) i_y(t) \qquad (3.143)$$

mit:

$$i_y(t) = \frac{1}{\left(R_y + R_e \right)} y(t) \text{ und } R_w = R_y$$

$$\frac{e_y(t)}{y(t)} = \frac{R_e}{R_y} \qquad (3.144)$$

Der Regelfehler als Ausgangsgröße entspricht der Summe der Teilspannungen:

$$e(t) = e_y(t) + e_w(t) = \left[y(t) - w(t) \right] \frac{R_e}{R_y} \qquad (3.145)$$

3.4.2 Invertierender, gegengekoppelter OV als *PI*-Regler

Das Gegenkopplungsnetzwerk muß zwischen den Ausgang und den invertierenden OV-Eingang geschaltet werden, damit das rückgeführte Signal das Eingangssignal schwächt. Die Ausgangsspannung stellt sich bei dem invertierenden
OV stets so ein, daß der Summationspunkt nahezu auf Massepotential liegt
[Seifart_AS-88], so daß:

$$u_d(t) \approx 0 \quad \Rightarrow \quad i_d(t) \approx 0 \tag{3.146}$$

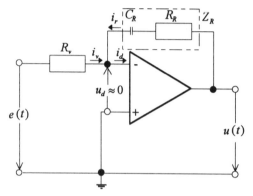

Bild 3.19 Schaltbild eines invertierenden, gegengekoppelten OV als *PI*-Regler

3.4.2.1 Mathematische Beschreibung des Operationsverstärkers

– Ströme am Eingangsknoten im Zeit- und Frequenzbereich

$$i_v(t) + i_r(t) = i_d(t) \quad \multimap \quad I_v(s) + I_r(s) = I_d(s) \tag{3.147}$$

– zum Eingangsstrom gehörende Spannungen

$$\frac{e(t)}{R_v} + \frac{u(t)}{Z_R} = i_d(t) \quad \multimap \quad \frac{E(s)}{Z_v} + \frac{U(s)}{Z_R} = I_d(s) \tag{3.148}$$

– Verhältnis der Eingangs- und Ausgangsspannung zueinander
  Mit Gleichung (3.148) folgt aus Gleichung (3.150):

$$\frac{U(s)}{E(s)} = -\frac{Z_R}{R_v} = -\frac{1}{R_v}\left(\frac{1}{C_R s} + R_R\right) \tag{3.149}$$

3.4.2.2 Gleichungen des *PI*-Reglers

Für das Netzgerät ist ein *PI*-Regler vorgesehen. Er wird im Zeit- und Frequenzbereich wie folgt beschrieben:

$$u(t) = K_R\, e(t) + \frac{1}{T_I} \int_0^t e(\tau)\, d\tau \qquad (3.150)$$

$$\circ\!\!-\!\!\bullet$$

$$U(s) = K_R \left(1 + \frac{1}{T_n s} \right) E(s)$$

mit der Nachstellzeit:

$$T_n = C_R\, R_R = K_R\, T_I \qquad (3.151)$$

Damit läßt sich die Übertragungsfunktion des *PI*-Reglers wie folgt angeben:

$$G_R(s) = \frac{U(s)}{E(s)} = K_R \left(1 + \frac{1}{T_n s} \right) \qquad (3.152)$$

Wird als Reglerverstärkung:

$$K_R = -\frac{R_R}{R_v} \qquad (3.153)$$

gesetzt, dann stimmen die Gleichungen (3.149) und (3.152) überein, d.h. die mit Bild 3.19 angegebene OV-Schaltung realisiert den geforderten *PI*-Regler. Gleichzeitig wird die im Regelkreis notwendige Vorzeichenumkehr der rückgekoppelten Regelgröße durch diese Schaltung realisiert.

Somit läßt sich als Übertragungsfunktion des Reglers in der Zeitkonstantenform angeben:

$$G_R(s) = K_R\, \frac{1 + T_n s}{T_n s} \qquad (3.154)$$

3.4.3 Signalflußbild des Soll-Istwert-Vergleichs mit dem *PI*-Regler

Das mit der Reglerverstärkung verbundene negative Vorzeichen kann vor die Summationsstelle verschoben werden, so daß $W(s)$ positiv und $Y(s)$ negativ, wie im Standardregelkreis üblich, einzutragen sind.

$$W(s) \longrightarrow \bigcirc \longrightarrow \boxed{G_R(s) = K_R \frac{1 + T_n s}{T_n s}} \longrightarrow U(s)$$

$$-Y(s)$$

Bild 3.20 Signalflußbild des *PI*-Reglers, einschließlich Soll-Istwert-Vergleich

3.4.4 Leistungsverstärker als Stellglied

Die Übertragungsfunktion in Zeitkonstantenform des als Stellglied vorgesehenen Leistungsverstärkers wird als Verzögerungsglied 1. Ordnung angenommen:

$$G_{St}(s) = \frac{V_{St}}{1 + T_{St}\, s} \tag{3.155}$$

mit dem stationären Übertragungsfaktor $V_{St} = 8$ und der Verzögerungszeitkonstante $T_{St} = 0{,}025$ s, siehe auch die Funktion *nge.m* unter 3.4.11.

3.4.5 RLC-Glied als Glättungstiefpaß

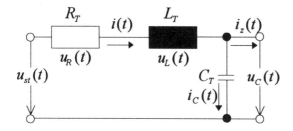

Bild 3.21 RLC-Glied in Reihenschaltung als Tiefpaß

Die durch den Leistungsverstärker entstehenden Oberschwingungen müssen durch ein Tiefpaßfilter, welches durch ein RLC-Glied gebildet wird, am Ausgang entfernt werden. Nachfolgend werden die für das dynamische Verhalten relevanten Differentialgleichungen bzw. Übertragungsfunktionen abgeleitet. Die Daten der Bauteile können der Funktion *nge.m* unter 3.4.11 entnommen werden.

3.4.5.1 Spannungsbilanz

$$u_R(t) + u_L(t) + u_C(t) = u_{St}(t) \tag{3.156}$$

3.4.5.2 Kondensatorspannung als Ausgangsgröße

Gesucht ist der Zusammenhang zwischen der Spannung $u_{st}(t)$ und dem Laststrom $i_z(t)$ als Eingangsgrößen sowie $u_C(t)$ als Ausgangsgröße. Es gilt:

$$R_T\, i(t) + L_T\, \frac{di(t)}{dt} + u_C(t) = u_{St}(t) \tag{3.157}$$

In der Gleichung (3.157) sind der Strom $i(t)$ und seine Ableitung zu ersetzen.
– Ströme im Ausgangsknoten

$$i(t) = i_z(t) + i_C(t) \tag{3.158}$$

Der in der Gleichung (3.158) auftretende Strom $i_C(t)$ ist durch die Spannung über dem Kondensator zu ersetzen.
– Spannung über dem Kondensator und ihre Ableitung

$$u_C(t) = \frac{1}{C_T} \int_0^\infty i_C(\tau)\, d\tau \quad \Rightarrow \quad \frac{du_C(t)}{dt} = \frac{1}{C_T} i_C(t) \tag{3.159}$$

– Strom im Netzwerk und seine Ableitung
Durch Umstellen des zweiten Teils von (3.159) und Einsetzen in (3.158) ergeben sich der Kondensatorstrom und damit der Strom $i(t)$ durch die Spule:

$$i(t) = i_z(t) + C_T\, \dot{u}_C(t) \tag{3.160}$$

– Differentialgleichung der Kondensatorspannung als Ausgangsgröße
Die Gleichung (3.160) und ihre Ableitung in (3.157) eingesetzt, ergibt die gesuchte Differentialgleichung für die Ausgangsspannung:

$$C_T L_T\, \ddot{u}_C + C_T R_T\, \dot{u}_C + u_C = u_{St} - L_T\, \dot{i}_z - R_T\, i_z \tag{3.161}$$

Dies ist eine lineare Differentialgleichung 2. Ordnung mit konstanten Koeffizienten und zwei Störfunktionen. Die Störfunktion des Laststromes ist eine lineare Differentialgleichung 1. Ordnung.
– Kondensatorspannung als Ausgangsgröße im Frequenzbereich
Der Differentiationssatz ergibt:
  • für die Ausgangsgröße

$$u_C(t) = y(t) \quad \circ\!\!-\!\!\bullet \quad U_C(s) = Y(s) \tag{3.162}$$

- für die Stellgröße - Ausgangsgröße des Leistungsverstärkers

$$u_{St}(t) \quad \circ\!\!-\!\!\bullet \quad U_{St}(s) \tag{3.163}$$

- für die Störgröße - Laststrom

$$i_z(t) = z(t) \quad \circ\!\!-\!\!\bullet \quad I_z(s) = Z(s) \tag{3.164}$$

mit den Anfangsbedingungen Null sowie mit dem Nenner:

$$N_T(s) = C_T\,L_T\,s^2 + C_T\,R_T\,s + 1 \tag{3.165}$$

die gesuchte Ausgangsspannung im Frequenzbereich:

$$U_C(s) = \frac{1}{N_T(s)} U_{St}(s) - \frac{L_T\,s + R_T}{N_T(s)} I_z(s) \tag{3.166}$$

3.4.5.3 Übertragungsfunktionen für die Kondensatorspannung

Aus der Gleichung (3.166) lassen sich folgende Übertragungsfunktionen bilden:
- Kondensatorspannung in Abhängigkeit von der Steuerspannung

$$G_T(s) = \frac{U_C(s)}{U_{St}(s)} = \frac{1}{C_T\,L_T\,s^2 + C_T\,R_T\,s + 1} \tag{3.167}$$

- Kondensatorspannung in Abhängigkeit von dem Laststrom

$$G_L(s) = \frac{U_C(s)}{I_z(s)} = -\frac{L_T\,s + R_T}{C_T\,L_T\,s^2 + C_T\,R_T\,s + 1} \tag{3.168}$$

Beide Übertragungsfunktionen stellen Verzögerungsglieder 2. Ordnung mit gleichen Nennern dar. Der Zähler des Laststromes hat zusätzlich noch ein Vorhaltverhalten 1. Ordnung und ist negativ. Mit den Eingängen Steuerspannung und Laststrom ergibt sich das Signalflußbild:

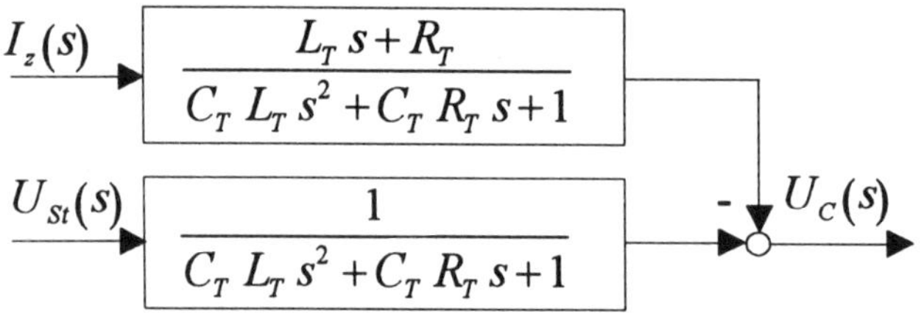

Bild 3.22 Signalflußbild des RLC-Gliedes, Kondensatorspannung am Ausgang

3.4.5.4 Strom des RLC-Gliedes als Ausgangsgröße

Gesucht ist im Gegensatz zu Abschnitt 3.4.5.2 der Zusammenhang zwischen der Spannung $u_{st}(t)$ und dem Laststrom $i_z(t)$ als Eingangsgrößen und dem Strom $i(t)$ als Ausgangsgröße. Folglich sind auch hier $u_R(t)$ und $u_L(t)$ in der Gleichung (3.156) zu ersetzen. Die Gleichung (3.157) ist nochmals zu differenzieren. Für die Ableitung von $u_C(t)$ ist von der Gleichung (3.159) der zweite Teil einzusetzen und der sich dadurch ergebende Kondensatorstrom $i_C(t)$ ist mit Hilfe der Gleichung (3.158) durch die Ströme $i(t)$ und $i_z(t)$ zu ersetzen.

– Differentialgleichung für den Strom des Netzgerätes als Ausgangsgröße

$$C_T L_T \ddot{i}(t) + C_T R_T \dot{i}(t) + i(t) = C_T \dot{u}_{St}(t) + i_z(t) \tag{3.169}$$

– Strom des Netzgerätes als Ausgangsgröße im Frequenzbereich
  Mit dem Nenner nach Gleichung (3.166) wird aus Gleichung (3.169):

$$I(s) = \frac{C_T s}{N_T(s)} U_{St}(s) + \frac{1}{N_T(s)} I_z(s) \tag{3.170}$$

Die Nenner entsprechen mit ihrem Verzögerungsverhalten zweiter Ordnung dem der Gleichung (3.167) bzw. (3.168). Dies muß so sein, da ja durch die Änderung des Ausgangssignals kein anderes dynamisches Verhalten entstehen kann.

3.4.6 Die Regelstrecke

Die Regelstrecke wird aus der Reihenschaltung des Stellgliedes mit dem RLC-Glied gebildet:

$$G_S(s) = G_{St}(s)\, G_T(s) = \frac{K_{St}}{1 + T_{St}\, s} \ \ \frac{1}{C_T L_T s^2 + C_T R_T s + 1} \tag{3.171}$$

Am Ausgang der Regelstrecke wirkt der Laststrom als Störgröße über ein Verzögerungsglied 2. Ordnung mit Vorhalt 1. Ordnung:

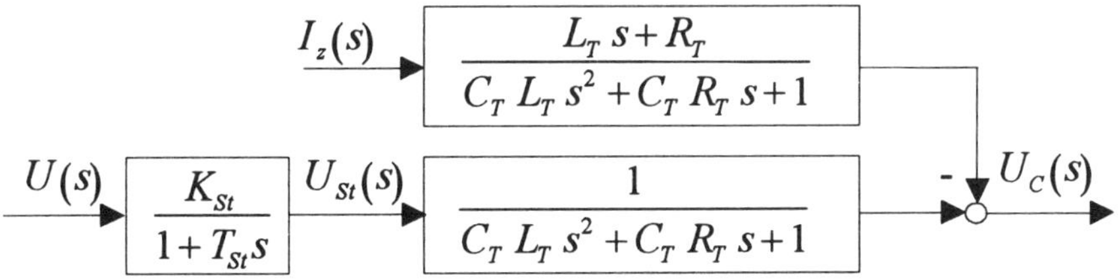

Bild 3.23 Signalflußbild der Regelstrecke, mit Störung am Streckenausgang

Nach einigen Umformungen ergibt sich die Übertragungsfunktion der Regelstrecke in Polynomform:

$$G_S(s) = \frac{Z_S(s)}{N_S(s)} = \frac{b_{S0}}{s^3 + a_{S2}\, s^2 + a_{S1}\, s + a_{S0}} \tag{3.172}$$

Die Zahlenwerte werden mit der Funktion *nge.m* - Kapitel 3.4.11 - ermittelt:

```
[ZS,NS]  = nge
ZS =
         0              0              0          32000
NS =
         1             69           1260           4000
```

3.4.7 Übertragungsfunktion der Störung am Streckenausgang

Die Störgröße Laststrom wirkt, wie mit Gleichung (3.166) beschrieben, über ein eigenes Übertragungsglied mit der Übertragungsfunktion:

$$G_L(s) = \frac{U_C(s)}{I_z(s)} = \frac{L_T s + R_T}{C_T L_T s^2 + C_T R_T s + 1} \tag{3.173}$$

Nach Division des Zählers und Nenners der Gleichung (3.173) mit $C_T L_T$ folgt für die Übertragungsfunktion der Störung in Polynomform:

$$G_L(s) = \frac{Z_L(s)}{N_L(s)} = \frac{b_{L1} s + b_{L0}}{s^2 + a_{L1} s + a_{L0}} \tag{3.174}$$

Die dazugehörenden Zahlenwerte lassen sich mit der Funktion *nge.m* nach Kapitel 3.4.11 wie folgt ermitteln:

```
[ZL,NL]  = nge('LI')
ZL =
                        10            290
NL =
         1              29            100
```

3.4.8 Das Netzgerät als Regelkreis in der Standardform

Der Regelkreis wird aus den Übertragungsgliedern des Reglers mit dem Soll-Istwert-Vergleicher, der Regelstrecke - Stell- und RLC-Glied - sowie der Last gebildet. Das Signalflußbild entspricht in seinem Aufbau der Standardform eines Regelkreises mit einer Störung am Streckenausgang.

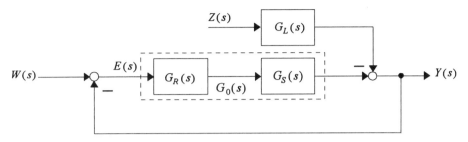

Bild 3.24 Regelkreis in der Standardform, Störgröße am Ausgang der Regelstrecke

3.4.8.1 Übertragungsfunktionen der offenen Kette

Die Übertragungsfunktion der offenen Kette berechnet sich aus den Übertragungsfunktionen des Reglers und der Regelstrecke als Reihenschaltung:

$$G_0(s) = G_R(s)\, G_S(s) = \frac{Z_R(s)}{N_R(s)} \frac{Z_S(s)}{N_S(s)} = \frac{Z_0(s)}{N_0(s)} \tag{3.175}$$

Mit den bekannten Werten der Strecke und den Koeffizienten des Reglers:

$$b_{01} = 32.000\, K_R; \quad b_{00} = b_{R0}\, b_{S0} = 32.000\,\frac{K_R}{T_n}; \quad a_{00} = 0 \tag{3.176}$$

ergibt sich die Übertragungsfunktion der offenen Kette in der Polynomform:

$$G_0(s) = \frac{b_{01} s + b_{00}}{s^4 + 69 s^3 + 1.260 s^2 + 4.000 s}$$

$$G_0(s) = \frac{b_{01} s + b_{00}}{s^4 + a_{03} s^3 + a_{02} s^2 + a_{01} s} \tag{3.177}$$

In der Gleichung (3.177) sind die Verstärkung des Reglers K_R und der Koeffizient b_{00}, in dem die Nachstellzeit T_n des Reglers enthalten ist, unbekannt. Diese Koeffizienten sind im Rahmen einer Syntheseaufgabe zu bestimmen.

3.4.8.2 Gleichungen des Regelkreises

Aus dem Signalflußbild 3.24 läßt sich mit der Übertragungsfunktion der offenen Kette $G_0(s)$ und der Übertragungsfunktion der Last $G_L(s)$ folgende Gleichung des Regelkreises für die Ausgangsgröße angeben:

$$Y(s) = \frac{G_0(s)}{1 + G_0(s)} W(s) - \frac{G_L(s)}{1 + G_0(s)} Z(s) \tag{3.178}$$

3.4.8.3 Führungsübertragungsfunktion

Mit der Störgröße $Z(s) = 0$ folgt aus (3.178) die Übertragungsfunktion des geschlossenen Kreises für Führungsverhalten:

$$G_w(s) = \frac{G_0(s)}{1 + G_0(s)} = \frac{Z_0(s)}{N_0(s) + Z_0(s)} \tag{3.179}$$

Mit den Gleichungen (3.176), (3.177) und (3.179) ergibt sich die Führungsübertragungsfunktion in Polynomform:

$$G_w(s) = \frac{b_{01}\,s + b_{00}}{s^4 + 69\,s^3 + 1.260\,s^2 + 4.000\left(1 + 8\,K_R\right)s + 32.000\frac{K_R}{T_n}}$$

$$G_w(s) = \frac{b_{01}\,s + b_{00}}{s^4 + a_3\,s^3 + a_2\,s^2 + a_1\,s + a_0} \tag{3.180}$$

wobei der Zähler mit dem der offenen Kette übereinstimmt.

3.4.8.4 Störübertragungsfunktion

Mit der Führungsgröße $W(s) = 0$ folgt aus Gleichung (3.178) die Übertragungsfunktion des geschlossenen Kreises für Störung:

$$G_z(s) = -\frac{G_L(s)}{1 + G_0(s)} = -\frac{N_0(s)Z_L(s)}{N_L(s)\left[N_0(s) + Z_0(s)\right]} \tag{3.181}$$

Der Zähler der Störübertragungsfunktion kann wie folgt beschrieben werden:

$$Z_z(s) = \frac{N_0(s)Z_L(s)}{N_L(s)} \tag{3.182}$$

Im Nenner der offenen Kette $N_0(s)$ und der Störung $N_L(s)$ sind zwei gleiche Wurzeln enthalten, siehe Kapitel 3.4.5 und 3.4.6, so daß sich die Gleichung (3.182) wie folgt vereinfachen läßt:

Aus den Gleichungen (3.172) und (3.177) folgt für den Nenner der offenen Kette, welcher aus dem Nenner des PI-Reglers und der Strecke besteht:

```
NO = [NS 0];
```

Mit *conv* werden die Polynome des Nenners der offenen Kette und des Zählers der Störung multipliziert:

```
NOZL = conv(NO,ZL);
```

Das Ergebnis wird dann unter Verwendung von *deconv* mit dem Nenner der Störung dividiert:

```
[Zz,r] = deconv(NOZL,NL)
Zz =
          10           690         11600          *
r =
   0          0           0          *        *        *
```

Die * geben an, daß diese Werte nicht glatt Null sind. Somit läßt sich der Zähler der Störübertragungsfunktion als Polynom 3. Ordnung schreiben, da die bei der Division auftretenden Reste * vernachlässigbar klein sind:

$$Z_z(s) = 10s^3 + 690s^2 + 11.600s \qquad (3.183)$$

Die Störübertragungsfunktion nimmt damit folgendes Aussehen an:

$$G_z(s) = -\frac{Z_z(s)}{N_0(s) + Z_0(s)} = -\frac{b_{z3}s^3 + b_{z2}s^2 + b_{z1}s}{s^4 + a_3 s^3 + a_2 s^2 + a_1 s + a_0} \qquad (3.184)$$

Der Nenner der Störübertragungsfunktion entspricht natürlich dem der Führungsübertragungsfunktion nach Gleichung (3.180). Das negative Vorzeichen wird im Signalflußbild zur Summationsstelle hin verschoben.

3.4.9 Fehlerfunktionen des geschlossenen Systems

Fehlerfunktionen spielen für die Beurteilung der ausgewählten Regelung, besonders auch bei dem Entwurf mit Integralkriterien, neben der Aussage zur Stabilität eine wesentliche Rolle. Aus diesem Grund werden nachfolgend die beiden Fehlerfunktionen behandelt.

3.4.9.1 Allgemeine Beziehung

Aus Bild 3.24 und Gleichung (3.178) folgt für den Regelfehler:

$$
\begin{aligned}
E(s) \quad &= W(s) - Y(s) \\
&= \frac{1}{1 + G_0(s)} W(s) + \frac{G_L(s)}{1 + G_0(s)} Z(s)
\end{aligned}
\qquad (3.185)
$$

Durch Einsetzen der Gleichungen (3.179) und (3.184) in die Gleichung (3.185) läßt sich der Regelfehler dann wie folgt beschreiben:

$$E(s) = \frac{N_0(s)}{N_0(s) + Z_0(s)} W(s) + \frac{Z_z(s)}{N_0(s) + Z_0(s)} Z(s) \qquad (3.186)$$

3.4.9.2 Fehlerfunktion bei Führungsänderung

Mit $Z(s) = 0$ folgt aus (3.186) die Fehlerfunktion bei Führungsänderung:

$$E_w(s) = \frac{N_0}{N_0 + Z_0} W(s) = \frac{s^4 + a_{03}s^3 + a_{02}s^2 + a_{01}s}{s^4 + a_3 s^3 + a_2 s^2 + a_1 s + a_0} W(s) \qquad (3.187)$$

Die Polynomkoeffizienten des Nenners entsprechen denen des Nenners der Übertragungsfunktion für Führung in Polynomform:

$$E_w(s) = \frac{s^4 + 69s^3 + 1.260s^2 + 4.000s}{s^4 + 69s^3 + 1.260s^2 + 4.000(1 + 8K_R)s + 32.000\frac{K_R}{T_n}} W(s)$$

3.4.9.3 Fehlerfunktion bei Störgrößenänderung

Mit $W(s) = 0$ folgt aus (3.186) die Fehlerfunktion bei Störgrößenänderung:

$$E_z(s) = \frac{Z_z(s)}{N_0(s) + Z_0(s)} Z(s) \qquad (3.188)$$

Sie entspricht der negativen Störübertragungsfunktion nach Gleichung (3.184):

$$E_z(s) = \frac{10s^3 + 690s^2 + 11.600s}{s^4 + 69s^3 + 1.260s^2 + 4.000(1 + 8K_R)s + 32.000\frac{K_R}{T_n}} Z(s)$$

3.4.10 Beschreibung der offenen Kette als Zustandsmodell

3.4.10.1 *PI*-Regler und Soll-Istwert-Vergleicher

Eingangsgrößen in die Soll-Istwert-Vergleichsstelle, als Eingang der offenen Kette, sind die Ausgangsgröße $y(t)$ des Netzgerätes und die Führungsgröße $w(t)$ entsprechend Gleichung (3.145):

$$e(t) = e_y(t) + e_w(t) = [y(t) - w(t)]\frac{R_e}{R_y}$$

Der Regelfehler wird im Regler zum Stellsignal $u(t)$ verarbeitet. Die notwendige Umkehr des Vorzeichens im Regelkreis erfolgt durch:

$$K_R = -\frac{R_R}{R_v}$$

entsprechend Gleichung (3.153). Für die Steuergröße ergibt sich damit nach Differentiation der Gleichung (3.150) folgende Differentialgleichung:

$$\dot{u}(t) = K_R \left[\dot{w}(t) - \dot{y}(t)\right] + \frac{1}{T_I}\left[w(t) - y(t)\right] \tag{3.189}$$

Die Beschreibung durch Zustandsgleichungen läßt Ableitungen auf der rechten Seite nicht zu, so daß für die Zustandsgröße folgender Ansatz gemacht wird:

$$x_R(t) = u(t) - K_R \left[w(t) - y(t)\right] \tag{3.190}$$

Nach dem Bilden der ersten Ableitung von Gleichung (3.190) und Einsetzen der Gleichung (3.189) ergibt sich die Differentialgleichung für die Zustandsgröße des Reglers einschließlich des Soll-Istwert-Vergleichs mit $T_n = K_R T_I$ zu:

$$\dot{x}_R(t) = 0\,x_R(t) + \left[\frac{K_R}{T_n} \quad -\frac{K_R}{T_n}\right]\left[\begin{matrix} w(t) \\ y(t) \end{matrix}\right] \tag{3.191}$$

Ausgangsgrößen des Reglermodells sind der Regelfehler und die Steuergröße. Der Regelfehler ergibt sich aus der Differenz zwischen der Führungs- und der Regelgröße. Die Steuergröße folgt aus der umgestellten Gleichung (3.190):

$$\left[\begin{matrix} e(t) \\ u(t) \end{matrix}\right] = \left[\begin{matrix} 0 \\ 1 \end{matrix}\right] x(t) + \left[\begin{matrix} 1 & -1 \\ K_R & -K_R \end{matrix}\right]\left[\begin{matrix} w(t) \\ y(t) \end{matrix}\right] \tag{3.192}$$

3.4.10.2 Stellglied

Die Rücktransformation der Übertragungsfunktion (3.155) liefert mit der Zustandsgröße $x_{St} = u_{St}$ die Differentialgleichung 1. Ordnung für das Stellglied:

$$\dot{x}_{St}(t) = -\frac{1}{T_{St}}x_{St}(t) + \frac{V_{St}}{T_{St}}u(t) \tag{3.193}$$

Als Ausgangsgröße ergibt sich die abgegebene Spannung:

$$u_{St}(t) = x_{St}(t) \tag{3.194}$$

3.4.10.3 RLC-Glied als Glättungstiefpaß

Die Vektor-Matrix-Differentialgleichung des RLC-Gliedes folgt aus der Differentialgleichung (3.159) für $u_C(t) = x_{T1}(t)$ und aus $i(t) = x_{T2}(t)$ nach (3.157):

$$\begin{bmatrix} \dot{x}_{T1}(t) \\ \dot{x}_{T2}(t) \end{bmatrix} = \begin{bmatrix} 0 & \frac{1}{C_T} \\ -\frac{1}{L_T} & -\frac{R_T}{L_T} \end{bmatrix} \begin{bmatrix} x_{T1}(t) \\ x_{T2}(t) \end{bmatrix} + \begin{bmatrix} 0 & -\frac{1}{C_T} \\ \frac{1}{L_T} & 0 \end{bmatrix} \begin{bmatrix} u_{St}(t) \\ i_z(t) \end{bmatrix} \tag{3.195}$$

Die Vektor-Matrix-Ausgangsgleichung lautet für die Kondensatorspannung:

$$u_C(t) = \begin{bmatrix} 1 & 0 \end{bmatrix} \mathbf{x}_T(t) \tag{3.196}$$

3.4.10.4 Zustandsmodell der Regelstrecke

Mit Gleichung (3.194) ergeben sich für die Regelstrecke aus den Gleichungen (3.193) und (3.195) die Vektor-Matrix-Differentialgleichung:

$$\begin{bmatrix} \dot{x}_{St}(t) \\ \dot{x}_{T1}(t) \\ \dot{x}_{T2}(t) \end{bmatrix} = \begin{bmatrix} -\frac{1}{T_{St}} & 0 & 0 \\ 0 & 0 & \frac{1}{C_T} \\ \frac{1}{L_T} & -\frac{1}{L_T} & -\frac{R_T}{L_T} \end{bmatrix} \begin{bmatrix} x_{St}(t) \\ x_{T1}(t) \\ x_{T2}(t) \end{bmatrix} + \begin{bmatrix} \frac{V_{St}}{T_{St}} & 0 \\ 0 & -\frac{1}{C_T} \\ 0 & 0 \end{bmatrix} \begin{bmatrix} u(t) \\ i_z(t) \end{bmatrix} \tag{3.197}$$

sowie die Vektor-Matrix-Ausgangsgleichung aus (3.196):

$$u_C(t) = \begin{bmatrix} 0 & 1 & 0 \end{bmatrix} \mathbf{x}_S(t) \tag{3.198}$$

3.4.10.5 Zustandsmodell der offenen Kette

$$\begin{bmatrix} \dot{x}_R \\ \dot{x}_{St} \\ \dot{x}_{T1} \\ \dot{x}_{T2} \end{bmatrix} = \begin{bmatrix} 0 & 0 & 0 & 0 \\ \frac{V_{St}}{T_{St}} & -\frac{1}{T_{St}} & 0 & 0 \\ 0 & 0 & 0 & \frac{1}{C_T} \\ 0 & \frac{1}{L_T} & -\frac{1}{L_T} & -\frac{R_T}{L_T} \end{bmatrix} \begin{bmatrix} x_R \\ x_{St} \\ x_{T1} \\ x_{T2} \end{bmatrix} + \begin{bmatrix} \frac{K_R}{T_n} & -\frac{K_R}{T_n} & 0 \\ \frac{K_R V_{St}}{T_{St}} & -\frac{K_R V_{St}}{T_{St}} & 0 \\ 0 & 0 & -\frac{1}{C_T} \\ 0 & 0 & 0 \end{bmatrix} \begin{bmatrix} w \\ y \\ i_z \end{bmatrix} \tag{3.199}$$

Die Vektor-Matrix-Differentialgleichung (3.199) der offenen Kette ergibt sich mit der nach $u(t)$ umgestellten Gleichung (3.190) aus den Gleichungen (3.191) und (3.197). Die Vektor-Matrix-Ausgangsgleichung folgt aus den Gleichungen (3.192) und (3.198):

$$\begin{bmatrix} e(t) \\ u_C(t) \end{bmatrix} = \begin{bmatrix} 0 & 0 & 0 & 0 \\ 0 & 0 & 1 & 0 \end{bmatrix} \mathbf{x}(t) + \begin{bmatrix} 1 & -1 & 0 \\ 0 & 0 & 0 \end{bmatrix} \begin{bmatrix} w(t) \\ y(t) \\ i_z(t) \end{bmatrix} \tag{3.200}$$

Damit ist die Bestimmung der Zustandsgleichungen abgeschlossen.

3.4.11 Funktion zur Berechnung der Matrizen des Netzgerätes

```
function [A,B,C,D] = nge(Ent,KR,Tn)
% Die Funktion [A,B,C,D] = nge(Ent,KR,Tn) enthält Daten, Koeffizienten,
% Übertragungsfunktionen und Zustandsmodelle des Netzgerätes, welches aus
% dem Leistungsverstärker und dem RLC-Glied als Regelstrecke sowie zwei OV's
% als Soll-Istwert-Vergleich und als PI-Regler mit KR und Tn besteht.
% [Z,N] = nge liefert den Zähler und den Nenner der Regelstrecke
% [Z,N] = nge(Ent,KR,Tn) liefert mit:
% Ent = 'G0' die Übertragungsfunktion der offenen Kette
% Ent = 'Gw' die Führungsübertragungsfunktion -ÜTF-
% Ent = 'Gz' die Stör-ÜTF für die gedämpfte Störung am Streckenausgang
% Ent = 'Ew' die Fehlerfunktion bei Führung
% Ent = 'Ez' die Fehlerfunktion bei Störung
% [Z,N] = nge(Ent) liefert mit:
% Ent = 'TP' den Zähler und den Nenner des RLC-Gliedes
% Ent = 'LI' den Zähler und den Nenner der Störung
% [A,B,C,D] = nge liefert das Zustandsmodell der Strecke
% [A,B,C,D] = nge(Ent,KR,Tn) liefert mit:
% Ent = 'RE' das Zustandsmodell des Reglers
% Ent = 'OK' das Zustandsmodell der offenen Kette

% Stellglied, statische Verstärkung und Verzögerungszeitkonstante
        VSt = 8;          TSt = 0.025;
% Übertragungsfunktion des Stellgliedes
        ZSt = VSt/TSt;   NSt = [1 1/TSt];
% Daten des RLC-Gliedes
        RT = 2.9;         % Ohm = V/A
        LT = 0.1;         % H = Vs/A
        CT = 0.1;         % F = As/V
% Übertragungsfunktionen
        if nargout == 2
                % RLC-Glied
                ZT = [1/(CT*LT)];        NT = [1 RT/LT ZT];
                % Laststrom - Störung
                ZL = [1/CT RT*ZT];       NL = NT;
```

```
% Regelstrecke
[ZS,NS] = series(ZSt,NSt,ZT,NT);
% Nenner des PI-Reglers
NR = [1 1e-010]; % für 0, zur Vermeidung von Fehlermeldungen
% Ausgabe der Übertragungsfunktionen
if nargin == 0    % Regelstrecke
        A = ZS;          B = NS;
end

if nargin == 1
        if Ent == 'TP'    % RLC-Glied
                A = ZT;          B = NT;
        end
        if Ent == 'LI'    % Laststrom
                A = ZL;          B = NL;
        end
end

if nargin == 3    % Bei Vorgabe von KR und Tn
        ZR = KR*[1 1/Tn];       % Zähler des PI-Reglers
        [Z0,N0] = series(ZR,NR,ZS,NS);   % Offene Kette
        % Zähler der Störübertragungsfunktion
        N0ZL = conv(N0,ZL);
        [Zz,r] = deconv(N0ZL,NL);
        B = N0 + Z0;      % Nenner des geschlossenen Systems
        if Ent == 'G0'    % Übertragungsfunktion der offenen Kette
                A = Z0;          B = N0;
        end
        if Ent == 'Gw'    % Führungsübertragungsfunktion
                [Zw,N] = cloop(Z0,N0,-1); A = Zw;
        end
        if Ent == 'Gz'    % Störübertragungsfunktion
                A = -Zz;
        end
        if Ent == 'Ew'    % Fehler bei Führung
                [Ze,N] = feedback(1,1,Z0,N0,-1);
                A = Ze;
        end
        if Ent == 'Ez'    % Fehler bei Störung am Streckenausgang
                A = Zz;
        end
end
end
```

```
% Zustandsgleichungen
    if nargout == 4
        if nargin == 0     % Regelstrecke
            A = [-1/TSt 0 0;0 0 1/CT;1/LT -1/LT -RT/LT];
            B = [VSt/TSt 0;0 -1/CT;0 0];
            C = [0 1 0];        D = zeros(1,2);
        end

        if nargin == 3     % Bei Vorgabe von KR und Tn
            if Ent == 'RE'     % Regler
                A = 0;              B = (KR/Tn)*[1 -1];
                C = [0 1]';        D = [1 -1;KR -KR];
            end

            if Ent == 'OK'     % offene Kette
                A = [0 0 0 0;(VSt/TSt) -1/TSt 0 0;0 0 0 1/CT;
                     0 1/LT -1/LT -RT/LT];
                B = [KR/Tn -KR/Tn 0;(KR*VSt/TSt)
                     -(KR*VSt/TSt) 0;0 0 -1/CT;0 0 0];
                C = [0 0 0 0;0 0 1 0];     D = [1 -1 0;0 0 0];
            end
        end
    end
% Ende der Funktion nge.m
```

3.5 Elektrisches Netzwerk - sprungfähiges System

Das nachfolgend behandelte RC-Netzwerk wird in Abhängigkeit vom Frequenzbereich zur nach- und voreilenden Korrektur von Phasenverläufen eingesetzt.

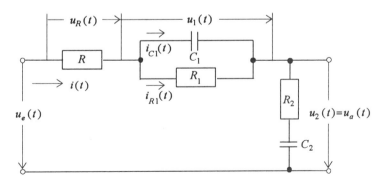

Bild 3.25 Elektrisches Netzwerk - sprungfähiges System

Da sowohl die Ableitung als auch das Integral des Eingangssignals erzeugt werden, ist auch die Bezeichnung Integrier-Differenzier-Glied üblich. Das System enthält die zwei Energiespeicher C_1 und C_2, so daß die Ausgangsfunktion durch eine lineare, zeitinvariante Differentialgleichung 2. Ordnung beschrieben wird. Dies trifft auch auf seine Eingangsfunktion zu. Das Netzwerk reagiert infolgedessen auf einen Eingangssprung mit einem Sprung am Ausgang, woraus auch die weitere Bezeichnung *sprungfähiges System* resultiert.

3.5.1 Das mathematische Modell

Das mathematische Modell soll den Zusammenhang zwischen der Ausgangs- und Eingangsspannung sowie den Kenngrößen der Netzwerkelemente herstellen. Spannungsbilanz:

$$u_R(t) + u_1(t) + u_a(t) = u_e(t)$$

(3.3.20 1)

Spannungen über den Widerständen R und R_1 und die dazugehörenden Ströme:

$$u_R(t) = R\,i(t) \quad \Rightarrow \quad i(t) = \frac{1}{R}u_R(t) \tag{3.202}$$

$$u_1(t) = R_1 i_{R_1}(t) \quad \Rightarrow \quad i_{R_1}(t) = \frac{1}{R_1}u_1(t) \tag{3.203}$$

Zeitliche Änderung der Spannung über C_1 und der dazugehörende Strom:

$$\dot{u}_1(t) = \frac{1}{C_1}i_{C_1}(t) \Rightarrow i_{C_1}(t) = C_1\frac{du_1(t)}{dt} \tag{3.204}$$

Zur Erzielung der oben angeführten Modelleigenschaften sind die Spannungen $u_R(t)$ und $u_1(t)$ in der Gleichung (3.201) bzw. der Strom $i(t)$ sowie die Teilströme $i_{C1}(t)$ und $i_{R1}(t)$ in den Gleichungen (3.202) bis (3.204) zu eliminieren. Spannung über der Parallelschaltung:

$$u_1(t) = -u_a(t) - R\,i(t) + u_e(t) \tag{3.205}$$

Gesamtstrom als Summe der Teilströme bzw. der Spannung über der Parallelschaltung und ihrer Ableitung:

$$i(t) = i_{R_1}(t) + i_{C_1}(t) = \frac{1}{R_1}u_1(t) + C_1\frac{du_1(t)}{dt} \tag{3.206}$$

Aus dem ersten und dritten Teil der Gleichung (3.206) ergibt sich mit der Gleichung (3.205) die zeitliche Änderung des Gesamtstromes:

$$\frac{di(t)}{dt} = -\frac{1}{R}\dot{u}_a(t) - \frac{1}{C_1 R_1 R}u_a(t) \\ + \frac{1}{R}\dot{u}_e(t) + \frac{1}{C_1 R_1 R}u_e(t) - \frac{R+R_1}{C_1 R_1 R}i(t) \tag{3.207}$$

die aber immer noch den Strom selber enthält. Unter Verwendung dieser Gleichung und der Beziehung für die zeitliche Änderung der Ausgangsspannung, die eine Funktion des Stromes und seiner zeitlichen Ableitung ist:

$$\dot{u}_a(t) = R_2\frac{di(t)}{dt} + \frac{1}{C_2}i(t) \tag{3.208}$$

findet sich eine Gleichung für den Strom $i(t)$, in der nur noch die Ausgangs- und Eingangsspannungen mit ihren zeitlichen Ableitungen auftreten. Dies wird erreicht, in dem die Gleichung (3.207) in die Gleichung (3.208) eingesetzt und das Ergebnis nach dem Strom umgestellt wird.
Mit

$$N = C_2 R_2 (R + R_1) - C_1 R_1 R \tag{3.209}$$

läßt sich diese Beziehung wie folgt schreiben:

$$i(t) = \frac{1}{N}\Big[-C_1 R_1 C_2 (R + R_2)\dot{u}_a(t) - C_2 R_2 u_a(t) \\ + C_1 R_1 C_2 R_2 \dot{u}_e(t) + C_2 R_2 u_e(t)\Big] \tag{3.210}$$

Die Gleichung (3.210) und ihre zeitliche Ableitung in die Gleichung (3.120) eingesetzt, liefert nach einigen Umformungen die gesuchte lineare, inhomogene Differentialgleichung 2. Ordnung mit konstanten Koeffizienten der Ausgangsspannung als Funktion der Eingangsspannung.

3.5.2 Lineare, zeitinvariante Differentialgleichung 2. Ordnung

Vereinbarungsgemäß wird der Koeffizient der höchsten Ableitung zu Eins gemacht, so daß sich folgende Differentialgleichung ergibt:

$$\ddot{u}_a(t) + a_1\dot{u}_a(t) + a_0 u_a(t) = b_2\ddot{u}_e(t) + b_1\dot{u}_e(t) + b_0 u_e(t) \tag{3.211}$$

mit den Koeffizienten, siehe auch 3.5.3:

$$a_0 = \frac{1}{C_1 R_1 C_2 (R + R_2)} = 16 \tfrac{1}{s^2}$$

$$a_1 = a_0 \left[C_1 R_1 + C_2 (R + R_1 + R_2) \right] = 10 \tfrac{1}{s}$$

$$b_0 = a_0 = 16 \tfrac{1}{s^2}; \quad b_1 = a_0 (C_1 R_1 + C_2 R_2) = 7,2 \tfrac{1}{s}; \quad b_2 = \frac{R_2}{R + R_2} = 0,8$$

Die Gleichung (3.211) ist eine inhomogene, lineare, zeitinvariante Differentialgleichung 2. Ordnung, deren Eingangsfunktion - Störfunktion - ebenfalls eine lineare, zeitinvariante Differentialgleichung 2. Ordnung ist. Sie stellt eine Relation zwischen der Ausgangs- und Eingangsspannung des Netzwerkes her.

3.5.3 Übertragungsfunktion des sprungfähigen Netzwerkes

Aus der Differentialgleichung (3.211) folgen die Übertragungsfunktion:

$$G(s) = \frac{U_a(s)}{U_e(s)} = \frac{b_2 s^2 + b_1 s + b_0}{s^2 + a_1 s + a_0} \quad \text{mit } n = m = 2 \qquad (3.212)$$

und die dazugehörenden Werte der Koeffizienten mit der Funktion *netzwerk.m*:

```
[Z,N] = netzwerk
Z =
      0.8000      7.2000     16.0000
N =
      1      10      16
```

Charakteristisch für ein sprungfähiges System ist es, daß die Grade des Zähler- und Nennerpolynoms gleich sind, wie es hier der Fall ist.

3.5.4 Zustandsraummodell

Die im vorhergehenden Abschnitt abgeleitete Differentialgleichung wurde durch die Elimination einer weiteren Differentialgleichung, z.B. der Spannung über der Parallelschaltung oder des Stromes, gewonnen. Nachfolgend sollen für diese beiden Größen die simultanen Differentialgleichungen 1. Ordnung als Zustandsmodell dargestellt werden.

Die Spannung $u_1(t)$ und der Strom $i(t)$ werden als Zustandsgrößen ausgewählt, damit liefert die Gleichung (3.206) für die erste Zustandsgröße die gesuchte Differentialgleichung 1. Ordnung:

$$\frac{du_1(t)}{dt} = -\frac{1}{C_1 R_1} u_1(t) + \frac{1}{C_1} i(t) \tag{3.213}$$

Aus der Gleichung (3.201) folgt durch Umformen unter Verwendung von Gleichung (3.202) die Gleichung für die Ausgangsspannung:

$$u_a(t) = -u_1(t) - Ri(t) + u_e(t) \tag{3.214}$$

die gleichzeitig die Ausgangsgleichung des Zustandsmodells darstellt. Die zeitliche Ableitung der Gleichung (3.214) gleichgesetzt mit der Gleichung (3.208) liefert unter Verwendung der ersten Zustandsgleichung (3.213) die Zustands-Differentialgleichung für die zweite Zustandsgröße:

$$\frac{di}{dt} = \frac{1}{C_1 R_1 (R + R_2)} u_1 - \frac{C_1 + C_2}{C_1 C_2 (R + R_2)} i + \frac{1}{R + R_2} \dot{u}_e \tag{3.215}$$

Diese Differentialgleichung beinhaltet auf der rechten Seite u.a. die Eingangsfunktion in ihrer 1. Ableitung, was der Beschreibung im Zustandsraum widerspricht. Abhilfe kann die Wahl einer anderen Zustandsgröße schaffen. Zunächst soll aber das gewonnene System in Vektor-Matrix-Form dargestellt werden. Wird der Zustandsvektor mit $z(t)$ bezeichnet, wobei:

$$\begin{bmatrix} z_1(t) \\ z_2(t) \end{bmatrix} = \begin{bmatrix} u_1(t) \\ i(t) \end{bmatrix}$$

gilt, dann ergeben sich als Vektor-Matrix-Differentialgleichung:

$$\begin{bmatrix} \dot{z}_1(t) \\ \dot{z}_2(t) \end{bmatrix} = \begin{bmatrix} a_{11} & a_{12} \\ a_{21} & a_{22} \end{bmatrix} \begin{bmatrix} z_1(t) \\ z_2(t) \end{bmatrix} + \begin{bmatrix} 0 \\ 0 \end{bmatrix} u_e(t) + \begin{bmatrix} 0 \\ b'_{22} \end{bmatrix} \dot{u}_e(t)$$

$$\dot{\mathbf{z}}(t) = \mathbf{A}\,\mathbf{z}(t) + \mathbf{b}_1 u_e(t) + \mathbf{b}'_2 \dot{u}_e(t) \tag{3.216}$$

und als Vektor-Matrix-Ausgangsgleichung nach Gleichung (3.214):

$$u_a(t) = \begin{bmatrix} -1 & c_{12} \end{bmatrix} \begin{bmatrix} z_1(t) \\ z_2(t) \end{bmatrix} + [1] u_e(t)$$

$$u_a(t) = \mathbf{C}\,\mathbf{z}(t) + d\,u_e(t) \tag{3.217}$$

Der Aufbau der Koeffizienten ist aus den entsprechenden Gleichungen bzw. der Funktion *netzwerk.m* zu ersehen. Zur Kompensation der ersten Ableitung der

Eingangsspannung wird ein neuer Zustandsvektor $\mathbf{x}(t)$ eingeführt:

$$\mathbf{z}(t) = \mathbf{x}(t) + \mathbf{b}_2' u_e(t) \tag{3.218}$$

Die erste Ableitung von Gleichung (3.218) in die Gleichung (3.216) eingesetzt, ergibt nach einigen Umformungen mit:

$$u(t) = u_e(t)$$

die Vektor-Matrix-Differentialgleichung:

$$\dot{\mathbf{x}}(t) = \mathbf{A}\,\mathbf{x}(t) + \left[\mathbf{b}_1 + \mathbf{A}\,\mathbf{b}_2'\right]u(t) \tag{3.219}$$

$$\begin{bmatrix} \dot{x}_1(t) \\ \dot{x}_2(t) \end{bmatrix} = \begin{bmatrix} a_{11} & a_{12} \\ a_{21} & a_{22} \end{bmatrix} \begin{bmatrix} x_1(t) \\ x_2(t) \end{bmatrix} + \begin{bmatrix} b_{11} \\ b_{21} \end{bmatrix} u(t)$$

und mit:

$$y(t) = u_a(t)$$

die Vektor-Matrix-Ausgangsgleichung:

$$y(t) = \mathbf{C}\,\mathbf{x}(t) + \left[d + \mathbf{C}\,\mathbf{b}_2'\right]u(t) \tag{3.220}$$

$$y(t) = \begin{bmatrix} -1 & c_{12} \end{bmatrix} \begin{bmatrix} x_1(t) \\ x_2(t) \end{bmatrix} + \begin{bmatrix} d_{11} \end{bmatrix} u(t)$$

Der Aufbau der Koeffizienten ist aus den entsprechenden Gleichungen bzw. der Funktion *netzwerk.m* zu ersehen:

```
[A,B,C,D] = netzwerk
A =
            -4.00          10000.00
             0.00             -6.00
B =
             2.00
             0.00
C =
            -1.00          -1000.00
D =
             0.80
```

Durch die Transformation des Zustandes mit dem Ansatz nach Gleichung (3.218) wurde die Vektor-Matrix-Differentialgleichung so umgeformt, daß die Ableitung der Eingangsspannung nicht mehr auftritt. Die neue erste Zustands-

Ableitung der Eingangsspannung nicht mehr auftritt. Die neue erste Zustandsgröße entspricht auch in diesem Fall der Spannung über der Parallelschaltung
$u_1(t)$. Die neue zweite Zustandsgröße ist zwar ebenfalls ein Strom, aber nicht
mehr der Gesamtstrom. Sie berechnet sich wie folgt:

$$x_2(t) = i(t) - \frac{1}{R + R_2} u_e(t) \quad [A] \tag{3.221}$$

Das zu den Gleichungen (3.219) und (3.220) gehörende Signalflußbild entspricht
dem des Bildes 3.28 in 3.6.2, lediglich die Werte der **C** Matrix sind vertauscht.
Damit ist die Ermittlung des mathematischen Modells des sprungfähigen elektrischen Netzwerkes abgeschlossen. Die analytische und numerische Lösung dieser
Gleichungen erfolgt im Kapitel 4 bei der Behandlung von Differentialgleichungen
bzw. Übertragungsfunktionen.

3.5.5 Funktion zur Berechnung der Matrizen des Netzwerkes

```
function [A,B,C,D] = netzwerk
% Die Funktion netzwerk enthält die Daten und berechnet die Koeffizienten der
% Übertragungsfunktion und der Zustandsgleichungen des sprungfähigen Netzwerkes.
% [A,B,C,D] = netzwerk liefert die Matrizen der Zustandsgleichungen.
% [Z,N] = netzwerk berechnet Zähler und Nenner der Übertragungsfunktion.

% Daten der Kondensatoren und Widerstände
        C1 = 100e-006;          % 100 Mikrofarad = 0,0001 As/V
        C2 = 50e-006;           % 50 Mikrofarad = 0,00005 As/V
        R = 1e003;              % 1 Kiloohm = 1.000 V/A
        R1 = 2.5e003;           % 2,5 Kiloohm = 2.500 V/A
        R2 = 4e003;             % 4 Kiloohm = 4.000 V/A

% Koeffizienten der Übertragungsfunktion
        if nargout == 2
                a0 = 1/(C1*R1*C2*(R+R2));
                a1 = (C1*R1+C2*(R+R1+R2))*a0;
                b2 = R2/(R+R2);         b1 = a0*(C1*R1+C2*R2);
                b0 = a0;
                A = [b2 b1 b0];         B = [1 a1 a0];
        end

% Koeffizienten der Matrizen
        if nargout == 4
                a11 = -1/(C1*R1);       a12 = 1/C1;
                a21 = 1/(C1*R1*(R+R2));
                a22 = -(C1+C2)/(C1*C2*(R+R2));
```

b11 = 1/(C1*(R+R2));   b21 = -(C1+C2)/(C1*C2*(R+R2)^2);
c12 = -R;   d11 = R2/(R+R2);
A = [a11 a12;a21 a22];   B = [b11;b21];
C = [-1 c12];   D = [d11];
    end
% Ende der Funktion netzwerk.m

3.6 RLC-Netzwerk als Brückenschaltung

Als letztes Beispiel wird ein RLC-Netzwerk in Form einer Brückenschaltung behandelt. Mit ihr können einige grundsätzliche Systemeigenschaften, wie z.B. die Nichtsteuer- und Nichtbeobachtbarkeit, beschrieben werden.

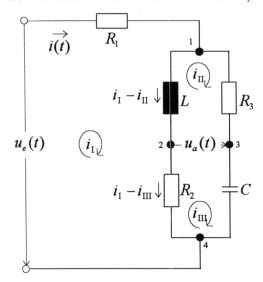

Bild 3.26 RLC-Netzwerk als Brückenschaltung

3.6.1 Mathematisches Modell

Die Schaltung besteht aus $z = 6$ *Zweigen* und $k = 4$ *Knoten*, somit ergeben sich:

$$m = z - (k - 1) = 3 \tag{3.222}$$

Maschengleichungen.
Mit Hilfe dieser drei Maschengleichungen sind die Vektor-Matrix-Differentialgleichung und die Vektor-Matrix-Ausgangsgleichung zu ermitteln.
Das System beinhaltet die zwei Energiespeicher Spule und Kondensator, so daß

zwei Zustandsgrößen zu bestimmen sind. Die Spannung zwischen den Knoten zwei und drei soll als Ausgangsgröße gewählt werden.

3.6.1.1 Maschengleichungen

Aus dem Bild 3.26 lassen sich folgende drei Maschengleichungen ableiten:

$$\text{I:}\quad R_1 i_{\text{I}} + L\left(\frac{di_{\text{I}}}{dt} - \frac{di_{\text{II}}}{dt}\right) + R_2\left(i_{\text{I}} - i_{\text{III}}\right) = u_e \tag{3.223}$$

$$\text{II:}\quad -L\left(\frac{di_{\text{I}}}{dt} - \frac{di_{\text{II}}}{dt}\right) + R_3 i_{\text{II}} = u_a \tag{3.224}$$

$$\text{III:}\quad -R_2\left(i_{\text{I}} - i_{\text{III}}\right) + \frac{1}{C}\int i_{\text{III}}\, dt = -u_a \tag{3.225}$$

Für den unbelasteten Zustand gilt zwischen den Klemmen zwei und drei:

$$i_1 = i_{\text{I}} - i_{\text{II}} = i_{\text{I}} - i_{\text{III}} \quad \Rightarrow \quad i_{\text{II}} = i_{\text{III}} = i_2 \tag{3.226}$$

und damit läßt sich der Gesamtstrom wie folgt beschreiben:

$$i(t) = i_1 + i_2 \tag{3.227}$$

3.6.1.2 Zustandsgrößen

Die Wahl der Zustandsgrößen ist bekanntlich nicht eindeutig. Wird aber vom Energiekonzept ausgegangen, dann ergeben sich für die Spule der durch sie flie-ßende Strom $i_1(t)$ und für den Kondensator die über ihm anstehende Spannung $u_C(t)$ als Zustandsgrößen, d.h. es soll gelten:

$$\begin{aligned} x_1(t) &= i_1(t) \\ x_2(t) &= u_C(t) \end{aligned} \tag{3.228}$$

3.6.1.3 Differentialgleichungen der Zustandsgrößen

Aus den Maschengleichungen folgt mit den Gleichungen (3.226) bis (3.228) und:

$$u_C(t) = \frac{1}{C}\int i_2\, dt \quad \Rightarrow \quad \dot{u}_C(t) = \frac{1}{C}i_2(t) \tag{3.229}$$

$$\text{I:}\quad R_1 i_I + L\dot{x}_1 + R_2 x_1 = u_e \tag{3.230}$$

$$\text{II:} \quad -L\dot{x}_1 + R_3\,i_2 = u_a \tag{3.231}$$

$$\text{III:} \quad -R_2\,x_1 + x_2 = -u_a \tag{3.232}$$

Aus den Gleichungen (3.231) und (3.232) berechnet sich der Strom:

$$i_2 = i_{\text{II}} = i_{\text{III}}$$

wie folgt:

$$i_2 = \frac{L}{R_3}\dot{x}_1 + \frac{R_2}{R_3}x_1 - \frac{1}{R_3}x_2 \tag{3.233}$$

Die mit R_1 multiplizierte Gleichung (3.233) von der Gleichung (3.230) subtrahiert liefert nach einigen Umformungen die Differentialgleichung für den Strom in der Spule, als der ersten Zustandsgröße:

$$\begin{aligned}
\dot{x}_1(t) = \quad & -\frac{R_1 R_3 + R_2\left(R_1 + R_3\right)}{L\left(R_1 + R_3\right)}x_1(t) + \frac{R_1}{L\left(R_1 + R_3\right)}x_2(t) \\
& + \frac{R_3}{L\left(R_1 + R_3\right)}u_e(t)
\end{aligned} \tag{3.234}$$

Die Gleichungen (3.233) und (3.234) in die Gleichung (3.229) eingesetzt ergibt nach einigen Umformungen die Differentialgleichung für die Spannung über dem Kondensator, als der zweiten Zustandsgröße:

$$\begin{aligned}
\dot{x}_2(t) = \quad & -\frac{R_1}{C\left(R_1 + R_3\right)}x_1(t) - \frac{1}{C\left(R_1 + R_3\right)}x_2(t) \\
& + \frac{1}{C\left(R_1 + R_3\right)}u_e(t)
\end{aligned} \tag{3.235}$$

3.6.1.4 Ausgangsgleichung

Ausgangsgröße soll die Spannung $u_a(t)$ zwischen den beiden Klemmen 2 und 3 sein. Die Abhängigkeit der Ausgangsspannung von den beiden Zustandsgrößen beschreibt die Gleichung (3.232), so daß gilt:

$$u_a(t) = R_2\,x_1(t) - x_2(t) \tag{3.236}$$

3.6.2 Vektor-Matrix-Gleichungen des Zustandsmodells

Mit Hilfe der Gleichungen (3.234) bis (3.236) und den Koeffizienten:

$$a_{11} = -\frac{R_1 R_3 + R_2 (R_1 + R_3)}{L(R_1 + R_3)}; \quad a_{12} = \frac{R_1}{L(R_1 + R_3)}$$

$$a_{21} = -\frac{R_1}{C(R_1 + R_3)}; \quad a_{22} = -\frac{1}{C(R_1 + R_3)}$$

$$b_{11} = \frac{R_3}{L(R_1 + R_3)}; \quad b_{21} = \frac{1}{C(R_1 + R_3)}; \quad c_{11} = R_2$$

ergeben sich mit $u(t) = u_e(t)$ die Vektor-Matrix-Differentialgleichung:

$$\begin{bmatrix} \dot{x}_1(t) \\ \dot{x}_2(t) \end{bmatrix} = \begin{bmatrix} a_{11} & a_{12} \\ a_{21} & a_{22} \end{bmatrix} \begin{bmatrix} x_1(t) \\ x_2(t) \end{bmatrix} + \begin{bmatrix} b_{11} \\ b_{21} \end{bmatrix} u(t) \tag{3.237}$$

und mit $y(t) = u_a(t)$ die Vektor-Matrix-Ausgangsgleichung:

$$[y(t)] = [c_{11} \quad -1] \begin{bmatrix} x_1(t) \\ x_2(t) \end{bmatrix} + [0] u(t) \tag{3.238}$$

Die Gleichungen (3.237) und (3.238) lassen sich als Signalflußbild darstellen.

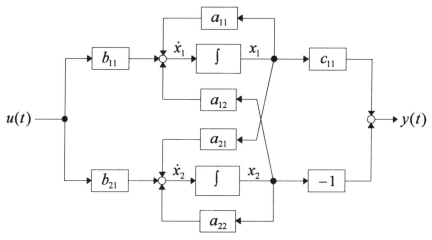

Bild 3.27 Signalflußbild der Brückenschaltung

3.6.3 Eigenwerte der Brückenschaltung

Es soll untersucht werden, für welche Parameterkonfiguration die Brückenschaltung konjugiert komplexe Eigenwerte aufweist, so daß ihre Ausgangsgröße schwingt. Als der dafür ausschlaggebende Parameter wird der Widerstand R_1 im Verhältnis zu den anderen beiden Widerständen R_2 und R_3 sowie der Spule L und dem Kondensator C angenommen. Ausgangsbasis für die Ermittlung dieses Zusammenhanges ist die Systemmatrix **A** nach Gleichung (3.237):

$$\mathbf{A} = \begin{bmatrix} a_{11} & a_{12} \\ a_{21} & a_{22} \end{bmatrix} \tag{3.239}$$

und deren charakteristische Gleichung:

$$cp(\mathbf{A}) = \det(s\mathbf{I} - \mathbf{A}) = |s\mathbf{I} - \mathbf{A}| = 0 \tag{3.240}$$

die sich aus:

$$[s\mathbf{I} - \mathbf{A}] = \begin{bmatrix} s & 0 \\ 0 & s \end{bmatrix} - \begin{bmatrix} a_{11} & a_{12} \\ a_{21} & a_{22} \end{bmatrix} = \begin{bmatrix} s - a_{11} & -a_{12} \\ -a_{21} & s - a_{22} \end{bmatrix} \tag{3.241}$$

wie folgt berechnet:

$$cp(\mathbf{A}) = \begin{vmatrix} s - a_{11} & -a_{12} \\ -a_{21} & s - a_{22} \end{vmatrix} = 0 \Rightarrow$$

$$cp(\mathbf{A}) = s^2 - (a_{11} + a_{22})s + a_{11}a_{22} - a_{12}a_{21} = 0 \tag{3.242}$$

Die Lösungen der charakteristischen Gleichung (3.242) liefern die Eigenwerte:

$$s_{1,2} = \frac{1}{2}\left((a_{11} + a_{22}) \pm \sqrt{(a_{11} + a_{22})^2 - 4a_{11}a_{22} + 4a_{12}a_{21}}\right)$$

$$s_{1,2} = \frac{1}{2}\left((a_{11} + a_{22}) \pm \sqrt{(a_{11} - a_{22})^2 + 4a_{12}a_{21}}\right) \tag{3.243}$$

Für den Fall eines konjugiert komplexen Paares von Eigenwerten muß der Ausdruck unter der Wurzel in der Gleichung (3.243) negativ bzw. kleiner Null werden, dies läßt sich wie folgt ausdrücken:

$$(a_{11} - a_{22}) < 2\sqrt{-a_{12}a_{21}} \tag{3.244}$$

Nach dem Einsetzen der Koeffizienten der Systemmatrix und einigen Umformungen ergibt sich die Beziehung der Koeffizienten, welche ein Paar konjugiert komplexer Eigenwerte liefert:

$$R_1 > \frac{L - CR_2R_3}{2\sqrt{CL} + C(R_2 + R_3)} = \frac{\frac{L}{C} - R_2R_3}{2\sqrt{\frac{L}{C}} + R_2 + R_3} \tag{3.245}$$

Der Ausdruck:

$$\sqrt{\frac{L}{C}} \tag{3.246}$$

wird als charakteristischer Widerstand des Schwingkreises bezeichnet. Bei den Betrachtungen zur Steuer- und Beobachtbarkeit im Kapitel 6.5 spielt das Verhältnis der Paare:

$$\frac{L}{C} \text{ und } R_2R_3 \tag{3.247}$$

eine entscheidende Rolle.

Die Funktion *rlcbruck.m* - Abschnitt 3.6.4 - liefert die Matrizen der Zustandsgleichungen:

```
[A,B,C,D] = rlcbruck
A =
    -2.5000     8.0000
    -8.0000    -8.0000
B =
     2
     8
C =
     0.0500    -1.0000
D =
     0
```

Aus der Systemmatrix **A** berechnet sich mit *eig.m*:

```
Po = eig(A)
Po =
    -5.2500 + 7.5125i
    -5.2500 - 7.5125i
```

das gesuchte konjugiert komplexe Eigenwertpaar, d.h. für diese Parameterwahl ist die Brückenschaltung ein schwingfähiges System.

3.6.4 Funktion zur Berechnung der Matrizen der Brückenschaltung

function [A,B,C,D] = rlcbruck
% Die Funktion rlcbruck enthält die Daten und berechnet die Koeffizienten der
% Zustandsgleichungen und der Übertragungsfunktion der RLC- Brückenschaltung.
% [A,B,C,D] = rlcbruck liefert die Matrizen der Zustandsgleichungen.
% [Z,N] = rlcbruck berechnet den Zähler und Nenner der Übertragungsfunktion

% Daten der Widerstände und Spule sowie des Kondensators
```
        R1 = 1;         % 1 Ohm = 1 V/A
        R2 = 0.05;      % 0,05 Ohm, bei R2 = 4 Ohm ist das System abgeglichen!
        R3 = 0.25;      % 0,25 Ohm = 0,25 V/A
        L = 0.1;        % 0,1 Henry = 0,1 V s/A
        C = 0.1;        % 0,1 Farad = 0,1 A s/V
```

% Schwingungsfaktor
```
        R1kr = (L-R2*R3)/(2*sqrt(C*L)+C*(R2+R3));
```

% Koeffizienten und Matrizen
```
        a11 = -(R2*(R1+R3)+R1*R3)/(L*(R1+R3));
        a12 = R1/(L*(R1+R3));   a21 = -R1/(C*(R1+R3));
        a22 = -1/(C*(R1+R3));   b11 = R3/(L*(R1+R3));
        b21 = 1/(C*(R1+R3));    c11 = R2;
        A = [a11 a12;a21 a22];  B = [b11;b21];
        C = [c11 -1];           D = 0;
```

% Koeffizienten der Übertragungsfunktion
```
        if nargout == 2
                [A,B] = ss2tf(A,B,C,D);
        end
```

% Koeffizienten der Zustandsgleichungen
```
        if nargout == 4
                A = A;          B = B;
                C = C;          D = D;
        end
```

% Ende der Funktion rlcbruck.m

Damit ist das Kapitel - Systeme und ihre mathematischen Modelle - abgeschlossen. In den Beispielen der nachfolgenden Kapitel wird, wenn nicht anders erforderlich, immer wieder auf diese Systeme bzw. Modelle zurückgegriffen.

4 Mathematische Beschreibung linearer, zeitinvarianter Systeme

In diesem Kapitel werden die Möglichkeiten der mathematischen Beschreibung des zeitlichen Verlaufs der physikalischen Größen eines Systems in Abhängigkeit von den auf das System wirkenden äußeren Größen behandelt.

Das dynamische Verhalten von Systemen wird durch gewöhnliche Differentialgleichungen n-ter Ordnung beschrieben. Diese können sowohl nichtlinear als auch linear sein. In den Differentialgleichungen treten die Ausgangsgrößen $y(t)$ mit ihren Ableitungen, die Eingangsgrößen $u(t)$ teilweise ebenfalls mit ihren Ableitungen und gegebenenfalls die Zeit t auf. Ist das Verhalten neben der Zeit auch noch von den Ortskoordinaten abhängig, so sind die beschreibenden Differentialgleichungen nicht gewöhnlich sondern partiell.

Gegenstand dieses Buches sind Systeme, deren dynamisches Verhalten linear bzw. um einen Arbeitspunkt linearisicrbar ist, und deren Modellkoeffizienten unabhängig von den Ortskoordinaten und der Zeit sind.

Die mathematischen Modelle zur Beschreibung des dynamischen Verhaltens dieser Systeme können von folgender Art sein:

- lineare Differentialgleichungen n-ter Ordnung mit konstanten Koeffizienten,
- Systeme linearer Differentialgleichungen 1. Ordnung mit konstanten Koeffizienten in Vektor-Matrix-Darstellung, d.h. als Zustandsraummodelle,
- Übertragungsfunktionen,
- Frequenzgänge, graphisch dargestellt als Ortskurven bzw. Bode-Diagramme,
- Pol-Nullstellen-Darstellungen als Wurzelortskurven,
- Zeitantworten als Reaktion auf einen Sprung, einen Impuls, eine Rampe bzw. ein beliebiges Signal am Eingang des Systems.

Die linearen Differentialgleichungen, Übertragungsfunktionen und Frequenzgänge beschreiben das Verhalten eines linearen Übertragungsgliedes zwischen seinem Ein- und Ausgang. Das dazugehörende Signalflußbild mit der Eingangsgröße $u(t)$ und der Ausgangsgröße $y(t)$ ist in Bild 4.1 dargestellt.

Bild 4.1 Lineares Übertragungsglied als kleinste Einheit eines Systems

4.1 Lineare Differentialgleichungen und ihre Lösung

4.1.1 Grundlagen

Das dynamische Verhalten eines linearen, zeitinvarianten Übertragungsgliedes wird durch eine lineare Differentialgleichung mit konstanten Koeffizienten folgender Art beschrieben:

$$y^{(n)}(t) + a_{n-1} y^{(n-1)}(t) + \ldots + a_2 \ddot{y}(t) + a_1 \dot{y}(t) + a_0 y(t)$$
$$= \qquad\qquad n \geq m \qquad (4.1)$$
$$b_m u^{(m)}(t) + b_{m-1} u^{(m-1)}(t) + \ldots + b_2 \ddot{u}(t) + b_1 \dot{u}(t) + b_0 u(t)$$

Die Koeffizienten von Gleichung (4.1) ergeben sich aus den physikalischen Parametern der betrachteten Systeme. Es erleichtert den Rechengang, wenn der zur höchsten Ableitung der Ausgangsgröße gehörende Koeffizient Eins ist, was aber gewöhnlich erst durch entsprechendes Umformen erreicht wird.

Für eine gegebene Eingangsgröße $u(t)$ im Zeitraum $t \geq 0$, mit den Anfangswerten $y(t = 0) = y_0$ der Ausgangsgröße $y(t)$ sowie ihren Ableitungen:

$$y(+0), \dot{y}(+0), \ddot{y}(+0), \ldots, y^{(n-1)}(+0) \qquad\qquad (4.2)$$

besitzt die Differentialgleichung (4.1) eine eindeutige Lösung.

Es interessiert der zukünftige Verlauf der Ausgangsgröße $y(t)$ in Abhängigkeit von der Eingangsgröße $u(t)$. Einflüsse von $u(t)$ auf $y(t)$ für die Zeit $t < 0$ spiegeln sich in den Anfangswerten wider.

4.1.2 Symbolische Lösung mit *dsolve*

Eigenschaft von *dsolve*:
      Löst symbolisch lineare und nichtlineare Differentialgleichungen.
Syntax:
      y = *dsolve*('Dgl','AB','t')
Beschreibung:
      Dgl = zu lösende Differentialgleichung
      AB = Anfangsbedingung und mit der Zeit t

Beispiel 4.1
Gegeben ist die lineare Differentialgleichung 1. Ordnung eines PT_1-Gliedes mit der statischen Verstärkung V, der Verzögerungszeit T und dem Anfangswert $Y(0) = Y_0$:

$$T \dot{y}(t) + y(t) = V u(t)$$

Lösung:

```
y = dsolve('T*Dy+y=V*u','y(0)=Y0','t')
y =
V*u+exp(-1/T*t)*(-V*u+Y0)
```

Ausklammern der Verstärkung und der Eingangsgröße durch *collect*:

```
y = collect(collect(y,'V'),'u')
y =
(1-exp(-1/T*t))*V*u+exp(-1/T*t)*Y0
```

Das erzielte Ergebnis ist die bekannte Lösung.

$$y(t) = V u(t) \left(1 - e^{-\frac{t}{T}} \right) + Y_0 \, e^{-\frac{t}{T}}$$

4.1.3 Allgemeine Aussagen zur numerischen Lösung

Neben der Möglichkeit gewöhnliche Differentialgleichungen analytisch oder symbolisch zu lösen, wie oben geschehen, ist der Hauptgegenstand dieses Buches der Einsatz von MATLAB zur numerischen Lösung regelungstechnischer Aufgabenstellungen und damit auch zur Lösung von Differentialgleichungen.

Die numerische Lösung einer Differentialgleichung liefert für einen Satz von Zeitpunkten $[t_0, t_1, ..., t_e]$ den dazugehörenden Satz von Funktionswerten $[y_0, y_1, ..., y_e]$. Werden die Funktionswerte über den Zeitpunkten als Graph aufgetragen, so stellt dieser eine Approximation des analytischen Kurvenverlaufes mit einer mehr oder weniger hohen Genauigkeit dar.

Die von MATLAB bereitgestellten Funktionen *ode23.m* und *ode45.m* beruhen auf dem von *Fehlberg* zur verbesserten Fehlerabschätzung erweiterten *Runge-Kutta-Verfahren*[1]. Die beiden Funktionen arbeiten mit automatischer Schrittweitenberechnung und lösen numerisch Differentialgleichungen bzw. Sätze von n Differentialgleichungen 1. Ordnung.

Eine gewöhnliche Differentialgleichung 1. Ordnung läßt sich in dem hier behandelten Sinne in ihrer allgemeinsten Form wie folgt schreiben:

$$\dot{y} = f(y, u, t) \tag{4.3}$$

---

1 Runge, Carl David Tolmé *30.8.1856 Bremen †3.1.1927 Göttingen, Mathematiker
 Kutta, (Martin) Wilhelm *3.11.1867 Pitschen/O.Schl †25.12.1944 Fürstenfeldbruck/München, Mathematiker

Gesucht ist eine stetig differenzierbare Funktion:

$$y = f(t), \quad t \in [t_0, t_e] \tag{4.4}$$

welche die Gleichung (4.3) identisch erfüllt und der Anfangsbedingung:

$$y(t_0) = Y_0 \tag{4.5}$$

genügt.

Beispiel 4.2
Die Differentialgleichung 1. Ordnung mit der Steuergröße $u(t)$ als Störglied, nach Beispiel 4.1, ist in die explizite Form der Differentialgleichung (4.3) zu überführen.
Lösung:

$$\dot{y}(t) = -\frac{1}{T} y(t) + \frac{V}{T} u(t)$$

4.1.4 Die Funktionen *ode*23 und *ode*45

Eigenschaft von *ode*23 und *ode*45:
    Die Funktionen lösen gewöhnliche Differentialgleichungen.
Syntax:
    siehe Beispiel 4.3
Beschreibung:
    Die Differentialgleichung ist in einer *M-Datei* abzulegen. Bei dem Aufruf der Funktionen *ode*23.*m* bzw. *ode*45.*m* sind der *Dateiname*, die *Anfangs-* und *Endzeit* sowie die *Anfangsbedingung* anzugeben.

Beispiel 4.3
Für die in Beispiel 4.2 angegebene explizite Differentialgleichung 1. Ordnung für ein PT_1-Glied sind folgende Aufgaben zu lösen:
- Die Differentialgleichung ist durch die Funktion *pt1dgl.m* zu beschreiben.
- Mittels *ode*23.*m* sind im Intervall $0 \leq t \leq 15$ mit $u(t) = 1$, $V = 5$, $T = 2$ und der Anfangsbedingung $y(0) = 0$ die Funktionswerte mit Hilfe einer M-Datei *pt*1.*m* zu berechnen.
- Für die im Beispiel 4.1 gefundene geschlossene Lösung der linearen Differentialgleichung ist ein Rechenalgorithmus aufzustellen und ebenfalls in der M-Datei *pt*1.*m* abzulegen. Der für die Berechnung notwendige Zeitvektor soll dem unter *ode*23.*m* berechneten entsprechen.
- Der zwischen beiden Lösungen entstehende Fehler ist zu berechnen.

- Die drei Ergebnisse sind graphisch mit der Funktion *plot.m* darzustellen. Für die analytische Lösung und den Fehler∗1000 sind geschlossene Kurvenzüge zu wählen. Die numerische Lösung von *ode23.m* ist durch Sterne zu kennzeichnen. Die Achsen und Kurven sowie der Kopf sind zu beschriften.

Lösung:

1. function dy = pt1dgl(t,y)
   ```
   % Funktion zur Beschreibung der Differentialgleichung eines PT1-Gliedes
   % dazugehörende M-Datei pt1.m
       dy = - (1/2)*y + (5/2)*1;
   % Ende der Funktion pt1dgl.m
   ```

2. ```
   % M-Datei pt1.m
   % zur Lösung der Dgl. 1. Ordnung - pt1dgl.m - für ein PT1-Glied
   % mit Eingangssprung
   ```

   ```
       K = 5;              % Verstärkung
       T = 2;              % Zeitkonstante
       u = 1;              % Eingangssprung
       t0 = 0;             % Startzeitpunkt
       te = 15;            % Endzeitpunkt
       y0 = 0;             % Anfangswert von y(t)
   ```

   ```
   % Aufruf der Funktion zur numerischen Lösung der Differentialgleichung
   % eines PT1-Gliedes, abgelegt in pt1dgl.m
       [t,y] = ode23('pt1dgl',t0,te,y0);
       for i = 1:length(t)        % bis zur Anzahl der Tastpunkte von t
           % analytische Lösung
           y1(i) = K*u*(1-exp(-t(i)/T));
           % Fehler zwischen der analytischen und numerischen Lösung mal 1000
           e(i) = 1000*(y1(i)-y(i));
       end
   % Ausdruck der Ergebnisse
       plot(t,y,'-',t,y1,'r*',t,e,'b-',[2.1 2.2],[2.5 2.5],'y-',2.1,1.5,'r*')
                              % [2.1 2.2] = x-Koordinate von 2.1 - 2.2
                              % [2.5 2.5] = y-Koordinate für beide x-Werte
       grid                   % Gitternetzwerk
       title('
   Analytische und numerische Lösung einer Dgl. 1. Ordnung mit Fehlerverlauf')
       text(6,-0.3,'Fehler * 10³')   % Fehlerkurve
       text(2.3,2.5,'analytisch')    % analytischen Lösung
       text(2.3,1.5,'numerisch')     % numerischen Lösung
       text(-1.5,5,'y(t)')           % Ordinatenkennzeichnung
       text(15.4,-1.2,'t [s]')       % Abszissenkennzeichnung
   % Ende der M-Datei pt1.m
   ```
   ```

Das Programm zur numerischen Lösung der Differentialgleichung wird durch Eingabe von *pt*1 unter MATLAB Command Window gestartet.

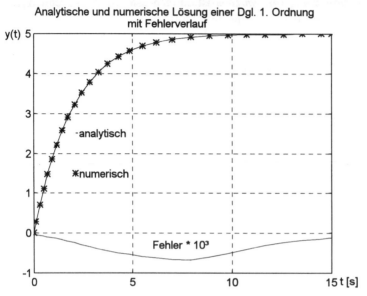

Bild 4.2 Analytische und numerische Lösung nach Beispiel 4.3

4.2 Zustandsgleichungen

Die Umwelt, in der wir leben, wird durch eine große Anzahl physikalisch-chemischer Größen, die untereinander in Wechselbeziehungen stehen, geprägt. Aufgabe der Regelungstechniker ist es, aus der Vielzahl von Möglichkeiten zur Beschreibung von Teilen dieser Umwelt diejenige auszuwählen, die für den Gegenstand ihrer Aufgabe, d.h. ein System - Maschine, Anlage oder Prozeß - zu automatisieren, am besten geeignet ist.

Zur Beschreibung eines konkreten Systems stehen zwei wichtige Kategorien von Einwirkungen der Umwelt auf das System und umgekehrt zur Verfügung. Es sind dies die Begriffe *wesentlich* und *unwesentlich*, mit denen die Kopplungen zwischen dem zu automatisierenden System und der Umwelt beurteilt werden. Hierbei ist zu beachten, daß sich ein konkretes System von seiner Umgebung durch die wesentlich stärkeren Kopplungen der Elemente dieses Systems untereinander, als sie zur Umgebung bestehen, abgrenzt.

Diese Kopplungen erfolgen über den Austausch von *Stoffen* und/oder *Energien*, verbunden mit einem Austausch von *Informationen*.

Für die mathematische Beschreibung eines dynamischen Systems liefern die stofflich-energetischen Zusammenhänge einen Satz von Gleichungen.

Der *Informationsaustausch* erfolgt über Signale, die sich in Nutz- und Störsignale unterteilen.

Wird der beschriebene Zusammenhang unter dem angestrebten Steuerungsaspekt betrachtet, so ergeben sich die Begriffe *steuerbare* und *nichtsteuerbare Eingangsgrößen*, wobei die letzteren als *Störgrößen* bezeichnet werden.

Neben den *Eingangs-* und *Ausgangsgrößen* eines dynamischen Systems, die dessen Beziehungen zur Umwelt angeben, wird dieses aber auch durch Größen beschrieben, die sein inneres Verhalten, also seinen *Zustand*, widerspiegeln. Diese Größen werden folglich als *Zustandsgrößen* bezeichnet. Ihre wohl erste Verwendung geht auf Ljapunow[1] bei der Behandlung des allgemeinen Problems der Stabilität der Bewegung im Jahre 1892 zurück.

4.2.1 Allgemeine Aussagen zur Zustandsraumbeschreibung

Die Beschreibung der Bewegung eines Systems, z.B. eines Körperverbandes oder eines Maschinenteils, liefert einen Satz von Differential- und algebraischen Gleichungen - siehe Kapitel 3. Die Variablen der Differentialgleichungen dieser mechanischen Systeme sind die Ortskoordinaten - Wege oder Winkel - sowie ihre Ableitungen nach der Zeit, auch als Geschwindigkeitskoordinaten bezeichnet. Die Koordinaten geben für einen bestimmten Zeitpunkt die Lage des betrachteten Systems im Raum an. Sie beschreiben also den *Zustand* des Systems in Abhängigkeit von der Zeit und von den äußeren Einwirkungen auf das System, was zu dem Namen *Zustandsraumbeschreibung* geführt hat.

Die Zustandsgrößen werden ebenso wie die Eingangs- und Ausgangsgrößen zu einem Vektor, dem *Zustandsvektor*, zusammengefaßt. Die Differentialgleichungen liefern die Zustandsgleichungen.

Entsprechendes gilt für Zustandsgrößen anderer physikalischer Systeme, wie

- in der Verfahrenstechnik: Druck, Temperatur, Konzentration und Masse sowie Mengen- bzw. Volumenstrom;
- in der Elektrotechnik: Spannung, elektrische Ladung, Strom und Drehzahl.

Die Beschreibung von Systemen im Zustandsraum hat ihren Ursprung in der Mechanik. Bedeutung für die Regelungstechnik hat sie durch das Aufkommen des Digitalrechners bekommen, für den sie durch die Verwendung der *Vektor-Matrix-Darstellung* besonders geeignet ist.

Die Beschreibung von Systemen im Zustandsraum stellt eine wesentliche Erwei-

---

[1] Ljapunow, Alexandr Michajlowitsch *6.6.1857 Jaroslawl †3.11.1918 Odessa, Mathematiker

terung der Methoden zur Beschreibung dynamischer Systeme dar. Auf der Grundlage der Zustandsraumbeschreibung, im Zusammenhang mit immer leistungsfähigeren Rechnern, wurde eine breite Palette von Verfahren für die Synthese und Analyse von Systemen entwickelt und praktisch eingesetzt. Einen wesentlichen Beitrag dazu liefert MATLAB mit seinen vielen regelungstechnisch orientierten Werkzeugen - Tools.

4.2.2 Geometrische Deutung der Zustandsraumbeschreibung

Mit Hilfe des Bildes 4.3 wird die geometrische Deutung der Zustandsraumbeschreibung anhand der Steuerung eines Massenpunktes auf einer Trajektorie in einem dreidimensionalen Raum dargestellt [Burmeister_6-84].

– Der Zustandsvektor $\mathbf{x}(t)$ entspricht den drei Koordinaten des Massenpunktes auf der Bahn. Seine momentane Richtung wird durch die Tangentenrichtung im entsprechenden Bahnpunkt angezeigt.

– Mit Hilfe einer Steuerung, repräsentiert durch den Steuervektor $\mathbf{u}(t)$, wird für jede Zeit t die Tangentenrichtung der Trajektorie festgelegt und somit eine Entscheidung über ihren weiteren Verlauf getroffen. Die Steuerung eines dynamischen Systems ist ein kontinuierlicher Entscheidungsprozeß.

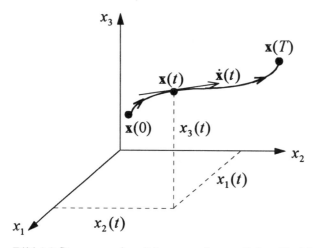

Bild 4.3 Steuerung eines Massenpunktes auf einer Trajektorie

– Das System wird durch die Zustandsgleichung

$$\dot{x}(t) = f\left[x(t), u(t), t\right] \tag{4.6}$$

in allgemeiner Form beschrieben.

Das zwischen $0 \le t \le T$ dargestellte Kurvenstück, entspricht dem Verlauf des Zustandsvektors im Zustandsraum. Das Kurvenstück wird als Trajektorie oder Zustandsbahn bezeichnet. Die zu jedem Zeitpunkt gültigen Koordinaten der Trajektorie werden durch den Zustandsvektor angegeben:

$$x(t) = \begin{bmatrix} x_1(t) \\ x_2(t) \\ x_3(t) \end{bmatrix} \tag{4.7}$$

– Die zeitliche Ableitung des Ortsvektors $x(t)$ ist der Geschwindigkeitsvektor

$$\dot{x}(t) = \frac{dx(t)}{dt} \tag{4.8}$$

4.2.3 Das Zustandsmodell

Für ein System, welches durch eine Differentialgleichung n-ter Ordnung:

$$y^{(n)} = F\left(y, \dot{y}, \ldots, y^{(n-1)}; u, t\right) \tag{4.9}$$

beschrieben wird, die
– nach der höchsten vorkommenden Ableitung auflösbar ist und
– keine Ableitungen der Eingangsgrößen enthält,
können die n *Phasenvariablen* als Zustandsgrößen eingeführt werden:

$$y = x_1, \dot{y} = x_2, \ddot{y} = x_3, \ldots, y^{(n-1)} = x_n \tag{4.10}$$

Damit ergibt sich ein System von n Differentialgleichungen 1. Ordnung:

$$\begin{aligned} \dot{x}_1 &= x_2 \\ \dot{x}_2 &= x_3 \\ &\vdots \\ \dot{x}_n &= F\left(x_1, x_2, \ldots, x_n; u, t\right) \\ y &= x_1 \end{aligned} \tag{4.11}$$

Aus der Theorie der Differentialgleichung ist bekannt, daß bei Vorgabe dieser Werte an der Stelle $t = t_0$ die Lösung eindeutig bestimmt ist [Burmeister_6-84].
Bemerkung:
Die Wahl der Zustandsgrößen ist keinesfalls eindeutig, d.h. ein und dasselbe System kann durch verschiedene Sätze von Zustandsgrößen beschrieben werden. Dies hängt

unter anderem von der bei der theoretischen Prozeßanalyse gewählten Methode ab, z.B. kann ein mechanisches System mit Hilfe des *Prinzips von d'Alembert*, des *Impulssatzes* oder des *Erhaltungssatzes der Energie* beschrieben werden. Entsprechendes gilt für elektrische Systeme, je nachdem, ob Ströme, Spannungen und Ladungen bzw. nur eine Art davon als Zustandsgrößen gewählt werden. Dies alles liefert aber gewöhnlich physikalische Zustandsgrößen. Dagegen ergeben die Phasenvariablen bei Systemen deren Ordnung größer als zwei ist, ab der dritten Phasenvariablen, mathematische Zustandsgrößen, da sie physikalisch nicht mehr interpretiert werden können. Entsprechendes trifft für die später noch zu behandelnden Normalformen zu.

In der Praxis treten meist keine Differentialgleichungen höherer Ordnung auf, sondern vielmehr Systeme von Differentialgleichungen 1. und 2. Ordnung.

G. Doetsch[1] [Doetsch-89] bemerkt dazu "Wenn in einem physikalischen System mehrere Zeitfunktionen vorkommen, die mehrere Differentialgleichungen erfüllen, in denen jeweils alle oder einige dieser Funktionen auftreten (simultane Differentialgleichungen), so wird in der Technik häufig für eine bestimmte, besonders interessierende von diesen Funktionen durch Elimination eine einzige Differentialgleichung abgeleitet, die im allgemeinen von höherer Ordnung als die ursprünglichen Gleichungen ist und für die sich dann die heikle Frage nach den Anfangswerten der höheren Ableitungen stellt."

Die Funktionen *ode23* und *ode45* gehen davon aus, daß für die numerische Lösung von gewöhnlichen Differentialgleichungen, egal ob linear oder nichtlinear, diese als eine Differentialgleichung bzw. als ein Satz von Differentialgleichungen erster Ordnung vorliegen, die allgemein wie folgt angegeben werden können.

4.2.3.1 Systemgleichungen eines Mehrgrößensystems

– Die Zustandsgleichung eines linearen, zeitinvarianten Systems als Vektor-Matrix-Differentialgleichung

$$\dot{\mathbf{x}}(t) = \mathbf{A}\,\mathbf{x}(t) + \mathbf{B}\,\mathbf{u}(t) \qquad \mathbf{x}(t=0) = \mathbf{X}_0 \qquad\qquad (4.12)$$

– Die Ausgangsgleichung eines linearen, zeitinvarianten Systems als Vektor-Matrix-Gleichung

$$\mathbf{y}(t) = \mathbf{C}\,\mathbf{x}(t) + \mathbf{D}\,\mathbf{u}(t) \qquad\qquad (4.13)$$

Es bedeuten:

$\dot{\mathbf{x}}(t)$: $(n,1)$ - Spaltenvektor der ersten Ableitung der n Zustandsgrößen

$\mathbf{x}(t)$: $(n,1)$ - Spaltenvektor der n Zustandsgrößen

$\mathbf{x}(0)$: $(n,1)$ - Spaltenvektor der Anfangswerte der n Zustandsgrößen

$\mathbf{u}(t)$: $(m,1)$ - Spaltenvektor der m Eingangsgrößen

---

[1] Doetsch, Gustav Heinrich Adolf *29.11.1892 Köln †9.61977 Freiburg i.B., Mathematiker

$\mathbf{y}(t)$: $(r,1)$ - Spaltenvektor der r Ausgangsgrößen

$\mathbf{A}$: (n,n) - System- oder Zustandsmatrix

$\mathbf{B}$: (n,m) - Eingangs- oder Steuerungsmatrix

$\mathbf{C}$: (r,n) - Ausgangs- oder Beobachtungsmatrix

$\mathbf{D}$: (r,m) - Durchgangsmatrix

4.2.3.2 Systemgleichungen eines Eingrößensystems

Bei einem linearen, zeitinvarianten Übertragungsglied mit einem Eingang und einem Ausgang verändern sich die Systemmatrizen wie folgt:

$\mathbf{B} \rightarrow \mathbf{b}$: $(n,1)$ - Spaltenvektor

$\mathbf{C} \rightarrow \mathbf{c'}$: $(1,n)$ - Zeilenvektor

$\mathbf{D} \rightarrow d$: Skalar

Damit ergeben sich aus den Gleichungen (4.12) und (4.13) die Zustandsgleichungen für ein Eingrößensystem:

$$\dot{\mathbf{x}}(t) = \mathbf{A}\,\mathbf{x}(t) + \mathbf{b}\,u(t) \qquad \mathbf{x}(t=0) = \mathbf{X}_0 \tag{4.14}$$

$$y(t) = \mathbf{c'}\mathbf{x}(t) + d\,u(t) \tag{4.15}$$

4.2.3.3 Vektor-Matrix-Signalflußbild der Systemgleichungen

Die Gleichungen (4.12) und (4.13) lassen sich wie folgt als Vektormatrix-Signalflußbild eines linearen, zeitinvarianten Systems darstellen

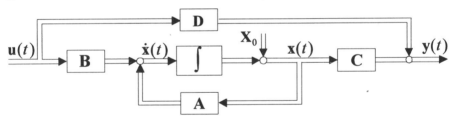

Bild 4.4 Vektor-Matrix-Signalflußbild eines linearen, zeitinvarianten Systems

4.2.4 Numerische Lösung mit *ode*23 und *ode*45

Grundsätzliche Betrachtungen zu den beiden Funktionen *ode*23.*m* und *ode*45.*m* erfolgten in den Abschnitten 4.1.3 und 4.1.4. Wie eine Differentialgleichung *n*-ter Ordnung in einen Satz von *n* Differentialgleichungen 1. Ordnung überführt werden kann ist unter 4.2.3 für den allgemeinen Fall aufgezeigt, wenn die Eingangsgröße nicht in ihren Ableitungen auftritt. Dazu wird nachfolgend ein Beispiel angegeben, um die notwendige Voraussetzung für die Anwendung der beiden Funktionen *ode23.m* und *ode45m* zu schaffen.

Beispiel 4.4
Gegeben ist eine lineare, zeitinvariante Differentialgleichung 3. Ordnung mit der Steuergröße $u(t)$:

$$\dddot{y}(t) + a_2\,\ddot{y}(t) + a_1\,\dot{y}(t) + a_0\,y(t) = b_0\,u(t)$$

Gesucht ist die Zustandsraumbeschreibung mit den Phasenvariablen als Zustandsgrößen. Der zu $u(t)$ gehörende Koeffizient im Eingangsvektor soll den Wert 1 aufweisen.
Lösung:
Als Zustandsgrößen werden die mit b_0 dividierten Phasenvariablen - die Wahl der Zustandsgrößen ist nicht eindeutig - wie folgt bestimmt:

$$x_1 = \frac{1}{b_0}y; \quad x_2 = \frac{1}{b_0}\dot{y}; \quad x_3 = \frac{1}{b_0}\ddot{y}$$

Daraus ergeben sich die Differentialgleichungen 1. Ordnung für die beiden ersten Zustandsgrößen:

$$\dot{x}_1 = x_2$$

$$\dot{x}_2 = x_3$$

Diese beiden Differentialgleichungen und die Tatsache, daß

$$\frac{1}{b_0}\dddot{y}(t) = \dot{x}_3(t)$$

gilt, liefert mit der nach:

$$\frac{1}{b_0}\dddot{y}(t)$$

umgestellten Ausgangsgleichung die noch fehlende dritte Differentialgleichung 1. Ordnung:

$$\frac{1}{b_0}\dddot{y}(t) = -\frac{1}{b_0}a_0\,y(t) - \frac{1}{b_0}a_1\,\dot{y}(t) - \frac{1}{b_0}a_2\,\ddot{y}(t) + u(t)$$

$$\dot{x}_3(t) = -a_0\,x_1(t) - a_1\,x_2(t) - a_2\,x_3(t) + u(t)$$

Die drei Differentialgleichungen 1. Ordnung in der Form einer Vektor-Matrix-Gleichung dargestellt, ergibt den gesuchten Satz von Differentialgleichungen:

$$\begin{bmatrix} \dot{x}_1(t) \\ \dot{x}_2(t) \\ \dot{x}_3(t) \end{bmatrix} = \begin{bmatrix} 0 & 1 & 0 \\ 0 & 0 & 1 \\ -a_0 & -a_1 & -a_2 \end{bmatrix} \begin{bmatrix} x_1(t) \\ x_2(t) \\ x_3(t) \end{bmatrix} + \begin{bmatrix} 0 \\ 0 \\ 1 \end{bmatrix} u(t) = \mathbf{A}\,\mathbf{x}(t) + \mathbf{b}\,u(t)$$

Die Ausgangsgleichung folgt aus dem Ansatz der Zustandsgrößen:

$$y(t) = b_0\,x_1(t) = \begin{bmatrix} b_0 & 0 & 0 \end{bmatrix} \begin{bmatrix} x_1(t) \\ x_2(t) \\ x_3(t) \end{bmatrix} + \begin{bmatrix} 0 \end{bmatrix} u(t)$$

Diese Darstellung wird als Regelungsnormalform bezeichnet. Die darin enthaltene Systemmatrix **A** ist die Frobenius[1]- oder Begleitmatrix.

4.2.4.1 Zustandsgleichungen für sprungfähige Eingrößensysteme

Der zum Beispiel 4.4 kompliziertere Fall tritt bei Differentialgleichungen n-ter Ordnung auf, wenn neben der Eingangsgröße auch noch ihre Ableitungen vorhanden sind und deren höchste Ableitung mit der der Ausgangsgröße übereinstimmt, d.h. $m = n$ gilt. Diese Systeme sind sprungfähig, da sie auf einen Eingangssprung mit einem Sprung am Ausgang antworten. Nachfolgend sind die zur Umrechnung notwendigen Beziehungen angegeben. Diese Gleichung wird nach dem Einführen der Laplace-Transformation und der Übertragungsfunktion abgeleitet.

Aus Gleichung (4.1) ergibt sich mit $m = n$ folgendes System von n Differentialgleichungen 1. Ordnung in der Vektor-Matrix-Darstellung:

$$\begin{bmatrix} \dot{x}_1(t) \\ \dot{x}_2(t) \\ \vdots \\ \dot{x}_{n-1}(t) \\ \dot{x}_n(t) \end{bmatrix} = \begin{bmatrix} 0 & 1 & \cdots & 0 & 0 \\ 0 & 0 & \cdots & 0 & 0 \\ \vdots & \vdots & \cdots & \ddots & \vdots \\ 0 & 0 & \cdots & 0 & 1 \\ -a_0 & -a_1 & \cdots & -a_{n-2} & -a_{n-1} \end{bmatrix} \begin{bmatrix} x_1(t) \\ x_2(t) \\ \vdots \\ x_{n-1}(t) \\ x_n(t) \end{bmatrix} + \begin{bmatrix} 0 \\ 0 \\ \vdots \\ 0 \\ 1 \end{bmatrix} u(t) \quad (4.16)$$

und der Vektor-Matrix-Ausgangsgleichung:

$$y = \begin{bmatrix} (b_0 - a_0 b_n) & (b_1 - a_1 b_n) & \cdots & (b_{n-1} - a_{n-1} b_n) \end{bmatrix} \mathbf{x} + b_n u \quad (4.17)$$

Aus den Gleichungen (4.16) und (4.17) ist ersichtlich, daß bei dem hier gewählten Ansatz die Ableitungen der Eingangsgröße lediglich Einfluß auf die Ausgangsgleichung ausüben, die Systemmatrix ist auch hier eine Frobenius-Matrix.

---

[1] Frobenius, (Ferdinand) Georg *26.10.1849 Berlin †3.8.1917 Charlottenburg, Mathematiker

Die Koeffizienten der Differentialgleichung des Beispieles 4.4 hier eingesetzt, liefert ebenfalls das dort gefundene Ergebnis.

4.2.4.2 Numerische Lösung von Eingrößensystemen mit *ode*45

Die Vorgehensweise wird anhand eines Beispiels erläutert.

Beispiel 4.5

Die in Kapitel 3.5 gefundene Differentialgleichung 2. Ordnung:

$$\ddot{y}(t) + a_1 \dot{y}(t) + a_0 y(t) = b_2 \ddot{u}(t) + b_1 \dot{u}(t) + b_0 u(t)$$

für ein elektrisches Netzwerk, ist für einen Sprung $u(t) = U_0 = 1$ mit Hilfe der Funktion *ode*45 numerisch zu lösen, d.h. es sind die Zeitantworten zu berechnen.

Lösung:

Die Lösung erfordert es, diese Differentialgleichung zuvor in ein System von zwei Differentialgleichungen 1. Ordnung nach Gleichung (4.16) und (4.17) zu überführen.

$$\begin{bmatrix} \dot{x}_1(t) \\ \dot{x}_2(t) \end{bmatrix} = \begin{bmatrix} 0 & 1 \\ -a_0 & -a_1 \end{bmatrix} \begin{bmatrix} x_1(t) \\ x_2(t) \end{bmatrix} + \begin{bmatrix} 0 \\ 1 \end{bmatrix} u(t)$$

$$y(t) = \begin{bmatrix} (b_0 - a_0 b_2) & (b_1 - a_1 b_2) \end{bmatrix} \begin{bmatrix} x_1(t) \\ x_2(t) \end{bmatrix} + [b_2] u(t)$$

Mit einem beliebigen Editor sind die nachfolgenden Funktionen zu schreiben.

1. function dx = pt2sdgl(t,x)
   % Funktion zur Beschreibung der Differentialgleichung
   % eines sprungfähigen PT2-Gliedes
       dx = [x(2);-16*x(1)-10*x(2)+1];
   % Ende der Funktion pt2sdgl.m

2. % M-Datei pt2s.m
   % zur Lösung der Dgl. 2. Ordnung - pt2sdgl.m - für ein sprungfähiges PT2-Glied
   % mit Eingangssprung

       t0 = 0;   % Startzeit
       te = 3;   % Endzeit
       x0 = [0;0];   % Anfangswerte
       u = 1;   % Sprungeingang
   % Koeffizienten der Übertragungsfunktion mit netzwerk.m
       [Z,N] = netzwerk;
       a0 = N(3); a1 = N(2); b0 = Z(3); b1 = Z(2); b2 = Z(1);
   % Berechnung der Zustandsverläufe
       [t,x] = ode45('pt2td2_1',t0,te,x0);

```
% Berechnung der Ausgangsgröße
    y = [(b0-a0*b2) (b1-a1*b2)]*x' + b2*u;
% Darstellung der Lösungen in zwei übereinander angeordneten Bildern
% 2 Zeilen, 1 Spalte
    subplot(2,1,1)                % Zustandsgrößen, 1. Bild
    plot(t,x(:,1),'b',t,x(:,2)), grid
    title('Verlauf der Zustandsgrößen des sprungfähigen Systems')
    text(1.7,0.07,'x1(t)'), text(2.25,0.01,'x2(t)')
    subplot(2,1,2)                % Ausgangsgröße, 2. Bild
    plot(t,y), grid
    title('Verlauf der Ausgangsgöße y(t) des sprungfähigen Systems')
% Ende der M-Datei pt2s.m
```

Das Programm zur numerischen Lösung der Differentialgleichung 2. Ordnung wird durch Eingabe von *pt2s* unter MATLAB Command Window gestartet.

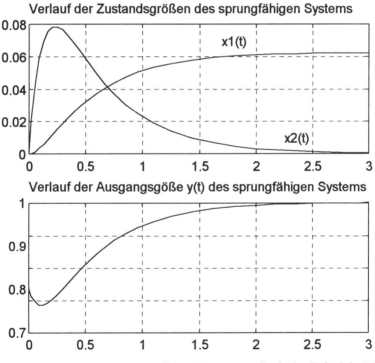

Bild 4.5 Lösungsverläufe des Beispiels 4.5

4.3 Die Laplace-Transformation

Mit Hilfe der Laplace[1]-Transformation wird eine Zeitfunktion $f(t)$ in eine Frequenzfunktion $F(s)$ einer komplexen Veränderlichen überführt, d.h. es wird eine Funktion des Zeit- bzw. Oberbereichs in eine Funktion des Bild-, Unter- oder Frequenzbereichs überführt. Bei dem Vorgang der Abbildung wird der Zeitfunktion eine entsprechende oder auch korrespondierende Unterfunktion des Frequenzbereichs zugeordnet. Folglich muß für jede Operation im Zeitbereich eine korrespondierende Operation im Bildbereich existieren.

Der Vorteil der Transformation einer Funktion aus dem Zeit- in den Frequenzbereich tritt besonders deutlich bei der Lösung von linearen Differentialgleichungen mit konstanten Koeffizienten hervor. Die korrespondierende Funktion im Unterbereich ist gewöhnlich eine algebraische Gleichung. Die Lösung dieser algebraischen Gleichung wird durch Rücktransformation in den Zeitbereich überführt und stellt die gesuchte Lösung der Ausgangsgleichung dar.

4.3.1 Definition der Laplace-Transformation

Für die Laplace-Transformation $\mathcal{L}\{f(t)\}$ einer Oberfunktion $f(t)$, die im Zeitintervall $0 \leq t < \infty$ definiert ist, gilt für die gesuchte Unterfunktion $F(s)$ im Frequenzbereich die Abbildungsvorschrift:

$$F(s) = \int_{0}^{\infty} f(t)\, e^{-st}\, dt \qquad\qquad (4.18)$$

mit der komplexen Variablen s^2:

$$s = \delta + j\omega \qquad\qquad (4.19)$$

wobei δ und ω reelle Variable sind und für:

$$j = \sqrt{-1}$$

gilt. Mit Hilfe des Integrals (4.18) wird eine Zeitfunktion $f(t)$ aus dem Oberbereich in eine Frequenzfunktion $F(s)$ des Unterbereichs transformiert. Die Frequenzfunktion $F(s) = F(\delta + j\omega)$ ergibt sich durch die Laplace-

---

[1] nach Laplace, Pierre Simon Marquis de (seit 1817) *28.3.1749 Baumont-en-Auge (Calvados) †5.3.1827 Paris, Mathematiker und Physiker

[2] Vielfach wird statt s der Buchstabe p verwendet, der aus dem Heaviside-Kalkül stammt [Doetsch-89] Seite 24

Transformation der Zeitfunktion $f(t)$, dargestellt durch:

$$F(s) = \mathcal{L}\{f(t)\} \tag{4.20}$$

Mit dem Korrespondenzzeichen ○─● wird zum Ausdruck gebracht, daß aus der Zeitfunktion $f(t)$ die Frequenzfunktion $F(s)$ entsteht:

$$f(t) \quad \circ\!\!-\!\!\bullet \quad F(s) \tag{4.21}$$

Für die Rücktransformation der Frequenz- in die Zeitfunktion, was als Laplace-Rücktransformation bezeichnet wird, gilt folgende Vereinbarung:

$$f(t) = \mathcal{L}^{-1}\{F(s)\}$$

$$F(s) \quad \bullet\!\!-\!\!\circ \quad f(t) \tag{4.22}$$

Die Rücktransformation entspricht dem Aufsuchen der zu der Frequenzfunktion $F(s)$ korrespondierenden Zeitfunktion $f(t)$.

4.3.2 Die Funktionen *laplace* und *invlaplace*

Mit der Funktion *laplace.m* der *Symbolic Math Toolbox* kann eine in symbolischer Form vorliegende Zeitfunktion in die dazugehörende Frequenzfunktion überführt werden. Dies wird an Hand einiger bekannter Zeitfunktionen im nachfolgenden Beispiel gezeigt.

Beispiel 4.6
Gesucht ist die Laplace-Transformierte für folgende Funktionen:

$$f_1(t) = \sigma(t) \qquad f_2(t) = \delta(t) \quad f_3(t) = e^{at}$$
$$f_4(t) = U_0\left(1 - e^{-t/T}\right) \quad f_5(t) = t \qquad f_6(t) = \cos(t)$$

Lösung:
Die Sprungfunktion $\sigma(t)$, sie entspricht der Bezeichnung *Heaviside*[1](t) in MATLAB:

```
f1 = 'Heaviside(t)'
f1 =
     1

F1 = laplace(f1)
F1 =
     1/s
```

---

[1] Heaviside, Oliver *18.5.1850 Camden Town †3.2.1925 Paignton, Physiker und Elektroingenieur

$$f_1(t) = \sigma(t) \quad \circ\!\!-\!\!\bullet \quad F_1(s) = \frac{1}{s}$$

Der Einheitsimpuls $\delta(t)$, er entspricht der Bezeichnung $Dirac^1(t)$ in MATLAB:

```
f2 = 'Dirac(t)'
f2 =
    Dirac(t)

F2 = laplace(f2)
F2 =
    1
```

$$f_2(t) = \delta(t) \quad \circ\!\!-\!\!\bullet \quad F_2(s) = 1$$

Die e-Funktion:

```
f3 = 'exp(a*t)';

F3 = laplace(f3)
F3 =
    1/(s-a)
```

$$f_3(t) = e^{at} \quad \circ\!\!-\!\!\bullet \quad F_3(s) = \frac{1}{s-a}$$

Die Antwortfunktion eines Verzögerungsgliedes 1. Ordnung:

```
f4 = 'U0*(1-exp(-t/T))';
F4 = laplace(f4)
F4 =
    U0/s/(s*T+1)
```

$$f_4(t) = U_0\left(1 - e^{-t/T}\right) \quad \circ\!\!-\!\!\bullet \quad F_4(s) = \frac{U_0}{s(Ts+1)}$$

Die Rampenfunktion:

```
f5 = 't';

F5 = laplace(f5)
F5 =
    1/s^2
```

$$f_5(t) = t \quad \circ\!\!-\!\!\bullet \quad F_5(s) = \frac{1}{s^2}$$

---

[1] Dirac, Paul Adrien Maurice * 18.8.1902 Bristol, † 20.10.1984 Tallahassee (Florida), Physiker

Die Kosinusfunktion:

```
f6 = 'cos(t)';

F6 = laplace(f6)
F6 =
    s/(s^2+1)
```

$$f_6(t) = \cos(t) \quad \circ\!\!-\!\!\bullet \quad F_6(s) = \frac{s}{s^2 + 1}$$

Die Funktion *invlaplace.m* der *Symbolic Math Toolbox* transformiert die in symbolischer Form vorliegenden Frequenzfunktionen zurück in den Zeitbereich.

Beispiel 4.7
Es wird zur Übung empfohlen, die im Beispiel 4.6 gefundenen Unterfunktionen durch Anwenden der Funktion *invlaplace.m* in den Zeitbereich zu überführen.

4.3.3 Regeln für das Rechnen mit der Laplace-Transformation

Mit Hilfe der nachfolgend angegebenen Regeln werden mathematische Operationen des Oberbereiches nach Anwendung der Laplace-Transformation zu entsprechenden Operationen im Unterbereich.
Es soll gelten:

$$f_1(t) \quad \circ\!\!-\!\!\bullet \quad F_1(s) \quad \text{und} \quad f_2(t) \quad \circ\!\!-\!\!\bullet \quad F_2(s) \tag{4.23}$$

4.3.3.1 Additionssatz

Die Laplace-Transformation ist eine lineare Transformation zwischen Funktionen im Zeitbereich $f(t)$ und im Frequenzbereich $F(s)$, daraus ergibt sich mit den beliebigen Konstanten k_1 und k_2:

$$k_1 f_1(t) + k_2 f_2(t) \quad \circ\!\!-\!\!\bullet \quad k_1 F_1(s) + k_2 F_2(s) \tag{4.24}$$

Beispiel 4.8
Die Beziehung (4.24) ist auf $f_1(t)$ und $f_2(t)$ des Beispiels 4.6 anzuwenden.
Lösung:
Symbolische Operation zum Aufbau der Funktion nach (4.24) mit *symop*:

```
F = laplace(symop('k1','*',f1,'+','k2','*',f2))
F =
    (k1+k2*s)/s
```

Ausklammern und Vereinfachen mit *expand*:

```
F = expand(F)
F =
      k1/s+k2
```

Darstellen des Ergebnisses mit *pretty*:

```
pretty(F)
        k1
       ---- + k2
        s
```

$$f(t) = k_1\,\sigma(t) + k_2\,\delta(t) \quad \circ\!\!-\!\!\bullet \quad F(s) = \frac{k_1}{s} + k_2$$

4.3.3.2 Ähnlichkeitssatz

Aus:

$$f(t) \quad \circ\!\!-\!\!\bullet \quad F(s)$$

folgt die 1. Variante des Ähnlichkeitssatzes:

$$f(at) \quad \circ\!\!-\!\!\bullet \quad \frac{1}{a}F\!\left(\frac{s}{a}\right) \quad a > 0 \tag{4.25}$$

Beispiel 4.9
Gesucht ist die Laplace-Transformierte von $f(t) = \cos(\omega t)$ unter Anwendung des Ähnlichkeitssatzes auf die Funktion $f_6(t)$ des Beispiels 4.6.
Lösung:
Im Beispiel 4.6 wurde für $f_6(t)$ folgende Laplace-Transformierte gefunden:

$$f_6(t) = \cos(t) \quad \circ\!\!-\!\!\bullet \quad F_6(s) = \frac{s}{s^2 + 1}$$

damit wird unter Anwendung der 1. Variante des Ähnlichkeitssatzes:

$$f(t) = \cos(\omega t) \quad \circ\!\!-\!\!\bullet \quad F(s) = \frac{1}{a}\frac{s/a}{\left(s/a\right)^2 + 1} = \frac{s}{s^2 + a^2}$$

Mit *laplace* ergibt sich das oben erzielte Ergebnis:

```
F = laplace('cos(a*t)')
F =
      s/(s^2+a^2)
```

Die 2. Variante des Ähnlichkeitssatzes:

$$\frac{1}{b} f\left(\frac{t}{b}\right) \quad \circ\!\!-\!\!\bullet \quad F(b\,s) \quad b > 0 \tag{4.26}$$

Beispiel 4.10
Gesucht ist die Laplace-Transformierte von:

$$f(t) = \tfrac{1}{b} e^{a t/b}$$

unter Anwendung des Ähnlichkeitssatzes auf die Funktion $f_3(t)$ des Beispiels 4.6.
Lösung:
Im Beispiel 4.6 ergab sich für die Funktion $f_3(t)$ folgende Laplace-Transformierte:

$$f_3(t) = e^{at} \quad \circ\!\!-\!\!\bullet \quad F_3(s) = \frac{1}{s-a}$$

damit wird unter Anwendung der 2. Variante des Ähnlichkeitssatzes:

$$f(t) = \frac{1}{b} e^{at/b} \quad \circ\!\!-\!\!\bullet \quad F(s) = \frac{1}{b\,s-a}$$

Mit *laplace* ergibt sich folgendes:

```
F = laplace('1/b*exp(a*t/b)')
F =
     1/b/(s-a/b)
```

Wird dies mit *simplify* vereinfacht:

```
F = simplify(F)
F =
     -1/(-s*b+a)
```

so entspricht es nach einer Vorzeichenumkehr dem oben ermittelten Ergebnis.

4.3.3.3 Dämpfungssatz

Existiert zu einer Funktion $f(t)$ ihre Laplace-Transformierte $F(s)$, so ergibt sich für die Funktion:

$$e^{at} f(t) \quad \circ\!\!-\!\!\bullet \quad F(s-a) \tag{4.27}$$

Beispiel 4.11
Gesucht ist die Laplace-Transformierte von:

$$f(t) = t\, e^{-at}$$

unter Anwendung des Dämpfungssatzes auf die Funktion $f_5(t)$ des Beispiels 4.6.
Lösung:
Im Beispiel 4.6 ergab sich für die Funktion $f_5(t)$ folgende Laplace-Transformierte:

$$f_5(t) = t \quad \circ\!\!-\!\!\bullet \quad F_5(s) = \frac{1}{s^2}$$

damit wird unter Anwendung des Dämpfungssatzes:

$$f(t) = t\,e^{-at} \quad \circ\!\!-\!\!\bullet \quad F(s) = \frac{1}{(s+a)^2}$$

Mit *laplace* ergibt sich das oben erzielte Ergebnis:

```
F = laplace('t*exp(-a*t)')
F =
    1/(s+a)^2
```

4.3.3.4 Verschiebungssatz

Gehört zu $f(t)$ die Laplace-Transformierte $F(s)$, so ergibt sich für die um einen Zeitintervall - Totzeit - verspätet beginnende Funktion:

$$f(t - T) \quad \circ\!\!-\!\!\bullet \quad e^{Ts}F(s) \tag{4.28}$$

mit der Bedingung:

$$f(t - T) = 0 \text{ für } t < T \text{ und } T > 0.$$

Beispiel 4.12
Gesucht ist die Laplace-Transformierte von $f(t-T) = \sigma(t-T)$ unter Anwendung des Verschiebungssatzes auf die Funktion $f_1(t)$ des Beispiels 4.6.
Lösung:
Im Beispiel 4.6 wurde für $f_1(t)$ folgende Laplace-Transformierte gefunden:

$$f_1(t) = \sigma(t) \quad \circ\!\!-\!\!\bullet \quad F_1(s) = \frac{1}{s}$$

Mit dem Verschiebungssatz für die um T verschobene Funktion folgt:

$$f(t - T) = \sigma(t - T) \quad \circ\!\!-\!\!\bullet \quad e^{-Ts}F(s) = e^{-Ts}\frac{1}{s}$$

MATLAB liefert dazu kein Ergebnis!

4.3.3.5 Differentiationssatz

Wenn für die n-te Ableitung $f^{(n)}(t)$ eine Laplace-Transformierte existiert, so besitzen die dazugehörenden niedrigeren Ableitungen und die Funktion $f(t)$ selbst Laplace-Transformierte. Das Umgekehrte ist nicht immer der Fall [Doetsch-89].

Die Bildfunktion der Differentiation einer Zeitfunktion ergibt sich durch eine Multiplikation der Funktion im Frequenzbereich mit dem Laplace-Operator s sowie der Subtraktion eines Polynoms dessen Koeffizienten die rechtsseitigen Anfangswerte $f(t \rightarrow +0) \dots f^{(n-1)}(t \rightarrow +0)$ der Funktion im Zeitbereich sind.

$$a_1 \frac{df(t)}{dt} \quad \circ\!\!-\!\!\bullet \quad a_1\, s\, F(s) - a_1\, f(+0)$$

$$a_2 \frac{d^2 f(t)}{dt^2} \quad \circ\!\!-\!\!\bullet \quad a_2\, s^2\, F(s) - a_2\, s\, f(+0) - a_2 \frac{df(+0)}{dt}$$

$$\vdots$$

$$a_n \frac{d^n f(t)}{dt^n} \quad \circ\!\!-\!\!\bullet \quad a_n\, s^n\, F(s) - a_n \sum_{i=0}^{n-1} s^{n-1-i} \frac{d^i f}{dt^i}\bigg|_{t=+0}$$

$$(4.29)$$

mit den n Anfangswerten

$$\sum_{i=0}^{n-1} \frac{d^i f}{dt^i}\bigg|_{t=+0}$$

Beispiel 4.13

Die Spannung über einer Spule entspricht dem Produkt aus der 1. Ableitung des durch die Spule fließenden Stromes $i_L(t)$ und der Induktivität L. Gesucht ist die dazugehörende Laplace-Transformierte, mit der Anfangsbedingung $i_L(0) = I_{L_0}$:

Lösung:

$$u_L(t) = L \frac{di_L(t)}{dt} \quad \circ\!\!-\!\!\bullet \quad U_L(s) = L\, s\, I_L(s) - L\, I_{L_0}$$

Laplace-Transformation der mit *sym* symbolisch dargestellten Gleichung u_L:

```
UL1 = laplace(sym('L*diff(iL(t),t)'))
UL1 =
    L*(laplace(iL(t),t,s)*s-iL(0))
```

Ersetzen der Funktion *laplace*(iL(t), t, s) in UL1 durch die Variable IL im Frequenzbereich mit *subs*:

```
UL2 = subs(UL1,'IL','laplace(iL(t),t,s)')
UL2 =
    L*(IL*s-iL(0))
```

Einsetzen des Anfangswertes mit *subs* und Ausklammern mit *expand* liefert das bekannte Ergebnis:

```
UL = expand(subs(UL2,'IL0','iL(0)'))
UL =
    L*IL*s-L*IL0
```

4.3.3.6 Integralsatz

Die Laplace-Transformierte des Integrals einer Funktion $f(t)$, deren Laplace-Transformierte $F(s)$ ist, ergibt sich zu:

$$\int\limits_0^t f(\tau)\,d\tau \quad \circ\!\!-\!\!\bullet \quad \frac{1}{s}F(s) \tag{4.30}$$

Beispiel 4.14

Gegeben ist die Spannung über einem Kondensator, welche dem Integral des durch den Kondensator fließenden Stromes multipliziert mit dem Kehrwert der Kapazität entspricht. Gesucht ist die dazugehörende Laplace-Transformierte bei $u_C(0) = 0$.
Lösung:

$$u_C(t) = \frac{1}{C}\int\limits_0^t i_C(\tau)\,d\tau \quad \circ\!\!-\!\!\bullet \quad U_C(s) = \frac{1}{C\,s}I_C(s)$$

Die Aufgabe läßt sich symbolisch nur dadurch lösen, daß zunächst aus der Spannungsgleichung im Zeitbereich die neue Zeitfunktion:

$$f = -u_C(t) + \frac{1}{C}\int\limits_0^t i_C(\tau)\,d\tau$$

gebildet wird, was mit *symop* wie folgt geschieht:

```
f = symop('-','uC(t)','+','1/C','*','int(iC(t),t)')
f =
    -uC(t)+1/C*int(iC(t),t)
```

Die Funktion f wird nun symbolisch differenziert mit *diff*:

```
df = diff(f,'t')
df =
    -diff(uC(t),t)+1/C*iC(t)
```

Die differenzierte Zeitfunktion wird mit *laplace* transformiert:

```
F = laplace(df)
F =
    -laplace(uC(t),t,s)*s+uC(0)
    +1/C*laplace(iC(t),t,s)
```

Ersetzen von *laplace(iC(t),t,s)* durch den Strom im Frequenzbereich mit *subs*:

```
FiC = subs(F,'IC(s)','laplace(iC(t),t,s)')
FiC =
    -laplace(uC(t),t,s)*s+uC(0)+1/C*IC(s)
```

Ersetzen von *laplace(uC(t),t,s)* durch die Spannung im Frequenzbereich mit *subs*:

```
FuC = subs(FiC,'UC','laplace(uC(t),t,s)')
FuC =
    -UC*s+uC(0)+1/C*IC(s)
```

Einsetzen des Anfangswertes der Spannung mit *subs*:

```
FuC0 = subs(FuC,0,'uC(0)')
FuC0 =
    -UC*s+1/C*IC(s)
```

Umstellen bzw. Auflösen nach der Kondensatorspannung mit *solve*:

```
UC = solve(FuC0,'UC')
UC =
1/C*IC(s)/s
```

Darstellen des mit dem oben übereinstimmenden Ergebnisses mit *pretty*:

```
pretty(UC)

    IC(s)
    -----
     C s
```

4.3.3.7 Anfangswertsatz

Der Anfangswert $f(+0)$ einer Funktion $f(t)$, deren Laplace-Transformierte $F(s)$ ist, beträgt:

$$f(+0) = \lim_{t \to 0} f(t) = \lim_{s \to \infty} s\,F(s) \quad t > 0 \tag{4.31}$$

Beispiel 4.15

Gesucht ist der Anfangswert der in Beispiel 4.9 berechneten Funktion:

$$f_6(t) = \cos(t) \quad \circ\!\!-\!\!\bullet \quad F_6(s) = \frac{s}{s^2 + 1}$$

Lösung:

$$f(+0) = \lim_{t \to 0} f(t) = \lim_{s \to \infty} s \frac{s}{s^2 + 1} = 1$$

Die *Symbolic Math Toolbox* Version 2 unter MATLAB 5 liefert folgendes Ergebnis: Bilden der symbolischen Zeitfunktion mit *sym*:

```
f = sym('cos(t)')
f =
    cos(t)
```

Grenzwert an der Stelle t → 0 mit *limit*:

```
ft0 = limit(f,0)
ft0 =
    1
```

Multiplikation der Frequenzfunktion mit dem Laplace-Operator *s* mit *symop*:

```
F = symop('s','*','s/(s^2+1)')
F =
    s^2/(s^2+1)
```

Grenzwert an der Stelle *s* → ∞:

```
F0 = limit(F,inf)
F0 =
    1
```

Alle drei Ergebnisse stimmen überein.

4.3.3.8 Endwertsatz

Der Grenzwert $f(\infty)$ von $f(t)$, deren Laplace-Transformierte $F(s)$ ist, beträgt:

$$f(\infty) = \lim_{t \to \infty} f(t) = \lim_{s \to 0} s\, F(s) \tag{4.32}$$

wenn:

$$\lim_{t \to \infty} f(t)$$

existiert.

Beispiel 4.16

Gesucht ist der Endwert der in Beispiel 4.6 gegebenen Funktion:

$$f_4(t) = U_0\left(1 - e^{-t/T}\right) \quad \circ\!\!-\!\!\bullet \quad F_4(s) = \frac{U_0}{s(Ts+1)}$$

Lösung:

$$f_4(\infty) = \lim_{t\to\infty} f_4(t) = \lim_{s\to 0} s\,\frac{U_0}{s(Ts+1)} = U_0$$

Die *Symbolic Math Toolbox* Version 2 von MATLAB 5 liefert das gleiche Ergebnis: Multiplikation der symbolischen Frequenzfunktion mit dem Laplace-Operator s:

```
F = symop('s','*','U0/(s*(T*s+1))')
F =
     s*U0/(s*(T*s+1))
```

Grenzwert an der Stelle $s \to 0$:

```
Finf = limit(F)
Finf =
     U0
```

4.3.4 Lösen von linearen, zeitinvarianten Differentialgleichungen

Lineare, zeitinvariante Differentialgleichungen und ihre Lösungen sind für regelungstechnische Aufgabenstellungen von besonderer Bedeutung. Ein entsprechender Stellenwert kommt damit auch der Laplace-Transformation zum Lösen dieser Gleichungen zu.

Das dynamische Verhalten wird durch die Differentialgleichung (4.1) ganz allgemein beschrieben. Ihre Lösung, d.h. im hier betrachteten Fall, die Ermittlung der Systemantwort, setzt die Kenntnis der Anfangsbedingungen:

$$y^{(k)}(t \to +0) = y_0^{(k)}, \quad k = 0,1,2,\ldots,n-1$$

der Ausgangsfunktion $y(t)$ und

$$u^{(k)}(t \to +0) = u_0^{(k)}, \quad k = 0,1,2,\ldots,m-1$$

der Eingangsfunktion $u(t)$ voraus. Die Anwendung des Differentiationssatzes der Laplace-Transformation auf die Differentialgleichung (4.1) liefert mit den angegebenen Anfangsbedingungen:

$$\left[s^n Y(s) - y_0 \, s^{n-1} - \cdots - y_0^{(n-1)} \right] +$$

$$+ a_{n-1} \left[s^{n-1} Y(s) - y_0 \, s^{n-2} - \cdots - y_0^{(n-2)} \right] +$$

$$\cdots$$

$$+ a_1 \left[s \, Y(s) - y_0 \right] + a_0 \, Y(s) \tag{4.33}$$

$$=$$

$$b_m \left[s^m U(s) - y_0 \, s^{m-1} - \cdots - y_0^{(m-1)} \right] +$$

$$\cdots$$

$$+ b_1 \left[s \, U(s) - y_0 \right] + b_0 \, U(s)$$

4.3.4.1 Bestandteile der Laplace-Transformierten einer Differentialgleichung

Gleichung (4.33) läßt sich aufgliedern in den Anteil:
- der Ausgangsgröße

$$N(s) = s^n + \sum_{i=0}^{n-1} a_i \, s^i = s^n + a_{n-1} \, s^{n-1} + \ldots + a_1 \, s + a_0 \tag{4.34}$$

- der Eingangsgröße

$$Z(s) = \sum_{j=0}^{m} b_j \, s^j = b_m \, s^m + b_{m-1} \, s^{m-1} + \ldots + b_1 \, s + b_0 \tag{4.35}$$

- der Anfangsbedingungen der Ausgangsgröße nach s geordnet

$$
\begin{aligned}
- Y_0(s) \;=\; & y_0 \, s^{n-1} \\
& \left(a_{n-1} \, y_0 + \dot{y}_0 \right) s^{n-2} \\
& \;\;\vdots \\
& \left(a_2 \, y_0 + a_3 \, \dot{y}_0 + \ldots + a_{n-1} \, y_0^{(n-3)} + y_0^{(n-2)} \right) s \\
& \left(a_1 \, y_0 + a_2 \, \dot{y}_0 + a_3 \, \ddot{y}_0 + \ldots + a_{n-1} \, y_0^{(n-2)} + y_0^{(n-1)} \right)
\end{aligned}
\tag{4.36}
$$

- der Anfangsbedingungen der Eingangsgröße nach s geordnet

$$
\begin{aligned}
U_0(s) \;=\; & - b_m \, u_0 \, s^{m-1} \\
& - \left(b_{m-1} \, u_0 + b_m \, \dot{u}_0 \right) s^{m-2} \\
& \;\;\vdots
\end{aligned}
\tag{4.37}
$$

$$\vdots$$

$$-\Big(b_2\,u_0 + b_3\,\dot{u}_0 + \ldots + b_{m-1}\,u_0^{(m-3)} + b_m\,u_0^{(m-2)}\Big)s$$

$$-\Big(b_1\,u_0 + b_2\,\dot{u}_0 + b_3\,\ddot{u}_0 + \ldots + b_{m-1}\,u_0^{(m-2)} + b_m\,u_0^{(m-1)}\Big)$$

Damit läßt sich die Gleichung (4.33) in übersichtlicher Form schreiben:

$$N(s)\,Y(s) = Z(s)\,U(s) + Y_0(s) + U_0(s) \qquad (4.38)$$

bzw. nach der gesuchten Variablen $Y(s)$ umstellen:

$$Y(s) = \frac{Z(s)}{N(s)}\,U(s) + \frac{Y_0(s)}{N(s)} + \frac{U_0(s)}{N(s)} \qquad (4.39)$$

Die aus der Differentialgleichung durch die Laplace-Transformation gefundene Funktion $Y(s)$ ist eine gebrochene rationale Funktion mit einem Zähler- und Nennerpolynom der komplexen Variablen s.

Die Rücktransformation der Gleichung (4.39) mit Hilfe von Tabellen zur Laplace-Transformation in den Zeitbereich liefert die gesuchte Lösung für $y(t)$.

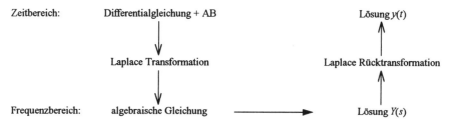

Bild 4.6 Lösungsschema von Differentialgleichungen durch Laplace-Transformation

Beispiel 4.17
Die Differentialgleichung des Beispieles 4.1:

$$T\,\dot{y}(t) + y(t) = V\,u(t)$$

mit der Anfangsbedingung $y(0) = Y_0$ ist durch Laplace-Transformation in den Frequenzbereich zu überführen, nach $Y(s)$ umzustellen und für $u(t) = U_0$ durch Laplace-Rücktransformation zu lösen, d.h. $y(t)$ ist für einen Eingangssprung U_0 zu bestimmen.
Lösung:
Die Differentialgleichung wird wie folgt der Laplace-Transformation unterzogen:

$$\mathcal{L}\{T\,\dot{y}(t) + y(t)\} = \mathcal{L}\{V\,u(t)\} \;\Rightarrow\; T\,s\,Y(s) - T\,Y_0 + Y(s) = V\,U(s)$$

bzw.

$$T\,\dot{y}(t) + y(t) = V\,u(t) \quad \circ\!-\!\bullet \quad T\,s\,Y(s) - T\,Y_0 + Y(s) = V\,U(s)$$

Das Ergebnis ist eine algebraische Gleichung. Das Ausklammern und Umstellen nach der gesuchten Variablen $Y(s)$ liefert die Lösung im Frequenzbereich:

$$Y(s) = \frac{V}{T\,s+1}\,U(s) + \frac{T}{T\,s+1}\,Y_0$$

$Y(s)$ ist eine algebraische Funktion der Eingangsgröße $U(s)$, der Anfangsbedingung Y_0 und der beiden Konstanten. Das entspricht der Gleichung (4.40) für $U_0 = 0$. Mit der Zeitfunktion $f_1(t) = \sigma(t)$ des Beispiels 4.6 ergibt sich für den Eingangssprung:

$$u(t) = U_0\,\sigma(t) \quad \circ\!-\!\bullet \quad U(s) = U_0\,\frac{1}{s}$$

und damit ist $Y(s)$ nur noch eine Funktion der komplexen Variablen s:

$$Y(s) = \frac{V}{T\,s+1}\,\frac{U_0}{s} + \frac{T}{T\,s+1}\,Y_0$$

Der erste Term von $Y(s)$ entspricht der Frequenzfunktion $F_4(s)$ des Beispiels 4.6 multipliziert mit V, so daß die dazugehörende Zeitfunktion $f_4(t)$ ebenfalls lediglich mit V zu multiplizieren ist. Die Laplace-Rücktransformation liefert:

$$K\,F_4(s) = V\,\frac{U_0}{s\,(T\,s+1)} \quad \bullet\!-\!\circ \quad K\,f_4(t) = V\,U_0\left(1 - e^{-t/T}\right)$$

Der zweite Term von $Y(s)$ entspricht der Frequenzfunktion $F_3(s)$ des Beispiels 4.6 multipliziert mit Y_0 und mit $a = -T^{-1}$, so daß die dazugehörende Zeitfunktion $f_3(t)$ ebenfalls mit Y_0 zu multiplizieren und für $a = -T^{-1}$ zu setzen ist. Die Laplace-Rücktransformation liefert:

$$Y_0\,F_3(s) = Y_0\,\frac{1}{s+\frac{1}{T}} \quad \bullet\!-\!\circ \quad Y_0\,f_3(t) = Y_0\,e^{-\frac{1}{T}t}$$

Die Addition beider Teilergebnisse ergibt die gesuchte Zeitantwort:

$$y(t) = V\,U_0\left(1 - e^{-t/T}\right) + Y_0\,e^{-t/T}$$

Laplace-Transformation der Differentialgleichung:

```
F1 = laplace('T*diff(y(t),t)+y(t)-V*u(t)')
F1 =
    T*(laplace(y(t),t,s)*s-y(0))+laplace(y(t),t,s)
    -V*laplace(u(t),t,s)
```

Ersetzen von *laplace*(...,t,s) durch die entsprechenden Variablen im Frequenzbereich:

```
F2 = subs(subs(F1,'Y','laplace(y(t),t,s)'),
          'U(s)','laplace(u(t),t,s)')
F2 =
T*(Y*s-y(0))+Y-V*U(s)
```

Einsetzen des Anfangswertes:

```
F3 = subs(F2,'Y0','y(0)')
F3 =
    T*(Y*s-Y0)+Y-V*U(s)
```

Auflösen nach $Y(s)$ und Ausklammern:

```
Y = expand(solve(F3,'Y'))
Y =
    1/(T*s+1)*T*Y0+1/(T*s+1)*V*U(s)
```

Darstellen der Frequenzfunktion $Y(s)$:

```
pretty(Y)

     T Y0        V U(s)
    -------  +  -------
    T s + 1     T s + 1
```

Einsetzen des Eingangssprunges als Frequenzfunktion $U(s) = U_0/s$:

```
YU0 = subs(Y,'U0/s','U(s)')
YU0 =
    1/(T*s+1)*T*Y0+1/(T*s+1)*V*U0/s
```

Auffinden der gesuchten Zeitantwort durch Laplace-Rücktransformation:

```
y = invlaplace(YU0,'t')
y =
    Y0*exp(-1/T*t)-V*U0*exp(-1/T*t)+V*U0
```

Vereinfachen der mit dem oben gefundenen Ergebnis übereinstimmenden Zeitantwort:

```
y = collect(collect(y,'U0'),'V')
y =
    (-exp(-1/T*t)+1)*V*U0+Y0*exp(-1/T*t)
```

4.3.4.2 Partialbruchzerlegung

Häufig sind die in der Gleichung (4.39) enthaltenen Terme Polynome höherer Ordnung, wie in nachfolgender Gleichung (4.40) gezeigt, so daß es dafür keine direkten Korrespondenzen in den Tabellenwerken gibt. Diese Polynome sind vor der Rücktransformation mit Hilfe der Partialbruchzerlegung auf bekannte Teilfunktionen zu zerlegen. Jeder echte Bruch entsprechend Gleichung (4.40):

$$Y(s) = \frac{Z(s)}{N(s)} = \frac{b_m\,s^m + b_{m-1}\,s^{m-1} + \ldots + b_1\,s + b_0}{s^n + a_{n-1}\,s^{n-1} + \ldots + a_1\,s + a_0} \quad n > m \tag{4.40}$$

dessen Zähler und Nenner teilerfremd sind, läßt sich auf eindeutige Weise in eine Summe von Partialbrüchen der Form:

$$\frac{r}{(s - p_i)^k} \quad \text{und} \quad \frac{r_{11}\,s + r_{12}}{(s^2 + a\,s + b)^l} \tag{4.41}$$

unter der Bedingung zerlegen, daß:

$$\left(\frac{a}{2}\right)^2 - b < 0$$

gilt. Nach dem Fundamentalsatz der Algebra hat das Nennerpolynom $N(s)$ n-ten Grades n Wurzeln bzw. Pole p_i als Lösung:

$$N(s) = s^n + \sum_{i=0}^{n-1} a_i\,s^i = 0 \tag{4.36}$$

Die Lösungen der Gleichung (4.36) können *einfach reelle*, *mehrfach reelle* sowie *paarweise konjugiert komplexe Wurzeln* bzw. *Pole* sein.

Folgende Fälle sind möglich:
- $N(s) = 0$ besitzt *einfach reelle Wurzeln* und $m = n$

$$Y(s) = \frac{Z(s)}{N(s)} = b_m + \frac{r_1}{(s - p_1)} + \frac{r_2}{(s - p_2)} + \ldots + \frac{r_n}{(s - p_n)} \tag{4.42}$$

Nach [Bronstein/Semendjajew-61] berechnen sich die Residuen der Pole aus:

$$r_i = \frac{Z(p_i)}{N'(p_i)} \quad \text{mit} \quad N'(p_i) = \left.\frac{dN(s)}{ds}\right|_{s = p_i} \tag{4.43}$$

– $N(s) = 0$ besitzt *ein- und mehrfach reelle Wurzeln* und $m = n$

$$Y(s) = \frac{\sum\limits_{i=0}^{m} b_i\, s^i}{\prod\limits_{i=1}^{j} (s - p_i)^{n_i}} = b_m + \sum\limits_{i=1}^{j} \sum\limits_{k=1}^{n_i} \frac{r_{ik}}{(s - p_i)^k} \tag{4.44}$$

wo n_i der Anzahl der gleichen Wurzeln entspricht. Die Residuen r_{ij} ermitteln sich nach [StefanoIIIu.a.-76] bzw. [Doetsch-89]:

$$r_{ik} = \frac{1}{(n_i - k)!} \left\{ \frac{d^{n_i - k}}{ds^{n_i - k}} \left[(s - p_i)^{n_i} Y(s) \right] \right\} \Bigg|_{s = p_i} \tag{4.45}$$

Für die einfachen Wurzeln gilt:

$$r_j = (s - p_j) Y(s) \big|_{s = p_j} \tag{4.46}$$

bzw. Gleichung (4.43).

Für die oben angeführten und alle weiteren Fälle, wenn z.B. $N(s) = 0$ *komplexe einfache* oder *komplexe mehrfache Wurzeln* besitzt, können die Residuen nach der Methode der unbestimmten Koeffizienten (Koeffizientenvergleich) ermittelt werden. Für $m < n$ ist $b_m = 0$ zu setzen.

Beispiel 4.18
Die in Kapitel 3.5 abgeleitete lineare Differentialgleichung 2. Ordnung mit konstanten Koeffizienten für ein sprungfähiges System:

$$\ddot{y}(t) + a_1\, \dot{y}(t) + a_0\, y(t) = b_2\, \ddot{u}(t) + b_1\, \dot{u}(t) + b_0\, u(t)$$

ist mit Hilfe der Laplace-Transformation für einen Sprungeingang $u(t) = U_0\, \sigma(t)$ zu lösen. Sämtliche Anfangswerte sind Null.
Lösung:
Mit den Anfangswerten Null ergibt die Laplace-Transformation der Differentialgleichung 2. Ordnung:

$$(s^2 + a_1\, s + a_0) Y(s) = (b_2\, s^2 + b_1\, s + b_0) U(s)$$

Umstellen der Gleichung im Frequenzbereich nach $Y(s)$:

$$Y(s) = \frac{b_2\,s^2 + b_1\,s + b_0}{s^2 + a_1\,s + a_0}\,U(s) \tag{4.47}$$

und Einsetzen der Laplace-Transformierten des Eingangssprunges:

$$u(t) = U_0\,\sigma(t) \quad \circ\!\!-\!\!\bullet \quad U(s) = U_0\,\frac{1}{s}$$

ergibt die Laplace-Transformierte der Ausgangsgröße:

$$Y(s) = U_0\,\frac{b_2\,s^2 + b_1\,s + b_0}{s\left(s^2 + a_1\,s + a_0\right)} \tag{4.48}$$

Es ist eine gebrochene rationale Funktion der komplexen Variablen s mit einem Zähler- und Nennerpolynom. Dieses Ergebnis entspricht der Gleichung (4.41) für den Fall, daß sämtliche Anfangsbedingungen identisch Null sind.

Für das Auffinden der Zeitfunktion $y(t)$ aus der Frequenzfunktion $Y(s)$ - Laplace-Rücktransformation - findet sich in den einschlägigen Transformationstabellen gewöhnlich keine geschlossene Formel. Vielmehr ist es notwendig $Y(s)$ in Partialbrüche bekannter Teilfunktionen zu zerlegen. Es gilt:

$$Y(s) = U_0\,\frac{b_2\,s^2 + b_1\,s + b_0}{s\left(s^2 + a_1\,s + a_0\right)} = U_0\,\frac{Z(s)}{N(s)}$$

Voraussetzung für die Zerlegung in Partialbrüche ist die Bestimmung der Wurzeln bzw. Pole des Nennerpolynoms $N(s)$. Mit den unter 3.5 ermittelten Werten folgt:

$$N(s) = s\left(s^2 + a_1\,s + a_0\right) = 0$$

$$p_1 = 0 \quad p_{2,3} = -\frac{a_1}{2} \pm \sqrt{\frac{a_1^2}{4} - a_0} \quad p_{2,3} = -5 \pm \sqrt{25 - 16}$$

$$p_1 = 0 \quad p_2 = -2 \quad p_3 = -8$$

Da alle drei Pole reell und verschieden sind, kann für $Y(s)$ geschrieben werden:

$$Y(s) = \frac{Z(s)}{N(s)} = U_0\left(\frac{r_1}{s} + \frac{r_2}{(s - p_2)} + \frac{r_3}{(s - p_3)}\right)$$

Für $Y(s)$ läßt sich durch Laplace-Rücktransformation folgende Zeitfunktion angeben:

$$y(t) = U_0\left(r_1 + r_2\, e^{p_2 t} + r_3\, e^{p_3 t}\right)$$

Die Koeffizienten bzw. Residuen der Pole berechnen sich mit:

$$r_i = \frac{Z(p_i)}{N'(p_i)} \quad \text{mit} \quad N'(p_i) = \left.\frac{dN(s)}{ds}\right|_{s=p_i}$$

Ermittlung der zu den Residuen gehörenden Nenner:

$$N'(p_1) = \left.\frac{dN(s)}{ds}\right|_{s=p_1=0} = a_0 = 16$$

$$N'(p_2) = \left.\frac{dN(s)}{ds}\right|_{s=p_2=-2} = 3\,p_2^2 + 2\,a_1\,p_2 + a_0 = -12$$

$$N'(p_3) = \left.\frac{dN(s)}{ds}\right|_{s=p_2=-8} = 3\,p_3^2 + 2\,a_1\,p_3 + a_0 = 48$$

Berechnung der Residuen:

$$r_1 = \frac{Z(p_1)}{N'(p_1)} = \frac{0{,}8\,p_1^2 + 7{,}2\,p_1 + 16}{16} = 1$$

$$r_2 = \frac{Z(p_2)}{N'(p_2)} = \frac{0{,}8\,p_2^2 + 7{,}2\,p_2 + 16}{-12} = -0{,}4$$

$$r_3 = \frac{Z(p_3)}{N'(p_3)} = \frac{0{,}8\,p_3^2 + 7{,}2\,p_3 + 16}{48} = 0{,}2$$

Damit ergibt sich:

$$Y(s) = U_0\,\frac{Z(s)}{N(s)} = U_0\left(\frac{1}{s} - \frac{0{,}4}{(s+2)} + \frac{0{,}2}{(s+8)}\right)$$

und durch Laplace-Rücktransformation in den Zeitbereich die analytische Funktion des Verlaufes der Ausgangsspannung des sprungfähigen Netzwerkes:

$$y(t) = U_0\left(1 - 0{,}4\,e^{-2t} + 0{,}2\,e^{-8t}\right)$$

Mit der Funktion *netzwerk.m* ergeben sich der Zähler und Nenner der zur Gleichung (4.47) gehörenden gebrochenen rationalen Funktion in *s*.

```
[Z,N] = netzwerk
Z =
    0.8000    7.2000   16.0000
N =
    1    10    16
```

Der Nenner *N* ist noch, entsprechend Gleichung (4.48), mit *s* aus dem Nenner des Eingangssprunges zu multiplizieren, was zu einem Polynom 3. Ordnung führt. Dies läßt sich leicht durch eine Stellenverschiebung nach links, wie folgt realisieren:

```
N = [N 0]
N =
    1    10    16    0
```

Berechnung der Residuen, Pole und Konstanten mit *residue*, siehe Kapitel 7.3.3:

```
[R,Po,K] = residue(Z,N)
R =
    0.2000
   -0.4000
    1.0000
Po =
   -8
   -2
    0
K =
   []
```

Die Matrix *K* ist eine Leermatrix, da der Grad des Nenners größer der des Zählers ist.

Rücktransformation mit *invlaplace*, Festlegen der Variablenzahl auf eine Stelle nach dem Komma mit *vpa* und Multiplikation des Ergebnisses mit U_0 unter Verwendung von *symmul*:

```
y = symmul('U0',vpa(invlaplace('1/s - 0.4/(s + 2)
    + 0.2/(s + 8)'),1))
y =
    U0*(1.-.4*exp(-2.*t)+.2*exp(-8.*t))
```

Ein Vergleich der Ergebnisse der Funktionen y(t) und y läßt die Übereinstimmung erkennen.

4.4 Die Übertragungsfunktion

Mit der Übertragungsfunktion wird das dynamische Eingangs-Ausgangs-Verhalten eines linearen Übertragungsgliedes im Frequenzbereich beschrieben.

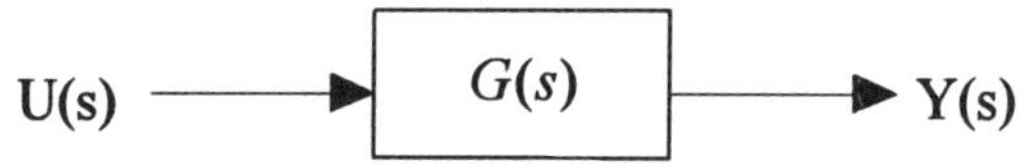

U(s) ───────► | $G(s)$ | ───────► Y(s)

Bild 4.7 Signalflußbild eines Übertragungsgliedes

Für das in Bild 4.7 dargestellte Übertragungsglied, auch als System bezeichnet, gilt mit verschwindenden Anfangsbedingungen - *AB* - die Übertragungsfunktion:

$$G(s) = \frac{\mathcal{L}\{y(t)\}}{\mathcal{L}\{u(t)\}} = \frac{Y(s)}{U(s)} \qquad AB \equiv 0 \qquad (4.49)$$

Voraussetzung für das Bilden einer Übertragungsfunktion ist die Laplace-Transformation der Differentialgleichung des zu beschreibenden Systems, unter der Bedingung, daß die Anfangsbedingungen gleich Null sind. Die Übertragungsfunktion ist für ein lineares Übertragungsglied definiert als *der Quotient der Laplace-Transformierten des Ausgangssignals zu der des Eingangssignals.*

Die Übertragungsfunktion ist für beliebige Eingangssignale definiert. Sie kann in der Polynom-, Pol-Nullstellen- und Zeitkonstantenform dargestellt werden.

4.4.1 Übertragungsfunktion in der Polynomform

Bei einem beliebigen Eingangssignal und Anfangsbedingungen die gleich Null sind, ergibt sich die Übertragungsfunktion in Polynomform durch die Laplace-Transformation der in (4.1) dargestellten linearen Differentialgleichung:

$$G(s) = \frac{b_m \, s^m + b_{m-1} \, s^{m-1} + \ldots + b_1 \, s + b_0}{s^n + a_{n-1} \, s^{n-1} + \ldots + a_2 \, s^2 + a_1 \, s + a_0} \qquad m \leq n \qquad (4.50)$$

als eine gebrochene rationale Funktion der komplexen Variablen:

$$s = \delta + j\omega$$

4.4.1.1 Pole und Nullstellen mit *pzmap*

Die Übertragungsfunktion in Polynomform besteht aus einem Zählerpolynom:

$$Z(s) = b_m\, s^m + b_{m-1}\, s^{m-1} + \ldots + b_1\, s + b_0 = 0 \qquad (4.51)$$

welches die *Nullstellen* n_j liefert und einem Nennerpolynom:

$$N(s) = s^n + a_{n-1}\, s^{n-1} + \ldots + a_2\, s^2 + a_1\, s + a_0 = 0 \qquad (4.52)$$

dessen Lösungen oder Wurzeln als *Pole* p_i bezeichnet werden.
Vereinbarungsgemäß wurde der Koeffizient der höchsten Potenz von s in $N(s)$ zu Eins gemacht, d.h. $a_n = 1$. Das Nennerpolynom wird entsprechend seiner Bedeutung für das Systemverhalten als charakteristisches Polynom des Übertragungsgliedes bezeichnet. Die Gleichung (4.52) ist die dazugehörende charakteristische Gleichung des Systems.
In der komplexen Ebene werden im Pol-Nullstellen-Bild - PN-Bild - die Pole durch ein Kreuz × und Nullstellen durch einen Kreis ○ gekennzeichnet. Die Eingabe der Übertragungsfunktion in Polynomform geschieht in folgender Form:
− für den Zähler

$$Z = \begin{bmatrix} b_m & b_{m-1} & \cdots & b_1 & b_0 \end{bmatrix}$$

− und für den Nenner

$$N = \begin{bmatrix} 1 & a_{n-1} & \cdots & a_2 & a_1 & a_0 \end{bmatrix}$$

Dabei ist zu beachten, daß nicht vorhandene Koeffizienten mit dem Index $< m$ bzw. $< n$ als Null einzugeben sind.

Eigenschaft von *pzmap*:
    Berechnet die Pole und Nullstellen eines Systems und stellt sie dar.
Syntax:
    [Po,Nu] = *pzmap*(Z,N)   (4.53)
    [Po,Nu] = *pzmap*(A,B,C,D)   (4.54)
Beschreibung:
    Das Pol-Nullstellen-Bild wird dargestellt, wenn nur der Teil rechts des Gleichheitszeichens angegeben ist.
    Achtung:
    Bei einem Zustandsmodell, berechnet die Funktion bei mehrspaltigen Eingangs- bzw. mehrzeiligen Ausgangsmatrizen keine Nullstellen!

Beispiel 4.19

Für das unter 3.5 beschriebene sprungfähige Netzwerk sind das Zähler- und Nenner-polynom mit *netzwerk* zu ermitteln sowie die Pole und Nullstellen mit *pzmap* zu be-rechnen und als PN-Bild darzustellen.

Lösung:

Zähler- und Nennerpolynom mit *netzwerk*:

```
[Z,N] = netzwerk
Z =
     0.8000     7.2000     16.0000
N =
     1     10     16
```

Pole und Nullstellen mit *pzmap*:

```
[Po,Nu] = pzmap(Z,N)
Po =
       -8
       -2
Nu =
       -5
       -4
```

PN-Bild Ebene mit *pzmap* und *grid* für das Gitternetz:

```
pzmap(Z,N), grid
```

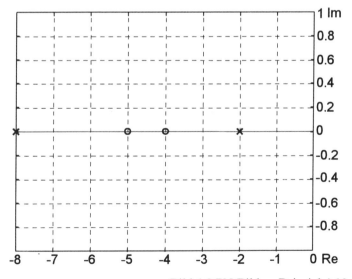

Bild 4.8 PN-Bild zu Beispiel 4.19

4.4.1.2 Polynomform mit *tf* - MATLAB 5

Eigenschaft von *tf*:

    Bildet die Übertragungsfunktion in Polynomform.

Syntax:

$$G = tf(Z,N) \tag{4.55}$$

Beschreibung:

    Mit der Funktion *tf* wird aus je einem Zähler- und Nennerpolynom die Übertragungsfunktion in Polynomform gebildet.

Beispiel 4.20

Das in Beispiel 4.19 ermittelte Zähler- und Nennerpolynom des unter 3.5 beschriebenen Netzwerkes ist als Übertragungsfunktion in Polynomform mit *tf* darzustellen.

Lösung:

Aufruf von *netzwerk* zur Ermittlung des Zähler- und Nennerpolynoms ohne Ausgabe:

```
[Z,N] = netzwerk;
```

Übertragungsfunktion in Polynomform mit *tf*:

```
G = tf(Z,N)

Transfer function:
0.8 s^2 + 7.2 s + 16
--------------------
  s^2 + 10 s + 16
```

4.4.2 Übertragungsfunktion in der Pol-Nullstellen-Form

Nach dem Fundamentalsatz der Algebra hat jede Gleichung *n*-ten Grades, deren Koeffizienten reelle oder komplexe Zahlen sind, genau *n* reelle oder komplexe Wurzeln, wobei die *k*-fachen Wurzeln *k*-mal gezählt werden. Sind, wie es hier der Fall ist, die Koeffizienten konstant, so treten die komplexen Wurzeln nur paarweise konjugiert auf und für das Zählerpolynom gilt:

$$Z(s) = b_m (s - n_1)(s - n_2)\cdots(s - n_m) = b_m \prod_{j=1}^{m} (s - n_j) \tag{4.56}$$

Für den Fall eines konjugiert komplexen Nullstellen-Paars wird mit:

$$\left(\frac{a_j}{2}\right)^2 - b_j < 0$$

$$
\begin{aligned}
\left(s - n_j\right)\left(s - n_{j+1}\right) &= \left(s - \delta_j - \omega_j j\right)\left(s - \delta_j + \omega_j j\right) \\
&= s^2 - 2\delta_j + \left(\delta_j + \omega_j\right)^2 \qquad (4.57) \\
&= s^2 + a_j s + b_j
\end{aligned}
$$

Entsprechendes gilt für die aus dem Nenner resultierenden Pole bzw. konjugiert komplexen Polpaare. Somit ergibt sich die Übertragungsfunktion in der Pol-Nullstellen-Form zu:

$$
G_p(s) = K \frac{\prod\limits_{j=1}^{m}\left(s - n_j\right)}{\prod\limits_{i=1}^{n}\left(s - p_i\right)} \qquad (4.58)
$$

mit dem Verstärkungsfaktor:

$$
K = b_m
$$

4.4.2.1 Pol-Nullstellen-Form mit *zpk* - MATLAB 5

Eigenschaft von *zpk*
   Bildet die Übertragungsfunktion in der Pol-Nullstellen-Form.
Syntax:

$$Gp = zpk(Nu,Po,K) \qquad (4.59)$$
$$Gp = zpk(G) \qquad (4.60)$$

Beschreibung:
   Mit der Gleichung (4.59) wird die Übertragungsfunktion in der Pol-Nullstellen-Form aus den Nullstellen *Nu* und Polen *Po*, die jeweils in einem Vektor angeordnet sind, sowie dem Verstärkungsfaktor *K* gebildet. Mit der Anweisung nach Gleichung (4.60) wird eine Übertragungsfunktion von der Polynom- in die Pol-Nullstellen-Form transformiert.

Beispiel 4.21
Die Pole und die Nullstelle sowie der Verstärkungsfaktor der Übertragungsfunktion der Störung am Streckenausgang des Netzgerätes - Kapitel 3.4.7 - sind mit *tf2zp* - Kapitel 7.3.2 - zu berechnen und in die Pol-Nullstellen-Form mit *zpk* nach Gleichung (4.59) zu überführen.
Lösung:
Aufruf von *nge* zur Ermittlung des Zähler- und Nennerpolynoms ohne Ausgabe:

```
[ZL,NL] = nge('LI');
```

Berechnung der Nullstelle und der Pole sowie des Verstärkungsfaktors mit *tf2zp*:

```
[Nu,Po,K] = tf2zp(ZL,NL)
Nu =
      -29
Po =
      -25
       -4
K =
       10
```

Die Übertragungsfunktion in Pol-Nullstellen-Form mit *zpk*:

```
Gp = zpk(Nu,Po,K)

Zero/pole/gain:
   10 (s+29)
------------
 (s+25) (s+4)
```

Beispiel 4.22
Die im Beispiel 4.20 berechnete Übertragungsfunktion in Polynomform ist mit Hilfe von *zpk* nach Gleichung(4.60) in die Pol-Nullstellen-Form zu überführen.
Lösung:

```
Gp = zpk(G)

Zero/pole/gain:
  0.8 (s+5) (s+4)
 ---------------
   (s+8) (s+2)
```

Die Funktionen der *Control System Toolbox* 3.0b zur Transformation werden ausführlich im Kapitel 7 behandelt.

4.4.3 Übertragungsfunktion in der Zeitkonstantenform

Eine wesentliche Rolle spielen bei der regelungstechnischen Betrachtung die einem System innewohnenden Verzögerungs- und Vorhaltzeiten, die in einem unmittelbaren Zusammenhang mit den Polen und Nullstellen des Systems stehen. So gilt für die Verzögerungszeit bzw. Zeitkonstante T_i und die Vorhaltzeit T_{Dj}:

$$T_i = \frac{1}{|p_i|} \quad \text{und} \quad T_{Dj} = \frac{1}{|n_j|} \tag{4.61}$$

Weisen die Pole und Nullstellen negative Realteile auf, so ergibt sich durch

Ausklammern die Übertragungsfunktion in der Zeitkonstantenform:

$$G_t(s) = V \frac{\displaystyle\prod_{j=1}^{l}(1 + T_{Dj}s) \prod_{j=l+1}^{(m-l)/2}(1 + 2d_{Dj}T_{Dj}s + T_{Dj}^2 s^2)}{\displaystyle\prod_{i=1}^{k}(1 + T_i s) \prod_{i=k+1}^{(n-k)/2}(1 + 2d_i T_i s + T_i^2 s^2)} \qquad (4.62)$$

mit der sich ergebenden stationären Verstärkung V im Falle eines Einheitssprungs am Eingang und dem Verstärkungsfaktor K:

$$V = K \frac{\displaystyle\prod_{j=1}^{m}(-n_j)}{\displaystyle\prod_{i=1}^{n}(-p_i)} \qquad (4.63)$$

Beispiel 4.23
Die im Beispiel 4.21 gebildete Übertragungsfunktion der Störung am Streckenausgang des Netzgerätes - Kapitel 3.4.7 - ist in die Zeitkonstantenform zu überführen.
Bemerkung: MATLAB hat dafür keine geeignete Funktion.
Lösung:
Berechnung der stationären Verstärkung nach Gleichung (4.63):

```
V = K*(-Nu)/((-Po(1))*(-Po(2)))
V =
     2.9000
```

Vorhaltzeiten aus den absoluten Kehrwerten der Nullstellen nach Gleichung (4.61):

```
TD = abs(1./Nu)
TD =
     0.0345
```

Verzögerungszeiten aus den absoluten Kehrwerten der Pole nach Gleichung (4.61):

```
T = abs(1./Po)
T =
     0.0400
     0.2500
```

Damit ergibt sich die Übertragungsfunktion in der Zeitkonstantenform:

$$G_t(s) = V \frac{1 + T_D s}{(1 + T_1 s)(1 + T_2 s)} = \frac{1 + 0{,}0345\,s}{(1 + 0{,}04\,s)(1 + 0{,}25\,s)}$$

4.5 Der Frequenzgang

Wird auf den Eingang eines linearen Systems ein harmonisches Signal, wie z.B.

$$u_1(t) = U_0 \cos(\omega t) \tag{4.64}$$

aufgegeben, so ist seine Antwort wiederum ein harmonisches Signal mit gleicher Frequenz, aber gewöhnlich unterschiedlicher Amplitude und Phase:

$$y_1(t) = Y_0 \cos(\omega t + \varphi) \tag{4.65}$$

Das Einsetzen dieser Signale und ihrer Ableitungen in die Differentialgleichung (4.1) kann verhältnismäßig komplizierte Ausdrücke ergeben.

4.5.1 Die Antwort auf ein komplexes harmonisches Eingangssignal

Vereinfacht wird der Vorgang des Auffindens des Frequenzganges, wenn dem Eingangssignal noch ein weiteres harmonisches Signal überlagert wird:

$$u_2(t) = U_0 \, j \sin(\omega t)$$

so daß unter Verwendung der Eulerschen[1] Formel geschrieben werden kann:

$$u(t) = U_0 \left[\cos(\omega t) + j \sin(\omega t) \right] = U_0 \, e^{j\omega t} \tag{4.66}$$

Die Antwort ist wiederum ein harmonisches Signal mit gleicher Frequenz, aber gewöhnlich unterschiedlicher Amplitude und Phase:

$$y(t) = Y_0 \, e^{j(\omega t + \varphi)} \tag{4.67}$$

Die Gleichungen (4.66) und (4.67) sowie die Ableitungen des Ausgangssignals:

$$\frac{d^i y(t)}{dt^i} = Y_0 \, (j\omega)^i \, e^{j\omega t} \, e^{j\varphi} \tag{4.68}$$

und die des Eingangssignals:

$$\frac{d^j u(t)}{dt^j} = U_0 \, (j\omega)^j \, e^{j\omega t} \tag{4.69}$$

---

[1] Euler, Leonhard *15.4.1707 Basel, †18.9.1783 St. Petersburg, Mathematiker

in die Differentialgleichung (4.1) eingesetzt, liefert mit der Definitionsgleichung für den komplexen Frequenzgang eines Übertragungsgliedes:

$$F(j\omega) = \frac{Y_0}{U_0} e^{j\varphi} \tag{4.70}$$

die Frequenzganggleichung mit $m \leq n$:

$$F(j\omega) = \frac{b_m(j\omega)^m + b_{m-1}(j\omega)^{m-1} + \ldots + b_1\, j\omega + b_0}{(j\omega)^n + a_{n-1}(j\omega)^{n-1} + \ldots + a_2(j\omega)^2 + a_1\, j\omega + a_0} \tag{4.71}$$

Der Betrag des komplexen Frequenzganges bzw. sein Amplitudenverhältnis Y_0/U_0 in der Gleichung (4.70) ist ein Maß für die Amplitudenänderung und sein Argument φ ein Maß für die Phasenverschiebung, die eine Schwingung der Frequenz ω beim Durchlaufen des Übertragungsgliedes erfährt.

Es ist ersichtlich, daß die Übertragungsfunktion in Polynomform ganz formal in den Frequenzgang überführt werden kann, wenn für den Realteil der komplexen Variablen $\delta = 0$ gilt und somit die komplexe Variable von:

$$s = \delta + j\omega \quad \text{in } s \rightarrow j\omega$$

übergeht. Der entgegengesetzte Weg führt zwar bei den meisten technischen Systemen zum richtigen Ergebnis, ist aber aus mathematischer Sicht nicht immer eindeutig.

4.5.2 Die Ortskurve als graphische Darstellung des Frequenzganges

Die Ortskurve ist die graphische Darstellung des Frequenzganges mit der Frequenz ω als Parameter, wenn ω den Bereich von $-\infty$ bis $+\infty$ durchläuft. Ihre Darstellung beruht auf der Tatsache, daß der Frequenzgang eine komplexe Variable ist, die sich in ihren Real- und Imaginärteil bzw. in ihren Betrag und ihre Phase aufspalten läßt. Werden in einem rechtwinkligen Koordinatensystem Real- und Imaginärteil des komplexen Frequenzganges für ω von 0 bis ∞ aufgetragen, so ergibt sich der positive Teil der Ortskurve. Der negative Teile der Ortskurve ist spiegelbildlich zum positiven Teil.

Die Länge des Zeigers vom Ursprung des Koordinatensystems bis zur Ortskurve entspricht dem Betrag des Frequenzganges für eine bestimmte Frequenz. Der Winkel, den der Zeiger mit der positiven reellen Achse einschließt, entspricht der Phasendifferenz zwischen dem Eingangs- und dem Ausgangssignal.

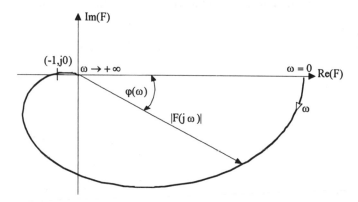

Bild 4.9 Ortskurve eines Übertragungsgliedes für $0 \leq \omega \leq \infty$ mit Betrag und Phase

Für die Amplitude des komplexen Frequenzganges gilt:

$$F(\omega) = |F(j\omega)| = \sqrt{\Re e\{F(j\omega)\}^2 + \Im m\{F(j\omega)\}^2}$$

Da der komplexe Frequenzgang eine gebrochene rationale Funktion mit einem Zähler- und Nennerpolynom ist, kann auch geschrieben werden:

$$F(\omega) = \frac{\sqrt{\Re e\{Z(j\omega)\}^2 + \Im m\{Z(j\omega)\}^2}}{\sqrt{\Re e\{N(j\omega)\}^2 + \Im m\{N(j\omega)\}^2}} \tag{4.72}$$

Für die Phase gilt:

$$\varphi(\omega) = \arctan \frac{\Im m\{F(j\omega)\}}{\Re e\{F(j\omega)\}}$$

bzw. aufgeteilt nach Zähler und Nenner, wobei der Zähler ein Voreilen und der Nenner ein Nacheilen der Phase hervorruft:

$$\varphi(\omega) = \arctan \frac{\Im m\{Z(j\omega)\}}{\Re e\{Z(j\omega)\}} - \arctan \frac{\Im m\{N(j\omega)\}}{\Re e\{N(j\omega)\}} \tag{4.73}$$

4.5.3 Berechnung der Ortskurve mit *nyquist*[1]

Eigenschaft von *nyquist*:
　Berechnet die Ortskurve eines Frequenzganges und stellt sie dar.
Syntax:

$$[\text{Re,Im,w}] = nyquist(Z,N,w) \qquad (4.74)$$

$$[\text{Re,Im,w}] = nyquist(A,B,C,D,iu,w) \qquad (4.75)$$

Beschreibung:
　Die Ortskurve wird ausgegeben, wenn nur der Teil rechts des Gleichheits-
　zeichens angegeben ist.
　Zur Berechnung des Real- *Re* und Imaginärteils *Im* für spezielle Frequen-
　zen sind diese im Vektor *w* anzugeben. In der Gleichung (4.75) kenn-
　zeichnet *iu* den entsprechenden Eingang des Zustandsmodells.

4.5.4 Spezielle Punkte der Ortskurve

4.5.4.1 ω = 0 bei Übertragungsgliedern mit Ausgleich

Mit ω = 0 folgt aus Gleichung (4.71):

$$F(j0) = |F(j0)| = F(\omega = 0) = \frac{b_0}{a_0} = V \qquad (4.76)$$

d.h., der Frequenzgang ist eine reelle Zahl, welche dem Betrag bzw. der Zeigerlänge entspricht und gleich der stationären Verstärkung ist. Da der Imaginärteil
gleich Null ist, wird die dazugehörende Phase φ = 0°, d.h. der Startpunkt liegt
auf der positiven reellen Achse.

Beispiel 4.24
Gegeben ist der Frequenzgang eines Verzögerungsgliedes 1. Ordnung:

$$F(j\omega) = \frac{b_0}{j\omega + a_0} = \frac{0,75}{j\omega + 0,5}$$

Es ist der Startpunkt der Ortskurve zu berechnen.
Lösung:
Eingabe der Werte:

```
a0 = 0.5; b0 = 0.75;
```

---

[1] Nyquist, Harry *7.2.1889 Nilsby, Schweden †4.4.1976 Harlingen Texas USA, Elektrotechniker

Für $\omega = 0$ wird:

$$F(j0) = \frac{b_0}{a_0} = \frac{0,75}{0,5} = 1,5$$

Der Betrag für $\omega = 0$ ergibt sich zu:

```
F0 = b0/a0
F0 =
      1.5000
```

Die Phase für $\omega = 0$ berechnet sich mit der allgemeinen Funktion *angle.m*:

```
phi0 = angle(F0)
phi0 =
      0
```

bzw. mit *nyquist*:

```
[Re0,Im0] = nyquist(b0,[1 a0],0)
Re0 =
      1.5000
Im0 =
      0
```

```
phi0 = atan(Im0/Re0)*180/pi
phi0 =
      0
```

4.5.4.2 $\omega = 0$ bei Übertragungsgliedern ohne Ausgleich

Für den Frequenzgang eines *I*-Gliedes ist der Koeffizient $a_0 = 0$. Dafür strebt der Betrag bzw. die Zeigerlänge gegen ∞ und der Winkel beträgt $\varphi = -90°$.

Beispiel 4.25
Gegeben ist der Frequenzgang eines *I*-Gliedes 1. Ordnung:

$$F(j\omega) = \frac{b_0}{j\omega} = -\frac{b_0}{\omega} j = -\frac{0,75}{\omega} j$$

d.h. der Frequenzgang ist eine komplexe Zahl dessen Realteil Null ist.
Es ist der Startpunkt der Ortskurve mit MATLAB zu berechnen.
Lösung:
Eingabe der Werte mit $\omega = 1$ als Startwert:

```
b0 = 0.75; w = 1;
```

Frequenzgang:

```
F = 0-(b0/w)*j
F =
        0 - 0.7500i
```

Imaginärteil des Frequenzganges für ω = 0:

```
F0Im = imag(F)/0
Warning: Divide by zero
F0Im =
   -Inf
```

Der Betrag bei ω = 0:

```
F0be = abs(F0Im)
F0be =
    Inf
```

ist unendlich und die Phase von -90° ist unabhängig von der Frequenz, da der Realteil konstant Null ist:

```
phi = angle(F)*(180/pi)
phi =
   -90
```

bzw. mit *nyquist* werden die Ergebnisse bestätigt:
Bemerkung: Da *nyquist* für ω = 0 keine sinnvollen Werte ausgibt - auch die Version 4 nicht -, wird die sehr kleine Frequenz ω = 1e-005 s^{-1} eingesetzt, was folgendes liefert:

```
[Re0,Im0] = nyquist(b0,[1 0],1e-005)
Re0 =
     0
Im0 =
      -75000

phi0 = atan(Im0/Re0)*180/pi
Warning: Divide by zero
phi0 =
      -90
```

4.5.4.3 ω → ∞ bei Übertragungsgliedern mit oder ohne Ausgleich

Strebt ω → ∞, dann gilt für den Betrag:

$$\lim_{\omega \to \infty} F(j\omega) = \begin{cases} 0 & \text{für} \quad m < n \\ \frac{b_m}{a_n} & \text{für} \quad m = n \end{cases} \tag{4.77}$$

d.h. für beide Fälle endet die Ortskurve in einem reellen Punkt.

Die Phase berechnet sich wie folgt:

$$\lim_{\omega \to \infty} \varphi(\omega) = -(n - m)\, 90° \qquad (4.78)$$

Beispiel 4.26
Für die Beispiele 4.24 und 4.25 sind die Werte der Ortskurven mit $\omega \to \infty$, d.h. für eine genügend große Frequenz, wie z.B. $\omega = 1e+005\ s^{-1}$, zu berechnen.
Lösung:
Da in beiden Fällen $m = 0$ und $n = 1$ ist, müssen die Amplituden Null und die Phasen -90° betragen.
Die Frequenz:

```
w = 1e+005;
```

– liefert für das Verzögerungsglied nach Beispiel 4.24 den Frequenzgang

```
F = b0/(w*j+a0)
F =
        0.00
```

und die Phase:

```
phiue = angle(F)*180/pi
phiue =
        -90.00
```

bzw. mit *nyquist*:

```
[Reue,Imue] = nyquist(b0,[1 a0],1e+005)
Reue =
        0.00
Imue =
        0.00

phiue = atan(Imue/Reue)*180/pi
phiue =
        -90.00
```

– liefert für das *I*-Glied nach Beispiel 4.25 den Frequenzgang:

```
F = -(b0/w)*j
F =
        0
```

und die Phase:

```
phiue = angle(F)*(180/pi)
phiue =
        -90.00
```

bzw. mit *nyquist* wird das Ergebnis bestätigt:

```
[Reue,Imue] = nyquist(b0,[1 0],1e+005)
Reue =
            0
Imue =
        0.00
```

```
phiue = atan(Imue/Reue)*180/pi
Warning: Divide by zero
phiue =
       -90.00
```

Beispiel 4.27

Für das in Kapitel 3.5 behandelte sprungfähige System:

$$F(j\omega) = \frac{b_2(j\omega)^2 + b_1\, j\omega + b_0}{(j\omega)^2 + a_1\, j\omega + a_0}$$

sind die speziellen Punkte für die Frequenzen:

$$\omega = \begin{cases} 0 \\ \text{wenn } \Im m \equiv 0 \\ 10^5 \text{ für } \omega \to \infty \end{cases}$$

auf der Basis der Werte des Kapitels 3.5 zu berechnen und die Ortskurve darzustellen. Der gegebene Frequenzgang ist mit Hilfe der *Symbolic Math Toolbox* in Form einer komplexen Variablen in seinen Real- und Imaginärteil aufzuspalten. Die Ergebnisse sind mit den Funktionen *nyquist.m* und *atan.m* zu überprüfen.
Lösung:
Berechnen der Frequenzganggleichung:
Zähler und Nenner:

```
ZF1 = symop('b2*(j*w)^2','+','b1*j*w','+','b0');
ZF = subs(ZF1,sqrt(-1),'j')
ZF =
    -b2*w^2+i*b1*w+b0
```

```
NF1 = symop('(j*w)^2','+','a1*j*w','+','a0');
NF = subs(NF1,sqrt(-1),'j')
NF =
    -w^2+i*a1*w+a0
```

Frequenzgang:

```
F = symop(ZF,'/',NF)
```

```
F =
    (-b2*w^2+i*b1*w+b0)/(-w^2+i*a1*w+a0)
```

Die nach den Real- und Imaginäranteilen umgestellte Frequenzgangggleichung:

$$F(j\omega) = \frac{\left(b_0 - b_2\omega^2\right) + b_1\,\omega j}{\left(a_0 - \omega^2\right) + a_1\,\omega j}$$

Die Frequenzgangggleichung wird erweitert, um den Imaginärteil im Nenner zu eliminieren, indem Zähler und Nenner mit folgender Funktion multipliziert werden:

$$f = \left(a_0 - \omega^2\right) - a_1\,\omega\,j$$

```
f = sym('a0-w^2-a1*w*i')
f =
    a0-w^2-a1*w*i
```

Erweiterung des Zählers:

```
Z1 = expand(symop(ZF,'*',f))
Z1 =
    -b2*w^2*a0+b2*w^4+i*b2*w^3*a1+i*b1*w*a0
    -i*b1*w^3+b1*w^2*a1+b0*a0-b0*w^2-i*b0*a1*w

Z2 = subs(Z1,'j','i')
Z2 =
    -b2*w^2*a0+b2*w^4+j*b2*w^3*a1+b1*a0*j*w
    -b1*j*w^3+b1*w^2*a1+b0*a0-b0*w^2-j*b0*a1*w

Z3 = collect(Z2,'j')
Z3 =
    (-b1*w^3+b2*w^3*a1+b1*a0*w-b0*a1*w)*j
    -b2*w^2*a0+b2*w^4+b0*a0-b0*w^2+b1*w^2*a1
```

Realteil des Zählers durch Nullsetzen des Imaginärteils in Z3:

```
Zre = collect(subs(Z3,0,'j'),'w')
Zre =
    b2*w^4+(-b2*a0-b0+b1*a1)*w^2+b0*a0
```

Imaginärteil des Zählers durch Abziehen des Realteils, Ersetzen von *j* durch Eins und Sortieren nach *w*:

```
Zim = collect(subs(symop(Z3,'-',Zre),1,'j'),'w')
Zim =
    (-b1+b2*a1)*w^3+(b1*a0-b0*a1)*w
```

Erweiterung des Nenners und Sortieren nach *w*:

```
N = collect(expand(symop(NF,'*',f)),'w')
```

```
N =
    w^4+(-2*a0+a1^2)*w^2+a0^2
```

Darstellen der Frequenzganggleichung als komplexe Variable in allgemeiner Form:

```
FkZ = symop(Zre,'/',N,'+',Zim,'*','j','/',N)
FkZ =
    (b2*w^4+(-b2*a0-b0+b1*a1)*w^2+b0*a0)/(w^4
    +(-2*a0+a1^2)*w^2+a0^2)+((-b1+b2*a1)*w^3
    +(b1*a0-b0*a1)*w)/(w^4+(-2*a0+a1^2)*w^2+a0^2)*j
```

$$F(j\omega) = \frac{b_2\omega^4 - (a_0b_2 - a_1b_1 + b_0)\omega^2 + a_0b_0}{\omega^4 + (a_1^2 - 2a_0)\omega^2 + a_0^2}$$
$$+ \frac{(a_1b_2 - b_1)\omega^3 + (a_0b_1 - a_1b_0)\omega}{\omega^4 + (a_1^2 - 2a_0)\omega^2 + a_0^2} j$$

Die Gleichung des Frequenzganges als komplexe Variable in spezieller Form:
Eingabe der Werte der Koeffizienten:

```
a0 = 16; a1 = 10; b0 = a0; b1 = 7.2; b2 = 0.8;
```

Ersetzen der Koeffizienten durch ihre Zahlenwerte mit maximal 4 Stellen:

```
Fa = vpa(subs(subs(FkZ,a0,'a0'),a1,'a1'),4);
Fb = vpa(subs(subs(Fa,b0,'b0'),b1,'b1'),4);
F = vpa(subs(Fb,b2,'b2'),4);
```

Aufteilen der Gleichung des Frequenzganges in Real- und Imaginärteil:

```
Fre = subs(F,0,'j')
Fre =
    (.8000*w^4+43.20*w^2+256.)/(w^4+68.*w^2+256.)

Fim = subs(symop(F,'-',Fre),1,'j')
Fim =
    (.8000*w^3-44.80*w)/(w^4+68.*w^2+256.)
```

Der Frequenzgang als komplexe Variable abhängig von der Frequenz:

$$F(j\omega) = \frac{0{,}8\,\omega^4 + 43{,}2\,\omega^2 + 256}{\omega^4 + 68\,\omega^2 + 256} + \frac{0{,}8\,\omega^3 - 44{,}8\,\omega}{\omega^4 + 68\,\omega^2 + 256} j$$

Berechnung spezieller Punkte:
Für $\omega = 0$ werden der Realteil Eins und der Imaginärteil Null. Für $\omega \to \infty$ ergeben sich der Realteil zu 0,8 und der Imaginärteil zu Null.
Berechnung der Frequenz mit *solve* aus dem Imaginärteil, wenn dieser gleich Null ist:

```
wim0 = numeric(solve(Fim))
wim0 =
              0
         7.4833
        -7.4833
```

Die Frequenzen liefern folgende Beträge:

$\omega = 0\ s^{-1}$:

```
F0 = numeric(subs(F,0,'w'))
F0 =
         1
```

$\omega = 7{,}4833\ s^{-1}$:

```
F1 = numeric(subs(F,wim0(2),'w'))
F1 =
       0.7200 - 0.0000i
```

$\omega = -7{,}4833\ s^{-1}$:

```
F1a = numeric(subs(F,wim0(3),'w'))
F1a =
        0.7200 + 0.0000i
```

Die Frequenz $\omega = -7{,}4833\ s^{-1}$ liefert einen Punkt der negativen Ortskurve.
Ermittlung des Frequenzgangwertes für die sehr große Frequenz $\omega = 1e005\ s^{-1}$:

```
F2 = numeric(subs(F,1e+005,'w'))
F2 =
       0.8000 + 0.0000i
```

Der dazugehörende Ortskurvenpunkt liegt ebenfalls auf der reellen Achse.
Überprüfung der Ergebnisse mit den Funktionen *nyquist.m* und *atan.m*.
Die Ortskurve beginnt für $\omega = 0$ bei Eins auf der positiven reellen Achse:

```
[Re0,Im0] = nyquist(Z2,N2,0)
Re0 =
        1
Im0 =
        0
```

und endet für eine sehr große Frequenz bei $b_2 = 0{,}8$:

```
[Reue,Imue] = nyquist(Z2,N2,1e+005)
Reue =
          0.80
Imue =
          0.00
```

Die zu den beiden Frequenzen gehörenden Phasen betragen:

```
phi0 = atan(Im0/Re0)*180/pi
phi0 =
        0

phiue = atan(Imue/Reue)*180/pi
phiue =
        0.00
```

d.h. für Frequenzen die gegen Null bzw. gegen Unendlich gehen, betragen die Phasendifferenzen zwischen dem Eingangs- und dem Ausgangssignal Null.
Dieses Ergebnis entspricht auch der Gleichung (4.78), denn Zähler- und Nennergrad sind gleich.

nyquist(Z2,N2), grid

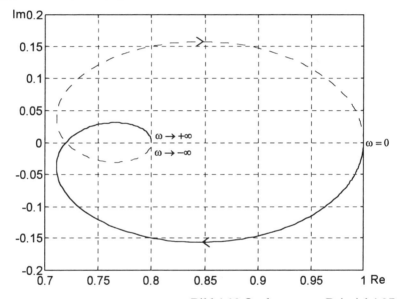

Bild 4.10 Ortskurve zum Beispiel 4.27

Der obere gestrichelte Teil der Ortskurve ergibt sich für $-\infty \le \omega \le 0$ - negativer Teil -.
Der untere durchgezogen Teil der Ortskurve ist das Ergebnis für einen Frequenzverlauf $0 \le \omega \le \infty$. Im deutschen Sprachraum wird der negative Teil der Ortskurve gewöhnlich nicht dargestellt.

Die Ortskurve der offenen Kette dient zur Gewinnung von Stabilitätsaussagen über den geschlossenen Kreis mit Hilfe des Nyquist-Kriteriums.

4.6 Das Frequenz-Kennlinien-Diagramm

Das auch als Bode[1]-Diagramm [Bode-45] bezeichnete Verfahren geht von der
Darstellung des Übertragungsverhaltens eines Systems durch seinen Frequenzgang aus. Die in der Zeitkonstantenform vorliegende Übertragungsfunktion wird
in der unter 4.5 beschriebenen Weise in den dazugehörenden Frequenzgang überführt. Im Gegensatz zur Darstellung durch Ortskurven wird der Frequenzgang in
die beiden Teile Amplituden- und Phasengang zerlegt und getrennt über dem
Logarithmus der Frequenz aufgetragen. Da für die Darstellung und Untersuchung ein relativ breiter Frequenzbereich notwendig ist, werden sowohl die Frequenz als auch die Amplitude logarithmisch abgebildet, was auch zu der Bezeichnung logarithmische Frequenzkennlinien geführt hat.

4.6.1 Systeme minimaler Phase und Allpaßglieder

Aus der Systemtheorie ist bekannt, daß die Übertragungsfunktionen real existie-
render Systeme wie folgt beschrieben werden können:
- Die Pole und Nullstellen sind entweder reell oder konjugiert komplex.
- Für *stabile* Systeme gilt:
    - die Pole müssen auf jeden Fall einen negativen Realteil haben,
    - Nullstellen können dagegen auch einen positiven Realteil aufweisen.
- Ebenfalls real sind Systeme mit einem oder mehreren Polen im Ursprung, sie
  werden als Systeme ohne Ausgleich bzw. mit *I*-Verhalten bezeichnet.
- Ungedämpfte Systeme, sogenannte Dauerschwinger, haben ein konjugiert-
  komplexes Polpaar auf der imaginären Achse, d.h. der Realteil ist Null.
- Systeme, die mindestens einen Pol mit positivem Realteil aufweisen, sind
  ebenfalls real, aber *instabil*.

Die Frequenzganggleichung eines Systems kann gewöhnlich in einen *Phasenminimumanteil* und in einen *Allpaßanteil* aufgespalten werden.

Der Phasenminimumanteil eines Systems besitzt nur Nullstellen und Pole mit
negativem Realteil und wird auch als *System minimaler Phase* bezeichnet.
Systeme minimaler Phase haben den kleinstmöglichen Betrag an Phasenverschiebung zwischen dem Eingangs- und dem Ausgangssignal, der bei einer gegebenen Anzahl von Energiespeichern möglich ist.

---

[1] Bode, Hendrik Wade *24.12.1905 Madison, USA † zwischen 1974 und 1985, Forschungsingenieur, Prof.
  systems engineering Harvard University

Das Allpaßglied besitzt im Endlichen gleich viele Nullstellen wie Pole. Hierbei haben alle Pole einen negativen Realteil, d.h. sie liegen links der imaginären Achse. Die Nullstellen jedoch weisen einen gleichgroßen, aber positiven Realteil wie die Pole auf, d.h. die Nullstellen liegen symmetrisch zu den Polen mit der imaginären Achse der komplexen Ebene als Symmetrieachse.

H.W. Bode erkannte, daß nach dem Abspalten des Allpaßanteils bei dem verbleibenden Phasenminimumanteil ein eindeutiger Zusammenhang zwischen dem Verlauf der Phase und dem der Amplitude besteht.
Phasenminimum-Systeme lassen sich in nachfolgend aufgeführte typische Übertragungsglieder zerlegen:
- Proportionalglied, P-Glied
- Verzögerungsglied 1. Ordnung, PT_1-Glied
- Integrierglied, I-Glied
- Vorhaltglied 1. Ordnung, DT_1-Glied, praktisch nur in Verbindung mit einem PT_1-Glied möglich
- Differenzierglied, D-Glied, praktisch nur mit einem PT_1-Glied möglich
- Schwingungsglied, PT_{2d}-Glied
wobei, bis auf das Schwingungsglied alle von 1. Ordnung sind. Durch die multiplikative Verknüpfung dieser Grundglieder lassen sich die entsprechenden Frequenzgänge bilden.

4.6.2 Logarithmischer Amplituden- und Phasengang

Der Frequenzgang:

$$F(j\omega) = \frac{Z(j\omega)}{N(j\omega)} = \frac{b_m(j\omega)^m + b_{m-1}(j\omega)^{m-1} + \ldots + b_0}{(j\omega)^n + a_{n-1}(j\omega)^{n-1} + \ldots + a_1\, j\omega + a_0} \tag{4.79}$$

ist eine komplexe Funktion, für die es die zwei nachfolgend angegebenen Möglichkeiten der Darstellung gibt.

4.6.2.1 Zerlegung des Frequenzganges in seinen Real- und Imaginärteil

Der Frequenzgang kann, da er eine komplexe Zahl ist, in seinen Realteil $\Re e(\omega)$ und seinen Imaginärteil $\Im m(\omega)$ zerlegt werden:

$$F(j\omega) = \Re e(\omega) + j\,\Im m(\omega) \tag{4.80}$$

Dies bezieht sich auch getrennt auf seinen Zähler und Nenner. Dadurch wird die

Behandlung wesentlich vereinfacht. Es gilt für den Zähler:

$$Z(j\omega) = \Re e_Z(\omega) + j\Im m_Z(\omega)$$
(4.81)

und für den Nenner:

$$N(j\omega) = \Re e_N(\omega) + j\Im m_N(\omega)$$
(4.82)

4.6.2.2 Zerlegung des Frequenzganges in seine Amplitude und Phase

Zur Bildung des logarithmischen Amplituden- und Phasenganges wird der Frequenzgang:

$$F(j\omega) = |F(j\omega)| e^{j\Phi(\omega)} = F(\omega) e^{j\Phi(\omega)}$$
(4.83)

zerlegt in den Betrag oder die Amplitude:

$$|F(j\omega)| = F(\omega) = \sqrt{\Re e^2 + \Im m^2}$$
(4.84)

und die Phase:

$$\Phi_i(\omega) = \arctan \frac{\Im m_i}{\Re e_i}$$
(4.85)

Ist L der in Dezibel [dB] ausgedrückte Wert einer Zahl F und wird dieses L über dem dekadischen logarithmischen Frequenzmaßstab $lg(\omega)$ aufgetragen, dann ergibt sich der logarithmische Amplitudengang:

$$L(\omega) = 20\lg F(\omega) \quad [dB]$$
(4.86)

Der Betrag $F(\omega)$ des Frequenzganges $F(j\omega)$ ist der Quotient der Amplituden am Ausgang und Eingang des Systems, was zu dimensionsbehafteten Quotienten führen kann.

Der Phasenverlauf $\Phi(\omega)$ [°], über dem dekadischen logarithmischen Frequenzmaßstab $lg(\omega)$ aufgetragen, liefert den logarithmischen Phasengang.

Der Amplitudengang eines Systems, welches aus n in Reihe geschalteten Teilübertragungsgliedern besteht, wird wie folgt gebildet:

$$L(\omega) = 20\lg\left[F_1(\omega) \cdot F_2(\omega) \cdot \ldots \cdot F_n(\omega)\right]$$

$$L(\omega) = 20\lg F_1(\omega) + 20\lg F_2(\omega) + \cdots + 20\lg F_n(\omega) \qquad (4.87)$$

Die multiplikative Verknüpfung entspricht bekanntlich einer Reihenschaltung der einzelnen Übertragungsglieder, was bei der logarithmischen Darstellung zur Addition sowohl der einzelnen Amplituden- als auch Phasengänge führt:

$$\Phi(\omega) = \Phi_1(\omega) + \Phi_2(\omega) + \cdots + \Phi_n(\omega) \qquad (4.88)$$

Eine Frequenz erhöht sich um eine *Oktave*, wenn sie *verdoppelt* und um eine *Dekade*, wenn sie *verzehnfacht* wird.

4.6.3 Berechnung der Amplituden- und Phasengänge mit *bode*

Eigenschaft von *bode*:

Die Funktion berechnet die Werte für die Amplitudengänge [*Am*] und Phasengänge [*Ph*] eines Frequenzganges.

Syntax:

[Am,Ph,w] = *bode*(Z,N,w)   (4.89)

[Am,Ph,w] = *bode*(A,B,C,D,iu,w)   (4.90)

Beschreibung:

Nur der Teil rechts des Gleichheitszeichens aufgeführt, gibt das Bode-Diagramm mit dem Amplituden- und Phasengang auf dem Bildschirm aus. Zur Berechnung des Amplituden- und Phasenverlaufes für spezielle Frequenzen sind diese im Vektor *w* anzugeben, sonst kann *w* entfallen. In der Gleichung (4.90) kennzeichnet *iu* den entsprechenden Eingang des Zustandsmodells.

4.6.4 Bode-Diagramme typischer Grundglieder

Wesentlich für die Darstellung der graphischen Verläufe ist, daß die Amplitudengänge, bis auf einen kleinen Frequenzbereich bei dem Schwingungsglied, durch Geraden approximiert werden können. Die Phasengänge sind entweder typische Arcustangensfunktionen oder Geraden.

4.6.4.1 Das Proportionalglied, *P*-Glied

Der Frequenzgang eines *P*-Gliedes ist eine Konstante und damit unabhängig von der Frequenz:

$$G(s) = K_P \quad \Rightarrow \quad F(j\omega) = K_P \qquad (4.91)$$

Der Amplitudengang:

$$L_P(\omega) = 20 \lg K_P = L_P \tag{4.92}$$

ist eine Parallele zur 0 dB-Achse bzw. stimmt bei $K_P = 1$ mit dieser überein.
Der Phasengang wird mit einem Imaginärteil von Null ebenfalls Null:

$$\Phi_P(\omega) = 0° \tag{4.93}$$

4.6.4.2 Verzögerungsglied 1. Ordnung, PT_1-Glied

Der Frequenzgang eines PT_1-Gliedes ergibt sich zu:

$$G_{T1}(s) = \frac{1}{1 + Ts} \quad \Rightarrow \quad F_{T1}(j\omega) = \frac{1}{1 + T j\omega} \tag{4.94}$$

Aus dem in Gleichung (4.94) angegebenen Frequenzgang ermittelt sich für den logarithmischen Amplitudengang:

$$L_{T1}(\omega) = 20 \lg 1 - 20 \lg \sqrt{1^2 + (T\omega)^2} = -20 \lg \sqrt{1^2 + (T\omega)^2} \tag{4.95}$$

und für den logarithmischen Phasengang:

$$\Phi_{T1}(\omega) = \arctan \frac{0}{1} - \arctan \frac{T\omega}{1} = -\arctan(T\omega) \tag{4.96}$$

Spezielle Punkte:
Nachfolgend werden mit den Gleichungen (4.94) und (4.96) für spezielle Punkte bzw. Bereiche Werte des Amplituden- und Phasenganges berechnet.
– $T\omega = 10^{-5} \ll 1$

```
L = -20*log10(sqrt(1+(1e-005)^2))
L =
        0.00

Phi = -atan(1e-005/1)*180/pi
Phi =
        0.00
```

Für sehr kleine Frequenzen können der Amplitudengang durch die *Null-dB-Achse* und der Phasengang durch die Null-Grad-Achse angenähert werden.
– $T\omega = 10^{-1} \Rightarrow \omega = 0{,}1\,\omega_k$

```
L = -20*log10(sqrt(1+0.1^2))
```

```
L =
    -0.0432
Phi = -atan(0.1/1)*180/pi
Phi =
    -5.7106
```

Beträgt die Frequenz $\omega = 0{,}1\ \omega_k$, mit der Knickfrequenz $\omega_k = T^{-1}$, dann ist die Abweichung von der als Approximation angenommenen *Null-dB-Achse* 0,0432 *dB*, eine für den schnellen Überblick durchaus vernachlässigbare Abweichung. Der dazugehörende Winkel von -5,7106° ist durch die Darstellung des Graphen der Arcustangensfunktion berücksichtigt.

– $T\ \omega = 1 \Rightarrow \omega = \omega_k$ - Knickfrequenz

```
L = -20*log10(sqrt(1+1))
L =
    -3.0103
Phi = -atan(1/1)*180/pi
Phi =
    -45
```

An der Knickfrequenz betragen die Werte des Amplitudenganges $L(\omega) \approx -3$ *dB* und des Phasenganges $\Phi(\omega) = -45°$.

Der Fehler, der die Approximation des Amplitudenganges durch seine Asymptote - Gerade auf der *Null-dB-Achse* - von $\omega \to 0$ bis zur Knickfrequenz ergibt, beträgt damit -3 ,0103 *dB*.

– $T\ \omega = 10 \Rightarrow \omega = 10\ \omega_k$

```
L = -20*log10(sqrt(1+10^2))
L =
    -20.0432
Phi = -atan(10/1)*180/pi
Phi =
    -84.2894
```

Für Frequenzen von der Knickfrequenz bis $\omega \to \infty$ kann der Amplitudengang wiederum mit genügender Genauigkeit durch seine Asymptote mit einem Gefälle von 20 *dB/Dekade* dargestellt werden.

– $T\ \omega = 10^5 \gg 1 \Rightarrow \omega = 10^5\ \omega_k$

```
L = -20*log10(sqrt(1+(1e+005)^2))
L =
    -100.00
Phi = -atan(1e+005/1)*180/pi
```

```
Phi =
        -90.00
```

Bei dem 5fachen der Knickfrequenz weißt der Amplitudengang erwartungsgemäß einen Wert von 5 Dekaden*(-20dB/Dekade) = -100 *dB* auf. Der Phasengang hat die für ein Verzögerungsglied 1. Ordnung mögliche Phasendrehung von -90° erreicht.

Nachfolgend die graphische Darstellung des Amplituden- und Phasenganges:

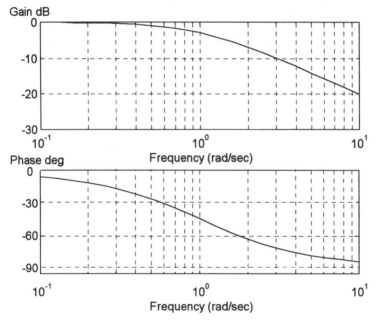

Bild 4.11 Amplituden- und Phasengang - Bode-Diagramm- eines PT_1-*Glied*es

Der Amplitudengang des Verzögerungsgliedes 1. Ordnung kann mit genügender
Genauigkeit durch seine zwei Asymptoten:
– Gerade auf der *Null-dB-Achse* von ω → 0 bis zur Knickfrequenz und
– Gerade mit 20 *dB/Dekade* Gefälle von der Knickfrequenz bis ω → ∞
approximiert werden.
Der Phasengang verläuft von 0° bis -90°, an der Knickfrequenz beträgt er -45°.

4.6.4.3 Das Integriergied, *I*-Glied

Der Frequenzgang des *I*-Gliedes ist eine komplexe Zahl, deren Realteil Null ist:

$$G_I(s) = \frac{1}{T_I\, s} \quad \Rightarrow \quad F_I(j\omega) = \frac{1}{T_I\, j\omega} \tag{4.97}$$

Aus Gleichung (4.93) ermitteln sich für den logarithmischen Amplitudengang:

$$L_I(\omega) = 20\lg 1 - 20\lg \sqrt{(T_I\,\omega)^2} = -20\lg T_I\,\omega \tag{4.98}$$

und für den logarithmischen Phasengang:

$$\Phi_I(\omega) = \arctan\frac{0}{1} - \arctan\frac{T_I\,\omega}{0} = -\arctan\infty = -90° \tag{4.99}$$

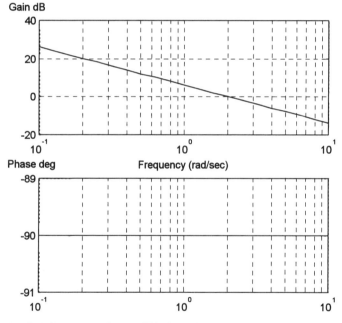

Bild 4.12 Bode-Diagramm eines *I*-Gliedes mit der Integralzeit $T_I = 0{,}5\ s$

Der Amplitudengang fällt mit steigender Frequenz kontinuierlich um 20 *dB/Dekade*. Die Phasendrehung beträgt unabhängig von der Frequenz -90°. Interessant ist die Frequenzen bei der die *Null-dB-Achse* von dem Amplitudengang geschnitten wird:

$$\omega_s = \frac{1}{T_I} \qquad (4.100)$$

Für eine Integralzeit von $T_I = 0{,}5\ s$, was einer Schnittfrequenz von $\omega_s = 2\ s^{-1}$ entspricht, ergibt sich das Bode-Diagramm mit:

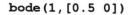

bode(1,[0.5 0])

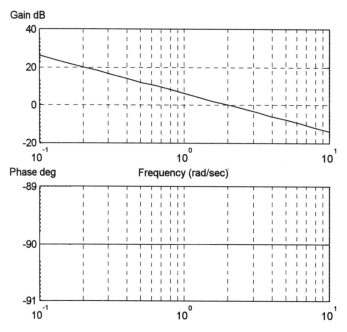

Bild 4.13 Bode-Diagramm eines I-Gliedes mit der Integralzeit $T_I = 0{,}5\ s$

4.6.4.4 Vorhaltglied 1. Ordnung, DT_1-Glied

Der ideale Frequenzgang eines Vorhaltgliedes 1. Ordnung ergibt sich zu:

$$G_{D1}(s) = 1 + T_{D1}\,s \quad \Rightarrow \quad F_{D1}(j\omega) = 1 + T_{D1}\,j\omega \qquad (4.101)$$

Der Frequenzgang ist eine komplexe Zahl. Aus dem in Gleichung (4.97) angegebenen Frequenzgang ermittelt sich für den logarithmischen Amplitudengang:

$$L_{D1}(\omega) = 20\lg\sqrt{1^2 + (T_{D1}\,\omega)^2} \qquad (4.102)$$

und für den logarithmischen Phasengang:

$$\Phi_{D1}(\omega) = \arctan \frac{T_{D1}\,\omega}{1} = \arctan(T_{D1}\,\omega) \qquad (4.103)$$

Amplituden- und Phasengang sind spiegelbildlich zu denen des Verzögerungsgliedes erster Ordnung, bezogen auf die *Null-dB-Achse*. Bis zur Knickfrequenz
stimmen der Amplitudengang mit der *Null-dB-Achse* überein, danach wird er
durch eine Gerade mit einem Anstieg von 20 *dB/Dekade* approximiert. Der Phasengang verläuft von 0° bis +90°, an der Knickfrequenz beträgt er +45°.

```
bode([1 1],1)
```

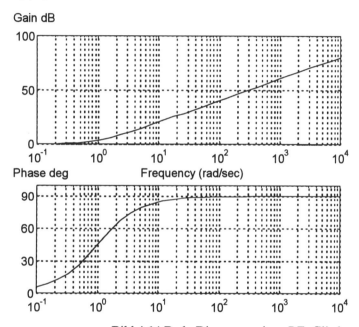

Bild 4.14 Bode-Diagramm eines DT_1-Gliedes

4.6.4.5 Differenzierglied, ideales *D*-Glied

Der Frequenzgang ergibt sich zu:

$$G_D(s) = T_D\,s \quad \Rightarrow \quad F_D(j\omega) = T_D\,j\omega \qquad (4.104)$$

Er ist eine komplexe Zahl, deren Realteil Null ist.
Aus dem Frequenzgang in (4.100) ermitteln sich für den Amplitudengang:

$$L_D(\omega) = 20\lg\sqrt{(T_D\,\omega)^2} = 20\lg T_D\,\omega \qquad (4.105)$$

und für den logarithmischen Phasengang:

$$\Phi_D(\omega) = \arctan \frac{T_D \, \omega}{0} = \arctan \infty = 90°$$ (4.106)

bode([0.5 0],1)

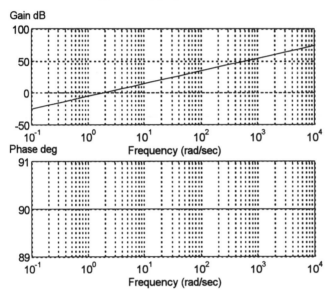

Bild 4.15 Bode-Diagramm eines idealen D-Gliedes mit $\omega_s = 2 \, s^{-1}$

4.6.4.6 Schwingungsglied, PT_{2d}-Glied

Der Frequenzgang eines Schwingungsgliedes ergibt sich mit der *Dämpfung d* und T_0 als dem Kehrwert der *Eigenkreisfrequenz* ω_0 zu:

$$G_{T2d}(s) = \frac{1}{1 + 2 \, d \, T_0 \, s + T_0^2 \, s^2}$$
$$\Rightarrow$$ (4.107)
$$F_{T2d}(j\omega) = \frac{1}{1 + 2 \, d \, T_0 \, j\omega + T_0^2 \, (j\omega)^2} = \frac{1}{1 - (T_0\omega)^2 + 2 \, d \, T_0 \, j\omega}$$

Aus Gleichung (4.107) ermittelt sich der logarithmische Amplitudengang:

$$L_{T2d}(\omega) = -20 \lg \sqrt{(T_0 \, \omega)^4 + 2(2 \, d^2 - 1)(T_0 \, \omega)^2 + 1}$$ (4.108)

und der logarithmische Phasengang:

$$\Phi_{T2d}(\omega) = \arctan\frac{0}{1} - \arctan\frac{2\,d\,T_0\,\omega}{1-\left(T_0\,\omega\right)^2} = -\arctan\frac{2\,d\,T_0\,\omega}{1-\left(T_0\,\omega\right)^2} \quad (4.109)$$

Beispiel 4.28
Gesucht sind die Resonanzfrequenz und die maximale Amplitude eines Schwingungsgliedes unter Verwendung der Gleichungen (4.108) und (4.109).
Lösung:
Nenner des Frequenzganges:

```
N = simplify(sym('T0^2*(sqrt(-1)*w)^2
    +2*d*T0*sqrt(-1)*w+1'))
N =
    -T0^2*w^2+2*i*d*T0*w+1
```

Realteil des Nenners:

```
ReN = subs(N,0,'i')
ReN =
    -T0^2*w^2+1
```

Imaginärteil des Nenners:

```
ImN = subs(symsub(N,ReN),1,'i')
ImN =
    2*d*T0*w
```

Betrag des Nenners:

```
Nabsq = collect(collect(symop(ReN,'^',2,'+',ImN,
        '^',2),'w'),'T0');
Nabs = symop(Nabsq,'^',0.5)
FNabs =
    (T0^4*w^4+(-2+4*d^2)*w^2*T0^2+1)^(1/2)
```

Ableitung des Betrages nach der Frequenz:

```
DFN_1 = collect(diff(FNabs,'w'),'w')
DFN_1 =
    2/(T0^4*w^4+(-2+4*d^2)*w^2*T0^2+1)^(1/2)
    *T0^4*w^3+1/(T0^4*w^4+(-2+4*d^2)*w^2*T0^2
    +1)^(1/2)*(-2+4*d^2)*T0^2*w
```

Nullsetzen und Auflösen nach der Frequenz:

```
wrl_3 = solve(DFN_1,'w');
```

Berechnen der Wurzeln - 2. Zeile von wrl_3:

```
wr23 = allvalues(sym(wr1_3,2,1))
wr23 =
   [ 1/T0*(1-2*d^2)^(1/2)]
   [-1/T0*(1-2*d^2)^(1/2)]
```

Die Frequenz, für den die Amplitude ihren maximalen Wert annimmt - Resonanzfrequenz - ist von wr23 die erste Lösung, d.h. die erste Zeile:

```
wr = sym(wr23,1,1)
wr =
   1/T0*(1-2*d^2)^(1/2)
```

$$\omega_r = \frac{1}{T_0}\sqrt{1-2d^2} \quad \text{mit} \quad d < \frac{1}{2}\sqrt{2} \tag{4.110}$$

Maximalwert der Amplitude des Frequenzganges:

```
Fmax = simple(symop(1,'/',subs(Nabs,wr,'w')))
Fmax =
   1/2/(d^2-d^4)^(1/2)
```

$$F_{max}(\omega_r) = \frac{1}{2d\sqrt{1-d^2}} \tag{4.111}$$

Der zum Maximalwert der Amplitude gehörende Real- und Imaginärteil:

```
ReNmax = subs(ReN,wr,'w')
ReNmax =
   2*d^2
```

$$\mathrm{Re}_N(\omega_r) = 2d^2 \tag{4.112}$$

```
ImNmax = subs(ImN,wr,'w')
ImNmax =
   2*d*(1-2*d^2)^(1/2)
```

$$\mathrm{Im}_{FN}(\omega_r) = 2d\sqrt{1-2d^2} \tag{4.113}$$

Maximaler Wert des Amplitudenfrequenzganges:

$$L_{max}(\omega_r) = -20\lg\left(2d\sqrt{1-d^2}\right) \tag{4.114}$$

Der zum Maximalwert der Amplitude gehörende Phasenwinkel:

$$\Phi(\omega_r) = -\arctan\frac{1}{d}\sqrt{1-2d^2} \tag{4.115}$$

Beispiel 4.29

Mit Hilfe einer Funktion *pt2d.m* sind für ein Schwingungsglied mit der Eigenkreisfrequenz $\omega_0 = 1 \ s^{-1} = T_0^{-1} \ s$ und den Dämpfungswerten d = [0.7 0.65 0.6 0.55 0.5 0.4 0.3 0.2 0.06] die Resonanzfrequenzen ω_r und die dazugehörenden maximalen Amplituden- sowie Phasenwerte zu berechnen. In einer weiteren Funktion *pt2dabw.m* sind jeweils für den größten und den kleinsten Dämpfungswert die Amplituden- und Phasengänge zusammen mit den Maximalwerten in einem Diagramm darzustellen.

Lösung:

```
function pt2d(d,T0)
% Die Funktion pt2d(d,T0) berechnet die Resonanzfrequenzen und die dazugehören-
% den maximalen Amplituden und Phasen für verschiedene Dämpfungswerte
% sowie die Amplituden- und Phasenverläufe für ein Schwingungsglied.

  Z = 1;                          % Zähler
  w0 = 1/T0;                      % Eigenkreisfrequenz
  for k = 1:length(d)            % 1. Schleife

    if k == 1 | k == length(d)    % Abfrage
      N = [T0^2 2*d(k)*T0 1];     % Nenner
      w = freqint(Z,N,20);        % Frequenzbereich

      for i = 1:length(w)         % 2. Schleife Amplituden- und Phasenwerte
        [A,Phi(i),w(i)] = bode(Z,N,w(i));
        Am(i) = 20*log10(A);
        yphi(i) = -180;           % Linie bei -180°
      end                         % Ende 2. Schleife
    end                           % Ende Abfrage

    wr(k) = w0*sqrt(1-2*d(k)^2);  % Resonanzfrequenz
    [A,Phr(k),wr(k)] = bode(Z,N,wr(k)); % max. Amplitude und Phase
    Lmax(k) = 20*log10(A);        % max Amplitude
    subplot(211)                  % 1. Bild von zwei Bildern
    title('Amplitudengang für verschiedene Dämpfungen mit den Maximal-
    werten *')
    semilogx(w,Am,w,zeros(1,length(w)),'r:',wr,Lmax,'b*') % log. Achsenteil.
    grid on                       % Gitternetz
    hold on, subplot(211)         % Festhalten des 1. Bildes
    subplot(212)                  % 2. Bild von zwei Bildern
    title('Phasengang mit den zu den Maximalwerten gehörenden Phasen *')
    semilogx(w,Phi,w,yphi,'r:',wr,Phr,'b*')
    ytick = get(gca, 'ytick');    % aktueller Bereich der y-Achse
    ylim = get(gca, 'ylim'); yrange = ylim(2) - ylim(1);
    ytick = [-90:-90:ylim(1), 0:-90:ylim(2)];  % neuer Achsenbereich
    set(gca,'ytick',ytick)        % Setzen der neuen y-Einteilung
```

```
    grid on, hold on, subplot(212)
end                              % Ende der 1. Schleife
% Ende der Funktion pt2d.m
```

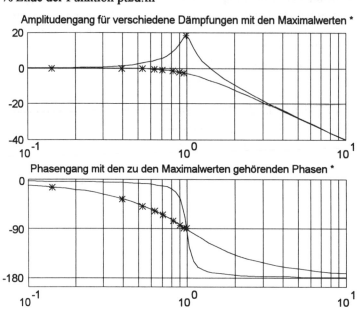

Bild 4.16 Bode-Diagramm eines Schwingungsgliedes, Beispiel 4.29

Zusammenfassung:

Der Amplitudengang des Schwingungsgliedes kann für den Bereich:

− $0 < \lg \omega < \lg \omega_0$ durch eine Gerade auf der *Null-dB-Achse*

− $\lg \omega_0 < \lg \omega < \infty$ durch eine Gerade mit einem Gefälle von 40 *dB/Dekade*

approximiert werden.

Der Bereich um die Eigenkreisfrequenz ω_0 ist, wie aus dem Bild 4.16 zum Beispiel 4.29 entnommen werden kann, durch die Dämpfung geprägt.

Bei einer Dämpfung von $1 \le d \le 0{,}5$ ergeben sich Amplitudenwerte im Bereich $-6{,}0206\ dB \le L \le 0\ dB$ für die Eigenkreisfrequenz ω_0, wie sich mit der Funktion *pt2dabw.m* für d = [1 0.9 0.8 0.7 0.6 0.5] nachweisen läßt.

```
function [D,L] = pt2dabw(d,T0)
% Die Funktion pt2dabw.m berechnet die Amplituden für verschiedene
% Dämpfungswerte bei der Eigenkreisfrequenz für ein Schwingungsglied.

    d = d;
    Z = 1;                       % Zähler
    w0 = 1/T0;                   % Eigenkreisfrequenz
```

```
for k = 1:length(d)
    N = [T0^2 2*d(k)*T0 1];           % Nenner
    [A,P,w(k)] = bode(Z,N,w0);        % Amplitude, Phase
    L(k) = 20*log10(A);
end

if nargout == 2, D = d; L = L; end

if nargout == 0
    fprintf(' d\t')                   % Ausgabe der Werte
    fprintf('%1.4f\t',d), fprintf('\n L[dB]\t')
    fprintf('%1.4f\t',L), fprintf('\n')
    plot(d,L),grid                    % Druck der Graphik
    title('Amplitudenwerte an der Eigenkreisfrequenz')
    text(1.01,-7.25,'d'), xlabel('Dämpfung'), text(0.425,0,'L[dB]')
end
% Ende der Funktion pt2dabw.m
```

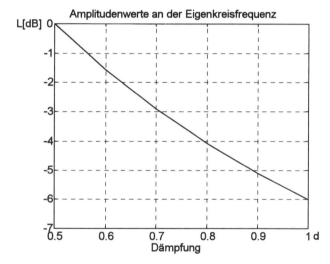

Bild 4.17 Amplitudenwerte eines Schwingungsgliedes an der Eigenkreisfrequenz

Werden die beiden Geraden der Bereiche vor und nach der Eigenkreisfrequenz so verlängert, daß sie sich bei $\lg \omega_0$ schneiden, d.h. der Amplitudengang des Schwingungsgliedes wird durch seine beiden Asymptoten approximiert, dann liegt der Approximationsfehler in *dB* wie im Bild 4.17 angezeigt. Entsprechendes, aber mit positiven Vorzeichen, gilt für Dämpfungswerte $0,5 \le d \le 0,25$.

4.6.5 Bode-Diagramme von Systemen nichtminimaler Phase

Zwei häufig auftretende Systeme nichtminimaler Phase sind das *Allpaßglied* und das *Totzeitglied*. Beide werden nachfolgend behandelt.

4.6.5.1 Das Allpaßglied

Es wird nur das Allpaßglied 1. Ordnung untersucht. Seine Übertragungsfunktion und der daraus abgeleitete Frequenzgang lauten:

$$G_{AP}(s) = \frac{1 - T\,s}{1 + T\,s} \quad \Rightarrow \quad F_{AP}(j\omega) = \frac{1 - T\,j\omega}{1 + T\,j\omega} \tag{4.116}$$

Aus Gleichung (4.116) leitet sich der logarithmische Amplitudengang:

$$L_{AP}(\omega) = 20\lg\sqrt{1 + (T\omega)^2} - 20\lg\sqrt{1 + (T\omega)^2} = 0 \tag{4.117}$$

ab. Die Gleichung (4.117) stellt im Bode-Diagramm eine von der Frequenz unabhängige Gerade auf der *Null-dB-Achse* dar.
Für den logarithmischen Phasengang folgt:

$$\Phi_{AP}(\omega) = \arctan\frac{-(T\omega)}{1} - \arctan\frac{T\omega}{1} = -2\arctan(T\omega) \tag{4.118}$$

Beim Durchlaufen der Frequenz von 0 bis ∞ wird die Phase von 0° bis -180° gedreht, d.h. um den doppelten Betrag eines P_T1-Gliedes.
Für eine Zeitkonstante von $T = 1\ s$ ergibt sich mit:

```
bode([-1 1],[1 1])
```

das in Bild 4.18 auf der nächsten Seite dargestellte Bode-Diagramm.

4.6.5.2 Das Totzeitglied - T_t-Glied

Die Übertragungsfunktion und der daraus abgeleitete Frequenzgang lauten:

$$G_{Tt}(s) = e^{-T_t s} \quad \Rightarrow \quad F_{Tt}(j\omega) = e^{-T_t\,j\omega} \tag{4.119}$$

Zunächst wird die in Gleichung (4.119) beschriebene e-Funktion mit Hilfe der Eulerschen Formel durch ihren Real- und Imaginärteil dargestellt:

$$F_{Tt}(j\omega) = e^{-T_t\,j\omega} = \cos(\omega\,T_t) - j\sin(\omega\,T_t) \tag{4.120}$$

Aus der Gleichung (4.120) folgt der logarithmische Amplitudengang:

$$L_{Tt}(\omega) = 20\lg\sqrt{\cos^2(\omega T_t) + \sin^2(\omega T_t)} = 20\lg\sqrt{1} = 0 \qquad (4.121)$$

Er ist, wie der des Allpaßgliedes, eine Gerade auf der *Null-dB-Achse* unabhängig von der Frequenz.

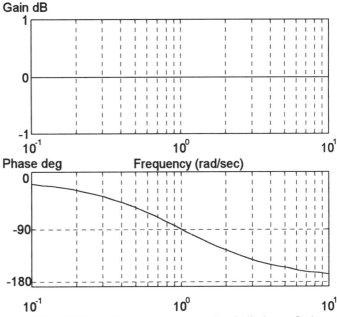

Bild 4.18 Bode-Diagramm eines Allpaßgliedes 1. Ordnung

Der logarithmische Phasengang:

$$\Phi_{Tt}(\omega) = \arctan\frac{-\sin(\omega\,T_t)}{\cos(\omega\,T_t)} = -\arctan(\tan(\omega\,T_t)) = -\omega\,T_t \qquad (4.122)$$

fällt mit wachsender Frequenz kontinuierlich, bzw. beim Durchlaufen der Frequenz von 0 bis ∞ wird die Phase von 0° bis - ∞ gedreht.
Mit Hilfe der Funktion *bode.m* läßt sich für ein Totzeitglied kein Bode-Diagramm ermitteln.

Beispiel 4.30
Gesucht ist eine Funktion *bode_Tt.m* zur Berechnung und graphischen Darstellung des Bode-Diagramms für Systeme mit Totzeiten im Bereich $0,12\ s \le T_t \le 600\ s$. Die Funktion ist für eine Totzeit von $T_t = 10\ s$ zu testen.

```
function bode_Tt(Tt)
% Die Funktion bode_Tt.m berechnet und stellt das Bode-Diagramm für ein
% Totzeitglied mit der Totzeit Tt dar.

  w0 = 1/Tt; wmax = 200*w0;
  % Einteilen der für die einzelnen Totzeiten geeignetsten Frequenzbereiche

  if Tt < 0.2
      disp('Es wird kein Bode-Diagramm ausgegeben, da die Totzeit zu klein ist!')
      break
      elseif Tt >= 0.2 & Tt <= 1
              wmin = 1e-001; wDmax = 1e+003;
      elseif Tt>1 & Tt <= 10
              wmin = 1e-002; wDmax = 1e+002;
      elseif Tt>10 & Tt <= 200
              wmin = 1e-003; wDmax = 1e+001;
      elseif Tt>200 & Tt <= 600
              wmin = 1e-004; wDmax = 1;
      elseif Tt>600
              disp('Es wird kein Bode-Diagramm ausgegeben, da die Totzeit > 10
              min. ist!'), break
  end
  w = wmin:(wmax/100):wmax;            % Frequenzen für die Phase
  wD = wmin:(wDmax/10):wDmax;          % Diagrammbereich

  for i = 1:length(w)                  % Berechnung der Winkel
      phi = w(i)*Tt; Re = cos(phi); Im = -sin(phi); Phi(i) = -phi;
  end

  for j = 1:length(wD), w180(j) = -180; end
  L = (zeros(1,length(wD)));           % Amplitudengang Null
  subplot(211)                         % 1. Bild von zwei Bildern
  semilogx(wD,L,'g')                   % log. Achseneinteilung
  grid on                              % Gitternetz
  title(['Bode-Diagramm eines Totzeitgliedes mit Tt = ' num2str(Tt),' s'])
  subplot(212)                         % 2. Bild von zwei Bildern
  semilogx(w,Phi,'g',wD,w180,'r')
  ytick = get(gca, 'ytick');           % Wertebereich der y-Achse
  ylim = get(gca, 'ylim'); yrange = ylim(2) - ylim(1);
  ytick = [-90:-90:ylim(1), 0:-90:ylim(2)];  % neuer Achsenbereich
  set(gca,'ytick',ytick)               % Setzen der neuen y-Achse
  grid on, title('Phasengang des Totzeitgliedes')
% Ende der Funktion bode_Tt.m
```

Für eine Totzeit von $T_t = 10$ s ergibt sich mit $bode\_Tt$ folgendes Bode-Diagramm:

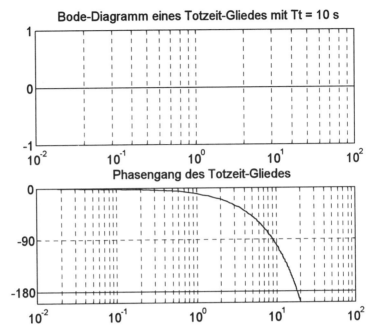

Bild 4.19 Bode-Diagramm eines Totzeitgliedes, Beispiel 4.30

Beispiel 4.31
Es ist eine Funktion *bode_TtL.m* zu schreiben, die es ermöglicht, in Verbindung mit der Funktion *bode.m* für die Reihenschaltung eines linearen Übertragungsgliedes und eines Totzeitgliedes mit der Totzeit *Tt* das Bode-Diagramm darzustellen.
Lösung:

```
function bode_TtL(Z,N,Tt)
% Die Funktion bode_TtL.m stellt das Bode-Diagramm für die Reihenschaltung eines
% linearen Übertragungsgliedes und eines Totzeitgliedes mit der Totzeit Tt dar.

w0 = 1/Tt;
wmax = 200*w0;
% Einteilen der für die einzelnen Totzeiten geeignetsten Frequenzbereiche
if Tt < 0.2
    disp('Es wird kein Bode-Diagramm ausgegeben, da die Totzeit zu klein ist!')
    break
elseif Tt >= 0.2 & Tt <= 1
    wmin = 1e-001; wDmax = 1e+003;
elseif Tt>1 & Tt <= 10
    wmin = 1e-002; wDmax = 1e+002;
elseif Tt>10 & Tt <= 200
```

```
        wmin = 1e-003; wDmax = 1e+001;
   elseif Tt>200 & Tt <= 600
        wmin = 1e-004; wDmax = 1;
   elseif Tt>600
           disp('Es wird kein Bode-Diagramm ausgegeben, da die Totzeit > 10
           min. beträgt!'), break
   end

   w = wmin:(wmax/100):wmax;                    % Frequenzen für die Phase
   wD = wmin:(wDmax/10):wDmax;                  % Diagrammbereich
   n = length(N)-1;                             % Ordnung des ÜTG'es
   % Aufruf der Funktion bode.m zur Berechnung der Werte des linearen Gliedes
   [Am,Phase,w] = bode(Z,N,w);
   for i = 1:length(w)
       phi = w(i)*Tt; Re = cos(phi); Im = -sin(phi); Phi(i) = -phi+Phase(i);
   end
   for j = 1:length(wD), w180(j) = -180; end
   % Amplitudengang des Tt-Gliedes
   L = (zeros(1,length(wD)));
   subplot(211)                                 % 1. Bild von zwei Bildern
   semilogx(w,20*log10(Am),'b'), grid on        % log. Achseneinteilung
   title(['Lineares Übertragungsglied ',num2str(n),'. Ordnung mit ',num2str(Tt),' s
   Totzeit'])
   subplot(212)                                 % 2. Bild von zwei Bildern
   semilogx(w,Phi,'b',wD,w180,'r')
   ytick = get(gca, 'ytick');                   % Wertebereich der y-Achse
   ylim = get(gca, 'ylim'); yrange = ylim(2) - ylim(1);
   ytick = [-90:-90:ylim(1), 0:-90:ylim(2)];    % neuer Achsenbereich
   set(gca,'ytick',ytick)                       % neue y-Achseneinteilung
   grid on, title('Phasengang des linearen Übertragungsgliedes mit Totzeit')
   % Ende der Funktion bode_TtL.m
```

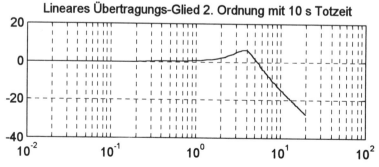

Bild 4.20 Amplitudengang eines Schwingungsgliedes mit Totzeit, Beispiel 4.31

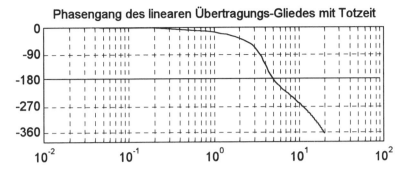

Bild 4.21 Phasengang eines Schwingungsgliedes mit Totzeit, Beispiel 4.31

4.7 Das Wurzelortverfahren

4.7.1 Einführung

Mit $G_0(s)$, der Übertragungsfunktion der aus der Reihenschaltung von Regler und Strecke gebildeten offenen Kette, läßt sich folgendes vereinfachtes Signalflußbild für den geschlossenen Regelkreis angeben:

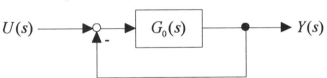

Bild 4.22 Signalflußbild des vereinfachten einschleifigen Regelkreises

Sind $n_1 \ldots n_m$ die Nullstellen und $p_1 \ldots p_n$ die Pole der Übertragungsfunktion $G_0(s)$, so gilt folgende Darstellung in der Pol-Nullstellen-Form:

$$G_0(s) = K \frac{(s - n_1) \ldots (s - n_m)}{(s - p_1) \ldots (s - p_n)} = K \frac{Z_0(s)}{N_0(s)} \qquad (4.123)$$

Der Verstärkungsfaktor K darf nicht mit der stationären Verstärkung V eines Systems verwechselt werden. Es besteht folgender Zusammenhang, dargestellt an der Übertragungsfunktion in Polynomform:

$$G_0(s) = V \frac{\frac{b_m}{|b_0|} s^m + \cdots + \frac{b_1}{|b_0|} s + 1}{\frac{1}{|a_0|} s^n + \cdots + \frac{a_1}{|a_0|} s + 1} = \frac{b_m s^m + \cdots + b_1 s + b_0}{s^n + \cdots + a_1 s + a_0} \qquad (4.124)$$

mit der stationären Verstärkung:

$$V = \left| \frac{b_0}{a_0} \right| \tag{4.125}$$

Die Berechnung von V mit *dcgain* ist in Kapitel 6.2 behandelt. Für $s \to 0$ geht die Übertragungsfunktion der offenen Kette in die stationäre Verstärkung über:

$$G_0(0) = V \tag{4.126}$$

V ist der Betrag des stationären Wertes der Ausgangsgröße nach einem Einheitssprung am Eingang. Folgende Beziehung läßt sich zwischen der stationären Verstärkung V und dem Verstärkungsfaktor K angeben:

$$K \frac{(-n_1)\dots(-n_m)}{(-p_1)\dots(-p_m)} = V \tag{4.127}$$

Die Übertragungsfunktion des geschlossenen Kreises, entsprechend Bild 4.22, ergibt sich zu:

$$G(s) = \frac{Y(s)}{U(s)} = \frac{G_0(s)}{1 + G_0(s)} \tag{4.128}$$

Mit der Gleichung (4.123) läßt sich die Gleichung (4.128) als gebrochene rationale Funktion mit je einem Zähler- und Nennerpolynom darstellen:

$$G(s) = \frac{K Z_0(s)}{N_0(s) + K Z_0(s)} \tag{4.129}$$

Das dynamische Verhalten des Regelkreises wird wesentlich durch die Lage der Wurzeln des Nenners - Pole - von Gleichung (4.129) bestimmt. Die Pole sind die Lösungen der charakteristischen Gleichung des geschlossenen Kreises:

$$N_0(s) + K Z_0(s) = 0 \tag{4.130}$$

bzw.

$$1 + G_0(s) = 1 + K \frac{Z_0(s)}{N_0(s)} = 0 \quad \Rightarrow \quad G_0(s) = K \frac{Z_0(s)}{N_0(s)} = -1 \tag{4.131}$$

Bei der Auswertung der Gleichung (4.131) ist zu erkennen, daß für einen Verstärkungsfaktor $K = 0$ die Lösungen mit den Polen der offenen Kette übereinstimmen. Wächst dagegen $K \to \infty$, so ist aus der Gleichung (4.130):

$$Z_0(s) = -\frac{1}{K} N_0(s) = 0 \qquad (4.132)$$

zu erkennen, daß die Lösungen den Nullstellen der offenen Kette entsprechen.
Dies läßt sich wie folgt formulieren:

Die Pole des geschlossenen Systems wandern für ein veränderliches K auf Kurven, den sogenannten Wurzelortskurven, die für $K = 0$ in den Polen des offenen Systems beginnen und für $K \to \infty$ in den dazugehörenden Nullstellen enden.

Die Punkte der Wurzelortskurve müssen die Gleichung (4.131) erfüllen. Diese Beziehung läßt sich in ihren Betrag als Produkt der Verstärkungsfaktoren des Reglers K_R und der Strecke K_S:

$$|G_0(s)| = 1 \quad \Rightarrow \quad K = \frac{|N_0|}{|Z_0|} = K_R K_S \qquad (4.133)$$

und ihre Phase:

$$\sum_{j=1}^{m} \varphi_{Nj} - \sum_{i=1}^{n} \varphi_{Pi} = \pm(2k-1)180° \qquad k = 1,2,3,\ldots \qquad (4.134)$$

zerlegen, mit:

φ_{Nj} : dem Winkel zwischen der reellen Achse und dem von der j-ten Nullstelle zum betrachteten Punkt der Wurzelortskurve gezogenen Zeiger.

φ_{Pi} : dem Winkel zwischen der reellen Achse und dem von dem i-ten Pol zum betrachteten Punkt der Wurzelortskurve gezogenen Zeiger.

Die Wurzelortskurve hat soviel Äste wie die Übertragungsfunktion der offenen Kette Pole besitzt. Für den üblichen Fall, daß es weniger Nullstellen im *Endlichen* als Pole gibt, d.h. $m < n$ gilt, enden

$$r = n - m \qquad (4.135)$$

Äste im *Unendlichen*.

Beispiel 4.32
Für die aus der Regelstrecke des Netzgerätes - Kapitel 3.4 - und einem PI-Regler mit der Nachstellzeit $T_n = 0,2\ s$ gebildete offene Kette ist unter Verwendung der Gleichung (4.134) nachzuweisen, daß der Punkt (-5;3j) ein Punkt der Wurzelortskurve ist.

Mit Hilfe der Gleichung (4.133) ist der Verstärkungsfaktor zu ermitteln, der den betreffenden Pol des geschlossenen Systems an diesem Punkt abbildet. Der Rechenvorgang ist anhand einer erläuternden Skizze mit MATLAB darzustellen.

Lösung:

Vorgabe der Reglerparameter, zunächst wird $K_R = 1$ gesetzt:

```
Tn = 0.2; KR = 1;
```

Bilden der offenen Kette mit *nge.m*

```
[ZOK,NO] = nge('GO',KR,Tn)
ZOK =
        0            0         32000       160000
NO =
       69         1260          4000            0
```

Berechnung der Nullstelle, der Pole und des Verstärkungsfaktors der offenen Kette mit tf2zp in Vorgriff auf Kapitel 7.3.2. Da $K_R = 1$ gesetzt wurde, ist das Ergebnis der Verstärkungsfaktor der Strecke K_S:

```
[Nu,Po,KS] = tf2zp(ZOK,NO)
Nu =
          -5.00
Po =
         -40.00
         -25.00
          -4.00
           0.00
KS =
       32000.00
```

Das Ergebnis in der Form von Gleichung (4.123) geschrieben:

$$G_0 = K \frac{(s - n_1)}{s(s - p_2)(s - p_3)(s - p_4)} = 32000 K_R \frac{(s + 5)}{s(s + 4)(s + 25)(s + 40)}$$

Die nach Größe geordneten Pole und die Nullstelle, als Zeilenvektor PN:

```
PN = [esort(Po);Nu]'
PN =
0.00      -4.00      -25.00      -40.00      -5.00
```

Prüfpunkt:

```
P = -5+3j;
```

Prüfpunkt, aufgeteilt in seinen Real- und Imaginärteil:

```
PRe = real(P); PIm = imag(P);
```

Algorithmus zur Berechnung der Länge der Vektoren und ihrer Winkel zwischen der negativ reellen Achse und dem Prüfpunkt:

```
for k = 1:length(PN)
    PPN = P - PN(k);
    Re = real(PPN);
    Im = imag(PPN);
    Phi(k) = atan2(Im,Re)*180/pi;  % Winkel
    L(k) = sqrt(Re^2+Im^2);  % Länge der Vektoren
end
```

Die Winkelsumme berechnet sich nach Gleichung (4.134):

$$\varphi_S = \varphi_N - \left(\varphi_1 + \varphi_2 + \varphi_3 + \varphi_4\right)$$

```
PhiS = sum(Phi)-2*sum(Phi(1:length(Po)))
PhiS =
-180.9011
```

Die erzielte Winkelsumme mit einer Abweichung von ca. 0,5% auf 180° wird als genügend genau angenommen, d.h. es handelt sich bei dem vorgegebenen Punkt um einen Teil der Wurzelortskurve. Damit kann der Verstärkungsfaktor für den Prüfpunkt berechnet werden:

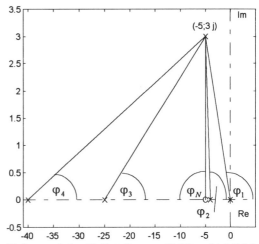

Bild 4.23 Vektoren von den Polen und der Nullstelle zum Prüfpunkt (-5;3j)

Der Algorithmus zum Erzeugen des Bildes 4.23 ist am Ende des Beispiels aufgeführt.

Produkt der Vektorlängen zwischen den Polen und dem Prüfpunkt (-5;3j):

```
LPo = prod(L(1:length(Po)))
```

```
LPo =
13099.62
```

Länge des Vektors zwischen der Nullstelle und dem Prüfpunkt:

```
LNu = prod(L(length(Po)+1:length(L)))
LNu =
3.00
```

Verstärkungsfaktor nach Gleichung (4.133):

```
K = LPo/(KS*LNu)
K =
0.1365
```

Berechnung der zum Verstärkungsfaktor gehörenden Pole des geschlossenen Systems aus seiner charakteristischen Gleichung:

$$N_g = N_0 + K Z_0 = 0$$

```
PogK = roots(N0 + K*Z0)
PogK =
 -44.8014
 -14.2642
  -4.9672 + 3.0808i
  -4.9672 - 3.0808i
```

Das konjugiert komplexe Polpaar (-4,9672; ±3,0808j) weicht vom vorgegebenen Prüfpunkt (-5;3j), wie aufgrund der Winkelsumme zu erwarten war, nur geringfügig ab, d.h. der Prüfpunkt kann als Punkt der Wurzelortskurve angesehen werden.

Algorithmus zum Erzeugen des Bildes 4.23 - Festlegung der Koordinaten für *plot*:
Abstände der Pole und der Nullstelle vom reellen Teil des Prüfpunktes:

```
x1 = [Po(1) PRe]; x2 = [Po(2) PRe];

x3 = [Po(3) PRe]; x4 = [Po(4) PRe];

xN = [Nu PRe];
```

Vektor der reellen Abstände:

```
XPN = [x1 x2 x3 x4 xN];
```

Koordinate der imaginären Achse

```
y = [0 PIm];
```

Vektor der imaginären Abstände:

```
YPN = [y y y y y];
```

Vektoren für die Achsen:

```
X = [-41 5] ; Y = [-0.5 3.5];

XYO = linspace(0,0,2);
```

Die verwendete Funktion *pzmap_bo.m* ist aus der Funktion *pzmap.m* entstanden, in dem zur Verhinderung des Ausdruckes der Achsenbezeichnung lediglich die Zeile *xlabel*('Real Axis'), *ylabel*('Imag Axis') als Kommentar gekennzeichnet wurde. Erzeugen des Bildes 4.23:

```
pzmap_bo(ZO,NO), axis([X Y])
text(1,3.4,'Im'), text(1,-0.25,'Re')
text(-7.5,3.2,'(-5;3 j)'), text(0.25,0.7,'L1')
text(-3.75,0.7,'L2'), text(-7.5,0.7,'LN')
text(-23,0.7,'L3'), text(-35,0.7,'L4'), hold on
plot(XPN,YPN,X,XYO,'k-.',XYO,Y,'k-.',-5,3,'xm')
```

Die Vorgehensweise zur Berechnung von Punkten der Wurzelortskurve ist sicher viel zu aufwendig, darum wurde von Evans nachfolgende Methode angegeben.

4.7.2 Die Methode der Wurzelortskurve nach Evans

Die Methode zur Bestimmung des Wanderns der Pole des geschlossenen Systems auf sogenannten Wurzelortskurven in Abhängigkeit eines veränderlichen Parameters wurde 1948 von W.R. Evans[1] [Evans-48] angegeben. Neben der Ermittlung des Stabilitätsverhaltens eines Systems, ist es gleichzeitig eine wichtige Grundlage für den Entwurf von Regeleinrichtungen auf der Basis des Pol-Nullstellen-Bildes.

Mit dem Wurzelortverfahren ist es möglich, die Pole des geschlossenen Kreises aus den Polen und Nullstellen der offenen Kette mit relativ leicht handhabbaren Regeln graphisch-rechnerisch zu bestimmen.

Die Funktionen *rlocus.m* und *rlocfind.m* haben die Methode von Evans zur Grundlage.

4.7.2.1 Die Wurzelortskurve mit *rlocus* und *rlocfind*

Eigenschaft von *rlocus*:

Berechnet die Wurzelortskurve eines Systems und stellt sie graphisch dar.

Syntax:

$$\text{WOK} = rlocus(Z,N,K) \tag{4.136}$$

$$\text{WOK} = rlocus(A,B,C,D,K) \tag{4.137}$$

---

[1] Evans, W. R. leider keine Lebensdaten bekannt!

Beschreibung:

Mit der Gleichung (4.136) wird die Matrix WOK mit n Spalten ausgegeben, wenn n der Grad des Nenners N der Übertragungsfunktion ist, d.h. wieviel Pole es gibt. Jedes Element einer Zeile der Matrix WOK gibt für einen bestimmten Verstärkungsfaktor K die Position der n Pole des geschlossenen Kreises in der komplexen Zahlenebene an. Wird der Verstärkungsfaktor K als Skalar oder als Zeilenvektor vorgegeben, dann werden die dazugehörenden Pole berechnet, dies gilt für beide Gleichungen..

Bei der Eingabe des nur rechts vom Gleichheitszeichen stehenden Teils der Gleichung (4.136), wird die Wurzelortskurve gezeichnet.

Bei der Untersuchung von Zustandsmodellen mit der Gleichung (4.137) wird für jede mögliche Eingangs-Ausgangs-Kombination ein Bild mit der dazugehörenden Wurzelortskurve gezeichnet. Wird die gesamte Gleichung (4.137) angegeben, so sind die Eingangs-, Ausgangs- und Durchgangsmatrizen jeweils auf eine Eingangs-Ausgangs-Kombination zu reduzieren.

Eigenschaft von *rlocfind*:

Berechnet den zu einem vorgegebenen Wurzelort - Pol - gehörenden Verstärkungsfaktor K und alle dazugehörenden Pole *Po*.

Syntax:

$$[K,Po] = rlocfind(Z,N,ip) \qquad\qquad (4.138)$$
$$[K,Po] = rlocfind(A,B,C,D,ip) \qquad\qquad (4.139)$$

Beschreibung:

Mit *pi* wird der gewünschte Wurzelort vorgegeben, für den in K der dazugehörende Verstärkungsfaktor und in *Po* sämtliche dazugehörenden Pole - Wurzelorte - ausgegeben werden. Wird der Verstärkungsfaktor gleichzeitig für mehrere Wurzelorte gewünscht, dann ist *ip* als Zeilenvektor vorzugeben. K ist dann ebenfalls ein Zeilenvektor mit den verschiedenen Verstärkungsfaktoren und *Po* eine Matrix mit den Wurzelorten.

Wird der gewünschte Wurzelort *ip* nicht vorgegeben, so setzen beide Formen die mit *rlocus* dargestellte Wurzelortskurve voraus, um mit der Maus die gewünschte Stelle markieren zu können.

Fehlt bei Zustandsmodellen entsprechend Gleichung (4.137) die Angabe von *ip*, so sind die Eingangs-, Ausgangs- und Durchgangsmatrizen jeweils auf eine Eingangs-Ausgangs-Kombination zu reduzieren.

Zum Verständnis der beiden Funktionen werden nachfolgend die wesentlichsten Regeln in Form von Merksätzen und Beispielen behandelt.

4.7.2.2 Grundlegende Regeln des Wurzelortverfahrens

Regel 1:
Die Darstellung erfolgt in der komplexen oder *Gaußschen*[1] Zahlenebene. Eingetragen werden von der offenen Kette ihre durch ein Kreuz × gekennzeichneten Pole und ihre durch einen Kreis ○ gekennzeichneten Nullstellen.

Regel 2:
Wenn n die Anzahl der Pole und m die Anzahl der endlichen Nullstellen der offenen Kette ist, dann enden n-m Äste der Wurzelortskurve im *Unendlichen*.

Regel 3:
Die Wurzelortskurvenäste des geschlossenen Regelkreises beginnen für $K = 0$ in den Polen der offenen Kette und enden für $K \rightarrow \infty$ in den endlichen Nullstellen bzw. im *Unendlichen*.

Regel 4:
Die Wurzelortskurve ist symmetrisch zur reellen Achse der komplexen Ebene.

Regel 5:
Der Teil der reellen Achse ist ein Wurzelort, wenn auf dessen rechter Seite die Summe aus Polen und Nullstellen eine *ungerade* Zahl ist.

Beispiel 4.33
Zu den Regeln 1 bis 5. Gegeben ist die Übertragungsfunktion einer offenen Kette:

$$G_0(s) = \frac{(s+1)}{(s+2)(s+3)(s+4)}$$

Lösung:
Die Wurzelortskurve ergibt sich für $n = 3$ Pole und $m = 1$ Nullstelle wie folgt:
Eingabe der Wurzeln des Zählers und Nenners und Berechnen des Polynoms:

```
Z0 = poly([-1])
Z0 =
       1      1

N0 = poly([-2; -3; -4])
N0 =
       1      9     26     24
```

---

[1] Gauß, Carl Friedrich *30.4.1777 Braunschweig, †3.2.1855 Göttingen, Mathematiker

Berechnen der Wurzelortskurve und Beschränken ihrer Achsenwerte:

`rlocus(Z0,N0), axis([-5 1 -.5 .5])`

Regel 1:   Die Pole $p_1 = -2$; $p_2 = -3$ und $p_3 = -4$ sind durch Kreuze $\times$ und die Nullstelle $n_1 = -1$ ist durch einen Kreis o in der Zahlenebene zu kennzeichnen.

Regel 2:   Die Wurzelortskurve hat drei Äste, davon enden $r = n - m = 2$ Äste im *Unendlichen*. Der dritte Ast endet in der einen Nullstelle $n_1 = -1$.

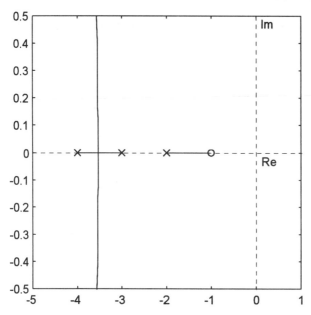

Bild 4.24 Wurzelortskurve zum Beispiel 4.32

Regel 3:   Die drei Äste der Wurzelortskurve beginnen für $K = 0$ in den drei Polen $p_1 = -2$; $p_2 = -3$ und $p_3 = -4$. Ein Ast endet in der Nullstelle $n_1 = -1$, die restlichen zwei gehen gegen *Unendlich*.

Regel 4:   Symmetrie zur reellen Achse liegt vor, da die aus den Polen $p_2 = -3$ und $p_3 = -4$ austretenden Äste, nachdem sie bei ca. -3,5 aufeinander gestoßen sind, die reelle Achse verlassen und nach $\pm j\infty$ streben.

Regel 5:   Folgende Teile der reellen Achse sind Teile der Wurzelortskurve
      –   zwischen dem Pol $p_1 = -2$ und der Nullstelle $n_1 = -1$, da rechts vom Pol $p_1 = -2$ die Nullstelle $n_1 = -1$ liegt
      –   zwischen den Polen $p_3 = -4$ und $p_2 = -3$, da rechts vom Pol $p_3 = -4$ die Pole p_2 und p_1 sowie die Nullstelle n_1 liegen

und somit in beiden Fällen die Summe der rechts liegenden Pole und Nullstellen eine ungerade Zahl ist.

Regel 6:

Ist die Übertragungsfunktion der offenen Kette *negativ*, was einer Mittkopplung entspricht, dann ist der Teil der reellen Achse ein Wurzelort, auf dessen rechter Seite die Summe aus Polen und Nullstellen eine *gerade* Zahl ist. Die Zahl Null wird dabei als eine *gerade* Zahl gewertet.

Beispiel 4.34

Die Übertragungsfunktion in Beispiel 4.33 soll negativ sein. Es ist mit *rlocus* und *axis*([*Re_min Re_max Im_min Im_max*]) die Wurzelortskurve zu berechnen.
Lösung:

`rlocus(-Z0,N0), axis([-5 1 -1.5 1.5])`

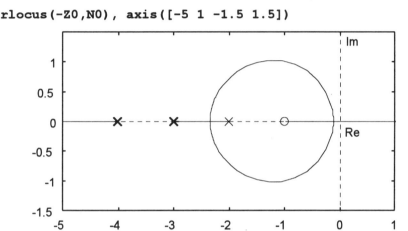

Bild 4.25 Wurzelortskurve zu Beispiel 4.33

Es sind die Bereiche der reellen Achse Teile der Wurzelortskurve, die es im Beispiel 4.32 nicht sind. Die aus den Polen $p_1 = -2$; $p_2 = -3$ austretenden Äste treffen aufeinander, heben in jeweils entgegengesetzter Richtung zum imaginären Bereich ab und kommen in einem Bogen zur reellen Achse zurück. Ein Zweig endet in der Nullstelle $n_1 = -1$, der zweite wendet sich nach rechts entlang der reellen Achse $\rightarrow + \infty$. Der dritte Ast verläuft aus $p_3 = -4$ kommend ebenfalls auf der reellen Achse, aber $\rightarrow - \infty$.

Regel 7:

Die Asymptoten der $(n - m)$ gegen *Unendlich* strebenden Äste der Wurzelortskurve sind $(n - m)$ Geraden, die sich in dem *Wurzelschwerpunkt* s_w auf der reellen Achse, schneiden:

$$s_w = \frac{1}{n - m} \left(\sum_{i=1}^{n} p_i - \sum_{j=1}^{m} n_j \right) \tag{4.140}$$

Die zu diesen Asymptoten gehörenden Neigungswinkel gegen die reelle Achse betragen:

$$\gamma = \frac{(2k-1)180°}{n-m} \qquad k = 1,2,3,\ldots,(n-m) \qquad (4.141)$$

Regel 8:

Aus einem ρ-*fachen* Pol (In eine ρ-*fache* Nullstelle) der offenen Kette laufen ρ Äste der Wurzelortskurve unter den Winkeln:

$$\varphi_k = \frac{1}{\rho}\left[(a_P - a_N - 1)180° + k\,360°\right] \qquad (4.142)$$

heraus (hinein). Es bedeuten in der Gleichung (4.134):

a_P = Anzahl der rechts vom betrachteten Pol oder von der betrachteten Nullstelle liegenden Pole

a_N = Anzahl der rechts vom betrachteten Pol oder von der betrachteten Nullstelle liegenden Nullstellen

k = 1,2,3…ρ.

Regel 9:

Wenn die Übertragungsfunktion der offenen Kette mindestens zwei Pole mehr als Nullstellen aufweist, dann ist die Summe der Realteile aller Wurzelorte $s(K)$ für jeden Wert des Verstärkungsfaktors K konstant:

$$\sum_{i=1}^{n} \Re e(p_i) = \text{konstant} \qquad (4.143)$$

Regel 10:

Wenn die Übertragungsfunktion der offenen Kette einen Pol $p = 0$ besitzt, dann ist das Produkt der Pole des geschlossenen Kreises proportional dem Verstärkungsfaktor K:

$$\prod_{i=1}^{n} p_{gi} = c\,K \qquad (4.144)$$

Regel 11

Ein Punkt v_w auf einem reellen Teil der Wurzelortskurve ist ein Verzweigungspunkt dieser Wurzelortskurve, wenn nachfolgende Beziehung gilt:

$$\left.\frac{dG_0(s)}{ds}\right|_{s=v_w} = 0 \qquad\qquad\qquad (4.145)$$

Beispiel 4.35
Für die Übertragungsfunktion einer offenen Kette:

$$G_0(s) = \frac{(s+0,75)}{s(s+1)^2(s+2)}$$

sind nachfolgende bei den Lösungspunkten aufgeführte Zusammenhänge gesucht. Eingabe der gegebenen Übertragungsfunktion als Pole bzw. als Nullstelle:

```
Z0 = poly([-.75]); N0 = poly([0; -1; -1;-2])
```

Lösung:
a) Die Pole nach der Größe als Zeilenvektor sortiert sowie die Nullstelle.

```
[Po,Nu] = pzmap(Z0,N0);
Po = esort(Po)', Nu
Po =
         0      -1.00       -1.00       -2.00
Nu =
      -0.75
```

b) Die Ordnung des Zähler- und Nennerpolynoms.

```
n = length(Po), m = length(Nu)
n =
      4
m =
      1
```

c) Der Schnittpunkt *sw* der Asymptoten auf der reellen Achse nach Regel 7.

```
sw = 1/(n-m)*(sum(Po)-sum(Nu))
sw =
   -1.0833
```

Die Asymptoten schneiden sich im Wurzelschwerpunkt $sw = (-1,0833;0j)$.
d) Die Neigungswinkel.

```
for k = 1:(n-m)
   gamma(k)=(2*k-1)*180/(n-m);
end
gamma =
      60     180     300
```

e) Der Schnittpunkt der Asymptote mit der imaginären Achse.

```
jomega = abs(sw)*tan(gamma(1)*pi/180)
jomega =
    1.8764
```

f) Die Winkel der aus den Polen austretenden Wurzelortskurvenäste und der Winkel des in die Nullstelle eintretenden Wurzelortskurvenastes nach Regel 8.

```
aP = [0 1 3 1]; aN = [0 1 1 0]; rho = [1 2 1 1];

for nm = 1:length(rho)
    for k = 1:rho(nm)
        phi(nm,k) = (1/rho(nm))
        *((aP(nm)-aN(nm) - 1)*180+k*360);
        if phi(nm,k) > 360
            l = fix(phi(nm,k)/360);
            phi(nm,k) = phi(nm,k)-360;
        end
        fprintf('phi(%1.0f,%1.0f) =
        %3.0f\n',nm,k, phi(nm,k))
    end
end

phi(1,1) = 180, phi(2,1) =  90, phi(2,2) = 270
phi(3,1) = 180, phi(4,1) = 360
```

g) Die kritische Verstärkung mit Hilfe der Regel 9 - Summe der Realteile der Pole. Da die Anzahl der Pole um drei größer ist, als die Anzahl der Nullstellen:

```
SRePo = sum(real(Po))
SRePo =
   -4.0000
```

Für jede Verstärkung ergibt die Summe der Realteile der Pole des geschlossenen Systems -4. Für den kritischen Fall beträgt folglich die Summe der beiden Pole, die ausschließlich auf der reellen Achse wandern, $p_{g3} + p_{g4} = -4$. Somit ist eine relativ genaue Bestimmung dieser beiden Pole möglich. Der Pol p_{g3} muß vor -0,75 liegen, denn diesen Wert erreicht p_{g3} erst für K → ∞. Somit wird $p_{g4} \approx -3{,}25$ angenommen, da er auf eine Änderung des Verstärkungskoeffizienten viel unempfindlicher reagiert, als der Pol p_{g3}. Für diesen angenäherten Wert berechnet sich mit Hilfe der Gleichung (4.133) der Verstärkungsfaktor für den Pol $p_{g4} \approx -3{,}25$ zu:

$$K\big|_{p_{g4}=-3,25} = \frac{|p_{g4} - p_1||p_{g4} - p_2||p_{g4} - p_3||p_{g4} - p_4|}{|p_{g4} - n_1|}$$

```
pg4 = -3.25;

Kpg4 = abs(pg4-Po(1))*abs(pg4-Po(2))*abs(pg4-
Po(3))*abs(pg4-Po(4))/abs(pg4-Nu)
Kpg4 =
    8.2266
```

Der exakte Wert ergibt sich mit Hilfe des Hurwitz[1]-Kriteriums, angewendet für den Fall, daß mindestens eine Lösung der charakteristischen Gleichung (4.130) des geschlossenen Kreises auf der imaginären Achse liegt:

$$N_0 + K_{kr}Z_0 = s^4 + 4s^3 + 5s^2 + (2 + K_{kr})s + 0,75K_{kr} = 0$$

$$s^4 + a_3s^3 + a_2s^2 + a_{1kr}s + a_{0kr} = 0$$

$$H_{4kr} = \begin{vmatrix} a_{1kr} & a_3 & 0 & 0 \\ a_{0kr} & a_2 & 1 & 0 \\ 0 & a_{1kr} & a_3 & 0 \\ 0 & a_{0kr} & a_2 & 1 \end{vmatrix} = a_{1kr}a_2a_3 - a_{0kr}a_3^2 - a_{1kr}^2 = 0$$

$$H_{4kr} = a_{1kr}a_2a_3 - a_{0kr}a_3^2 - a_{1kr}^2 = 36 + 4K_{kr} - K_{kr}^2 = 0$$

```
Kkr = roots([1 -4 -36])
Kkr =
    8.3246
   -4.3246
```

Es kommt nur der positive Wert in Frage. Die charakteristische Gleichung und die dazugehörenden Pole:

```
Ngkr = N0+Kkr(1)*[0 0 0 Z0];

Pogkr = roots(Ngkr)
Pogkr =
   -3.2574
    0.0000 + 1.6066i
    0.0000 - 1.6066i
   -0.7426
```

h) Die nach Regel 10 berechnete Konstante für die kritische Verstärkung.

```
ckr = abs(prod(roots(Ngkr)))/Kkr(1)
ckr =
    0.7500
```

---

[1] Hurwitz, Adolf *26.3.1859 Hildesheim, †18.11.1919 Zürich, Mathematiker

i) Der Abhebepunkt *vw* der Wurzelortskurve von der reellen Achse nach Regel 11.
Mit der *Symbolic Math Toolbox* ergibt sich:

```
G0 = sym('(s+0.75)/(s^4+4*s^3+5*s^2+2*s)');

dG0 = diff(G0,'s');

ZG0 = numden(dG0)
ZG0 =
-3*s^4-11.00*s^3-14.00*s^2-7.50*s-1.50

vw = (roots(sym2poly(ZG0)))'
vw =
-1.6255   -1.0000
-0.5206 - 0.1913i   -0.5206 + 0.1913i
```

Der erste Wert und das konjugiert komplexe Paar sind nach Regel 5 keine Wurzelorte, so daß der Abhebepunkt v_w = -1 mit dem Doppelpol $p_{2/3}$ = -1 übereinstimmt.

j) Die Wurzelortskurve mit *rlocus, hold on, axis* und *plot*.

```
rlocus(Z0,N0), hold on, axis([-2 0.5 -2 2])
plot([sw Rea],[0 4], [sw Rea],[0 -4])
```

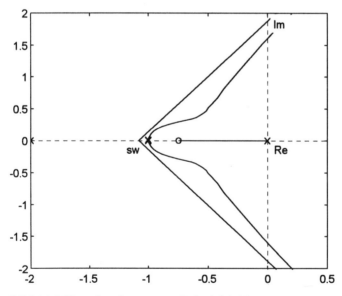

Bild 4.26 Wurzelortskurve zum Beispiel 4.35

4.7.3 Das Wurzelortverfahren für beliebige Faktoren

Im vorhergehenden Abschnitt wurde davon ausgegangen, daß die Wurzelortskurve den Verlauf der Pole des geschlossenen Systems für einen veränderlichen Verstärkungsfaktor beschreibt. Das Verfahren berechnet aber für jeden beliebigen Faktor den gesuchten Verlauf. Es muß lediglich der Nenner der Übertragungsfunktion des geschlossenen Systems in die Form:

$$N_g = 1 + F \frac{Z_0(s)}{N_0(s)} \qquad (4.146)$$

mit F als einem beliebigen Faktor überführt werden.

Nachfolgend ein Beispiel, welches den in diesem Abschnitt vorzutragenden Sachverhalt so erläutert, daß auf weitere allgemeine Aussagen verzichtet wird. Der Faktor, für welchen die Wurzelortskurve berechnet und gezeichnet werden soll, ist die Nachstellzeit T_n eines PI-Reglers, d.h. die Übertragungsfunktion der offenen Kette ist entsprechend umzuformen.

Beispiel 4.36
Im Kapitel 3.4.6 wurde folgende Übertragungsfunktion der Regelstrecke des Netzgerätes ermittelte:

$$G_S(s) = \frac{32.000}{s^3 + 69\,s^2 + 1.260\,s + 4.000}$$

Für diese Regelstrecke sind die beiden Parameter eines PI-Reglers mit der Übertragungsfunktion:

$$G_R(s) = \frac{K_R}{T_n\,s}(1 + T_n\,s)$$

zu berechnen. Die Reglerverstärkung K_R soll 45 % der kritischen Verstärkung betragen, wenn der Regelkreis mit einem P-Regler betrieben wird. Das noch zu bestimmende T_n soll das dreifache der kritischen Nachstellzeit sein - Einstellregeln nach [Janssen/Offereins-57]. Für die Lösung ist die Funktion *nge.m* zu verwenden. Es ist die Wurzelortskurve für die Übertragungsfunktion der offenen Kette mit der Nachstellzeit als Parameter zu zeichnen. Die sich ergebende Führungsübertragungsfunktion und die dazugehörenden Pole und die Nullstelle sind anzugeben. Die Nullstellen des geschlossenen und des offenen Kreises sind zu vergleichen.

Lösung:
Aus der offenen Kette - Reihenschaltung von Regler und Strecke:

$$G_0(s) = 38.400 \frac{s + \frac{1}{T_n}}{s^4 + 69 s^3 + 1.260 s^2 + 4.000 s}$$

berechnet sich der Nenner der Übertragungsfunktion des geschlossenen Systems mit dem Wurzelortskurvenfaktor T_n nach Gleichung (4.146) mit dem Faktor K_0 zu:

$$N_{gK_0} = 1 + K_0 \frac{s + \frac{1}{T_n}}{s^4 + 69 s^3 + 1.260 s^2 + 4.000 s} = 0$$

bzw. durch Multiplikation mit $N_0(s)$:

$$N_{gK_0} N_0 = \underbrace{s^4 + 69 s^3 + 1.260 s^2 + 4.000 s}_{N_{0K_0}} + \underbrace{K_0 \left(s + \frac{1}{T_n}\right)}_{Z_{0K_0}} = 0$$

Der Nenner des geschlossenen Systems nach Gleichung (4.138) mit dem Faktor $1/T_n$:

$$N_{gT_n} = \underbrace{s^4 + 69 s^3 + 1.260 s^2 + \left(4.000 + K_0\right)s}_{N_{0T_n}} + \underbrace{\frac{1}{T_n} K_0}_{Z_{0T_n}} = 0$$

Daraus folgt die Übertragungsfunktion der offenen Kette mit $1/T_n$ für $K_0 = 38.400$:

$$G_{0T_n}(s) = \frac{1}{T_n} \frac{38.400}{s^4 + 69 s^3 + 1.260 s^2 + 42.400 s} \tag{4.147}$$

Eingabe der Werte durch Aufruf der Funktion *nge.m*:

```
[ZS,NS] = nge;
```

Kritische Verstärkung der Regelstrecke mit *rlocfind* und Regel 9.
Da die Ordnung von NS um drei - mindestens zwei - größer ist als die von ZS, ist die Summe der Realteile aller Pole konstant:

```
SPoS = sum(pzmap(ZS,NS))
SPoS =
   -69.0000

Kkr = rlocfind(ZS,NS,SPoS)
Kkr =
    2.5919
```

Verstärkungsanteil des PI-Reglers:

```
KR = 0.45 * Kkr
```

```
KR =
    1.1663
```

Übertragungsfunktion der offenen Kette entsprechend Gleichung (4.147):

```
ZOTn = 38400; NOTn = [1 69 1260 42400 0];
```

Die Wurzelortskurve ist in Bild 4.27 dargestellt und wird gefunden mit:

```
rlocus(ZOTn,NOTn)
```

Aufsuchen des kritischen Faktors mit *rlocfind*:
Der Schnittpunkt der imaginären Achse liegt bei ca. 25 j, so daß der kritische Faktor durch Vorgabe eines Pols bei (0 + 25 j) bestimmt wird:

```
[F,Po] = rlocfind(ZOTn,NOTn,0+25j)
F =
    10.3461
Po =
    -57.8363
     0.0074 +24.7891i
     0.0074 -24.7891i
    -11.1785
```

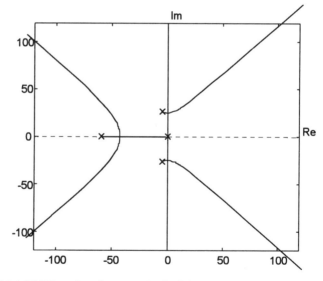

Bild 4.27 Wurzelortskurve zu Beispiel 4.35 mit $1/T_n$ als Faktor

Da die Abweichung von der imaginären Achse mit 0,0074 sehr gering ist, gilt als kritischer Wert $F = 10{,}3461$ und somit wird die gesuchte Nachstellzeit:

```
Tn = 3*1/F
```

```
Tn =
   0.2900
```

Die Verstärkung K_R = 1,1663 und die Nachstellzeit T_n = 0,29 s werden zur Bestimmung der Übertragungsfunktionen der offenen Kette und für Führungsübertragungsfunktion an die Funktion *nge.m* übergeben.

Die offene Kette:

```
[Z0,N0] = nge('G0',KR,Tn);
```

Die Nullstelle der offenen Kette:

```
[Po0,Nu0] = pzmap(Z0,N0); Nu0
Nu0 =
   -3.4487
```

Die Führungsübertragungsfunktion - Regelkreis:

```
[Z,N] = nge('Gw',KR,Tn)
Z =
   0          0          0     37323.00    128715.32
N =
   1.00      69.00    1260.00  41323.00    128715.32
```

Die Pole und die Nullstelle des Regelkreis:

```
[Po,Nu] = pzmap(Z,N)
Po =
   -58.8893
    -3.3524 +25.1101i
    -3.3524 -25.1101i
    -3.4058
Nu =
   -3.4487
```

Bei Eingrößensystemen wird die Nullstelle durch das Schließen des Kreises nicht verändert.

Die gefundene Pol-Nullstellen-Verteilung entspricht weitestgehend der anzustrebenden Verteilung, bestehend aus:

- Einem dominierenden komplexen Polpaar, welches das dynamische Verhalten wesentlich bestimmt.
- Einem eng benachbarten Pol-Nullstellen-Paar in der Nähe des Koordinatenursprungs, ein sogenannter Dipol zur Verbesserung des stationären Verhaltens ohne größeren Einfluß auf die Dynamik.
- Einigen weit von dem konjugiert komplexen Polpaar entfernten Polen ohne nennenswertem Einfluß.
  Hierbei handelt es sich um den Pol p_1 = -58,8893, der um das 17,5663fache von dem konjugiert komplexen Polpaar $p_{2,3}$ = -3,3524 ± 25,1101j entfernt liegt.

5 Testsignale und Zeitantworten

In diesem Kapitel werden die zeitlichen Verläufe der Ausgangsgröße eines Systems in Abhängigkeit verschiedener, sogenannter Testsignale, behandelt.

Typische Eingangssignale der Regelungstechnik sind meist ein momentaner Sprung der Größe u_0 von einem Arbeitspunkt zu einem anderen oder ein kurzer Impuls. Ebenso sind alle möglichen anderen Signalverläufe denkbar.

Die typischen Einwirkungen in der Gestalt eines Sprunges oder eines Impulses haben gewöhnlich den Charakter von Einheitssignalen.

Durch die Wahl von Einheitssignalen lassen sich die Ergebnisse leicht durch Multiplikation mit der wahren Größe des Sprunges bzw. Impulses umrechnen.

Auch ist es möglich, aus der Reaktion eines Systems auf den Einheitsimpuls Schlüsse über die Vorgänge bei anderen Einwirkungen zu ziehen.

Andere gebräuchliche Einwirkungen sind zum Beispiel Rampenfunktionen und harmonische Schwingungen.

Mathematisch gesehen sind die Zeitantworten eines Systems die Lösung der das System beschreibenden Differentialgleichung für eine konkrete Störfunktion.

Die mathematische Störfunktion ist in regelungstechnischer Sicht das Eingangssignal eines Systems, welches sowohl eine Steuer- als auch eine Störgröße sein kann.

Jede dieser Lösungen setzt sich aus einem Anteil der freien und einem Anteil der erzwungenen Bewegung an der Gesamtbewegung zusammen.

Der freie Anteil an der Gesamtbewegung, die Eigenbewegung, ist eine Folge der Anfangsbedingungen.

Die erzwungene Bewegung ergibt sich als Folge eines Eingangssignals. Die dazugehörenden Antworten werden entsprechend mit Sprungantwort, Übergangsfunktion, Impulsantwort usw. bezeichnet.

5.1 Anfangswertantwort mit *initial*

Eigenschaft von *initial*:

> Berechnet die Ausgangsfunktionen beim Vorliegen von Anfangswerten und fehlenden Eingangssignalen.

Syntax:

$$[y,x,t] = \mathit{initial}(A,B,C,D,x0,t) \tag{5.1}$$

Beschreibung:

Berechnet für ein System, welches in der Zustandsraumbeschreibung vorliegt, den Vektor der Ausgangsfunktionen *y* beim Vorhandensein von Anfangswerten x_0 und dem Fehlen von Eingangssignalen. Der Vektor **x** enthält die Werte der Zustandsgrößen. Der Zeitvektor **t** ist wahlweise und berechnet sich mit den Gleichungen (2.46) bzw. (2.47).

Werden nur die Angaben rechts des Gleichheitszeichens angegeben, so wird die Anfangswertantwort graphisch auf dem Bildschirm dargestellt.

Beispiel 5.1

Gegeben ist das im Kapitel 3.1 beschriebene System Stab-Wagen.

Für dieses sind bei einem Anfangswert des Winkels von 1° die zeitlichen Veränderungen des Winkels und des Weges in der Zeitspanne von einer Sekunde graphisch darzustellen. Die Ergebnisse sind zu diskutieren.

Lösung:

Die Zustandsgleichungen des Systems Stab-Wagen berechnen sich mit der unter Kapitel 3.3.5 beschriebenen Funktion *invpendl.m*:

```
[A,B,C,D] = invpendl('SW');
```

Die Anfangsauslenkung des Stabes um ein Grad, die restlichen drei Anfangswerte sind Null, dargestellt als Vektor:

```
x0 = [1 0 0 0]';
```

Der Zeitvektor:

```
t=0:0.01:1;
```

Die Anfangsantwort mit:

```
initial(A,B,C,D,x0,t), grid
```

dargestellt in Bild 5.1 auf der nächsten Seite.

Das System Stab-Wagen ist instabil - Kapitel 6 -, so daß eine geringe Anfangsauslenkung des Stabes aus der Senkrechten eine ständige Vergrößerung des Winkels, d.h. ein Umfallen des Stabes, zur Folge hat. Die dabei auftretenden Kräfte bewirken eine Verschiebung des Wagens nach hinten, also in negativer Richtung. Was deutlich zu erkennen ist.

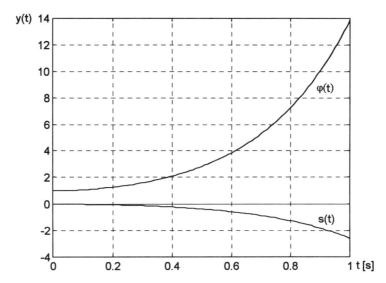

Bild 5.1 Anfangsantwort des Winkels und des Weges des Systems Stab-Wagen

Beispiel 5.2
Für den unter 3.2 beschriebenen Motor, dessen Zustandsgleichungen mit der Funktion *motor.m* nach Kapitel 3.2.7 ermittelt werden können, sind für eine Anfangsdrehzahl von 1 s^{-1}, was einem Anfangswert der Zustandsgröße Geschwindigkeit $v_0 = 0.002681$ m/s entspricht, die zeitlichen Verläufe des zehnfachen Ankerstromes und der Drehzahl über der Zeit graphisch darzustellen.
Der Anfangswert des Ankerstromes ist Null.
Lösung:
Ausgabe der Matrizen des Motors mit der Funktion *motor.m*:

```
[A,B,C] = motor(1)
A =
       -21750.55      -305149.07
           22.41         -388.42
B =
        21881.84               0
               0          -10.10
C =
            1.00               0
               0            1.00
               0          373.02
            0.06           -0.98
```

Auf die Ausgabe der Durchgangsmatrix wurde verzichtet, da sie eine Nullmatrix ist. Von den Ausgangsgrößen interessieren nur die 1. und die 3., so daß auch nur diese beiden Zeilen der Matrizen C und D benötigt werden, außerdem ist die 1. Zeile mit 10 zu multiplizieren, daraus folgt:

```
C1 = [10*C(1,:);C(3,:)]
C1 =
   10.0000          0
        0   373.0194

D1 = zeros(2);
```

Der Vektor der Anfangswerte:

```
v0 = 0.002681;
x0 = [0 v0]';
```

Die Anfangswertantwort wird gewonnen mit:

```
initial(A,B,C1,D1,x0), grid
```

Die Anfangsdrehzahl des Motors induziert einen Strom, der mit der sinkenden Drehzahl ebenfalls abklingt.

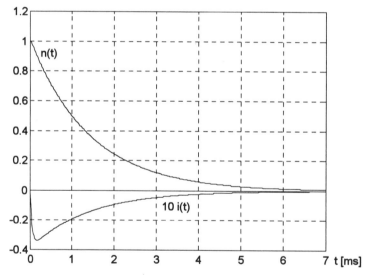

Bild 5.2 Drehzahl und Ankerstrom des Motors nach Beispiel 5.2

5.2 Sprungantwort - Übergangsfunktion

5.2.1 Einheitssprung

Der Einheitssprung $\sigma(t)$ ist wie folgt definiert:

$$\sigma(t) = \begin{cases} 0 \text{ für } t < 0 \\ 1 \text{ für } t \geq 0 \end{cases} \tag{5.2}$$

Die Linearität eines Übertragungsgliedes erlaubt es, vom Verhalten eines Systems, welches durch einen Einheitssprung beaufschlagt wurde, auf den Verlauf bei einer beliebigen Sprunghöhe zu schließen, in dem das Ergebnis des Einheitssprunges nur mit der wahren Sprunghöhe multipliziert wird.
Die Laplace-Transformierte des Einheitssprunges lautet:

$$\sigma(t) \quad \circ\!\!-\!\!\bullet \quad \frac{1}{s} \tag{5.3}$$

5.2.2 Sprungantwort

Die Sprungantwort ist der zeitliche Verlauf des Ausgangssignals $y(t)$ als Ergebnis einer sprungförmigen Änderung des Eingangssignals $u(t)$ des Systems vom Wert Null auf den Wert u_0, was wie folgt definiert ist:

$$u(t) = \begin{cases} 0 \text{ für } t < 0 \\ u_0 \text{ für } t \geq 0 \end{cases} \tag{5.4}$$

5.2.3 Übergangsfunktion

Aus der allgemeinen Sprungantwort geht die Übergangsfunktion $h(t)$ durch Bilden des Quotienten aus dem zeitlichen Verlauf des Ausgangssignals $y(t)$ mit der Sprunghöhe u_0, wie folgt hervor:

$$h(t) = \frac{y(t)}{u_0} \tag{5.5}$$

bzw. wird aus $y(t)$ die Übergangsfunktion $h(t)$, wenn das Eingangssignals $u(t)$ gleich dem Einheitssprung $\sigma(t)$ entspricht:

$$u(t) = \sigma(t) = \begin{cases} 0 \text{ für } t < 0 \\ 1 \text{ für } t \geq 0 \end{cases} \qquad (5.6)$$

Die Übergangsfunktion eines linearen Übertragungsgliedes ist seine Antwort auf den Einheitssprung $\sigma(t)$. Die Antwort auf ein beliebiges Eingangssignal läßt sich bestimmen, wenn die Übergangsfunktion des Übertragungsgliedes bekannt ist.

5.2.4 Die Übergangsfunktion mit *step*

Eigenschaft von *step*:
   Berechnet für ein System die Sprungantwort.
Syntax:
   [h,x,t] = *step*(Z,N,t)   (5.7)
   [h,x,t] = *step*(A,B,C,D,iu,t)   (5.8)
Beschreibung:
   Berechnet für ein durch seine Übertragungsfunktion gegebenes System die Übergangsfunktion $h(t)$ - Sprungantwort und für ein in der Zustands-raumdarstellung beschriebenes System die Übergangsfunktionen entsprechend der Anzahl der Ausgangs- und Eingangsgrößen. Der Vektor x enthält für beide Fälle die Werte der Zustandsgrößen. Bei der Eingabe als Übertragungsfunktion wird dieser intern gebildet. Soll bei Zustandssystemen nur ein bestimmter Eingang verwendet werden, so ist die Nummer des gewünschten Einganges mit i_u festzulegen. Der Zeitvektor t ist wahlweise und berechnet sich mit den Gleichungen (2.46) bzw. (2.47).
   Werden nur die Angaben rechts des Gleichheitszeichens gemacht, so wird die Übergangsfunktion graphisch auf dem Bildschirm dargestellt.

Beispiel 5.3
Für das unter 3.5 beschriebene Netzwerk ist mit *netzwerk.m* die Übertragungsfunktion zu ermitteln und daraus ist mit *step* die Übergangsfunktion $h(t)$ graphisch darzustellen. Der Anfangswert und der Endwert sind rechnerisch mit den Grenzwertsätzen zu berechnen und mit denen der Übergangsfunktion zu vergleichen.
Lösung:

```
[Z,N] = netzwerk;
```

Das Netzwerk ist ein sprungfähiges System, da die Grade des Zähler- und Nennerpolynoms übereinstimmen. Folglich weist die Übergangsfunktion zur Zeit $t = 0$ einen Wert - Anfangswert -verschieden von Null auf, wie dem Bild 5.3 zu entnehmen ist.

Der Anfangswert der Übergangsfunktion ergibt sich aus dem Anfangswertsatz der Laplace-Transformation und dem Einheitssprung nach Gleichung (5.3) wie folgt:

$$h(0) = \lim_{s \to \infty} s\,G(s)U(s) = \lim_{s \to \infty} s\,\frac{0.8\,s^2 + 7.2\,s + 16}{s^2 + 10\,s + 16}\,\frac{1}{s} = 0.8$$

Der Endwert folgt aus dem Endwertsatz und dem Einheitssprung:

$$h(\infty) = \lim_{s \to 0} s\,G(s)U(s) = \lim_{s \to 0} s\,\frac{0.8\,s^2 + 7.2\,s + 16}{s^2 + 10\,s + 16}\,\frac{1}{s} = 1$$

Graphische Darstellung der Übergangsfunktion:

`step(Z,N), grid`

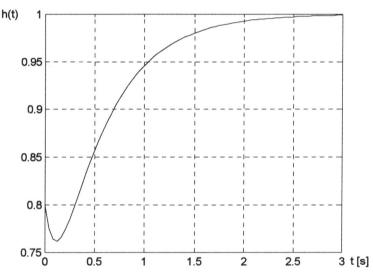

Bild 5.3 Übergangsfunktion zum Beispiel 5.3, mit *step*

Anfangs- und Endwert stimmen mit der dargestellten Übergangsfunktion überein.

5.3 Impulsantwort - Gewichtsfunktion

5.3.1 Die Impulsfunktion

Ein lineares Übertragungsglied wird am Eingang mit einem Rechteckimpuls beaufschlagt, dessen Höhe gegen *Unendlich* und dessen Breite gegen Null geht. Es ist vorstellbar, daß sich der Rechteckimpuls aus einem Aufsprung zur Zeit

$t = 0$ und einem Absprung zur Zeit $t = \Delta t$ zusammensetzt. Damit kann der Rechteckimpuls wie folgt definiert werden:

$$u(t) = \begin{cases} 0 \text{ für } t < 0 \\ u_0 \text{ für } 0 \le t \le \Delta t \\ 0 \text{ für } t > \Delta t \end{cases} \tag{5.9}$$

Somit läßt sich das Eingangssignal wie folgt beschreiben:

$$u(t) = u_0\left[\sigma(t) - \sigma(t - \Delta t)\right] \tag{5.10}$$

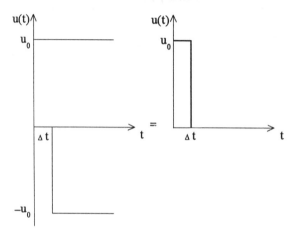

Bild 5.4 Bilden einer Impulsfunktion aus zwei Sprungfunktionen

5.3.2 Die Stoßfunktion

Die Stoßfunktion $\delta(t)$ ist eine Impulsfunktion von der Dauer $\Delta t \to 0$:

$$\delta(t) = \lim_{\Delta t \to 0} \frac{1}{\Delta t}\left[\sigma(t) - \sigma(t - \Delta t)\right] \tag{5.11}$$

Es gilt:

$$\delta(t) = \begin{cases} 0 \text{ für } t < 0 \\ \dfrac{1}{\Delta t} \text{ für } 0 \le t \le \Delta t \text{ mit } \Delta t \to 0 \\ 0 \text{ für } t > \Delta t \end{cases} \tag{5.12}$$

mit:

$$\int\limits_{0}^{\infty} \delta(t)\, dt = \lim_{\Delta t \to 0} \int\limits_{0}^{\Delta t} \frac{1}{\Delta t} dt = \lim_{\Delta t \to 0} \frac{1}{\Delta t} \int\limits_{0}^{\Delta t} dt = \lim_{\Delta t \to 0} \frac{1}{\Delta t} t \Big|_{0}^{\Delta t} = 1 \qquad (5.13)$$

Der Inhalt der Fläche mit der Breite Δt und der Höhe Δt^{-1} ist gleich Eins. Bei einer Fläche von Eins und einer Zeit $\Delta t \to 0$ muß folglich die Höhe $\to \infty$ gehen. Dieses Testsignal wird als Einheitsimpuls bzw. Diracsche Deltafunktion oder Nadelimpuls $\delta(t)$ bezeichnet. Sie ist das mathematische Äquivalent für eine physikalische Einwirkung, die aus einem momentanen Schlag oder Stoß besteht. Die Laplace-Transformierte des Dirac Impulses ergibt sich zu:

$$\delta(t) \quad \circ\!\!-\!\!\bullet \quad 1 \qquad (5.14)$$

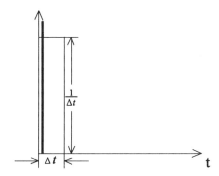

Bild 5.5 Bilden eines Dirac Impulses

5.3.3 Die Gewichtsfunktion

Die Antwort eines linearen Übertragungsgliedes auf einen Rechteckimpuls, welcher aus einer positiven Sprungfunktion $\sigma(t) \to h(t)$ und einer zeitlich verschobenen negativen Sprungfunktion $\sigma(t\text{-}\Delta t) \to h(t\text{-}\Delta t)$ gebildet sein kann, wird als Impulsantwort:

$$y(t) = u_0 \big[h(t) - h(t - \Delta t) \big] \qquad (5.15)$$

bezeichnet.
Wird das Übertragungsglied mit dem Einheitsimpuls $\delta(t)$ beaufschlagt, so ergibt sich als Antwort die Gewichtsfunktion $g(t)$.

Die Gewichtsfunktion $g(t)$ beschreibt das Übertragungsverhalten eines linearen Systems vollständig. Wenn $g(t)$ bekannt ist, kann daraus die Antwort des Systems auf jede beliebige zeitliche Erregung berechnet werden.

Jede solche Erregung läßt sich nämlich als Faltungsintegral, d.h. als Überlagerung von δ-Impulsen, darstellen [Kindler/Hinkel 1-72]:

$$u(t) = \int_0^t u(\tau)\,\delta(t-\tau)\,d\tau \tag{5.16}$$

Da für lineare Systeme das Superpositionsgesetz gilt, ergibt sich für die Systemantwort:

$$y(t) = \int_0^t u(\tau)\,g(t-\tau)\,d\tau \tag{5.17}$$

bzw. aufgrund der Gültigkeit des Kommutativgesetzes für die Faltung:

$$y(t) = \int_0^t g(\tau)\,u(t-\tau)\,d\tau = g(t)*u(t) \tag{5.18}$$

Für den Fall, daß $u(t) = \sigma(t)$ ist, gilt:

$$h(t) = \int_0^t \sigma(t-\tau)\,g(\tau)\,d\tau = \int_0^t g(\tau)\,d\tau \tag{5.19}$$

bzw. wird durch Differentiation:

$$\frac{dh(t)}{dt} = g(t) \tag{5.20}$$

Die Gewichtsfunktion ist für $t > 0$ die zeitliche Ableitung der Übergangsfunktion, d.h. die zeitliche Ableitung der Systemantwort auf einen Einheitssprung.

5.3.4 Die Gewichtsfunktion mit *impulse*

Eigenschaft von *impulse*:
>   Berechnet die Gewichtsfunktion eines Systems.

Syntax:

$$[g,x,t] = impulse(Z,N,t) \tag{5.21}$$

$$[g,x,t] = impulse(A,B,C,D,ui,t) \tag{5.22}$$

Beschreibung:
> Berechnet für ein durch seine Übertragungsfunktion gegebenes System die Gewichtsfunktion $g(t)$ - Impulsantwort und für ein in der Zustandsraumdarstellung beschriebenes System die Gewichtsfunktionen entsprechend der Anzahl der Ausgangs- und Eingangsgrößen. Der Vektor **x** enthält für beide Fälle die Werte der Zustandsgrößen. Bei der Eingabe als Übertragungsfunktion wird dieser intern gebildet. Soll bei Zustandssystemen nur ein bestimmter Eingang verwendet werden, so ist die Nummer des gewünschten Einganges mit u_i festzulegen. Der Zeitvektor **t** ist wahlweise und berechnet sich mit den Gleichungen (2.46) bzw. (2.47).
> Werden nur die Angaben rechts des Gleichheitszeichens angegeben, so wird die Übergangsfunktion graphisch auf dem Bildschirm dargestellt.

Beispiel 5.4
Für die Übertragungsfunktion der in 3.4.7 beschriebenen Störung des Netzgerätes:

$$G(s) = \frac{Z(s)}{N(s)} = \frac{10s + 290}{s^2 + 29s + 100}$$

ist der Verlauf der Gewichtsfunktion darzustellen. Das Ergebnis ist zu interpretieren.
Lösung:
Die Übertragungsfunktion mit *nge*:

```
[Z,N] = nge('LI');
```

Der Anfangswert der Gewichtsfunktion folgt aus dem Anfangswertsatz der Laplace-Transformation und der Laplace-Transformierten des Einheitsimpulses nach Gleichung (5.14) wie folgt:

$$g(0) = \lim_{s \to \infty} s\, G(s)U(s) = \lim_{s \to \infty} s\, \frac{10s + 290}{s^2 + 29s + 100} 1 = 10$$

Dementsprechend ergibt sich der Endwert der Gewichtsfunktion mit Hilfe des Endwertsatzes und der Transformierten des Einheitsimpulses nach Gleichung (5.14):

$$g(\infty) = \lim_{s \to 0} s\, G(s)U(s) = \lim_{s \to 0} s\, \frac{10s + 290}{s^2 + 29s + 100} 1 = 0$$

Die Impulsantwort mit *impulse*:

```
impulse(Z,N), grid
```

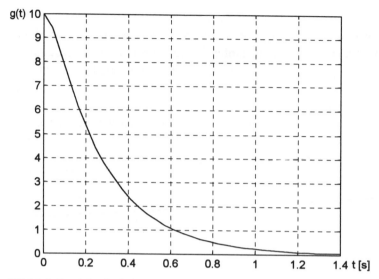

Bild 5.6 Gewichtsfunktion zum Beispiel 5.4, mit *impulse*

Wie aus Bild 5.6 zu ersehen ist, stimmen der Anfangs- und Endwert mit den berechneten Werten der Gewichtsfunktion überein.

5.4 Antwort auf ein beliebiges Signal mit *lsim*

Beliebige Eingangssignale wären z.B. Rampenfunktionen, harmonische Funktionen, Rechteckfunktionen, stochastische Signale usw.

Eigenschaft von *lsim*:
    Berechnet für ein System die Antwort auf ein beliebiges Signal.
Syntax:
$$[y,x] = lsim(Z,N,u,t) \tag{5.23}$$
$$[y,x] = lsim(A,B,C,D,U,t,x0) \tag{5.24}$$
Beschreibung:
    Berechnet für ein durch seine Übertragungsfunktion gegebenes System die Ausgangsfunktionen $y(t)$ für ein beliebiges Signal **u**, einem Vektor mit n Spalten entsprechend der Anzahl der Elemente des Zeitvektors **t**.
    Für ein in der Zustandsraumdarstellung beschriebenes System berechnet es den Vektor der Ausgangsgrößen für beliebige Eingangsgrößen, die in U, einer Matrix vom Typ (m,n) mit m Zeilen entsprechend der Anzahl der Elemente des Zeitvektors **t** und n Spalten entsprechend der Anzahl der Eingänge abgelegt sind.

Der Vektor **x** enthält für beide Fälle die Werte der Zustandsgrößen. Bei der Eingabe als Übertragungsfunktion wird dieser intern gebildet. Soll bei Zustandssystemen nur ein bestimmter Eingang verwendet werden, so ist die Nummer des gewünschten Einganges mit u festzulegen.

Der Vektor der Anfangswerte x_0 ist wahlweise. Der Zeitvektor **t** ist wahlweise und berechnet sich mit den Gleichungen (2.46) bzw. (2.47).

Werden nur die Angaben rechts des Gleichheitszeichens angegeben, so wird die Übergangsfunktion graphisch auf dem Bildschirm dargestellt.

Beispiel 5.5

Für den Gleichstrom-Nebenschluß-Motor nach Kapitel 3.2 sind die Zeitantworten des Ankerstroms und der Drehzahl bei einer mit dem 20fachen der Zeit proportional ansteigenden Ankerspannung - Rampenfunktion - und einer als Einheitssprung aufgegebenen Last graphisch darzustellen.

Lösung:

Die Zustandsgleichungen berechnen sich mit der Funktion *motor.m*:

```
[A,B,C,D] = motor(1);
```

Die Werte der Matrizen sind in Beispiel 5.2 aufgeführt.

Da nur der Ankerstrom und die Drehzahl als Ausgangsgrößen dargestellt werden sollen, vereinfachen sich die Ausgangs- und Durchgangsmatrix wie folgt:

```
C1 = [C(1,:);C(3,:)]
C1 =
          1.00                0
             0           373.02

D1 = zeros(2);
```

Zeitvektor **t** und seine Länge m:

```
t = 0:1e-005:0.02; m = length(t)
m =
          2001
```

Die Matrix **U** wird in Verbindung mit dem Zeitvektor **t** wie folgt gebildet:

- Aus den zwei Eingangsgrößen folgen $n = 2$ Spalten.
- Der Zeitvektor **t** hat m = 2001 Elemente, was 2001 Zeilen für **U** entspricht.
- **U** ist folglich eine Matrix vom Typ (2001,2).
- Der ersten Spalte sind die zur ersten Eingangsgröße - Ankerspannung - gehörenden Werte $u_1 = 20*t$ und zur zweiten Spalte die zur zweiten Eingangsgröße - Kraft - gehörenden Werte $u_2 = 1$ zugeordnet.

Bemerkung:

Da **t** ein Zeilenvektor ist, muß er zu einem Spaltenvektor transponiert werden:

```
U = [20*t' (linspace(1,1,m))'];
lsim(A,B,C1,D1,U,t),grid
```

Durch den Lastsprung sinkt zunächst die Drehzahl $n(t)$ ab, um dann durch die stetige
Erhöhung der Ankerspannung kontinuierlich anzusteigen. Der Ankerstrom $i(t)$ steigt
als Folge des Lastsprunges zunächst schneller, dann ebenfalls kontinuierlich durch die
stetige Erhöhung der Ankerspannung.

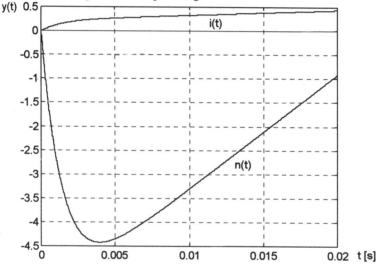

Bild 5.7 Strom- und Drehzahlverlauf des Gleichstrom-Nebenschluß-Motors

Beispiel 5.6

Auf ein I-Glied ist $u(t) = 0{,}5*\sin(t)$ aufzugeben. Die Verläufe der Zeitantwort und der
Eingangsfunktion sind graphisch darzustellen. Für π ist eine strichpunktierte Senk-
rechte einzuzeichnen. Die Kurven sind mit dem Befehl *gtext* zu kennzeichnen. Die
Phasenverschiebung zwischen den beiden Signalen ist anzugeben und zu diskutieren.
Lösung:
Übertragungsfunktion des I-Gliedes:

```
Z = 1; N = [1 0];
```

Zeitvektor von Null bis 4 π in 60 Schritten:

```
t = linspace(0,4*pi,60);
```

Vektor der Eingangswerte:

```
U = 0.5*sin(t);
```

Zeitantwort des I-Gliedes mit dem harmonischen Eingangssignal:

```
y = lsim(Z,N,U',t');
```

Ausdruck des Eingangssignals, der Zeitantwort und der Senkrechten an der Stelle π:

```
plot(t,U,t,y,[pi pi],[-0.5 1],'r-.'),grid
```

Korrektur der Zeitachse, Eingabe von π:

```
axis([0   4*pi -0.5 1])
text(3,-0.55,'pi')
```

Eingabe der Kurvenbezeichnungen mit *gtext* durch Mausklick:

```
gtext('U(t)'), gtext('y(t)')
```

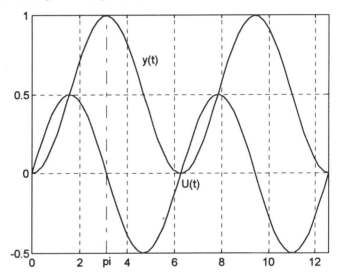

Bild 5.8 Eingangs- und Ausgangsfunktion des I-Gliedes

Die Phasenverschiebung des Ausgangssignales zu seinem harmonischen Eingangssignal beträgt bei einem *I*-Glied -90°, was die Kurven eindeutig wiedergeben.

Beispiel 5.7
Für das unter 3.4 behandelte Netzgerät sind die Zeitantworten der Fehlerfunktion in zwei getrennten Bildern für eine Sprungstörung und eine periodische Rechteckfunktion mit der Amplitude Eins und der Periodendauer Zwei graphisch darzustellen. Die Parameter des *PI*-Reglers sind wie folgt einzustellen, $K_R = 0,15$ und $T_n = 0,9$ s.
Lösung:
Ermittlung der Fehlerfunktion mit *nge.m* nach Vorgabe der Parameter des Reglers:

```
KR = 0.15; Tn = 0.9;
```

```
[Z,N] = nge('Ez',KR,Tn)
Z =
            10.00        690.00     11600.00              0.00
N =
 1.00        69.00       1260.00      8800.00           5333.33
```

Sprungfunktion:

```
t = 0:0.1:70;
u1 = linspace(1,1,length(t));
y1 = lsim(Z,N,u1',t');
plot(t,y1,t,u1,'r'), grid
gtext('y1(t)'), gtext('t [s]')
```

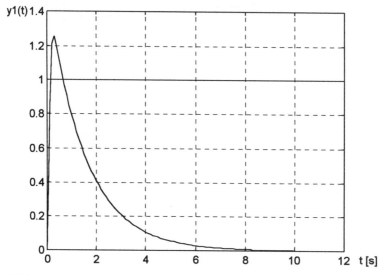

Bild 5.9 Fehlerverlauf bei Sprungstörung

Der durch die Sprungstörung hervorgerufene Fehler wird nach ca. 10 s abgebaut.

Erzeugen einer periodischen Rechteckfunktion:

```
for i = 1:2:32
   U2(i) = 1;
end
```

Umwandlung der Rechteckfunktion in eine Treppenfunktion *stairs*:

```
[t2,u2] = stairs(U2);
```

Berechnen der Fehlerfunktion, die sich als Reaktion auf eine Rechteckfunktion am Eingang ergibt:

```
y2 = lsim(ZEz,N,u2,t2);
u3 = linspace(0.62,0.62,length(t2));
```

Graphik in Figur 2 ausgeben:

```
figure(2)
plot(t2,y2,t2,u2,'r',t2,u3,'b:',t2,-u3,'b:')
gtext('y2(t)'), gtext('t [s]')
```

Der Fehler pendelt sich bei ca. 4 s mit einer Amplitude von ± 0,6 um die Nullinie ein.

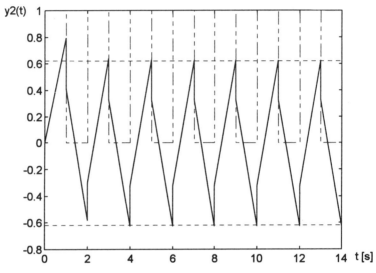

Bild 5.10 Fehlerverlauf bei einer periodischen Rechteckstörung

6 Systemeigenschaften

In diesem Kapitel werden die grundsätzlichen Eigenschaften linearer, zeitinvarianter, dynamischer Systeme und die zu ihrer Bestimmung unter MATLAB vorhandenen Befehle bzw. Funktionen behandelt.

6.1 Dämpfungsgrad und Eigenfrequenzen mit *damp*

6.1.1 Charakteristische Werte eines Schwingungsgliedes

Charakteristische Werte eines linearen, zeitinvarianten Übertragungsgliedes lassen sich ganz besonders aussagekräftig an Hand eines Schwingungsgliedes beschreiben und darstellen. Im Kapitel 4.6 wurden bereits dazu Ausführungen gemacht. Bevor die Funktion *damp.m* behandelt wird, hierzu noch einige Angaben. Die Übertragungsfunktion eines Schwingungsgliedes mit der *Dämpfung d* und T_0 als dem Kehrwert der *Eigenkreisfrequenz* ω_0 des ungedämpften Systems lautet in der Zeitkonstantenform:

$$G_{T2d}\left(s\right) = \frac{1}{1 + 2\,d\,T_0\,s + T_0^2\,s^2} \tag{6.1}$$

Zwischen den einzelnen Größen besteht mit der Eigenkreisfrequenz des gedämpften Systems ω_e und dem *Dämpfungsfaktor* $-\delta_e$ folgender Zusammenhang:
- Polpaar

$$p_{1/2} = -\delta_e \pm j\,\omega_e \tag{6.2}$$

- Eigenkreisfrequenz des ungedämpften Systems

$$\omega_0 = \sqrt{\delta_e^2 + \omega_e^2} \tag{6.3}$$

- Dämpfung

$$d = \frac{\delta_e}{\omega_0} = \cos\varphi \tag{6.4}$$

– Periode des ungedämpften Systems

$$T_0 = \frac{1}{\omega_0} \tag{6.5}$$

– Zeit bis zum Erreichen des ersten Maximums - Einschwingzeit

$$T_m = \frac{\pi T_0}{\sqrt{1-d^2}} \tag{6.6}$$

– Überschwingweite der Übergangsfunktion

$$\Delta h = e^{-\frac{d\pi}{\sqrt{1-d^2}}} \tag{6.7}$$

– Zeit bis zum Eintritt der Übergangsfunktion in ein Toleranzband von ±2% um den stationären Endwert

$$T_{2\%} = \frac{4 T_0}{d} \tag{6.8}$$

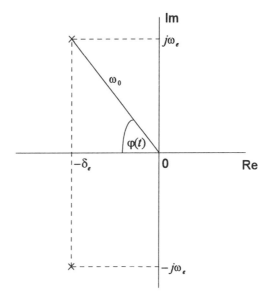

Bild 6.1 Kennwerte eines Schwingungsgliedes in der komplexen Ebene

Die charakteristischen Kennwerte der Übergangsfunktion eines Schwingungsgliedes sind im Bild 6.3 dargestellt.

6.1.2 Charakteristische Werte eines Übertragungsgliedes mit *damp*

Eigenschaft von *damp*:

> Berechnet die Eigenwerte bzw. *Pole*, die dazugehörende Dämpfung d und die Eigenkreisfrequenz ω_0 des ungedämpften Systems, aus der Systemmatrix A bzw. aus dem Nennerpolynom N.

Syntax:

$$[\text{w0,d}] = damp(A) \tag{6.9}$$
$$[\text{w0,d}] = damp(N) \tag{6.10}$$

Beschreibung:

> Mit Hilfe der Gleichungen (6.1) bis (6.8) können die übrigen Kennwerte berechnet werden. In den Vektoren w_0 bzw. d sind die Eigenkreisfrequenzen ω_0 des ungedämpften Systems bzw. die dazugehörenden Dämpfungen enthalten.
>
> Werden nur die Angaben rechts des Gleichheitszeichens angegeben, dann wird eine Tabelle mit den Eigenwerten, der Dämpfung und der Eigenkreisfrequenz ausgegeben. Sind die Eigenwerte bzw. Pole konjugiert komplex, dann entspricht der Realwert dem Dämpfungsfaktor und der Imaginärwert der Eigenkreisfrequenz des gedämpften Systems.

Beispiel 6.1

Für das unter 3.6 beschriebene RLC-Netzwerk sind mit Hilfe der Funktion *damp.m* und den Gleichungen (6.1) bis (6.8) die charakteristischen Werte zu berechnen. In das Pol-Nullstellen-Bild und die Übergangsfunktion sind die entsprechenden Werte einzutragen. Die zum Netzwerk gehörenden Daten sind mit der Funktion *rlcbruck.m* zu ermitteln, der dabei gewonnene Zähler ist durch $Z = 84$ zu ersetzen, um ein reines Schwingungsglied mit einer stationären Verstärkung von Eins zu erhalten.

Lösung:

Zähler- und Nennerpolynom

```
[Z,N] = rlcbruck; N, Z = 84;
N =
          1.00          10.50          84.00
```

Pole, Eigenkreisfrequenz und Dämpfung des ungedämpften Systems:

```
Po = roots(N)
Po =
  -5.2500 + 7.5125i
  -5.2500 - 7.5125i

d_e = real(Po(1))
```

```
d_e =
    -5.2500

w_e = imag(Po(1))
w_e =
    7.5125

w_0 = sqrt(d_e^2+w_e^2)
w_0 =
    9.1652

d = -d_e/w_0
d =
    0.5728
```

Die Übereinstimmung mittels *damp* ist offensichtlich:

```
damp(N)
    Eigenvalue         Damping          Freq.  (rad/sec)
    -5.2500 + 7.5125i    0.5728              9.1652
    -5.2500 - 7.5125i    0.5728              9.1652
```

Pol-Nullstellen-Bild:

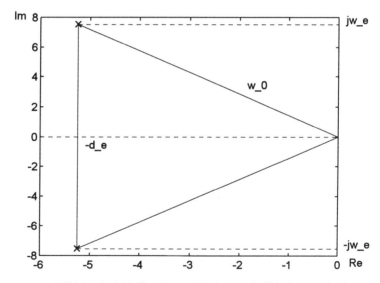

Bild 6.2 Pol-Nullstellen-Bild des RLC-Gliedes - Beispiel 6.1

```
Po = pzmap(Z,N);
plot(real(Po),imag(Po),'x',[-6 0],[0 0],'w:',[d_e
0],[w_e w_e],'w:',[d_e 0],[-w_e -w_e],'w:',[0 d_e],
[0 w_e], [d_e d_e],[-w_e w_e], [0 d_e],[0 -w_e])
```

```
gtext('jw_e'),gtext('-jw_e'),gtext('-d_e'),
gtext('w_0'), gtext('Re'), gtext('Im')
```

Überschwingweite:

```
d_h = exp(-pi*d/sqrt(1-d^2))
d_h =
      0.1113
```

Periode des ungedämpften Systems, Einschwing- und 2 % - Zeit:

```
T0 = 1/w_0
T0 =
      0.1091
```

```
Tmax=pi*T0/sqrt(1-d^2)
Tmax =
      0.4182
```

```
T2p=4*T0/d
T2p =
      0.7619
```

Übergangsfunktion:

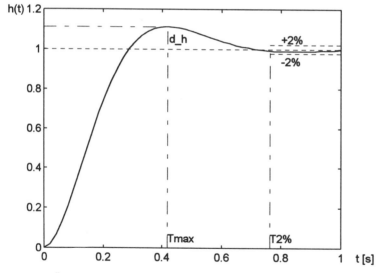

Bild 6.3 Übergangsfunktion des RLC-Gliedes - Beispiel 6.1

```
[h,x,t] = step(Z,N);
plot(t,h,[0 1],[1 1],':',[Tmax Tmax],[0 1+d_h],
'r-.',[0 Tmax], [1+d_h 1+d_h],'r-.',[T2p 1],
[1.02 1.02],':',[T2p 1],[0.98 0.98],':',
```

```
[T2p T2p],[0 1.02],'r-.')
text(Tmax,0.05, 'Tmax'), text(T2p,0.05, 'T2%'),
text(Tmax,1.05,'d_h'), text(0.8, 1.05,'+2%') ,
text(0.8,0.94,'-2%'), text(-0.125,1.2,'h(t)'),
text(1.05,-0.045,'t [s]')
```

6.2 Stationäre Verstärkung mit *dcgain*

Die *stationäre Verstärkung V* ist der Wert, den ein stabiles System einnimmt, wenn es nach einer Sprungstörung in seinen stationären Zustand eingetreten ist. Wie im vorhergehenden Kapitel beschrieben, ist die Antwort eines Systems auf einen Einheitssprung, die Übergangsfunktion $h(t)$:

$$h(t) = \mathcal{L}^{-1}\{H(s)\} = \mathcal{L}^{-1}\left\{G(s)\frac{1}{s}\right\} \tag{6.11}$$

Mit Hilfe des Endwertsatzes der Laplace-Transformation läßt sich dies wie folgt beschreiben:

$$V = \lim_{t \to \infty} h(t) = \lim_{s \to 0} s\,G(s)\frac{1}{s} = \lim_{s \to 0} G(s) \tag{6.12}$$

bzw. bei der Darstellung der Übertragungsfunktion in der Polynomform:

$$G(s) = \frac{b_m s^m + \ldots + b_1 s + b_0}{s^n + \ldots + a_1 s + a_0} = V\frac{\frac{b_m}{b_0} s^m + \ldots + \frac{b_1}{b_0} s + 1}{\frac{1}{a_0} s^n + \ldots + \frac{a_1}{a_0} s + 1} \tag{6.13}$$

mit $V = b_0/a_0$.
Im Falle der Beschreibung eines Systems durch die Zustandsgleichungen:

$$\dot{x}(t) = \mathbf{A}\,x(t) + \mathbf{B}\,u(t)$$
$$y(t) = \mathbf{C}\,x(t) + \mathbf{D}\,u(t)$$

ergibt sich die Matrix der stationären Verstärkungen für $\dot{x}\,(t \to \infty)$ und $u(t) = 1$:

$$\mathbf{V} = -\mathbf{C}\,\mathbf{A}^{-1}\,\mathbf{B} + \mathbf{D} \tag{6.14}$$

Eigenschaft von *dcgain*:
  Berechnet die stationäre Verstärkung für ein stabiles System.
Syntax:

$$V = dcgain(A,B,C,D) \tag{6.15}$$

$$V = dcgain(Z,N) \tag{6.16}$$

Beschreibung:
  In der Zustandsraumbeschreibung liefert die Funktion eine Matrix vom
  Typ (*r,m*) mit dem zu jedem Wertepaar - Ausgang *r* / Eingang *m* - gehö-
  renden Wert der stationären Verstärkung entsprechend Gleichung (6.14).
  Für den Fall der Übertragungsfunktion liefert *dcgain* ein Ergebnis ent-
  sprechend Gleichung (6.12).

Beispiel 6.2
Gesucht ist die stationäre Verstärkung der unter Kapitel 3.4 behandelten Regelstrecke
rechnerisch und mit *dcgain*. Die Übertragungsfunktion wird mit *nge.m* gefunden.
Lösung:

```
[Z,N] = nge;
```

Mit der Gleichung (6.12) wird die stationäre Verstärkung *V* = 8 und mit *dcgain*:

```
V = dcgain(Z,N)
V =
      8
```

Beispiel 6.3
Für den unter Kapitel 3.2 behandelten Gleichstrom-Nebenschluß-Motor sind die stationären Endwerte unter Verwendung der mit *motor.m* berechneten Zustandsgleichungen unter Nutzung der Gleichung (6.15) und *dcgain* zu ermitteln.

```
[A,B,C,D] = motor(1);
```

Berechnung der Matrix der stationären Verstärkungen nach Gleichung (6.15):

```
V = -C*inv(A)*B+D
V =
        0.56           0.20
        0.03          -0.01
       11.97          -5.36
        0.00           0.03
```

Berechnung der Matrix der stationären Verstärkungen *dcgain*:

```
V = dcgain(A,B,C,D);
```

Beide Ergebnisse stimmen überein, so daß das zweite Ergebnis nicht angegeben wird.

Die vier Ausgangsgrößen Ankerstrom, Geschwindigkeit, Drehzahl und Motormoment sind in ihren stationären Endwerten sowohl von der Ankerspannung als auch von der als Störgröße wirkenden Kraft abhängig.

6.3 Eigenschaften der Systemmatrix **A**

Im Zusammenhang mit der Untersuchung dynamischer Systeme im Zustandsraum und dem Lösen der Vektor-Matrix-Differentialgleichung spielen die Eigenschaften der Systemmatrix **A** eine wesentliche Rolle.

Die Lösung der oben angeführten Differentialgleichung liefert nicht nur die zeitlichen Verläufe der Zustandsgrößen sondern auch tiefere Einsichten in die dynamischen Eigenschaften von Systemen.

Ausgangsbeziehung ist die wiederholt angeführte Zustandsgleichung:

$$\dot{x}(t) = A\, x(t) + B\, u(t) \ \text{ mit } x(0) = x_0 \tag{6.17}$$

Aus der Erfahrung ist bekannt, daß sich ihre Lösungen aus den zwei Teilen,
– der freien ungestörten Bewegung oder Eigenbewegung für $u(t) = 0$ und
– der erzwungenen Bewegung für $u(t) \neq 0$
zusammensetzen:

$$x(t) = x_f(t) + x_e(t) \tag{6.18}$$

Im weiteren Verlauf treten immer wieder Begriffe wie *charakteristische Matrix*, *charakteristisches Polynom*, *charakteristische Gleichung*, *Eigenwert* und *Eigenvektor* auf, die in den nachfolgenden Abschnitten behandelt werden.

6.3.1 Lösungsansatz für die Eigenbewegung des Systems

An Hand des Lösungsansatzes für die Eigenbewegung des ungestörten Systems sollen o.a. Begriffe beschrieben werden.

Aus $u(t) = 0$ folgt:

$$\dot{x}(t) = A\, x(t) \Rightarrow x_f(t) \tag{6.19}$$

Mit dem Lösungsansatz:

$$x_f(t) = K\, e^{st}$$
$$\dot{x}_f(t) = s\, K\, e^{st} \tag{6.20}$$

dem Einführen der Einheitsmatrix $\mathbf{I}$ und Ausklammern von $\mathbf{K}$ kann die Gleichung (6.19) wie folgt geschrieben werden:

$$(s\,\mathbf{I} - \mathbf{A})\mathbf{K} = \mathbf{0} \tag{6.21}$$

Der in Gleichung (6.21) enthaltene Ausdruck:

$$(s\,\mathbf{I} - \mathbf{A}) = [s\,\mathbf{I} - \mathbf{A}] \tag{6.22}$$

wird als charakteristische Matrix der Systemmatrix $\mathbf{A}$ bezeichnet.
$\mathbf{K}$ ist eine Matrix, die aus n Spaltenvektoren $\mathbf{k}_i$:

$$\mathbf{K} = \begin{bmatrix} \uparrow & \uparrow & \cdots & \uparrow \\ \mathbf{k}_1 & \mathbf{k}_2 & \cdots & \mathbf{k}_n \\ \downarrow & \downarrow & \cdots & \downarrow \end{bmatrix} = \begin{bmatrix} k_{11} & k_{12} & \cdots & k_{1n} \\ k_{21} & k_{12} & \cdots & k_{2n} \\ \vdots & \vdots & \ddots & \vdots \\ k_{n1} & k_{n2} & \cdots & k_{mm} \end{bmatrix} \tag{6.23}$$

gebildet wird.
Die zum i-ten Eigenwert $s = p_i$ gehörende Lösung von $(s\mathbf{I}-\mathbf{A}) = 0$ hat die Form

$$\mathbf{k}_i = \tau_i\,\mathbf{r}_i \tag{6.24}$$

Die Vektoren $\mathbf{k}_i$ setzen sich aus einer beliebigen von Null verschiedenen reellen Zahl τ_i und dem Eigenvektor $\mathbf{r}_i$ zusammen [Göldner_2-82] und [KE-Mathe-77]:

$$\mathbf{K} = \mathbf{R}\,\tau = \begin{bmatrix} r_{11} & r_{12} & \cdots & r_{1n} \\ r_{21} & r_{12} & \cdots & r_{2n} \\ \vdots & \vdots & \ddots & \vdots \\ r_{n1} & r_{n2} & \cdots & r_{mm} \end{bmatrix} \begin{bmatrix} \tau_1 & 0 & \cdots & 0 \\ 0 & \tau_2 & \cdots & 0 \\ \vdots & \vdots & \ddots & \vdots \\ 0 & 0 & \cdots & \tau_n \end{bmatrix} \tag{6.25}$$

Weiterhin besteht zwischen dem i-ten Eigenwert p_i und dem zu ihm gehörenden Eigenvektor $\mathbf{r}_i$ der folgende Zusammenhang [Göldner_2-82]:

$$p_i\,\mathbf{r}_i = \mathbf{A}\,\mathbf{r}_i \tag{6.26}$$

Aus diesem Zusammenhang folgt obige Gleichung in Form einer Vektor-Matrix-Gleichung für den Eigenwert p_i:

$$\begin{bmatrix} p_i - a_{11} & -a_{12} & \cdots & -a_{1n} \\ -a_{21} & p_i - a_{22} & \cdots & -a_{2n} \\ \vdots & \vdots & \ddots & \vdots \\ -a_{n1} & -a_{n2} & \cdots & p_i - a_{nn} \end{bmatrix} \begin{bmatrix} \uparrow \\ \mathbf{k}_i \\ \downarrow \end{bmatrix} = \begin{bmatrix} s\,\mathbf{I} - \mathbf{A} \end{bmatrix} \tau_i \begin{bmatrix} \uparrow \\ \mathbf{r}_i \\ \downarrow \end{bmatrix} = \mathbf{0} \qquad (6.27)$$

Die Vektor-Matrix-Gleichung ist ein homogenes Gleichungssystem für die Komponenten von K. Die spaltenweise Anordnung der Eigenvektoren $\mathbf{r}_i$ liefert die Matrix der *Rechtseigenvektoren*:

$$\mathbf{R} = \begin{bmatrix} \mathbf{r}_1 & \mathbf{r}_2 & \cdots & \mathbf{r}_n \end{bmatrix} \qquad (6.28)$$

Dieses Gleichungssystems ist genau dann erfüllt, wenn für die Determinante der charakteristischen Matrix (s**I**-**A**) gilt:

$$cp(\mathbf{A}) = \det(s\,\mathbf{I} - \mathbf{A}) = |s\,\mathbf{I} - \mathbf{A}| = 0 \qquad (6.29)$$

$cp(\mathrm{A})$ ist ein Polynom n-ten Grades in s.
Im Zusammenhang mit der Systemmatrix **A** ergeben sich:
1. Das charakteristische Polynom

$$cp(\mathbf{A}) = s^n + a_{n-1}\,s^{n-1} + \cdots + a_2\,s^2 + a_1\,s + a_0 \qquad (6.30)$$

2. Die charakteristische Gleichung

$$cp(\mathbf{A}) = 0 \qquad (6.31)$$

für die der Satz von Cayley[1]-Hamilton[2] besagt:
Jede quadratische Matrix **A** *genügt ihrer eigenen charakteristischen Gleichung, d.h.*:

$$cp(\mathbf{A}) = \mathbf{A}^n + a_{n-1}\,\mathbf{A}^{n-1} + \cdots + a_1\,\mathbf{A} + a_0\,\mathbf{I} = \mathbf{0} \qquad (6.32)$$

3. Die Eigenwerte p_i
   als Wurzeln der charakteristischen Gleichung (6.31).
4. Der Eigenvektor $\mathbf{r}_i$ oder charakteristischer Vektor
   wenn p_i ein Eigenwert von **A** ist und ein oder mehrere linear unabhängige Vektoren $\mathbf{r}_i \neq 0$ existieren, die die Gleichung (6.27) erfüllen.
Die Systemmatrix **A** bestimmt die dynamischen Eigenschaften des Systems. Mit

---

[1] Cayley, Arthur *16.8.1821 Richmond, †26.1.1895 Cambridge, Mathematiker
[2] Hamilton, William Rowan, seit 1835 Sir *4.8.1805 Dublin, †12.9.1865 Dunsik, Mathematiker und Physiker

der Kenntnis der Rechtseigenvektoren nach Gleichung (6.28) und den Eigenwerten p_i ist der Anteil der freien Bewegung an der Gesamtbewegung, bis auf die Werte von τ_i bestimmt:

$$\mathbf{x}_f(t) = \begin{bmatrix} x_{1f}(t) \\ x_{2f}(t) \\ \vdots \\ x_{nf}(t) \end{bmatrix} = \mathbf{K}\,e^{st} = \mathbf{R}\,\boldsymbol{\tau}\,e^{st}$$

bzw.

$$\mathbf{x}_f(t) = \tau_1\,\mathbf{r}_1\,e^{s_1 t} + \tau_2\,\mathbf{r}_2\,e^{s_2 t} + \cdots + \tau_n\,\mathbf{r}_n\,e^{s_n t} \tag{6.33}$$

Mit Hilfe der Matrix der Rechtseigenvektoren $\mathbf{R}$ und ihrer Inversen $\mathbf{R}^{-1}$ kann die Systemmatrix $\mathbf{A}$ in eine Diagonalmatrix $\mathbf{A}_d$, mit Blöcken auf der Hauptdiagonalen, in denen die Eigenwerte von $\mathbf{A}$ enthalten sind, transformiert werden. Diese Matrix entspricht einem Sonderfall der Jordan[1]-Normalform welche als *Diagonalform* bezeichnet werden soll:

$$\mathbf{A}_d = \mathbf{R}^{-1}\,\mathbf{A}\,\mathbf{R} \tag{6.34}$$

Diese Normalform stellt, neben noch anderen Normalformen, eine günstige Ausgangsbasis für den Entwurf von Regeleinrichtungen im Zustandsraum dar. Gleichung (6.32) kann dann ganz allgemein geschrieben werden:

$$\mathbf{x}_f(t) = e^{\mathbf{A}t}\,\mathbf{x}_0 = \Phi(t)\,\mathbf{x}_0 \tag{6.35}$$

$\Phi(t)$ wird als *Fundamental-* oder *Übergangsmatrix* bezeichnet. Sie beschreibt den Übergang vom Anfangszustand zum Zustand des Systems.

6.3.2 Charakteristisches Polynom der Systemmatrix mit *poly*

Eigenschaft von *poly*:
> Berechnet aus einer Matrix bzw. einem Vektor das charakteristische Polynom. Es ist eine MATLAB-Stammfunktion.

Syntax:

$$\mathrm{cpA} = poly(\mathrm{A}) \tag{6.36}$$

$$\mathrm{cpe} = poly(\mathrm{ew}) \tag{6.37}$$

---

[1] Jordan, Marie Ennemond Camille *5.1.1838 Croix_Rousse, †21.1.1922 Paris, Mathematiker

Beschreibung:

Berechnet für eine quadratische Matrix A vom Typ (n,n) bzw. aus einem Vektor e_w vom Typ $(n,1)$ von n Eigenwerten einen Vektor vom Typ $(1,n+1)$ dessen Elemente die Koeffizienten des charakteristischen Polynoms nach Gleichung (6.29) sind. Beispiel, siehe 6.3.5.

6.3.3 Wurzeln des charakteristischen Polynoms mit *roots*

Eigenschaft von *roots*:

Berechnet die Wurzeln - Nullstellen bzw. Pole - eines Polynoms.

Syntax:

$$PN = roots(\text{cpA}) \tag{6.38}$$

Beschreibung:

Dieses Kommando ist eine Stammfunktion. Beispiel, siehe 6.3.5.

6.3.4 Eigenwerte und Eigenvektoren der Systemmatrix mit *eig*

Eigenschaft von *eig*:

Berechnet die Eigenwerte und Eigenvektoren einer Matrix.

Syntax:

$$[R,Ad] = eig(A) \tag{6.39}$$
$$Po = eig(A) \tag{6.40}$$

Beschreibung:

Gleichung (6.39) berechnet die Matrix R der Rechtseigenvektoren und die Matrix A_d der Eigenwerte, auch als Diagonalmatrix A_d bezeichnet. Mit Gleichung (6.40)werden nur die Eigenwerte einer quadratischen Matrix A bestimmt. Dieses Kommando ist eine Stammfunktion. Sein Anwendungsbereich ist größer als hier angegeben.

6.3.5 Beispiel zu *poly*, *roots* und *eig*

Beispiel 6.4

Für das Inverse Pendel nach Kapitel 3.3 sind aus der Systemmatrix das charakteristische Polynom, die Eigenwerte und Eigenvektoren zu berechnen. Die Systemmatrix ist mit der Funktion *invpendl.m* zu ermitteln.

Die Systemmatrix mit invpendl:

```
[A,B,C,D] = invpendl('IP');
```

Das charakteristische Polynom mit *poly*:

```
cpA = poly(A)
cpA =
    1.0000    72.0788    19.0549   -701.5718        0
```

bzw. ausführlich:

$$cp(\mathbf{A}) = s^4 + 72{,}0788\,s^3 + 19{,}0549\,s^2 - 701{,}5718\,s + 0$$

Die Pole mit *roots* aus der charakteristischen Gleichung *cpa*, mit *esort* sortiert:

```
Pol = (esort((roots(cpA))))'
Pol =
    2.9338        0    -3.3363    -71.6764
```

und die Eigenwerte bzw. Pole mit *eig*, mit *esort* sortiert:

```
Po2 = (esort(eig(A)))'
Po2 =
    2.9338        0    -3.3363    -71.6764
```

Die Eigenwerte bzw. Pole sind gleich.

Ein Wert liegt in der positiven Hälfte und einer im Ursprung der komplexen Zahlenebene. Dies ist, wie noch gezeigt werden wird, die Ursache dafür, daß das Inverse Pendel nicht ohne Hilfe in der Senkrechten stehen bleibt.

Die Matrix der Rechtseigenvektoren und der Eigenwerte mit *eig*:

```
[R,Ad] = eig(A)
R =
         0    0.2871    0.3226    0.0099
         0   -0.9578    0.9465   -0.7099
    1.0000    0.0033   -0.0030   -0.0098
         0   -0.0112   -0.0087    0.7042
Ad =
         0         0         0         0
         0   -3.3363         0         0
         0         0    2.9338         0
         0         0         0   -71.6764
```

Auf der Hauptdiagonale von A_d stehen die Eigenwerte. Da sie alle reell sind, müssen die restlichen Koeffizienten Null sein.

Die Matrix R wird im weiteren Verlauf als Transformationsmatrix verwendet.

6.4 Stabilität linearer Systeme

Eines der wichtigsten Kriterien für die Beurteilung eines dynamischen Systems ist sein Stabilitätsverhalten. Allgemein kann dies wie folgt ausgedrückt werden:

Ein lineares System ist stabil, wenn es nach einer beschränkten Erregung mit einer beschränkten Bewegung am Ausgang reagiert oder in den ursprünglichen Zustand zurückkehrt, anderenfalls ist es instabil.

Die beschränkte Erregung kann entweder eine Anfangsauslenkung des Systems oder eine von außen auf das System wirkende Größe sein.
Eine Aussage zur Stabilität ist folglich mit der Lösung der Differentialgleichung:

$$y^{(n)}(t) + \ldots + a_1 \dot{y}(t) + a_0 y(t) = b_m u^{(m)}(t) + \ldots + b_1 \dot{u}(t) + b_0 u(t) \qquad (6.41)$$

bzw. der Übertragungsfunktion:

$$G(s) = \frac{b_m s^m + \ldots + b_1 s + b_0}{s^n + a_{n-1} s^{n-1} + \ldots + a_1 s + a_0} \qquad (6.42)$$

die beide das Systemverhalten beschreiben, eng verbunden. Die Zeitantworten als Lösungen bestehen, wie auch unter 6.3 gezeigt, aus den Anteilen:
- der freien Bewegung $y_f(t)$, abhängig von den Anfangsbedingungen
- und der erzwungenen Bewegung $y_e(t)$, abhängig von der Eingangsgröße sowie ihren Anfangswerten

$$y(t) = y_f(t) + y_e(t) \qquad (6.43)$$

Der Anteil der freien Bewegung ergibt sich aus dem homogenen Teil der die Systemdynamik beschreibenden linearen Differentialgleichung.
Die Lösungen werden durch den Lösungsansatz:

$$y_f(t) = C e^{st} \qquad (6.44)$$

ermittelt. Die Koeffizienten C sind von den Anfangswerten:

$$y(0), \dot{y}(0), \ldots, y^{(n-1)}(0) \qquad (6.45)$$

abhängig. Durch den Lösungsansatz wird der homogene Teil der Differentialgleichung in das *charakteristische Polynom* des betrachteten Systems überführt. Es stimmt mit dem Nenner der Übertragungsfunktion nach Gleichung (6.42) überein. Die Lösungen der durch *Nullsetzen* des charakteristischen Polynoms gebildeten *charakteristischen Gleichung* sind die Pole des Systems.

6.4.1.1 Lösungen der charakteristischen Gleichung

Die Pole können in sechs Klassen entsprechend ihrer Lage in der komplexen Zahlenebene eingeteilt werden. Damit ist es möglich, charakteristische Aussagen über den Verlauf der freien Bewegung eines Systems zu machen.

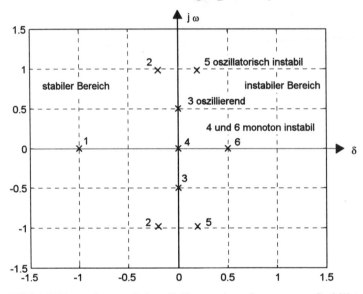

Bild 6.4 Die sechs möglichen Pollagen eines Systems zur Stabilitätsaussage

Das Bild 6.4 liefert zu den Lösungen der charakteristischen Gleichung eines Systems, welches einer Anfangsauslenkung unterliegt, folgende Aussagen:

1. Das System strebt aperiodisch einem endlichen Wert zu und ist damit *stabil*, wenn gilt:

$$s < 0 \quad \Rightarrow \quad y(t \to \infty) = \lim_{t \to \infty} C e^{st} = 0$$

2. Das System strebt periodisch einem endlichen Wert zu und ist damit *stabil*, wenn gilt:

$$s = \delta \pm j\omega$$

$$\delta < 0 \quad \Rightarrow \quad y(t \to \infty) = \lim_{t \to \infty} e^{\delta t} \left[C_1 \cos(\omega t) + C_2 \sin(\omega t) \right] = 0$$

3. Das System führt Schwingungen mit konstanter Amplitude um die Anfangsauslenkung aus und ist damit *grenzstabil*, wenn gilt:

$$s = \pm j\omega \quad \Rightarrow \quad y(t \to \infty) = C_1 \cos(\omega\, t) + C_2 \sin(\omega\, t)$$

4. Das Systems entfernt sich mit konstant wachsender Amplitude von der Anfangsauslenkung und ist damit *monoton instabil*, wenn gilt:

$$s = 0 \quad \Rightarrow \quad y(t \to \infty) = \lim_{t \to \infty} C\, e^{st} = \infty$$

5. Das Systems entfernt sich mit wachsender Amplitude von der Anfangsauslenkung und ist damit *monoton instabil*, wenn gilt:

$$s > 0 \quad \Rightarrow \quad y(t \to \infty) = \lim_{t \to \infty} C\, e^{st} = \infty$$

6. Das Systems entfernt sich mit oszillierend wachsender Amplitude von der
   Anfangsauslenkung und ist damit *oszillatorisch instabil*, wenn gilt:

$$s = \delta \pm j\omega$$

$$\delta > 0 \quad \Rightarrow \quad y(t \to \infty) = \lim_{t \to \infty} e^{\delta t}\left[C_1 \cos(\omega\, t) + C_2 \sin(\omega\, t)\right] = \pm\infty$$

Die Aussage, ob ein lineares System *stabil*, *grenzstabil* oder *instabil* ist, kann
folglich nicht eine Frage der von außen auf das System einwirkenden Signale
sein, sondern ist vielmehr im System selbst begründet.

Ein lineares dynamisches System ist asymptotisch stabil, wenn alle seine Eigenwerte - Pole - einen negativen Realteil aufweisen, d.h. $\Re e < 0$ gilt.

Aus regelungstechnischer Sicht entspricht der erste Fall einem PT_1-Glied, der
zweite einem PT_{2d}-Glied - Schwingungsglied - und der vierte Fall einem *I*-Glied.
Durch eine Rückkopplung läßt sich das *I*-Glied in ein PT_1-Glied, also ein *stabi-
les* System, überführen.
Bei der im Kapitel 8 behandelten Reihenschaltung von Übertragungsgliedern und
anschließender Rückkopplung, wie es bei der Bildung eines Regelkreises aus der
Regelstrecke und dem Regler geschieht, besteht die Gefahr, daß aus *stabilen*
Einzelgliedern ein *instabiler* Regelkreis entsteht. Das Problem der möglichen
Instabilität rückgekoppelter Systeme führte schon früh zu seiner Untersuchung,

so 1877 durch Routh[1] [Routh-1898], 1892 durch Ljapunow [Ljapunow-1892], 1895 durch Hurwitz [Hurwitz-1895], 1932 durch Nyquist [Nyquist-32] u.a.
Bis auf das Verfahren von Nyquist, welches von der Ortskurve der offenen Kette Aussagen über die Stabilität des geschlossenen Kreises macht, haben die anderen Verfahren die Differentialgleichung bzw. ihre Koeffizienten als Grundlage zur Beurteilung des Stabilitätsverhaltens.

MATLAB stellt für die Beurteilung des Stabilitätsverhaltens die Funktionen *margin.m*, *nyquist.m* und *rlocus.m* $\rightarrow$ *rlocfind.m* zur Verfügung. Mit diesen Funktionen können die kritischen Werte bestimmt werden, die das System an die Grenze der Stabilität führen. Selbstverständlich können auch die Funktionen *impulse.m* oder *step.m* sowie *eig.m*, *pzmap.m* und *roots.m* zur Beurteilung des Stabilitätsverhaltens genutzt werden

6.4.1.2 Das Hurwitz-Kriterium

Das Hurwitz-Kriterium geht von den Koeffizienten der charakteristischen Gleichung (6.28) bis (6.30) aus und lautet wie folgt:

Das System (6.19) ist asymptotisch stabil, wenn:
- alle Koeffizienten a_0 ... a_{n-1} des charakteristischen Polynoms (6.29) positiv sind sowie $a_n = 1$ vorausgesetzt wird und
- die nachfolgenden Determinanten (6.46) größer als Null sind.

$$H_n = \begin{vmatrix} a_1 & a_3 & \cdots & \cdots & \cdots & 0 \\ a_0 & a_2 & \cdots & \cdots & \cdots & 0 \\ 0 & a_0 & \cdots & \cdots & \cdots & 0 \\ 0 & \vdots & \vdots & \ddots & \vdots & \vdots \\ 0 & \cdots & \cdots & a_{n-3} & a_{n-1} & 0 \\ 0 & \cdots & \cdots & a_{n-4} & a_{n-2} & 1 \end{vmatrix} > 0$$

$$H_1 = a_1 > 0; \quad H_2 = \begin{vmatrix} a_1 & 0 \\ a_0 & 1 \end{vmatrix} > 0; \quad H_3 = \begin{vmatrix} a_1 & a_3 & 0 \\ a_0 & a_2 & 0 \\ 0 & a_1 & 1 \end{vmatrix} > 0 \cdots H_{n-1} > 0 \quad (6.46)$$

Das Hurwitz-Kriterium wurde im Beispiel 4.35 verwendet.

---

[1] Routh, Edward John - London 1877: The Dynamics of Rigid Bodies, 1898 Mitglied des Senats von London, Mechaniker

6.4.1.3 Von der offenen Kette zum geschlossenen Kreis

Grundlage zur Erläuterung des Zusammenhangs zwischen der offenen Kette und dem geschlossenen Kreis ist nachfolgendes Signalflußbild 6.5:

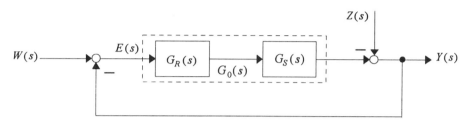

Bild 6.5 Regelkreis in der Standardform, Störgröße am Ausgang der Regelstrecke

Aus ihm läßt sich für die Ausgangsgröße des Regelkreises mit der Übertragungsfunktion $G_0(s)$ der offenen Kette folgende Gleichung ableiten:

$$Y(s) = \frac{G_0(s)}{1 + G_0(s)} W(s) - \frac{1}{1 + G_0(s)} Z(s) \tag{6.47}$$

Wird aus (6.47) die charakteristische Gleichung des geschlossenen Kreises:

$$1 + G_0(s) = 0 \tag{6.48}$$

in den Frequenzgang überführt und wie folgt umgestellt:

$$1 + G_0(s = j\omega) = 1 + F_0(j\omega) = 0 \quad \Rightarrow \quad F_0(j\omega) = -1 \tag{6.49}$$

so läßt sich die Beurteilung der Stabilität des geschlossenen Kreises auf die offene Kette übertragen. Da, wie oben festgestellt, die Stabilität eine dem linearen System innewohnende Eigenschaft ist, gilt nach der *Selbsterregungsbedingung* von Barkhausen[1] folgendes:

Ein von außen zum Schwingen angeregtes lineares System schwingt weiter, wenn die äußere Erregung entfernt und dafür das Ausgangssignal gegengekoppelt auf den Systemeingang geschaltet wird.

Diese Aussage in einen Zusammenhang mit der Gleichung (6.49) gebracht, bedeutet, daß das geschlossene System sich an der Grenze der Stabilität befindet, wenn der dazugehörende Frequenzgang der offenen Kette minus Eins ist.

---

[1] Barkhausen, Heinrich Georg *2.12.1881 Bremen, †20.2.1956 Dresden, Prof. für Schwachstromtechnik

Da der Frequenzgang in seine Amplitude, Gleichung (4.72), und in seine Phase, Gleichung (4.73), zerlegt werden kann, gilt:

Betragen bei einer offenen Kette die Amplitude des Frequenzganges $|F_0(j\omega)| = 1$ und die Phasendrehung $\varphi = \arg|F_0(j\omega)| = -\pi$, dann befindet sich das dazugehörende geschlossene System, *der Regelkreis*, an der Grenze der Stabilität. Aus der imaginären Achse in der komplexen s-Ebene, als Grenze zur Beurteilung der Stabilität, ist der *kritische Punkt* $(-1, j0)$ geworden.

Nachfolgend werden nun die beiden Formen des Nyquist-Kriteriums behandelt.

6.4.1.4 Das Nyquist-Kriterium

Das Nyquist-Kriterium dient zur Beurteilung der Stabilität linearer Regelkreise indem es vom Verlauf der Ortskurve - Kapitel 4.5 - der offenen Kette auf die Stabilität des geschlossenen Kreises schließt.

Für Übertragungsfunktionen $G_0(s)$, die aus Grundgliedern entsprechend der Punkte 1, 2 und 4 des Abschnitts 6.4.1.1 gebildet sind, lautet das vereinfachte Nyquist-Kriterium, auch als *Linke-Hand-Regel* bezeichnet:

Der zu einer stabilen offenen Kette mit der Übertragungsfunktion $G_0(s)$ gehörende Regelkreis ist genau dann stabil, wenn der kritische Punkt $(-1, j0)$ links von der in Richtung wachsender Frequenzen $0 \leq \omega < \infty$ durchlaufenen Ortskurve von $F_0(j\omega)$ liegt.

Das Nyquist-Kriterium macht neben der Aussage nach der Art der Stabilität auch Angaben über den Stabilitätsvorrat bezogen auf die Amplitude:

Der Amplitudenrand *Am* ist ein Maß für die relative Stabilität und berechnet sich aus dem Kehrwert des Betrages des Frequenzganges der offenen Kette für die Frequenz $\omega|_{-180°}$. bei der der Phasenwinkel $\varphi = -180°$ beträgt Er gibt an, um welchen Faktor die Kreisverstärkung vergrößert werden kann, ehe die Stabilitätsgrenze erreicht wird.

$$Am = \frac{1}{\left|F_0(\omega)\right|_{-180°}} \tag{6.50}$$

und über den Stabilitätsvorrat bezogen auf die Phase:

Der Phasenrand *Ph* ist ein Maß für die relative Stabilität und bezeichnet die

Winkeldifferenz zwischen der negativen reellen Achse der komplexen F-Ebene und dem Punkt, an dem die Ortskurve der offenen Kette mit der Schnittfrequenz ω_s in den Einheitskreis eintritt., d.h. wo $|F_0(j\omega_s)| = 1$ wird. Er gibt an, um welchen Winkel die Phase noch in Richtung $\varphi = -180°$ verdreht werden kann, bis die Stabilitätsgrenze erreicht wird.

im Falle eines im offenen Zustand stabilen Systems.

$$Ph = 180°-\left|\varphi\left(\omega_s\right)\right| \qquad (6.51)$$

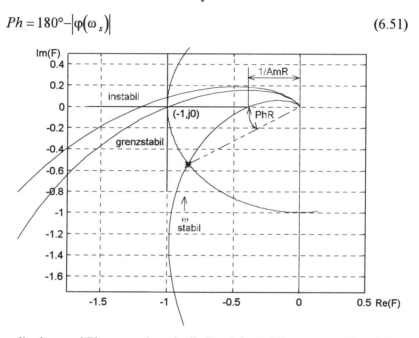

Bild 6.6 Amplituden- und Phasenrand sowie die Bereiche stabil, grenz- und instabil

6.4.1.5 Das allgemeine Nyquist-Kriterium

Die Übertragungsfunktion $G_0(s)$ des aufgeschnittenen Regelkreises besteht aus einem gebrochenen rationalen Teil und gegebenenfalls einem Totzeitglied. Sie hat außer den Polen in der linken Hälfte der komplexen s-Ebene noch n_p Pole mit positivem Realteil und n_{im} Pole auf der imaginären Achse:

$$G_0(s) = \frac{1}{s^q} \frac{b_m s^m+...+b_1 s+b_0}{a_{n-q}s^{n-q} +a_{n-(q+1)} s^{n-(q+1)}+...+a_2 s^2 +a_1 s+a_0} e^{-sT_t} \quad (6.52)$$

mit $q \le 2$, $m < n$

Hierfür lautet das allgemeine Nyquist-Kriterium:

Die offene Kette mit der Übertragungsfunktion $G_0(s)$ mit n_p Polen mit positivem Realteil und n_{im} Polen auf der imaginären Achse führt genau dann auf einen stabilen Regelkreis, wenn der von dem kritischen Punkt(-1, $j0$) an die Ortskurve $F_0(j\omega)$ gezogene Vektor $[1+F_0(j\omega)]$ beim Durchlaufen der Frequenz $0 \le \omega < \infty$ die Winkeländerung $\Delta\varphi$ beschreibt.

$$\Delta\varphi = \pi\left(n_p + \frac{n_{im}}{2}\right) \qquad (6.53)$$

6.4.1.6 Berechnung von Stabilitätswerten mit *margin*

Eigenschaft von *margin*:
  Berechnet Stabilitätswerte eines Systems.
Syntax:
  [AmR,PhR,wa,wp] = *margin*(Z,N)   (6.54)
  [AmR,PhR,wa,wp] = *margin*(A,B,C,D)   (6.55)
  [AmR,PhR,wa,wp] = *margin*(Am,Ph,w)   (6.56)
Beschreibung:
  Diese Funktion berechnet den beim Schließen einer stabilen offenen Kette verbleibenden Amplitudenrand *AmR* und Phasenrand *PhR* sowie die dazugehörenden Frequenzen eines Eingrößensystems nach Gleichung (6.50) und (6.51). Ist nur die kritische Verstärkung gesucht, so gilt Kkr = margin(Z,N). Die Funktion stellt bei Aufruf nur des rechts vom Gleichheitszeichen stehenden Teils, entsprechend der Darstellung im Bode-Diagramm, den Amplituden- und Phasenverlauf getrennt dar und gibt die entsprechenden Werte an bzw. zeichnet sie ein. Die Gleichung (6.56) geht von den Werten für die mit bode ermittelten Amplituden, Phasen und Frequenzen aus und berechnet die Ränder bzw. stellt sie dar.

6.4.1.7 Stabile offene Systeme mit Totzeit

Für stabile offene Systeme mit Totzeit gilt:

Ein System mit Totzeit, dessen offene Kette stabil ist, wird als geschlossenes System ebenfalls stabil sein, wenn die Ortskurve des Frequenzganges der offenen Kette mit wachsender Frequenz ω den kritischen Punkt (-1, $j0$) nicht umfaßt, d.h. ihn links liegen läßt. Linke-Hand-Regel.

6.4.1.8 Beispiele zur Stabilität von geschlossenen Eingrößensystemen

Beispiel 6.5

Für die Regelstrecke des Netzgerätes nach Kapitel 3.4 sind die kritische Verstärkung und der Phasenrand zu ermitteln. Für die Verstärkung der Regelstrecke, die kritische Verstärkung und dem 1,2fachen sind die Ortskurven in einem Bild darzustellen. Es ist ein Einheitskreis einzuzeichnen und die Achsen sind entsprechend anzupassen. Die Schnittpunktwerte mit der reellen und der imaginären Achse für den Amplituden- und Phasenrand sind zu berechnen und mit den graphischen Ergebnissen zu vergleichen.

Lösung:

Aufruf der Funktion *nge.m*:

```
[Z,N] = nge;
```

Kritische Verstärkung und Phasenrand:

```
[Kkr, PhR] = margin(Z,N)
Kkr =
     2.5919
PhR =
    32.4805
```

Die kritische Verstärkung entspricht dem in Beispiel 4.36 mit *rlocfind* ermittelten. Die drei Ortskurven übereinander gezeichnet

```
nyquist(1.2*Kkr*Z,N), hold on, nyquist(Kkr*Z,N),
nyquist(Z,N)
```

Einheitskreis und Achsenbegrenzung:

```
t = 3:0.01:5.3;
plot(sin(t),cos(t),'b-')
axis([-1.75 0.5 -1.1 0.5])
```

Berechnen und Eintragen der Achsenwerte des Amplituden- und Phasenrandes:

```
ReAm = -1/Kkr
ReAm =
    -0.3858
ImPh = -sin(PhR*pi/180)
ImPh =
    -0.5370
RePh = -cos(PhR*pi/180)
RePh =
    -0.8436
```

Das Ergebnis ist in Bild 6.6 dargestellt.

Beispiel 6.6

Für das System Stab-Wagen nach Kapitel 3.1 ist mit Hilfe des allgemeinen Nyquist-Kriteriums zu untersuchen, ob durch negative Rückführung des Wegsignals auf die am Eingang wirkende Kraft das System stabilisiert werden kann.

Lösung:

Aufruf der Funktion *invpendl*.m zur Ermittlung der Systemgleichungen:

```
[ASW,BSW,CSW,DSW] = invpendl('SW');
```

Berechnung der Pole:

```
Po = (esort(eig(ASW)))'
Po =
      3.2434          0   -0.0905   -3.8172
```

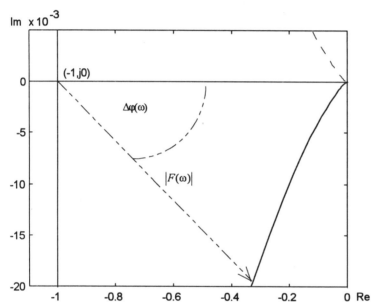

Bild 6.7 Ausschnitt aus der Ortskurve einer instabilen offenen Kette

Das System besitzt zwei Pole in der linken Halbebene, einen Pol - n_{im} = 1 - im Ursprung und einen Pol - n_p = 1 - rechts von der imaginären Achse, es ist also im offenen Zustand instabil. Als Prüfkriterium ist folgende Winkeländerung $\Delta\varphi$ für ein stabiles geschlossenes System entsprechend Gleichung (6.53) erforderlich:

```
dphi = 180*(1+1/2)
dphi =
      270
```

Die Winkeländerung muß 270° betragen, wenn das geschlossene System durch die

Rückführung stabilisiert werden soll.
Zeichnen der Ortskurve des im offenen Zustand instabilen Systems mit *nyquist*:

```
nyquist(ASW,BSW,CSW(2,:),0)
```

Überführen in eine der Aufgabenstellung angepaßte Darstellung mit *axis*:

```
axis([-1.1 0 -0.02 0.005])
```

Wie die Auswertung von der im Bild 6.7 gezeigten Ortskurve ergibt, beträgt die Winkeländerung im Bereich $0 \le \omega < \infty$ $\Delta\varphi(\omega) = 90°$ und somit kann die instabile offene Kette durch die o.a. negative Rückführung nicht stabilisiert werden.
Der Verlauf des Phasenganges läßt sich wesentlich übersichtlicher mit der Funktion *bode.m* darstellen, was empfohlen wird.

Beispiel 6.7
Als offene Kette sind ein PT_1-Glied - Stellglied im Netzgerät mit $T = 0,025$ *s*, Gleichung (3.155) - und ein Totzeitglied mit einer Totzeit $T_t = 1$ *s* gegeben:

$$G_{0Tt}(s) = V \frac{1}{Ts+1} e^{-T_t s} \quad \Rightarrow \quad F_{0Tt}(j\omega) = V \frac{1}{Tj\omega+1} e^{-T_t j\omega}.$$

Für die Verstärkungsfaktoren $V = [2.5\ 2.25\ 2]$ sind die Ortskurven des PT_1-Gliedes und des PT_1-Gliedes mit Totzeit graphisch darzustellen. Kann das geschlossene System in Abhängigkeit von der Verstärkung instabil werden? Wenn ja, wie groß ist die kritische Verstärkung?
Lösung:
Das Totzeitglied wird durch die Eulersche Formel:

$$e^{-T_t j\omega} = \cos(T_t \omega) - j\sin(T_t \omega)$$

beschrieben. In Verbindung mit dem Frequenzgang des PT_1-Gliedes ergibt sich als Gesamtfrequenzgang der offenen Kette:

$$F_{0Tt}(j\omega) = V \frac{\cos(T_t T\omega) - T\omega \sin(T_t T\omega)}{1+(T\omega)^2}$$
$$- V \frac{\sin(T_t T\omega) + T\omega \cos(T_t T\omega)}{1+(T\omega)^2} j$$

Diese Frequenzganggleichung ist durch eine Funktion *pt1tt.m* zu beschreiben.

```
function pt1tt(V,T,Tt)
% Die Funktion pt1tt(V,T,Tt) zeichnet die Ortskurve eines PT1-Gliedes mit Totzeit
    Z = V; N = [T 1];
    [re,im,w] = nyquist(Z,N); w = linspace(0,1000,500);
```

```
for i = 1:length(w)
    Re(i) = V*(cos(Tt*T*w(i))-T*w(i)*sin(Tt*T*w(i)))/(1+(T*w(i))^2);
end
for i = 1:length(w)
    Im(i) = -V*(sin(Tt*T*w(i))+T*w(i)*cos(Tt*T*w(i)))/(1+(T*w(i))^2);
end
t=0:.01:6.3;
plot(Re,Im,'b'), hold on, plot(cos(t),-sin(t),'w'), nyquist(Z,N)
% Ende
```
Die Funktion ist dreimal aufzurufen, um den V-Vektor abzuarbeiten:

```
V = [2.5 2.25 2]; T = 0.025; Tt = 1;
for i = 1:3, pt1tt(V(i),T,Tt), end
```

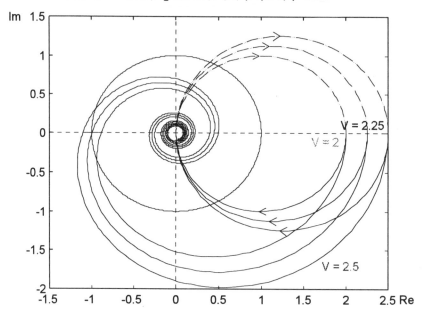

Bild 6.8 Ortskurven eines PT_1-Gliedes mit Totzeit bei drei Verstärkungsfaktoren

Aus Bild 6.8 ist mit Hilfe der Linken-Hand-Regel deutlich zu erkennen, daß ein geschlossenes System, dessen offene Kette aus einem PT_1-Glied mit Totzeitanteil besteht, durch Vergrößerung der Verstärkung, aber auch der Totzeit, instabil werden kann. Bekanntlich hat der geschlossene Kreis, der aus einem rückgekoppelten PT_1-Glied gebildet wird, wieder PT_1-Verhalten und ist für alle Verstärkungswerte stabil. Die Zusammenhänge, die das Bild 6.8 wiedergibt, hätten auch mit der Funktion *bode_TtL.m*, Beispiel 4.31, gefunden werden können.

6.5 Normalformen der Systemmatrix

Wie bereits im Kapitel 4.2.3 - Das Zustandsmodell - beschrieben, ist die Wahl der Zustandsgrößen nicht eindeutig. Gewöhnlich werden die Zustandsgrößen im Zusammenhang mit der theoretischen Prozeßanalyse aus den Energiebilanzen abgeleitet und weisen damit einen physikalischen Charakter auf. Die so gewonnenen Zustandsgleichungen bilden die Standardform:

$$\begin{aligned}\dot{\mathbf{x}}(t) &= \mathbf{A}\,\mathbf{x}(t) + \mathbf{B}\,\mathbf{u}(t) \qquad \mathbf{x}(t=0) = \mathbf{x}_0 \\ \mathbf{y}(t) &= \mathbf{C}\,\mathbf{x}(t) + \mathbf{D}\,\mathbf{u}(t)\end{aligned} \qquad (6.57)$$

Vielfach ist es wünschenswert, Zustandsgleichungen in einer anderen, für den entsprechenden Einsatzfall günstigeren als der Standardform darzustellen. Dies erfordert eine Transformation der gegebenen Zustandsgleichungen in die gewünschte Form, was voraussetzt, daß geeignete Transformationsverfahren gegeben sind. Die so gewonnenen neuen Formen der Darstellung des Zustandes werden als Normalformen bezeichnet.

Die Transformation der Zustandsgleichungen in eine Normalform läßt aus den ursprünglichen Zustandsgrößen neue Zustandsgrößen entstehen. Dies ist auch verständlich, denn von den Eingangs-, Zustands- und Ausgangsgrößen des Systems sind nur die Zustandsgrößen nicht eindeutig bestimmt, also weitestgehend frei wählbar. Grundlage dieser Untersuchungen sind die in der Standardform mit Gleichung (6.57) vorliegenden Vektor-Matrix-Differential- und Vektor-Matrix-Ausgangsgleichungen des Zustandssystems. Sie beschreiben ein lineares, zeitinvariantes System vollständig.

Nachfolgend werden die Diagonalform sowie die Regelungs- und Beobachtungsnormalform behandelt, dem schließt sich ein gemeinsames Beispiel an.

6.5.1 Transformation der Zustandsgleichungen in die Diagonalform

6.5.1.1 Die Systemmatrix A

Wenn es gelingt, eine reelle quadratische Matrix **A** durch eine nichtsinguläre Transformationsmatrix in eine Diagonalmatrix zu überführen, dann gehört die Systemmatrix **A** als Spezialfall zur Klasse der diagonalähnlichen Matrizen.

Dies ist immer dann möglich, wenn **A** keine mehrfachen Eigenwerte besitzt. In der numerischen Mathematik und in den hier behandelten technischen Anwendungen gibt es keine scharfe Grenze zwischen den Fällen ein- und mehrfacher Eigenwerte. Durch kleine Änderungen an den Elementen a_{ij} der Systemmatrix kann diese in eine Matrix mit einfachen Eigenwerten übergehen. Damit kann der bei technischen Anwendungen höchst seltene Fall von mehrfachen Eigenwerten überführt werden in eine Systemmatrix mit dicht benachbarten Eigenwerten [Faddejew/Faddejewa-64].

Die Änderungen an den Elementen der Systemmatrix sind sicher bei der Vielzahl von Koeffizienten aus denen sie zusammengesetzt sind, ohne Qualitätsverlust möglich.

Durch die geringfügige Veränderung eines oder mehrerer Elemente a_{ij} der Systemmatrix ändern sich die Koeffizienten der zu **A** gehörenden charakteristischen Gleichung und damit ihre Eigenwerte.

Liegt also der gewöhnlich anzunehmende Fall vor, daß die in der Standardform vorliegende Systemmatrix **A** nur verschiedene Eigenwerte besitzt, dann existiert stets eine nichtsinguläre Matrix mit der die Systemmatrix in eine Diagonalform transformiert werden kann. Als Transformationsmatrix, die diese Bedingungen erfüllt, ergibt sich die bereits weiter oben behandelte Matrix der Rechtseigenvektoren **R**, auch als *Modalmatrix* bezeichnet.

6.5.1.2 Transformation der Standardform in die Diagonalform

Mit der Modalmatrix **R** wird der Zustand $x(t)$ der Standardform in den Zustand $x_d(t)$ der Jordan-Normalform bzw. Diagonalform transformiert.
Mit dem Ansatz:

$$\mathbf{x}(t) = \mathbf{R}\,\mathbf{x}_d(t) \tag{6.58}$$

folgt für die Zustandsgleichungen:

$$\begin{aligned}\dot{\mathbf{x}}(t) &= \mathbf{R}\,\dot{\mathbf{x}}_d(t) = \mathbf{A}\,\mathbf{R}\,\mathbf{x}_d(t) + \mathbf{B}\,\mathbf{u}(t) \qquad \mathbf{x}(0) = \mathbf{R}\,\mathbf{x}_d(0)\\ \mathbf{y}(t) &= \mathbf{C}\,\mathbf{R}\,\mathbf{x}_d(t) + \mathbf{D}\,\mathbf{u}(t)\end{aligned} \tag{6.59}$$

Da **R** eine nichtsinguläre Matrix ist, existiert ihre Inverse $\mathbf{R}^{-1}$, so daß sich damit das Zustandsmodell in die Diagonalform überführen läßt:

$$\dot{\mathbf{x}}_d(t) = \mathbf{R}^{-1}\mathbf{A}\,\mathbf{R}\,\mathbf{x}_d(t) + \mathbf{R}^{-1}\mathbf{B}\,\mathbf{u}(t) \tag{6.60}$$

Mit der Systemmatrix:

$$\mathbf{A}_d = \mathbf{R}^{-1}\mathbf{A}\,\mathbf{R} \tag{6.61}$$

und der Eingangsmatrix:

$$\mathbf{B}_d = \mathbf{R}^{-1}\mathbf{B} \tag{6.62}$$

folgt die Vektor-Matrix-Differentialgleichung in der Diagonalform:

$$\dot{\mathbf{x}}_d(t) = \mathbf{A}_d \, \mathbf{x}_d(t) + \mathbf{B}_d \, \mathbf{u}(t)$$

$$\begin{bmatrix} \dot{x}_{d1} \\ \dot{x}_{d2} \\ \vdots \\ \dot{x}_{dn} \end{bmatrix} = \begin{bmatrix} p_1 & 0 & \cdots & 0 \\ 0 & p_2 & \cdots & 0 \\ \vdots & \vdots & \ddots & \vdots \\ 0 & 0 & \cdots & p_n \end{bmatrix} \begin{bmatrix} x_{d1} \\ x_{d2} \\ \vdots \\ x_{dn} \end{bmatrix} + \begin{bmatrix} b_{d11} & \cdots & b_{d1m} \\ b_{d21} & \cdots & b_{d2m} \\ \vdots & \ddots & \vdots \\ b_{dn1} & \cdots & b_{dnm} \end{bmatrix} \begin{bmatrix} u_1 \\ \vdots \\ u_m \end{bmatrix} \qquad (6.63)$$

Mit der Ausgangsmatrix:

$$\mathbf{C}_d = \mathbf{C}\,\mathbf{R} \qquad (6.64)$$

und der unveränderten Durchgangsmatrix:

$$\mathbf{D}_d = \mathbf{D} \qquad (6.65)$$

folgt die Vektor-Matrix-Ausgangsgleichung:

$$\mathbf{y}(t) = \mathbf{C}_d \, \mathbf{x}_d(t) + \mathbf{D}_d \, \mathbf{u}(t) \qquad (6.66)$$

Das Ergebnis der Transformation liefert eine besonders einfache Struktur der Differentialgleichungen, da in jeder Gleichung nur die zur Ableitung gehörende Zustandsgröße auftritt. Damit sind die einzelnen Zustände untereinander nicht verkoppelt und nur von den Eingangsgrößen abhängig. Für das entkoppelte System von Differentialgleichungen kann jede unabhängig von den anderen gelöst werden. Die Eingangsmatrix $\mathbf{B}_d$ der Diagonalform gibt Auskunft darüber, welche Zustandsgrößen von welchen der einzelnen Steuergrößen gesteuert werden.

6.5.1.3 Transformation der Standardform in die Diagonalform mit *canon*

Eigenschaft von *canon*:

> Transformiert ein in der Standardform vorliegendes Zustandsmodell in die Diagonalform entsprechend Gleichung (6.63) und (6.66).

Syntax:

> [Ad,Bd,Cd,Dd] = *canon*(A,B,C,D,'modal')   (6.67)

Beschreibung:

> Die Kommandofolge (6.67) überführt ein in der Standardform vorliegendes Zustandsmodell entsprechend Gleichung (6.57) mit Hilfe der Gleichungen (6.61) und (6.62) sowie (6.64) und (6.65) in die Diagonalform, entsprechend der Gleichungen (6.63) und (6.66).

'*modal*' bezieht sich auf die im Abschnitt 6.3.4 berechnete Modalmatrix **R**, sie spiegelt die Art und Weise - Modi - des dynamischen Verhaltens eines Systems wider, womit der Einfluß jedes Eigenwertes auf das Systemverhalten beurteilt werden kann.

Beispiel 6.8
Das Zustandsmodell des Inversen Pendels nach Kapitel 3.3 ist aus der Standardform in die Diagonalform zu überführen. Das dazugehörende Signalflußbild ist darzustellen. Für die Ermittlung der Matrizen ist die Funktion *invpendl.m* zu verwenden.
Lösung:
Aufruf der Funktionen *invpendl* und *canon*, auf die Wiedergabe der Systemmatrizen in der Standardform wird verzichtet:

```
[A,b,C,d] = invpendl('IP');

[Ad,bd,Cd,dd,R] = canon(A,b,C,d,'modal')
Ad =
            0     0.0000     0.0000     0.0000
            0    -3.3363     0.0000     0.0000
            0     0.0000     2.9338     0.0000
            0     0.0000     0.0000   -71.6764
bd =
       0.0320
      -0.0622
      -0.0446
       3.2529
Cd =
            0     0.2871     0.3226     0.0099
       1.0000     0.0033    -0.0030    -0.0098
dd =
       0
       0
R =
       0.0000     0.0033     1.0000     0.0173
       1.6109    -0.5544          0    -0.5815
       1.6648     0.4935          0     0.4740
       0.0461    -0.0027          0     1.4167
```

Da das System vier reelle Eigenwerte hat, entsprechen diese den Elementen der Hauptdiagonalen der Systemmatrix A_d, alle übrigen Werte sind Null. Natürlich auch der Wert des ersten Diagonalelementes, da ja dieser Eigenwert Null ist.
Wie aus dem Signalflußbild Bild 6.9 zu ersehen ist, wirkt das Eingangssignal auf jeden Zustand. Zwischen den Zuständen existiert keine Kopplung. Die beiden Ausgangssignale sind, im Gegensatz zur Standardform, wo sie jeweils einem Zustand entsprechen, eine Linearkombination der neuen Zustände.

Es ist also deutlich zu erkennen, daß die neuen Zustände ein völlig anders Bild im Inneren des Systems widerspiegeln.

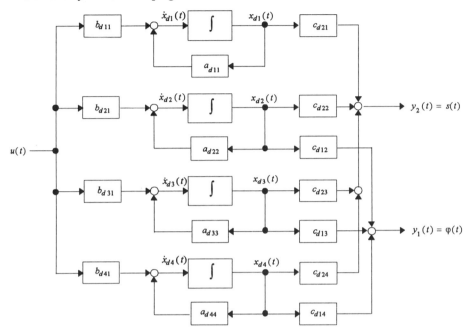

Bild 6.9 Signalflußbild des Inversen Pendels in Diagonalform nach Beispiel 6.8

6.5.2 Regelungsnormalform für Eingrößensysteme

Die Beschreibung der Zustandsgleichungen in der Regelungsnormalform wird hier nur für Systeme mit einer Eingangsgröße behandelt, daraus folgen:
- die Vektor-Matrix-Differentialgleichung

$$\dot{\mathbf{x}}_r(t) = \mathbf{A}_r\,\mathbf{x}_r(t) + \mathbf{b}_r\,u(t) \tag{6.68}$$

- und die Ausgangsgleichung

$$y(t) = \mathbf{c}_r\,\mathbf{x}_r(t) + d_r\,u(t) \tag{6.69}$$

Es existieren zwei grundsätzliche Möglichkeiten zum Erzeugen dieser Normalform, je nachdem ob das entsprechende System als Übertragungsfunktion oder als Zustandsmodell in der Standardform vorliegt.

In der Regelungsnormalform besteht die letzte Zeile der Systemmatrix aus den negativen Koeffizienten der zur Systemmatrix A gehörenden Koeffizienten der charakteristischen Gleichung a_i, wenn $a_n = 1$ gilt.

Ihre Bedeutung ergibt sich aus dem Umstand, daß der Einfluß der Polverschiebung in einem Regelsystem durch ein Steuergesetz in der Form von Rückführungen der Zustandsgrößen besonders übersichtlich nachvollzogen werden kann.

6.5.2.1 Regelungsnormalform aus der Standardform

– Transformationsvorschrift
  Der Zustandsvektor für die Regelungsnormalform ergibt sich aus folgender Transformation:

$$\mathbf{x}_r(t) = \mathbf{T}\mathbf{x}(t) \tag{6.70}$$

– Transformationsmatrix

$$\mathbf{T} = \begin{bmatrix} \leftarrow \mathbf{t}' \rightarrow \\ \leftarrow \mathbf{t}'\mathbf{A} \rightarrow \\ \vdots \\ \leftarrow \mathbf{t}'\mathbf{A}^{n-1} \rightarrow \end{bmatrix} \tag{6.71}$$

Der Zeilenvektor $\mathbf{t}'$ bestimmt sich aus folgenden Gleichungen:

$$\mathbf{t}'\mathbf{b} = 0; \quad \mathbf{t}'\mathbf{A}\mathbf{b} = 0; \quad \cdots \quad ; \mathbf{t}'\mathbf{A}^{n-2}\mathbf{b} = 0; \quad \mathbf{t}'\mathbf{A}^{n-1}\mathbf{b} = 1 \tag{6.72}$$

– Anfangsvektor
  Der Vektor der Anfangswerte ergibt sich mit der Gleichung (6.70) für $t \to 0$:

$$\mathbf{x}_r(0) = \mathbf{T}\mathbf{x}(0) \tag{6.73}$$

– Systemmatrix in der Regelungsnormalform
  Voraussetzung für die weitere Darstellung ist, daß für $a_n = 1$ gilt:

$$\mathbf{A}_r = \mathbf{T}\mathbf{A}\mathbf{T}^{-1} = \begin{bmatrix} 0 & 1 & 0 & \cdots & 0 \\ 0 & 0 & 1 & \cdots & 0 \\ \vdots & \vdots & \vdots & \ddots & \vdots \\ 0 & 0 & 0 & \cdots & 1 \\ -a_0 & -a_1 & -a_2 & \cdots & -a_{n-1} \end{bmatrix} \tag{6.74}$$

- Eingangsvektor

$$\mathbf{b}_r = \mathbf{Tb} = \begin{bmatrix} 0 & 0 & \cdots & 0 & 1 \end{bmatrix}' \tag{6.75}$$

- Ausgangsmatrix

$$\mathbf{C}_r = \mathbf{CT}^{-1} \tag{6.76}$$

- Durchgangswert

$$\mathbf{d}_r = \mathbf{d} \tag{6.77}$$

6.5.2.2 Regelungsnormalform aus der Übertragungsfunktion

Es wird von einem gleichen Zähler- und Nennergrad, was einem sprungfähigen System entspricht und der allgemeinste Fall ist, ausgegangen:

$$G(s) = \frac{Y(s)}{U(s)} = \frac{b_n s^n + b_{n-1} s^{n-1} + \ldots + b_1 s + b_0}{s^n + a_{n-1} s^{n-1} + \ldots + a_2 s^2 + a_1 s + a_0} \tag{6.78}$$

1. Schritt

Bilden der Funktion für die Ausgangsgröße aus Gleichung (6.78):

$$Y(s) = \frac{b_n s^n + b_{n-1} s^{n-1} + \ldots + b_1 s + b_0}{s^n + a_{n-1} s^{n-1} + \ldots + a_2 s^2 + a_1 s + a_0} U(s) \tag{6.79}$$

2. Schritt

Einführen einer Abkürzung für den Nenner von Gleichung (6.78):

$$N(s) = s^n + a_{n-1} s^{n-1} + \ldots + a_2 s^2 + a_1 s + a_0 \tag{6.80}$$

3. Schritt

Zerlegen von Gleichung (6.79) in ihre Teilbrüche:

$$Y(s) = \left[b_0 + b_1 s + \ldots + b_{n-1} s^{n-1} + b_n s^n \right] \frac{U(s)}{N(s)} \tag{6.81}$$

4. Schritt

Festlegen der ersten Zustandsgröße:

$$X_1(s) = \frac{U(s)}{N(s)} \quad \bullet\!\!-\!\!\circ \quad x_1(t) \tag{6.82}$$

5. Schritt
Einführen der ersten Zustandsgröße in Gleichung (6.81):

$$Y(s) = \left[b_0 + b_1 s + \ldots + b_{n-1} s^{n-1} + b_n s^n\right] X_1(s) \tag{6.83}$$

6. Schritt
Festlegen der zweiten bis n-ten Zustandsgröße:

$$s\,X_1(s) = X_2 \bullet\!\!-\!\!\circ \dot{x}_1(t) = x_2$$
$$s^2 X_1(s) = s\,X_2 = X_3 \bullet\!\!-\!\!\circ \ddot{x}_1(t) = \dot{x}_2 = x_3$$
$$\vdots$$
$$s^{n-1} X_1(s) = \ldots = X_n \bullet\!\!-\!\!\circ x_1^{(n-1)}(t) = \ldots = x_n$$
$$s^n X_1(s) = \ldots = s\,X_n \bullet\!\!-\!\!\circ x_1^{(n)}(t) = \ldots = \dot{x}_n$$

7. Schritt
Differentialgleichung für die n-te Zustandsgröße.
Aus der ersten Zustandsgröße im Frequenzbereich folgt:

$$X_1(s) = \frac{U(s)}{N(s)} \Rightarrow N(s)\,X_1(s) = U(s) \tag{6.84}$$

mit den Zwischenschritten:

$$\left.\begin{array}{c}\left(s^n + a_{n-1} s^{n-1} + \ldots + a_2 s^2 + a_1 s + a_0\right) X_1(s) = U(s)\\[2pt]\bullet\!\!-\!\!\circ\\[2pt]x_1^{(n)}(t) + a_{n-1} x_1^{(n-1)}(t) + \ldots + a_2 \ddot{x}_1(t) + a_1 \dot{x}_1(t) + a_0 x_1(t) = u(t)\end{array}\right\}$$

und

$$\left.\begin{array}{c}x_1^{(n)}(t) + a_{n-1} x_1^{(n-1)}(t) + \ldots + a_2 \ddot{x}_1(t) + a_1 \dot{x}_1(t) + a_0 x_1(t)\\[2pt]=\\[2pt]\dot{x}_n(t) + a_{n-1} x_n(t) + \ldots + a_2 x_3(t) + a_1 x_2(t) + a_0 x_1(t) = u(t)\end{array}\right\}$$

Daraus folgt die gesuchte Differentialgleichung für die n-te Zustandsgröße:

$$\dot{x}_n(t) = -a_0 x_1(t) - a_1 x_2(t) - \ldots - a_{n-1} x_n(t) + u(t) \tag{6.85}$$

8. Schritt
Bilden der Vektor-Matrix-Differentialgleichung für den Zustand:
Die letzte Zeile der Systemmatrix enthält die Koeffizienten der charakteristischen Gleichung. Diese Darstellung entspricht der Vektor-Matrix-Differentialgleichung (6.68) mit der Systemmatrix $\mathbf{A}_r$ nach Gleichung (6.74) und dem Eingangsvektor $\mathbf{b}_r$ nach Gleichung (6.75). Auf eine Wiedergabe der Matrizen wird verzichtet.
9. Schritt
Bilden der Vektor-Matrix-Ausgangsgleichung:
Die Ausgangsgröße folgt aus der Gleichung (6.81) mit (6.82):

$$
\left.\begin{aligned}
Y(s) &= b_0 X_1(s) + b_1 s X_1(s) + \ldots + b_{n-1} s^{n-1} X_1(s) + b_n s^n X_1(s) \\
Y(s) &= b_0 X_1(s) + b_1 X_2(s) + \ldots + b_{n-1} X_n(s) + b_n s X_n(s) \\
&\bullet\!\!-\!\!\circ \\
y(t) &= b_0 x_1(t) + b_1 x_2(t) + \ldots + b_{n-2} x_{n-1}(t) + b_{n-1} x_n(t) + b_n \dot{x}_n(t)
\end{aligned}\right\}
$$

Nach einigen Zwischenschritten ergibt sich für die Ausgangsgröße $y(t)$ der Zeilenvektor $\mathbf{c}_r$:

$$
\mathbf{c}_r = \left[(b_0 - a_0 b_n) \quad (b_1 - a_1 b_n) \quad \cdots \quad (b_{n-1} - a_{n-1} b_n) \right] \tag{6.86}
$$

und die Durchgangsmatrix als Skalar d_r zu:

$$
d_r = b_n \tag{6.87}
$$

Damit sind die Größen der Ausgangsgleichung (6.69) bestimmt.

6.5.2.3 Regelungsnormalform mit *rn_form*

Eigenschaft von *rn_form*:
Transformiert ein Zustandsmodell bzw. eine Übertragungsfunktion in die Regelungsnormalform. Es ist eine Funktion des Verfassers.
Syntax:

$$
[\text{Ar,br,Cr,dr}] = rn\_form(\text{A,B,C,D}) \tag{6.88}
$$
$$
[\text{Ar,br,Cr,dr}] = rn\_form(\text{Z,N}) \tag{6.89}
$$

Beschreibung:
Diese Funktion überführt ein Modell in die Regelungsnormalform unter Verwendung der Gleichungen (6.70) bis (6.87). Diese Funktion wurde geschrieben, da die in der *Control System Toolbox* enthaltene und oben bereits behandelte Funktion *canon* keinen geeigneten Transformations-Typ

bereitstellt bzw. die noch zu behandelnde Funktion *ss2ss.m* eine Transformationsmatrix erfordert.

```
function [Ar,br,Cr,dr] = rn_form(A,B,C,D)
% Die Funktion [Ar,br,Cr,dr] = rn_form(A,B,C,D) bzw. rn_form(Z,N) transformiert
% ein Zustandsmodell bzw. eine Übertragungsfunktion in die Regelungsnormalform.
% Mit Tr = rn_from(A,B,C,D) wird eine Transformationsmatrix berechnet.

   if nargin == 4
      [n,r] = size(B); b = B(:,1); d = D(:,1);
      if r > 1
         disp('Achtung!')
         disp('Von den Matrizen "B" und "D" werden nur die zur ')
         disp('1. Steuergröße gehörenden  Spalten verwendet!')
      end
      st = ctrb(A,b); nst = length(A)-rank(st);
      if nst >= 1
         disp('Achtung!')
         disp('Mit der 1. Steuergröße ist das System nicht steuerbar!'), break
      end
      for i = 1:size(A), M(i,:) = (A^(i-1)*b)'; end
      tz(n,1) = 1; t1 = inv(M)*tz;
      for i = 1:size(A), Tr(i,:) = t1'*A^(i-1); end
      if nargout == 4
         Ar = Tr*A*inv(Tr); br = Tr*b; Cr = C*inv(Tr); dr = d;
      end
      if nargout == 1, Ar = Tr; end
   end

   if nargin == 2
      [m,r] = size(A); Z = A; N = B;
      if N(1) ~= 1, Z = Z./N(1); N = N./N(1); end
      k = length(N);
      if r < k, z(m,k-r) = 0; Z = [z Z]; end
      for i = 1:k-2, Ar(i,i+1) = 1; end
      for i = 1:k-1
         Ar(k-1,i) = -N(k+1-i);
         for j = 1:m, Cr(j,i) = -(N(k+1-i)*Z(j,1)-Z(j,k+1-i)); end
      end
      br(k-1,1) = 1; dr = Z(1);
   end
% Ende der Funktion rn_form
```

6.5.2.4 Beispiele zur Regelungsnormalform

Beispiel 6.9

Das Zustandsmodell des Inversen Pendels nach Kapitel 3.3 ist aus der Standard- in die Regelungsnormalform zu überführen. Das Signalflußbild ist darzustellen.
Lösung:
Die mit *invpendl* gefundenen Matrizen in Standardform werden nicht aufgeführt.
Aufruf der Funktion *rn_form.m* zum Bilden der gesuchten Regelungsnormalform:

```
[Ar,br,Cr,dr] = rn_form(A,b,C,d)
Ar =
           0      1.0000      0.0000      0.0000
           0      0.0000      1.0000      0.0000
           0      0.0000      0.0000      1.0000
           0    701.5718    -19.0549    -72.0788
br =
           0
      0.0000
      0.0000
      1.0000
Cr =
           0      0.0000     -2.2900      0.0000
    -22.4572      0.9978      2.2900      0.0000
dr =
      0
      0
```

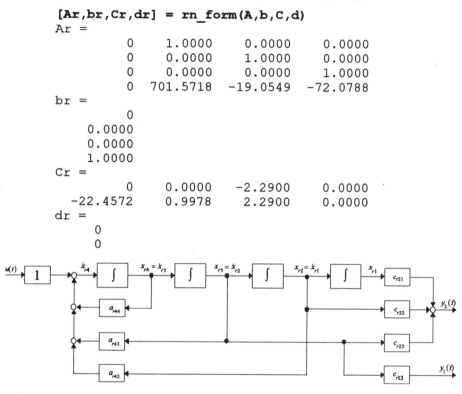

Bild 6.10 Signalflußbild des Inversen Pendels in Regelungsnormalform, Beispiel 6.9

Die letzte Zeile der Systemmatrix enthält die negativen Koeffizienten a_0 bis a_3 der charakteristischen Gleichung. Die Eingangsgröße wirkt nur auf die vierte Zustandsgröße. Das Bild 6.5 entspricht einer Reihenschaltung der vier Teilsysteme mit Rückkopplung aller vier Zustände auf den Eingang.

Beispiel 6.10

Für das unter 3.5 beschriebene Netzwerk ist die Übertragungsfunktion in die Regelungsnormalform zu überführen. Die Werte der stationären Verstärkungen beider

Beschreibungsformen sind zu vergleichen.

Lösung:

Aufruf der Funktion *netzwerk.m*, zum Auffinden der Übertragungsfunktion:

```
[Z,N] = netzwerk;
```

Überführen der Übertragungsfunktion in die Regelungsnormalform:

```
[Ar,br,cr,dr] = rn_form(Z,N)
Ar =
                0              1.00
           -16.00            -10.00
br =
                0
             1.00
cr =
             3.20             -0.80
dr =
             0.80
```

In der zweiten Zeile der Systemmatrix $\mathbf{A}_r$ sind erwartungsgemäß die negativen Werte der Koeffizienten a_0 und a_1 des Nennerpolynoms enthalten. Die stationären Verstärkungen sind ebenfalls gleich:

```
V = dcgain(Z,N); V = dcgain(Ar,br,cr,dr)
V =
             1.00
```

6.5.3 Beobachtungsnormalform für Eingrößensysteme

Die Beobachtungsnormalform ist im Zusammenhang mit dem noch zu behandelnden Problem der Beobachtbarkeit eines Systems besonders übersichtlich. Es werden nur die Systemgleichungen und nicht der erforderliche Algorithmus angegeben, hierzu siehe z.B. [Föllinger_ua-94] und [Lunze-96].

– Die Vektor-Matrix-Differentialgleichung

$$\dot{\mathbf{x}}_b(t) = \mathbf{A}_b\,\mathbf{x}_b(t) + \mathbf{b}_b\,u(t)$$

$$\begin{bmatrix} \dot{x}_{b1}(t) \\ \dot{x}_{b2}(t) \\ \vdots \\ \dot{x}_{bn}(t) \end{bmatrix} = \begin{bmatrix} 0 & 0 & \ldots & 0 & -a_0 \\ 1 & 0 & \ldots & 0 & -a_1 \\ \vdots & \vdots & \ldots & \vdots & \vdots \\ 0 & 0 & \ldots & 1 & -a_{n-1} \end{bmatrix} \begin{bmatrix} x_{b1}(t) \\ x_{b2}(t) \\ \vdots \\ x_{bn}(t) \end{bmatrix} + \begin{bmatrix} b_0 - a_0 b_n \\ b_1 - a_1 b_n \\ \vdots \\ b_{n-1} - a_{n-1} b_n \end{bmatrix} u(t) \quad (6.90)$$

- Die Ausgangsgleichung

$$y(t) = \mathbf{c}_b \, \mathbf{x}(t) + d_b u(t)$$

$$y(t) = \begin{bmatrix} 0 & 0 & \dots & 1 \end{bmatrix} \mathbf{x}(t) + b_n u(t) \qquad (6.91)$$

6.5.3.1 Analogien zwischen der Beobachtungs- und Regelungsnormalform

Zwischen den Systemmatrizen sowie den Eingangs- und Ausgangsvektoren der Regelungs- und Beobachtungsnormalform ein und desselben Eingrößensystems bestehen folgende Zusammenhänge:
- Systemmatrix

$$\mathbf{A}_b = \mathbf{A'}_r \qquad (6.92)$$

- Eingangsvektor

$$\mathbf{b}_b = \mathbf{c'}_r \qquad (6.93)$$

- Ausgangsvektor

$$\mathbf{c}_b = \mathbf{b'}_r \qquad (6.94)$$

Die Durchgangsmatrizen, in diesem Fall Skalare, sind gleich.
Nachfolgend wird eine eigene Funktion *bn_form.m* zur Berechnung der Beobachtungsnormalform angegeben. Die dazu notwendigen Ableitungen sind der Fachliteratur zu entnehmen, wie z.B. [Föllinger_ua-94] und [Lunze-96].

6.5.3.2 Beobachtungsnormalform mit *bn_form*

Eigenschaft von *bn_form*:
> Transformiert ein Zustandsmodell bzw. eine Übertragungsfunktion in die Beobachtungsnormalform. Funktion vom Verfasser geschrieben.

Syntax:

$$[Ab,bb,Cb,db] = bn\_form(A,B,C,D) \qquad (6.95)$$
$$[Ab,bb,Cb,db] = bn\_form(Z,N) \qquad (6.96)$$

Beschreibung:
> Diese Funktion überführt ein Modell in die Beobachtungsnormalform
> Diese Funktion wurde geschrieben, da die in der *Control System Toolbox* enthaltene und oben bereits behandelte Funktion *canon* keinen geeigneten Transformations-Typ bereitstellt bzw. die noch zu behandelnde Funktion *ss2ss.m* eine Transformationsmatrix erfordert.

```
function [Ab,bb,cb,db] = bn_form(A,B,C,D)
% Die Funktion bn_form(A,b,c,d) bzw. bn_form(Z,N) transformiert ein
% Zustandsmodell oder eine Übertragungsfunktion in die Beobachtungsnormalform.
% Tb = bn_form(A,B,C,D) berechnet eine Transformationsmatrix.

    if nargin == 4
        [n,m] = size(B); b = B(:,1); d = D(:,1);
        if m > 1
            disp('Achtung!'), disp('Von den Matrizen "B" und "D" werden nur die zur ')
            disp('1. Steuergröße gehörenden  Spalten verwendet!')
        end
        [r,n] = size(C); c = C(1,:); d = d(1,1); bo = obsv(A,c);
        nbo = length(A)-rank(bo);
        if nbo >= 1
            disp('Achtung!')
            disp('Mit der 1. Ausgangsgröße ist das System nicht beobachtbar!'), break
        end
        if r > 1
            disp('Achtung!'), disp('Von den Matrizen "C" und "D" werden nur die zur ')
            disp('1. Ausgangsgröße gehörenden Zeilen verwendet!')
        end
        for i = 1:size(A), M(i,:) = (c*A^(i-1)); end
        sz(n,1) = 1; s1 = inv(M)*sz;
        for i = 1:size(A), S(:,i) = A^(i-1)*s1; end
        if nargout == 4
            Ab = inv(S)*A*S; bb = inv(S)*b; cb = c*S; db = d;
        end
        if nargout == 1, Ab = inv(S); end
    end

    if nargin == 2 & nargout == 4
        Z = A; N = B; [m,r] = size(Z);
        if N(1) ~= 1, Z = Z./N(1); N = N./N(1); end
        k = length(N);
        if r < k, z(m,k-r) = 0; Z = [z Z]; end
        for i = 2:k-1, Ab(i,i-1) = 1; end
        for i = 1:k-1
            Ab(i,k-1) = -N(k+1-i);
            for j = 1:m, bb(i,j) = -(N(k+1-i)*Z(j,1)-Z(j,k+1-i)); end
        end
        cb(1,k-1) = 1; db = Z(1);
    end

% Ende der Funktion bn_form
```

6.5.3.3 Beispiele zur Beobachtungsnormalform

Beispiel 6.11

Das in Beispiel 6.9 berechnete Zustandsraummodell des Inversen Pendels ist von der Regelungsnormalform in die Beobachtungsnormalform zu überführen.
Lösung:

```
[Ab,bb,cb,db] = bn_form(Ar,br,Cr,dr)
Achtung! Mit der 1. Ausgangsgröße ist das System
nicht beobachtbar!
Ab =
     []
bb =
     []
cb =
     []
db =
     []
```

Modellgleichungen nach Beispiel 6.9. Über die erste Ausgangsgröße ist das System nicht beobachtbar, so daß auch dafür nicht die Beobachtungsnormalform erzeugt werden kann. Um zu ermitteln, ob für die zweite Ausgangsgröße das System in die Beobachtungsnormalform überführt werden kann, wird nur der zweite Ausgang betrachtet.

```
[Ab,bb,cb,db] = bn_form(A,b,C(2,:),d)
Ab =
     0.0000    0.0000    0.0000     0.0000
     1.0000    0.0000    0.0000   701.5718
     0.0000    1.0000    0.0000   -19.0549
     0.0000    0.0000    1.0000   -72.0788
bb =
   -22.4572
     0.9978
     2.2900
     0.0000
cb =
          0         0    0.0000     1.0000
db =
     0
```

Für die zweite Ausgangsgröße ergibt sich die gesuchte Beobachtungsnormalform des Systems Inverses Pendel. Die letzte Spalte der Systemmatrix A_b enthält die negativen Werte der zur charakteristischen Gleichung gehörenden Koeffizienten a_0 bis $a_{n-1} = a_3$.

Beispiel 6.12

Für das Netzwerk nach Kapitel 3.5 ist die Beobachtungsnormalform zu berechnen und mit der in Beispiel 6.10 ermittelten Regelungsnormalform zu vergleichen.

Lösung:
Übernahme der Modellgleichungen aus Beispiel 6.10 und Aufruf von *bn_form.m*:

```
[Ab,bb,cb,db]  =  bn_form(Z,N)
Ab  =
         0    -16
         1    -10
bb  =
         3.2000
        -0.8000
cb  =
         0      1
db  =
         0.8000
```

Die Transponierte von A_b entspricht der Systemmatrix A_r in der Regelungsnormalform. Die Koeffizienten des Eingangsvektors sind in der Regelungsnormalform die Koeffizienten des Ausgangsvektors. Die Werte der Durchgangsmatrix sind gleich.

6.5.4 Regelungs- und Beobachtungsnormalform mit *ss2ss*

Eigenschaft von *ss2ss*:
> Transformiert ein Zustandsmodell bei vorgegebener Transformationsmatrix in die entsprechende Normalform.

Syntax:

$$[Ad,Bd,Cd,Dd] = ss2ss(A,B,C,D,inv(R)) \tag{6.97}$$

$$[Ab,bb,Cb,db] = ss2ss(A,B,C,D,Tb) \tag{6.98}$$

$$[Ar,br,Cr,dr] = ss2ss(A,B,C,D,Tr) \tag{6.99}$$

Beschreibung:
> Die Überführung eines Zustandsmodells in die Diagonalform nach Gleichung (6.97) geschieht mit der inversen Modalmatrix R^{-1}, welche mittels *eig.m* gefunden wird. Eine Überführung in die Beobachtungsnormalform nach Gleichung (6.98) geschieht mit der Transformationsmatrix T_b aus *bn_form.m* und in die Regelungsnormalform nach Gleichung (6.99) mit der Transformationsmatrix T_r aus *rn_form.m*. Jede beliebige andere Transformationsmatrix liefert entsprechende Zustandsgleichungen.

Beispiel 6.13
Für das Inverse Pendel nach Kapitel 3.3 sind die Transformationsmatrizen R mit *eig*, *bn_form* und *rn_form* zu ermitteln und damit die drei Normalformen zu berechnen. Die Ergebnisse sind mit denen der vorhergehenden Beispiele zu vergleichen.
Lösung:
Da die Ergebnisse übereinstimmen, wird auf eine Wiedergabe verzichtet!

6.6 Steuerbarkeit und Beobachtbarkeit

In den vorhergehenden Abschnitten wurden grundsätzliche Eigenschaften des Systems, ausgehend von der Systemmatrix **A**, betrachtet. Daneben spielen die Systemeigenschaften der vollständigen Steuerbarkeit und vollständigen Beobachtbarkeit eine zentrale Rolle im Zusammenhang mit der gezielten Steuerung eines zu automatisierenden Systems und der Erfassung seiner Systemzustände. Diese Eigenschaften geben an, ob in einem dynamischen System durch die Eingangssignale alle Energie- und oder Informationsspeicher in linear unabhängiger Weise beeinflußbar sind bzw. ob aus den Ausgangssignalen auf den Systemzustand geschlossen werden kann [Schwarz-79].

Die Begriffe der Steuerbarkeit und Beobachtbarkeit gehen auf Kalman[1] zurück, der sie 1960 im Zusammenhang mit einer allgemeinen Theorie zur optimalen Steuerung von Prozessen eingeführt hat.

Gilbert[2] ist es zu verdanken, daß er sie am Beispiel multivariabler, linearer, zeitinvarianter Systeme näher erläuterte [Korn-74].

6.6.1 Steuerbarkeit

Ein lineares zeitinvariantes System heißt vollständig zustandssteuerbar, wenn es in einem Zeitintervall $0 \leq t \leq T$ aus jedem beliebigen Anfangszustand $\mathbf{x}(0)$ durch einen geeigneten Steuervektor $\mathbf{u}(t)$ in jeden beliebigen Endzustand $\mathbf{x}(T)$ überführt werden kann.

Der Eingangsvektor $\mathbf{u}(t)$ ist dabei keinen Beschränkungen unterworfen. Günstig ist es, die o.a. Aussage im Zusammenhang mit den in der Diagonalform dargestellten Zustandsgleichungen zu betrachten. Für die Überführung der Standardform in die Diagonalform gilt unter Verwendung der Modalmatrix **R**:

$$\mathbf{x}(t) = \mathbf{R}\,\mathbf{x}_d(t) \tag{6.100}$$

Eingesetzt in die Ausgangsgleichungen folgt für die Zustandsgleichungen:

$$\dot{\mathbf{x}}(t) = \mathbf{R}\,\dot{\mathbf{x}}_d(t) = \mathbf{A}\,\mathbf{R}\,\mathbf{x}_d(t) + \mathbf{B}\,\mathbf{u}(t) \qquad \mathbf{x}(0) = \mathbf{R}\,\mathbf{x}_d(0) \tag{6.101}$$

Da **R** eine nichtsinguläre Matrix ist, existiert ihre Inverse $\mathbf{R}^{-1}$, so daß sich damit

---

[1] Kalman, Rudolf Emil *19.5.1930 Budapest, Systemwissenschaftler
[2] Gilbert, Elmer Grant *29.3.1930 Joliet Ill., USA, Regelungstheoretiker

das Zustandsmodell in der bereits behandelten Diagonalform ergibt:

$$\dot{\mathbf{x}}_d(t) = \mathbf{R}^{-1}\mathbf{A}\,\mathbf{R}\,\mathbf{x}_d(t) + \mathbf{R}^{-1}\mathbf{B}\,\mathbf{u}(t) = \mathbf{A}_d\,\mathbf{x}_d(t) + \mathbf{B}_d\,\mathbf{u}(t) \qquad (6.102)$$

Das System ist entsprechend o.a. Definition steuerbar, wenn es in einem Zeitintervall beliebiger Dauer T aus jedem beliebigen Anfangszustand $\mathbf{x}(t=0)$ durch einen geeigneten Steuervektor $\mathbf{u}(t)$ in jeden beliebigen Endzustand $\mathbf{x}_e(t)$ überführt werden kann. Da in der Diagonalform die einzelnen Zustände $x_d(t)$ nicht miteinander verkoppelt sind, ist unmittelbar zu schließen, daß die Eingangsmatrix der Diagonalform $\mathbf{B}_d$ keine Nullzeilen besitzen darf, damit eine gezielte Beeinflussung der Zustände durch die Steuergrößen $\mathbf{u}(t)$ möglich ist.

Beispiel 6.14
Die nachfolgend angeführte Vektor-Matrix-Differentialgleichung:

$$\begin{bmatrix} \dot{x}_1(t) \\ \dot{x}_2(t) \\ \dot{x}_3(t) \end{bmatrix} = \begin{bmatrix} 3 & 2 & -1 \\ -2 & -1 & 4 \\ -2 & -2 & -4 \end{bmatrix} \begin{bmatrix} x_1(t) \\ x_2(t) \\ x_3(t) \end{bmatrix} + \begin{bmatrix} 1 & 0 \\ -1 & 0 \\ 0 & 1 \end{bmatrix} \begin{bmatrix} u_1(t) \\ u_2(t) \end{bmatrix}$$

ist aus der Standardform in die Diagonalform zu überführen. An den entkoppelten Systemgleichungen ist zu zeigen, daß die Steuergröße $u_1(t)$ nur den ersten Zustand steuern kann. Die zur Transformation notwendige Modalmatrix ist mit der Funktion *eig.m* zu berechnen. Die Koeffizienten der Modalmatrix sollen möglichst ganzzahlig sein, d.h. die mit *eig* gewonnene Matrix ist mit der Gleichung (6.23) umzurechnen. Das Signalflußbild für die Diagonalform ist darzustellen.
Lösung:
System- und Eingangsmatrix:

```
A = [3 2 -1;-2 -1 4;-2 -2 -4]; B = [1 0;-1 0;0 1];
```

Ermittlung der Modalmatrix sowie der Systemmatrix in Diagonalform:

```
[K,Ad] = eig(A)
K =
    -0.7071   -0.4815    0.4082
     0.7071    0.8427   -0.8165
     0.0000   -0.2408    0.4082
Ad =
     1.0000        0         0
         0   -1.0000         0
         0         0   -2.0000
```

Die Modalmatrix $\mathbf{K}$ ist spaltenweise mit einem willkürlich gewählten Koeffizienten τ_i zu dividieren, so daß sich eine Modalmatrix $\mathbf{R}$ mit möglichst ganzen Zahlen ergibt.

Durch Probieren haben sich folgende Werte für τ_i als günstig erwiesen:

```
tau1 = K(1,1)
tau1 =
    -0.7071

tau2 = K(1,2)/2
tau2 =
    -0.2408

tau3 = K(1,3)
tau3 =
    0.4082
```

Damit ergeben sich die einzelnen Rechtseigenvektoren zu:

```
r1 = 1/tau1*K(:,1);

r2 = 1/tau2*K(:,2);

r3 = 1/tau3*K(:,3);
```

und die aus den Rechtseigenvektoren gebildete Modalmatrix:

```
R = [r1 r2 r3]
R =
    1.0000    2.0000    1.0000
   -1.0000   -3.5000   -2.0000
    0.0000    1.0000    1.0000
```

Die damit gebildete Systemmatrix $\mathbf{A}_d$ in Diagonalform wird, da sie mit der o.a. übereinstimmt, nicht angezeigt, auch die dazugehörende Eingangsmatrix $\mathbf{B}_d$ nicht:

```
Ad = inv(R)*A*R; Bd = inv(R)*B;
```

Die Vektor-Matrix-Differentialgleichung:

$$\begin{bmatrix} \dot{x}_{d1}(t) \\ \dot{x}_{d2}(t) \\ \dot{x}_{d3}(t) \end{bmatrix} = \begin{bmatrix} 1 & 0 & 0 \\ 0 & -1 & 0 \\ 0 & 0 & -2 \end{bmatrix} \begin{bmatrix} x_{d1}(t) \\ x_{d2}(t) \\ x_{d3}(t) \end{bmatrix} + \begin{bmatrix} 1 & 1 \\ 0 & -2 \\ 0 & 3 \end{bmatrix} \begin{bmatrix} u_1(t) \\ u_2(t) \end{bmatrix}$$

Die Steuergröße $u_1(t)$ hat nur Einfluß auf den Zustand $x_{d1}(t)$, wogegen $u_2(t)$ alle drei Zustände beeinflußt und damit steuern kann. Das durch das Signalflußbild 6.11 und die nachfolgenden Gleichungen beschriebene System ist somit durch die Steuergröße $u_1(t)$ nicht vollständig steuerbar.

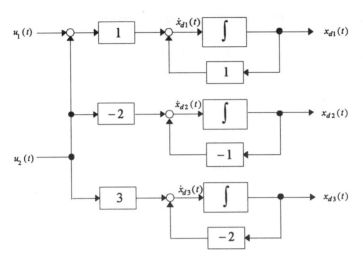

Bild 6.11 Signalflußbild eines nicht vollständig steuerbaren Systems, Beispiel 6.14

6.6.2 Kriterium der Steuerbarkeit nach Kalman

6.6.2.1 Die Steuerbarkeitsmatrix und ihr Rang

Von *Kalman* wurde im Jahre 1960, ausgehend von der als *Steuerbarkeitsmatrix* bezeichneten Kombination der Eingangs- und Systemmatrix:

$$S_{st} = \begin{bmatrix} B & AB & A^2B & \cdots & A^{n-1}B \end{bmatrix} \tag{6.103}$$

das Kriterium:

$$Rg(S_{st}) = Rg\begin{bmatrix} B & AB & A^2B & \cdots & A^{n-1}B \end{bmatrix} = n \tag{6.104}$$

zur Beurteilung der vollständigen Steuerbarkeit eines Systems n-ter Ordnung angegeben. Es besagt:

Jede der n Zustandsgrößen $x_i(t)$ kann über mindestens eine der m Steuergrößen $u_j(t)$ gesteuert werden, wenn der *Rang* der Matrix S_{st} gleich n ist.
Eine Matrix AB vom Typ (n,m) hat den *Rang* $Rg(AB) = r$, wenn mindestens eine r-reihige von Null verschiedene Unterdeterminante vorhanden ist, aber alle $(r+1)$-reihigen Unterdeterminanten verschwinden: $r \leq min(n,m)$. Der *Rang* einer Matrix gibt gleichbedeutend an, daß in der Matrix r Spalten und Zeilen linear unabhängig sind [Schwarz-79].

Wird die Steuerbarkeitsmatrix für jede Steuergröße $u_i(t)$ getrennt aufgestellt und untersucht, so liefert der Rang dieser Matrix die maximal mögliche Anzahl der Zustände, die diese Steuergröße steuern kann. Die sich aus dem Rang ergebende Zahl soll als *maximaler Steuerbarkeitsindex* $stu_{i_{max}}$ bezeichnet werden:

$$stu_{i_{max}} = Rg\left[\mathbf{b}_{u_i} \quad \mathbf{A}\,\mathbf{b}_{u_i} \quad \mathbf{A}^2\,\mathbf{b}_{u_i} \quad \cdots \quad \mathbf{A}^{n-1}\,\mathbf{b}_{u_i}\right] \tag{6.105}$$

Gilt für alle $u_i(t)$, daß ihr maximaler Steuerbarkeitsindex $stu_{i_{max}} = n$, d.h. gleich der Systemordnung ist, dann ist das System *streng zustandssteuerbar*.

6.6.2.2 Steuerbarkeitstest mit *ctrb*

Eigenschaft von *ctrb*:

> Berechnet aus der System- und Eingangsmatrix eines Zustandsmodells die Steuerbarkeitsmatrix nach Kalman.

Syntax:

$$Sst = ctrb(A,B) \tag{6.106}$$
$$nst = length(A) - rank(Sst) \tag{6.107}$$
$$Sstui = ctrb(A,B(:,i)) \tag{6.108}$$
$$stui = rank(Sstui) \tag{6.109}$$

Beschreibung:

> Die Funktion *ctrb.m* berechnet die mit Gleichung (6.103) angegebene Steuerbarkeitsmatrix $\mathbf{S}_{st}$. Mit (6.107) wird die Anzahl der nichtsteuerbaren Zustände berechnet. $\mathbf{S}_{stui}$ ist die zur i-ten Steuergröße gehörende Steuerbarkeitsmatrix. Gleichung (6.109) berechnet die Anzahl von Zustandsgrößen, die von der i-ten Steuergröße gesteuert werden können.

Beispiel 6.15

Das in Beispiel 6.14 gegebene Modell ist mit der Funktion *ctrb* zu untersuchen.

Lösung:

Steuerbarkeitsmatrix für beide Steuergrößen:

```
Sst = ctrb(A,B)
Sst =
      1     0     1    -1     1     9
     -1     0    -1     4    -1   -18
      0     1     0    -4     0    10

nst = length(A)-rank(Sst)
nst =
      0
```

Mit den beiden Steuergrößen können alle drei Zustände gesteuert werden.
- Steuergröße $u_1(t)$

```
Sstu1 = ctrb(A,B(:,1))
Sstu1 =
      1      1      1
     -1     -1     -1
      0      0      0

stu1 = rank(Sstu1)
stu1 =
      1
```

Mit der Steuergröße $u_1(t)$ kann nur einer der drei Zustände gesteuert werden.
- Steuergröße $u_2(t)$

```
Sstu2 = ctrb(A,B(:,2))
Sstu2 =
      0     -1      9
      0      4    -18
      1     -4     10

stu2 = rank(Sstu2)
stu2 =
      3
```

Mit der Steuergröße $u_2(t)$ können alle drei Zustände gesteuert werden.
Die in diesem Beispiel berechneten Zusammenhänge können an Hand des Signal-flußbildes 6.14 überprüft werden.

Bemerkung:
Nur wenn die Systemeigenschaft der vollständigen Zustandssteuerbarkeit vorliegt, können folgende Aufgaben gelöst werden:
- Erzeugen jeder beliebigen Eigenwertverteilung durch Zustandsrückführung - *Modale Regelung*.
- Lösen der durch das *Prinzip der optimalen Steuerung - optimal control* - vorgegebenen Aufgabenstellung.

6.6.3 Beobachtbarkeit

Ein lineares zeitinvariantes System heißt vollständig zustandsbeobachtbar, wenn der Anfangszustand $x(0)$ eindeutig aus den über einen Zeitintervall $0 \leq t \leq T$ bekannten Verläufen des Eingangssignals $u(t)$ und des Ausgangssignals $y(t)$ bestimmt werden kann.

Vereinfacht läßt sich sagen, daß ein System beobachtbar heißt, wenn Messungen des Ausgangsvektors $\mathbf{y}(t)$ hinreichend Informationen enthalten, um damit sämtliche Glieder des Zustandsvektors $\mathbf{x}(t)$ identifizieren zu können.

Da im allgemeinen nicht jeder Zustand gemessen werden kann, ist wichtig zu klären, inwieweit jeder Zustand aus dem am Ausgang zur Verfügung stehenden Größen über Linearkombinationen nachgebildet werden kann.

Wird als Grundlage der Betrachtung wieder die Diagonalform gewählt, so gilt:

$$
\begin{aligned}
\dot{\mathbf{x}}(t) &= \mathbf{R}\dot{\mathbf{x}}_d(t) = \mathbf{A}\,\mathbf{R}\,\mathbf{x}_d(t) + \mathbf{B}\,\mathbf{u}(t) \qquad \mathbf{x}(0) = \mathbf{R}\,\mathbf{x}_d(0) \\
\mathbf{y}(t) &= \mathbf{C}\,\mathbf{R}\,\mathbf{x}_d(t) + \mathbf{D}\,\mathbf{u}(t)
\end{aligned}
\tag{6.110}
$$

Beispiel 6.16

Für das in den Beispielen 6.14 und 6.15 behandelte System ist mit der nachfolgenden Ausgangsgleichung zu untersuchen, wieviel Zustände über die Ausgangsgrößen beobachtet werden können. Das Signalflußbild für die Diagonalform ist anzugeben.

Lösung:

$$
\begin{bmatrix} y_1(t) \\ y_2(t) \end{bmatrix} = \begin{bmatrix} 1 & 1 & 0 \\ 1 & 0 & 0 \end{bmatrix} \begin{bmatrix} x_1(t) \\ x_2(t) \\ x_3(t) \end{bmatrix} + \begin{bmatrix} 0 & 0 \\ 0 & 0 \end{bmatrix} \begin{bmatrix} u_1(t) \\ u_2(t) \end{bmatrix}
$$

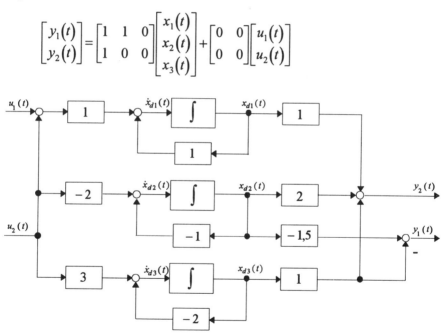

Bild 6.12 Signalflußbild eines nicht vollständig steuer- und beobachtbaren Systems

Überführung der Ausgangsmatrix $\mathbf{C}$ in die Diagonalform $\mathbf{C}_d$:

```
C = [1 1 0;1 0 0];
```

```
D = zeros(2);

Cd = C*R
Cd =
    0.0000   -1.5000   -1.0000
    1.0000    2.0000    1.0000
```

Da das Element $c_{d11} = 0$ ist, kann über den Ausgang $y_1(t)$ nicht auf die Zustandsgröße $x_{d1}(t)$ geschlossen werden, d.h. $x_{d1}(t)$ ist durch $y_1(t)$ nichtbeobachtbar. Dies ist an Hand des Signalflußbildes 6.12 deutlich zu sehen. Andererseits kann durch die Steuergröße $u_1(t)$ nur der Zustand $x_{d1}(t)$ von den drei Zuständen gesteuert werden.
Mit dem Ausgang $y_2(t)$ können alle drei Zustandsgrößen beobachtet werden.

6.6.4 Kriterium der Beobachtbarkeit nach Kalman

6.6.4.1 Die Beobachtbarkeitsmatrix und ihr Rang

Von *Kalman* wurde 1960, ausgehend von der als *Beobachtungsmatrix* bezeichneten Kombination der Ausgangs- und Systemmatrix:

$$S_b = \begin{bmatrix} C & CA & CA^2 & \cdots & CA^{n-1} \end{bmatrix}'$$

(6.111)

das Kriterium:

$$Rg(S_b) = Rg\begin{bmatrix} C & CA & CA^2 & \cdots & CA^{n-1} \end{bmatrix}' = n$$

(6.112)

zur Beurteilung der Beobachtbarkeit eines Systems n-ter Ordnung angegeben:

Jede der n Zustandsgrößen $x_i(t)$ kann über mindestens eine der r Ausgangsgrößen $y_j(t)$ beobachtet werden, wenn der *Rang* der Matrix S_b gleich n ist.

Wenn auch hier die Beobachtbarkeitsmatrix für jede Ausgangsgröße getrennt aufgestellt und untersucht wird, liefert der Rang dieser Matrix die maximal mögliche Anzahl der Zustände, die über die entsprechende Ausgangsgröße $y_j(t)$ beobachtet werden können. Die sich ergebende Zahl soll als maximaler Beobachtbarkeitsindex $by_{j\max}$ bezeichnet werden:

$$b\_y_{j\max} = Rg\begin{bmatrix} \leftarrow & c_{y_j} & \rightarrow \\ \leftarrow & c_{y_j}A & \rightarrow \\ & \vdots & \\ \leftarrow & c_{y_j}A^{n-1} & \rightarrow \end{bmatrix}$$

(6.113)

Gilt für alle $y_j(t)$, daß ihr maximaler Beobachtbarkeitsindex $by_{jmax} = n$, d.h. gleich der Systemordnung ist, dann ist das System *streng zustandsbeobachtbar*.

6.6.4.2 Beobachtbarkeitstest mit *obsv*

Eigenschaft von *obsv*:

> Berechnet aus der System- und Ausgangsmatrix eines Zustandsmodells die Beobachtbarkeitsmatrix nach Kalman.

Syntax:

$$Sb = obsv(A,C) \tag{6.114}$$
$$nb = length(A) - rank(Sb) \tag{6.115}$$
$$Sbyj = obsv(A,C(j,:)) \tag{6.116}$$
$$byj = rank(Sbyj) \tag{6.117}$$

Beschreibung:

> Die Funktion *obsv.m* berechnet die mit Gleichung (6.111) angegebene Beobachtbarkeitsmatrix S_b. Mit (6.115) wird die Anzahl der nichtbeobachtbaren Zustände berechnet. S_{byj} ist die auf die *j*-te Ausgangsgröße $y_j(t)$ bezogene Beobachtbarkeitsmatrix. Gleichung (6.117) berechnet die von der *j*-ten Ausgangsgröße $y_j(t)$ beobachtbaren Zustandsgrößen.

Beispiel 6.17

Für das in Beispiel 6.16 behandelte System sind die Beobachtbarkeitsmatrix des Gesamtsystems und für die beiden Ausgangsgrößen zu berechnen. Auch ist die mögliche Anzahl der durch eine Ausgangsgröße zu beobachtenden Zustände zu ermitteln. Die Ergebnisse sind mit denen des Beispiels 6.16 zu vergleichen.

Lösung:

Beobachtbarkeitsmatrix des Gesamtsystems:

```
Sbo = obsv(A,C);
```

Anzahl der nichtbeobachtbaren Zustände:

```
nbo = length(A)-rank(Sbo)
nbo =
     0
```

Es können alle Zustände beobachtet werden.

– Ausgangsgröße $y_1(t)$

```
Sby1 = obsv(A,C(1,:));

by1 = rank(Sby1)
by1 =
     2
```

Über die Ausgangsgröße $y_1(t)$ können nur zwei Zustände beobachtet werden.
- Ausgangsgröße $y_2(t)$

```
Sby2 = obsv(A,C(2,:))

by2 = rank(Sby2)
by2 =
        3
```

Über die Ausgangsgröße $y_2(t)$ können alle drei Zustände beobachtet werden.
Die Ergebnisse bestätigen die von Beispiel 6.16.

Weitere Beispiele werden im Kapitel 7 behandelt.

6.6.5 Kanonische Zerlegung

Wie aus den vorhergehenden Abschnitten dieses Kapitels zu ersehen ist, kann unter Bezugnahme auf die Eigenschaften der Steuerbarkeit und Beobachtbarkeit ein System in folgende vier Teilsysteme mit den Eigenschaften:
- steuerbar und beobachtbar
- steuerbar aber nichtbeobachtbar
- nichtsteuerbar aber beobachtbar
- nichtsteuerbar und nichtbeobachtbar
zerlegt werden.

Die Zerlegung ist aus der Darstellung in der Diagonalform gut zu ersehen. Mit den Funktionen *ctrbf.m* sowie *obsvf.m* gelingt die Zerlegung in einen steuerbaren und einen nichtsteuerbaren Teil sowie Entsprechendes für die Beobachtbarkeit.

6.6.5.1 Zerlegung des Systems nach seiner Steuerbarkeit mit *ctrbf*

Eigenschaft von *ctrbf*:

Zerlegt die Gleichungen eines in der Zustandsraumdarstellung beschriebenen Systems in einen steuerbaren und einen nichtsteuerbaren Teil, wenn der Rang r der Steuerbarkeitsmatrix kleiner oder gleich der Ordnung n des Systems ist, d.h. wenn $r \leq n$.

Syntax:

$$[\text{Aui,bui,Cui,Tui,kui}] = ctrbf(\text{A,B(:,i),C}) \tag{6.118}$$

Beschreibung:

$\mathbf{A}_{ui}$ ist eine untere Dreiecksmatrix:

$$\mathbf{A}_{u_i} = \begin{bmatrix} \mathbf{A}_{nst} & 0 \\ \hline \mathbf{A}_{21} & \mathbf{A}_{st} \end{bmatrix} \tag{6.119}$$

Die linke obere Matrix $\mathbf{A}_{nst}$ verkörpert den nichtsteuerbaren und die rechte untere Matrix den steuerbaren Teil der Systemmatrix $\mathbf{A}$. $\mathbf{A}_{21}$ stellt die Kopplung zwischen dem nichtsteuerbaren und dem steuerbaren Teil her. $\mathbf{b}_{u_i}$ ist der Eingangsvektor, der im oberen Bereich den nichtsteuerbaren und im unteren Bereich den steuerbaren Teil beschreibt:

$$\mathbf{b}_{u_i} = \left[\begin{array}{c} 0 \\ \hline \mathbf{b}_{st} \end{array} \right] \tag{6.120}$$

$\mathbf{C}_{u_i}$ ist die zum aufgeteilten System gehörende Ausgangsmatrix. $\mathbf{T}_{u_i}$ ist die Transformationsmatrix, mit der die Matrizen des geteilten Systems wie folgt gewonnen werden:

$$\begin{aligned} \mathbf{A}_{u_i} &= \mathbf{T}_{u_i} \mathbf{A} \mathbf{T}_{u_i}' \\ \mathbf{b}_{u_i} &= \mathbf{T}_{u_i} \mathbf{B}(:,i) \\ \mathbf{C}_{u_i} &= \mathbf{C} \mathbf{T}_{u_i}' \end{aligned} \tag{6.121}$$

$\mathbf{k}_{u_i}$ ist ein Vektor vom Typ $(1,n)$. Die Summe der Elemente von $\mathbf{k}_{u_i}$ ergibt die Anzahl der steuerbaren Zustände.

Beispiel 6.18
Die Gleichungen des in den vorhergehenden Beispielen dieses Kapitels behandelten Systems sind für die Steuergröße $u_1(t)$, die laut Beispiel 6.14 nur einen der drei Zustände steuern kann, mit der Funktion *ctrbf.m* zu untersuchen. Das Ergebnis ist durch die Zustandsgleichungen sowie als Signalflußbild darzustellen.
Lösung:

```
[Ast1,Bst1,Cst1,Tst1,kst1] = ctrbf(A,B(:,1),C);
kst1
kst1 =
     1     0     0
```

Es wird nur der Vektor $\mathbf{k}_{st1}$ ausgegeben. Die Systemmatrizen werden zur besseren Übersicht als Vektor-Matrix-Gleichungen dargestellt:

$$\begin{bmatrix} \dot{x}_{nst1} \\ \dot{x}_{nst2} \\ \dot{x}_{st1} \end{bmatrix} = \begin{bmatrix} -4,0000 & -2,8284 & 0 \\ 2,1213 & 1,0000 & 0 \\ -3,5355 & 4,0000 & 1 \end{bmatrix} \begin{bmatrix} x_{nst1} \\ x_{nst2} \\ x_{st1} \end{bmatrix} + \begin{bmatrix} 0 \\ 0 \\ 1,4142 \end{bmatrix} u_1$$

$$\begin{bmatrix} y_1 \\ y_2 \end{bmatrix} = \begin{bmatrix} 0 & 1,4142 & 0 \\ 0 & 0,7071 & 0,7071 \end{bmatrix} \begin{bmatrix} \mathbf{x}_{nst} \\ \overline{x}_{st} \end{bmatrix} + \begin{bmatrix} 0 \\ 0 \end{bmatrix} u_1$$

Das Ergebnis ist ein nichtsteuerbares Teilsystem 2. Ordnung und ein steuerbares Teilsystem 1. Ordnung, was auch der Vektor k_{st1} aussagt.

Das Signalflußbild:

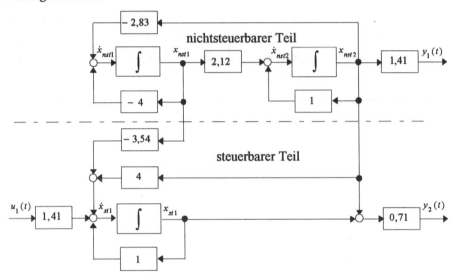

Bild 6.13 System mit den Teilen nichtsteuerbar und steuerbar, Beispiel 6.18

6.6.5.2 Zerlegung des Systems nach seiner Beobachtbarkeit mit *obsvf*

Eigenschaft von *obsvf*:

> Zerlegt die Gleichungen eines in der Zustandsraumdarstellung beschriebenen Systems in einen beobachtbaren und einen nichtbeobachtbaren Teil, wenn der Rang r der Beobachtbarkeitsmatrix kleiner oder gleich der Ordnung n des Systems ist, d.h. wenn $r \leq n$.

Syntax:

$$[Ayj,Byj,cyj,Tyj,kyj] = obsvf(A,B,C(j,:)) \qquad (6.122)$$

Beschreibung:

$\mathbf{A}_{yj}$ ist eine obere Dreiecksmatrix:

$$\mathbf{A}_{yj} = \begin{bmatrix} \mathbf{A}_{nbo} & \mathbf{A}_{12} \\ 0 & \mathbf{A}_{bo} \end{bmatrix} \qquad (6.123)$$

Die linke obere Matrix $\mathbf{A}_{nbo}$ verkörpert den nichtbeobachtbaren und die rechte untere Matrix den beobachtbaren Teil der Systemmatrix $\mathbf{A}$. $\mathbf{A}_{12}$ stellt die Kopplung zwischen beiden Teilen her. $\mathbf{B}_{yj}$ ist die zum aufgeteilten System gehörende Eingangsmatrix. $\mathbf{c}_{yj}$ ist der Ausgangszeilenvektor der den nichtbeobachtbaren und den beobachtbaren Teil beschreibt:

$$\mathbf{c}_{y_j} = \begin{bmatrix} 0 & \vdots & \mathbf{c}_{bo} \end{bmatrix} \tag{6.124}$$

$\mathbf{T}_{yj}$ ist die Transformationsmatrix, mit der die Matrizen des geteilten Systems entsprechend Gleichung (6.121) gewonnen werden.
$\mathbf{k}_{yj}$ ist ein Vektor vom Typ $(1,n)$. Die Summe der Elemente von $\mathbf{k}_{yj}$ ergibt die Anzahl der beobachtbaren Zustände.

Beispiel 6.19
Die Gleichungen des in den vorhergehenden Beispielen dieses Kapitels behandelten Systems sind für die Ausgangsgröße $y_1(t)$, die laut Beispiel 6.16 nur *zwei* der *drei* Zustände beobachten kann, mit *obsvf* zu untersuchen. Das Ergebnis ist durch die Zustandsgleichungen sowie als Signalflußbild darzustellen.
Lösung:

```
[Abo1,Bbo1,Cbo1,Tbo1,kbo1] = obsvf(A,B,C(1,:));
kbo1
kbo1 =
     1     1     0
```

Es wird nur der Vektor $\mathbf{k}_{bo1}$ ausgegeben. Die Systemmatrizen werden zur besseren Übersicht als Vektor-Matrix-Gleichungen dargestellt:

$$\begin{bmatrix} \dot{x}_{nbo1} \\ \dot{x}_{bo1} \\ \dot{x}_{bo2} \end{bmatrix} = \begin{bmatrix} 1 & \vdots & 3,5355 & -4,0000 \\ 0 & \vdots & -4,0000 & -2,8284 \\ 0 & \vdots & 2,1213 & 1,0000 \end{bmatrix} \begin{bmatrix} x_{nbo1} \\ x_{bo1} \\ x_{bo2} \end{bmatrix} + \begin{bmatrix} -1,4142 & \vdots & 0 \\ 0 & \vdots & 1 \\ 0 & \vdots & 0 \end{bmatrix} \begin{bmatrix} u_1 \\ u_2 \end{bmatrix}$$

$$\begin{bmatrix} y_1 \end{bmatrix} = \begin{bmatrix} 0 & \vdots & 0 & 1,4142 \end{bmatrix} \begin{bmatrix} x_{nbo1} \\ x_{bo1} \\ x_{bo2} \end{bmatrix} + \begin{bmatrix} 0 & \vdots & 0 \\ 0 & \vdots & 0 \\ 0 & \vdots & 0 \end{bmatrix} \begin{bmatrix} u_1 \\ u_2 \end{bmatrix}$$

bzw. als Signalflußbild in Bild 6.10.
Das Ausgangssignal $y_1(t)$ wird direkt aus der zweiten Zustandsgröße $x_{bo2}(t)$ und indirekt aus der ersten Zustandsgröße $x_{bo1}(t)$ des beobachtbaren Teilsystems erzeugt, so daß beide Zustände aus $y_1(t)$ rekonstruiert werden können. Das nichtbeobachtbare Teilsystem wirkt nicht auf das beobachtbare zurück, so daß sein Zustand $x_{nbo1}(t)$ nicht aus $y_1(t)$ rekonstruiert werden kann.

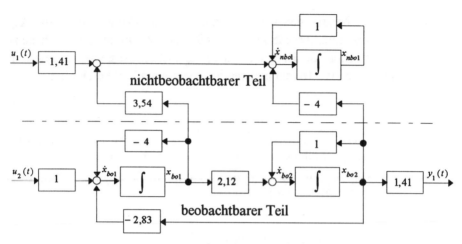

Bild 6.14 System mit den Teilen nichtbeobachtbar und beobachtbar, Beispiel 6.19

Dieser Sachverhalt wird besonders übersichtlich, wenn das System mit den beiden gleichen Wertepaaren (u_1, y_1) und (u_2, y_1) in der Diagonalform dargestellt wird, wie nachfolgend geschehen:

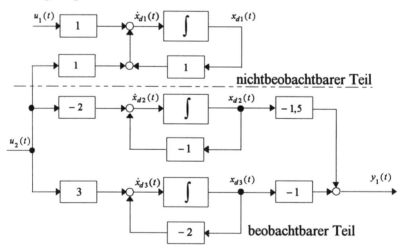

Bild 6.15 Diagonalform des Systems nach Beispiel 6.19

6.6.6 Minimalkonfiguration eines Systems mit *minreal*

Für die Behandlung von Systemen im Zusammenhang mit dem Entwurf der Automatisierungseinrichtung können nur die Teile eines Systems verwendet werden, die sowohl steuerbar als auch beobachtbar sind. Die aus einem Zustandsraummodell gebildeten möglichen Übertragungsfunktionen werden in der Matrix-Übertragungsfunktion zusammengefaßt. Ist die Ordnung der einzelnen Übertragungsfunktionen kleiner als die durch das Zustandsmodell angegebene Systemordnung, so ist die Differenz eine Folge der Kürzung von Nullstellen mit den Polen des Systems. Ursache für das Kürzen von Polen und Nullstellen ist das Vorhandensein von Teilsystemen die entweder nichtsteuerbar, nichtbeobachtbar oder weder steuerbar noch beobachtbar sind.

Eigenschaft von *minreal*:
> Reduktion von Zuständen, die keine Verbindung zwischen dem Ein- und Ausgang eines Systems herstellen.

Syntax:
$$[Am,Bm,Cm,Dm] = minreal(A,B,C,D) \qquad (6.125)$$
Beschreibung:
> Das mit der Gleichung (6.125) erhaltene System enthält nur den steuerbaren und beobachtbaren Teil eines Gesamtsystems. Es wird eine Information über die Anzahl der gestrichenen Zustände bzw. über die Reduktion der Systemordnung ausgegeben.

Beispiel 6.20
Gesucht ist für das in den vorhergehenden Beispielen behandelte System 3. Ordnung mit *zwei* Eingangs- und *zwei* Ausgangsgrößen für die Kombinationen (u_1, y_1), (u_1, y_2), (u_2, y_1) und (u_2, y_2) die jeweilige Minimalrealisierung.
Lösung:
- Wertepaar (u_1, y_1)

```
[A11,B11,C11,D11] = minreal(A,B(:,1),C(1,:),D(1,1))
3 states removed
A11 =
     []
B11 =
     []
C11 =
     []
D11 =
     0
```

Drei Zustände gestrichen bedeutet, daß kein Zustand existiert, der eine Verbindung zwischen dem Eingang und dem Ausgang herstellt. Es kann weder ein Zustandsmodell noch eine Übertragungsfunktion gebildet werden.

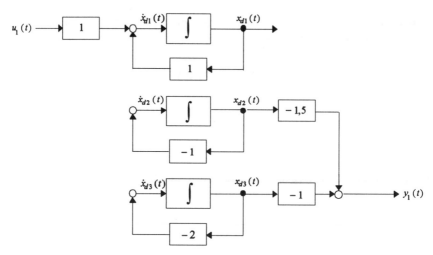

Bild 6.16 System 3. Ordnung ohne Kopplung zwischen Ein- und Ausgang

- Wertepaar (u_1, y_2)

```
[A12,B12,C12,D12] = minreal(A,B(:,1),C(2,:),D(1,1))

2 states removed
A12 =
    1.0000
B12 =
    1.4142
C12 =
    0.7071
D12 =
    0
```

Es wurden zwei Zustände gestrichen, somit verbleibt ein System mit einer Zustandsgröße, die eine Kopplung zwischen dem Ein- und Ausgang herstellt.

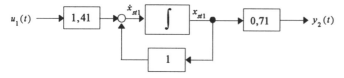

Bild 6.17 Teilsystem 1. Ordnung durch Reduktion von zwei Zuständen

- Wertepaar (u_2, y_1)

```
[A21,B21,C21,D21] = minreal(A,B(:,2),C(1,:),D(1,1))
1 states removed
```

```
A21 =
      -4.0000    -2.8284
       2.1213     1.0000
B21 =
       1
       0
C21 =
       0.0000     1.4142
D21 =
       0
```

Mit dem Wertepaar(u_2,y_1) existiert ein System 2. Ordnung.

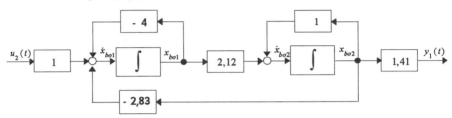

Bild 6.18 Teilsystem 2. Ordnung durch Reduktion eines Zustandes
– Wertepaar (u_2,y_2)

```
[A22,B22,C22,D22] = minreal(A,B(:,2),C(2,:),D(1,1))
```

```
0 states removed
Am22 =
      -2.6000    -1.2000    -2.6833
       4.8000    -2.4000    -0.8944
       0.0000     2.2361     3.0000
Bm22 =
       0.8944
      -0.4472
       0
Cm22 =
       0.0000     0.0000     1.0000
Dm22 =
       0
```

Es wurde keiner der drei Zustände gestrichen. Dies bedeutet, daß mit $u_2(t)$ alle drei Zustände gesteuert und über $y_2(t)$ alle drei Zustände beobachtet werden können. Für dieses Wertepaar ist das System vollständig steuer- und beobachtbar.

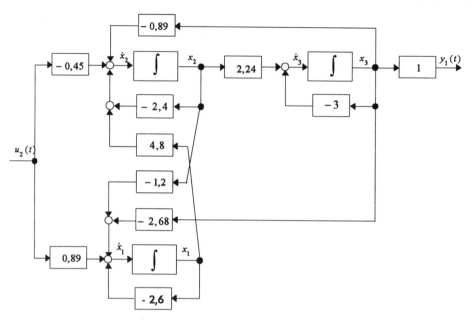

Bild 6.19 Steuerbarer und beobachtbarer Teil des Systems 3. Ordnung

Beispiel 6.21

Das Modell der Brückenschaltung nach Kapitel 3.6 ist im Zeit- und Frequenzbereich für den Fall zu untersuchen, daß das Produkt des Widerstandspaares $R_2 R_3$ gleich dem Quotienten aus der Induktivität L und der Kapazität C ist, was der Abgleichbedingung entspricht. Dies wird für $R_2 = 4\ \Omega$ erreicht.

Lösung:

Zur Lösung dieser Aufgabe ist in der Funktion *rlcbruck.m* der Widerstand R_2 auf den Wert 4 zu setzen, damit folgt:

```
[A,B,C,D] = rlcbruck;
[Am,Bm,Cm,Dm] = minreal(A,B,C,D)

2 states removed
Am =
      []
Bm =
      []
Cm =
      []
Dm =
          0
```

Beide Zustände wurden gekürzt, so daß das System weder steuerbar noch beobachtbar ist. Es erscheint sinnvoll, die Untersuchung auf Steuerbar- und Beobachtbarkeit durchzuführen, d.h. Aufspalten in einen steuerbaren und einen nichtsteuerbaren Teil:

```
[Ast1,Bst1,Cst1,Tst1,kst1] = ctrbf(A,B,C)
Ast1 =
            -40.00              0.00
             16.00            -10.00
Bst1 =
              0.00
              8.25
Cst1 =
             -4.12              0.00
Tst1 =
             -0.97              0.24
              0.24              0.97
kst1 =
              1.00                 0
```

Aus den Systemmatrizen geht hervor, daß der erste Zustand nichtsteuerbar und der zweite Zustand nicht beobachtet ist.
Aufspalten in einen beobachtbaren und einen nichtbeobachtbaren Teil:

```
[Abo1,Bbo1,Cbo1,Tbo1,kbo1] = obsvf(A,B,C)
Abo1 =
            -10.00            -16.00
                 0            -40.00
Bbo1 =
              8.25
                 0
Cbo1 =
                 0              4.12
Tbo1 =
              0.24              0.97
              0.97             -0.24
kbo1 =
              1.00                 0
```

Es wird das obige Ergebnis bestätigt. Es kann somit in beiden Fällen für die abgeglichene Brückenschaltung keine Übertragungsfunktion gebildet werden. Was aus nachfolgender Darstellung zu ersehen ist:

```
[Z,N] = rlcbruck
Z =
                 0                 0                 0
N =
              1.00             50.00            400.00
```

d.h. der Zähler ist Null.

7 Modelltransformationen

In Erweiterung der bereits in Kapitel 6.6.6 behandelten Funktion *minreal.m* wird einleitend die Kürzung von Polen und Nullstellen behandelt. Dies erscheint notwendig, da bei der Überführung von Modellen aus dem Zustandsraum in die Beschreibung durch Übertragungsfunktionen immer mit der Möglichkeit sich kürzender Pol-Nullstellen-Paare zu rechnen ist.

Anschließend werden dann, entsprechend der Überschrift, die Transformationen von Modellen aus dem Zeit- in den Frequenzbereich und umgekehrt beschrieben.

7.1 Pol-Nullstellen-Kürzung mit *minreal*

Eigenschaft von *minreal*:

    Kürzt Pole mit gleichwertigen Nullstellen einer Übertragungsfunktion.

Syntax:

$$[Zm,Nm] = minreal(Z,N) \tag{7.1}$$

$$[Num,Pom] = minreal(Nu,Po) \tag{7.2}$$

Beschreibung:

    Gleichung (7.1) und (7.2) geben die Anzahl der Pol-Nullstellen-Kürzungen an. *minreal*(Zähler-,Nennerpolynom) gibt die verbleibenden Polynome aus. *minreal*(Nullstellen,Pole) gibt die verbliebenen Nullstellen und Pole aus.

    Die Übertragungsfunktion wird in ihre Standardform überführt, d.h. der zur höchsten Potenz des Nenners gehörende Koeffizient ist Eins.

7.2 Zustandsmodelle

Die als Zustandsmodell beschriebenen Systeme:

$$\begin{aligned}
\dot{\mathbf{x}}(t) &= \mathbf{A}\,\mathbf{x}(t) + \mathbf{B}\,\mathbf{u}(t) \\
\mathbf{y}(t) &= \mathbf{C}\,\mathbf{x}(t) + \mathbf{D}\,\mathbf{u}(t)
\end{aligned} \tag{7.3}$$

können in die entsprechenden Übertragungsfunktionen überführt werden. Hierbei wird zwischen der Polynom- und Pol-Nullstellen-Form unterschieden.

7.2.1 Transformation in die Polynomform mit *ss2tf*

Eine Übertragungsfunktion in Polynomform besteht aus einem Zähler- und einem Nennerpolynom in s, d.h. es ist eine gebrochen rationale Funktion. Der Koeffizient der höchsten Potenz des Nennerpolynoms soll Eins sein, somit gilt:

$$G(s) = \frac{Z(s)}{N(s)} = \frac{b_m s^m + b_{m-1} s^{m-1} + \ldots + b_1 s + b_0}{s^n + a_{n-1} s^{n-1} + \ldots + a_2 s^2 + a_1 s + a_0} \quad n \geq m \quad (7.4)$$

Eigenschaft von *ss2tf*:
   Berechnet aus den Koeffizienten der Matrizen nach Gleichung (7.3) die Koeffizienten des Zähler- und Nennerpolynoms für das i-te Eingangssignal $u_i(t)$ nach Gleichung (7.4).

Syntax:

$$[Z,N] = ss2tf(A,B,C,D,iu) \quad (7.5)$$

Beschreibung:
   Für den Fall, daß es mehr als eine Ausgangsgröße gibt, ist Z eine Matrix, deren Zeilenzahl mit der Anzahl der Ausgangssignale übereinstimmt. Es gilt für die Übertragungsfunktion:

$$\mathbf{G}(s) = \mathbf{C}(s\mathbf{I} - \mathbf{A})^{-1} \mathbf{B} + \mathbf{D} \quad (7.6)$$

Beispiel 7.1
Für das mit Hilfe der Funktion *invpendl.m* zu gewinnende Zustandsmodell des Inversen Pendels nach Kapitel 3.3 sind die möglichen Übertragungsfunktionen in der Polynomform zu berechnen.
Lösung:
Die Systemmatrizen:

```
[A,b,C,d] = invpendl('IP');
```

Aufruf der Funktion zur Bildung der Übertragungsfunktion in Polynomform:

```
[Z,N] = ss2tf(A,b,C,d,1)
Z =
            0           0     -2.2917      0.0000           0
            0      0.0000      2.2917      0.9985    -22.4740
N =
       1.0000     72.0788     19.0528   -701.5752           0
```

Z besteht aus den zwei Zeilen $Z(1,:)$ und $Z(2,:)$. Es sind die zu den zwei Ausgangsgrößen gehörenden Zählerpolynome $Z_1(s)$ und $Z_2(s)$.

Die erste Zeile von **Z** liefert mit N:

$$G_1(s) = \frac{Z_1(s)}{N(s)} = \frac{-2,2917\,s^2}{s^4 + 72,0788\,s^3 + 19,0528\,s^2 - 701,5752\,s + 0}$$

die Übertragungsfunktion zwischen der Kraft $F(t)$ und dem Winkel $\varphi(t)$ des Stabes. Die Übertragungsfunktion $G_1(s)$ hat zwei Nullstellen und einen Pol im Ursprung der komplexen Ebene, so daß sich ein Pol-Nullstellen-Paar $p_1 = n_1 = 0$ kürzt, siehe unten. Die zweite Zeile von **Z** liefert mit N:

$$G_2(s) = \frac{Z_2(s)}{N(s)} = \frac{2,2917\,s^2 + 0,9985\,s - 22,4740}{s^4 + 72,0788\,s^3 + 19,0528\,s^2 - 701,5752\,s + 0}$$

die Übertragungsfunktion zwischen der Kraft $F(t)$ und dem Weg $s(t)$ des Wagens. Wird die Funktion *minreal.m* auf die beiden Übertragungsfunktionen angewendet, so ergibt sich für $G_1(s)$ die Kürzung eines Pol-Nullstellen-Paars, siehe oben:

```
[Zml,Nml] = minreal(Z(1,:),N)

1 pole-zeros cancelled
Zml =
             0           0     -2.2917      0.0000
Nml =
        1.0000     72.0788     19.0528   -701.5752
```

Das Kürzen des einen Pol-Nullstellen-Paars, wie auch im Beispiel 6.11 gezeigt, ergibt sich aus dem Umstand, daß das System über die Ausgangsgröße Winkel nicht vollständig beobachtbar ist, denn es gilt:

```
Sbol = obsv(A,C(1,:));
nbol = length(A)-rank(Sbol)
nbol =
     1
```

Es ist ein Zustand nicht beobachtbar, somit kann das System in einen nichtbeobachtbaren und einen beobachtbaren Teil aufgespalten werden:

```
[Ay1,by1,cy1,Ty1,ky1] = obsvf(A,b,C(1,:))
Ay1 =
            0 |   1.0000          0          0
     ---------|-------------------------------
            0 | -71.5404     0.1027    -2.3107
            0 |  71.5404    -0.5384    12.1174
            0 |       0      1.0000          0
```

Die obere linke Untermatrix - Typ (1,1) - spiegelt den nichtbeobachtbaren Teil mit dem Eigenwert Null wider. Die aus der rechten unteren Matrix - Typ (3,3) gefundenen Eigenwerte stimmen mit den Polen von N_{ml} überein. Auf eine Angabe der Eigenwerte bzw. Pole wird verzichtet. Die restlichen Systemmatrizen:

```
by1 =
        |------------0|
        |----2.2917---|
        |   -2.2917   |
        |        0    |

cy1 =
        |       0 !      0       0       1|

ky1 =
            1     1       1       0
```

Der Zeilenvektor gibt an, daß es drei beobachtbare und einen nichtbeobachtbaren Zustand gibt. Auf die Angabe von Ty1 wird verzichtet.

Für $G_2(s)$ erfolgt keine Kürzung:

```
[Zm2,Nm2] = minreal(Z(2,:),N);

0 pole-zeros cancelled
```

7.2.2 Transformation in die Pol-Nullstellen-Form mit *ss2zp*

Eine Übertragungsfunktion in Pol-Nullstellen-Form besteht aus dem Faktor K sowie den in Produktform angeordneten Nullstellen als Zähler und Polen als Nenner:

$$G(s) = K \frac{Z(s)}{N(s)} = K \frac{(s - n_1)(s - n_2)...(s - n_m)}{(s - p_1)(s - p_2)...(s - p_n)} \quad n \geq m \tag{7.7}$$

Eigenschaft von *ss2zp*:
Berechnet aus den Koeffizienten der Matrizen nach Gleichung (7.3) die Pole p_i, Nullstellen n_j und den Verstärkungsfaktor:

$$K = \frac{b_m}{a_n} \tag{7.8}$$

für das i-te Eingangssignal $u_i(t)$ nach Gleichung (7.6). Über den Zusammenhang zwischen dem Verstärkungsfaktor K und der statischen Verstärkung V siehe Kapitel 4.7. Die Koeffizienten a_n und b_m ergeben sich aus der Übertragungsfunktion in Polynomform.

Syntax:

$$[\text{Nu,Po,K}] = ss2zp(\text{A,B,C,D,iu}) \tag{7.9}$$

Beschreibung:

Für den Fall, daß es mehr als eine Ausgangsgröße gibt, ist **Nu** eine Matrix, deren Spaltenzahl mit der Anzahl der Ausgangssignale übereinstimmt, d.h. die zu jedem Ausgangssignal gehörenden endlichen Nullstellen sind spaltenweise angeordnet.

Beispiel 7.2

Für das Zustandsmodell des Inversen Pendels nach Kapitel 3.3 sind die möglichen Übertragungsfunktionen in Pol-Nullstellen-Form zu berechnen.

Lösung:

Systemgleichungen siehe Beispiel 7.1. Mit der Funktion ss2zp.m folgt:

```
[Nu,Po,K] = ss2zp(A,b,C,d,1)
Nu =
           0    -3.3570
           0     2.9213
Po =
           0
     -3.3362
      2.9339
    -71.6764
 K =
     -2.2917
      2.2917
```

Da es sich um einen Eingang und zwei Ausgänge handelt, sind die zu den Ausgängen gehörenden endlichen Nullstellen in den Spalten $Nu(:,1)$ und $Nu(:,2)$ angeordnet. Die beiden Verstärkungsfaktoren K lassen sich aus den im Beispiel 7.1 dargestellten Übertragungsfunktionen berechnen, in dem die Koeffizienten der höchsten Potenz im Zähler und Nenner vor den Bruch gezogen und miteinander dividiert werden.

Die Übertragungsfunktionen in Pol-Nullstellen-Form lauten:

$$G_1(s) = -2{,}2917 \frac{s^2}{s(s-2{,}9339)(s+3{,}3362)(s+71{,}6764)}$$

$$G_2(s) = 2{,}2917 \frac{(s-2{,}9213)(s+3{,}3570)}{s(s-2{,}9339)(s+3{,}3362)(s+71{,}6764)}$$

Aus der Übertragungsfunktion $G_1(s)$ ist zu erkennen, daß sich eine der beiden Nullstellen mit dem Pol im Ursprung kürzt. Dies läßt sich mit der unter Kapitel 7.1 behandelten Funktion minreal.m wie folgt darstellen:

```
[Num1,Pom1] = minreal(Nu(:,1),Po)
```

```
1 pole-zeros cancelled
Num1 =
     0
Pom1 =
    -3.3362
     2.9339
   -71.6764
```

Ein Pol-Nullstellen-Paar wurde, wie oben vorhergesagt, gekürzt.

7.3 Übertragungsfunktion in Polynomform

Ein durch seine Übertragungsfunktion nach Gleichung (7.4) beschriebenes System kann wie folgt in andere Beschreibungsformen überführt werden.

7.3.1 Transformation in ein Zustandsraummodell mit *tf2ss*

Eigenschaft von *tf2ss*:
  Überführt eine in der Polynomform vorliegende Übertragungsfunktion in eine äquivalente Zustandsraumbeschreibung.
Syntax:
$$[A,B,C,D] = tf2ss(Z,N) \tag{7.10}$$
Beschreibung:
  Für den Fall, daß das System r Ausgangsgrößen hat, besteht **Z** aus r Zeilen und der Ausgangsvektor hat ebenfalls r Zeilen.

Beispiel 7.3
Die Übertragungsfunktion nach Beispiel 7.1 ist in den Zustandsraum zu überführen.
Lösung:

```
[A1,B1,C1,D1] = tf2ss(Z,N)
A1 =
   -72.0788   -19.0528   701.5752          0
     1.0000          0          0          0
          0     1.0000          0          0
          0          0     1.0000          0
B1 =
     1
     0
     0
     0
```

```
C1 =
          0    -2.2917    0.0000         0
     0.0000     2.2917    0.9985   -22.4740
D1 =
     0
     0
```

Es wurden andere Zustandsgrößen gewählt, als bei dem Originalsystem, somit sind die System- und Eingangsmatrix anders aufgebaut. In der oberen Zeile befinden sich die negativen Koeffizienten der charakteristischen Gleichung von $-a_3$ bis $-a_0$. Die hier gefundene Form wird als Steuerungsnormalform bezeichnet, sie läßt sich mit der Funktion *rn_form.m* in die Regelungsnormalform überführen:

```
[Ar,br,C,dr] = rn_form(A1,B1,C1,D1)
Ar =
          0     1.0000     0.0000     0.0000
          0     0.0000     1.0000     0.0000
          0     0.0000     0.0000     1.0000
          0   701.5752   -19.0528   -72.0788
br =
          0
     0.0000
     0.0000
     1.0000
C =
          0     0.0000    -2.2917     0.0000
   -22.4740     0.9985     2.2917     0.0000
dr =
     0
     0
```

In der letzten Zeile von A_r stehen die negativen Koeffizienten $-a_0$ bis $-a_3$ des Nenners der Übertragungsfunktion.

7.3.2 Transformation in die Pol-Nullstellen-Form mit *tf2zp*

Eigenschaft von *tf2zp*:
   Überführt eine in der Polynomform vorliegende Übertragungsfunktion in eine äquivalente Übertragungsfunktion der Pol-Nullstellen-Form.

Syntax:
$$[\text{Nu},\text{Po},\text{K}] = \textit{tf2zp}(\text{Z},\text{N}) \tag{7.11}$$

Beschreibung:
   Für den Fall, daß Z aus r Zeilen besteht, wird Nu zu einer Matrix mit r Spalten.

Beispiel 7.4

Die in Beispiel 7.1 gebildete minimale Übertragungsfunktion des Inversen Pendels ist für die erste Ausgangsgröße in die Pol-Nullstellen-Form zu transformieren.
Lösung:

```
[Nu1,Po1,K1] = tf2zp(Zm1,Nm1)
Nu1 =
  -4.9608e-013
Po1 =
  -71.6764
   -3.3362
    2.9339
K1 =
  -2.2917
```

Es ergeben sich die zur ersten Ausgangsgröße im Beispiel 7.2 berechneten Werte.

7.3.3 Transformation in Partialbrüche mit *residue*

Eigenschaft von *residue*:

Zerlegt eine in der Polynomform vorliegende Übertragungsfunktion in ihre Pole und Residuen sowie einen eventuellen Koeffizienten.

Syntax:

$$[R,Po,k] = residue(Z,N) \tag{7.12}$$

Beschreibung:

Die Funktion *residue.m* ist eine MATLAB-Grundfunktion:

$$G(s) = \frac{Z(s)}{N(s)} = k + \frac{r_1}{s - p_1} + \frac{r_2}{s - p_2} + \cdots + \frac{r_n}{s - p_n} \tag{7.13}$$

mit den Residuen und Polen:

$$R = \begin{bmatrix} r_1 & r_2 & \cdots & r_n \end{bmatrix}' \quad \text{und} \quad Po = \begin{bmatrix} p_1 & p_2 & \cdots & p_n \end{bmatrix}' \tag{7.14}$$

Beispiel 7.5

Die in Beispiel 7.1 gebildete Übertragungsfunktion des Inversen Pendels für die erste Ausgangsgröße ist in ihre Konstante, Residuen und Pole zu zerlegen und mit der durch Pol-Nullstellen-Kürzung gefundenen, ebenfalls zerlegten Minimalform, zu vergleichen.
Lösung:
Zerlegung der Übertragungsfunktion mit der *ersten* Ausgangsgröße:

```
[R,Po,k] = residue(Z(1,:),N);
```

```
R = R', Po = Po', k = k
R =
      0.0322     -0.0178    -0.0144         0
Po =
    -71.6764     -3.3363     2.9338         0
k =
      []
```

Zerlegung der Minimalform:

```
[R,Po,k] = residue(Zm1,Nm1);
```

Da das zu dem Pol $p = 0$ gehörende Residuum ebenfalls Null ist, führen beide Zerlegungen zum gleichen Ergebnis. k ist eine leere Matrix, also Null.
Die in ihre Grundterme zerlegte Übertragungsfunktion lautet:

$$G(s) = \frac{0{,}0322}{s + 71{,}6764} - \frac{0{,}0178}{s + 3{,}3362} - \frac{0{,}0144}{s - 2{,}9339}$$

Sie ist besonders für die Laplace-Rücktransformation geeignet.

7.4 Übertragungsfunktion in Pol-Nullstellen-Form

7.4.1 Transformation in die Polynomform mit *zp2tf*

Eigenschaft von *zp2tf*:
   Überführt eine in der Pol-Nullstellen-Form vorliegende Übertragungsfunktion in eine äquivalente Übertragungsfunktion der Polynomform.
Syntax:
   [Z,N] = *zp2tf*(Nu,po,k)   (7.15)
Beschreibung:
   Die Pole des Systems werden in einem Spaltenvektor **po** abgelegt. Die Nullstellen sind spaltenweise in der Matrix **Nu** anzuordnen, für jedes Ausgangssignal eine Spalte. Die zu jeder Spalte der Matrix **Nu** gehörenden Verstärkungsfaktoren sind in einem Vektor **k** anzuordnen.

Beispiel 7.6
Die in Beispiel 7.2 gefundene Übertragungsfunktion des Modells für das Inverse Pendel ist aus der Polynomform in die Pol-Nullstellen-Form zu überführen.
Lösung:
Matrix der zu den beiden Ausgängen spaltenweise angeordneten Nullstellen:

```
Nu = [0 -3.357;0 2.9213];
```

Spaltenvektor der Pole:

```
po = [0;-3.3362;2.9339;-71.6764];
```

Spaltenvektor der Verstärkungsfaktoren:

```
k = [-2.2917;2.2917];

[Z,N] = zp2tf(Nu,po,k)
Z =
        0        0  -2.2917        0        0
        0        0   2.2917   0.9985 -22.4740
N =
   1.0000  72.0788  19.0528 -701.5752        0
```

Da die Matrix **Nu** vom Typ (2,2) ist, muß der dazugehörende Vektor **k** vom Typ (2,1) sein, was wiederum zwei Zähler zur Folge hat.

7.4.2 Transformation in ein Zustandsmodell mit *zp2ss*

Eigenschaft von *zp2ss*:
Überführt eine in der Pol-Nullstellen-Form vorliegende Übertragungsfunktion in ein äquivalentes Pol-Nullstellen-Form.

Syntax:

$$[A,B,C,D] = zp2ss(Nu,po,k) \qquad (7.16)$$

Beschreibung:
Die Pole des Systems werden in einem Spaltenvektor **po** abgelegt. Die Nullstellen sind spaltenweise in der Matrix **Nu** anzuordnen, für jedes Ausgangssignal eine Spalte. Die zu jeder Spalte der Matrix **Nu** gehörenden Verstärkungsfaktoren sind in einem Vektor **k** anzuordnen.

Beispiel 7.7
Die in Beispiel 7.6 für das Inverse Pendel angegebenen Vektoren **po** und **k** sowie die Matrix **Nu** sind in eine äquivalente Zustandsraumbeschreibung zu überführen.
Lösung:

```
[A,B,C,D] = zp2ss(Nu,po,k);
```

Auch hier ergibt sich, wie bereits in Beispiel 7.3 ein als Steuerungsnormalform bezeichnetes Zustandsmodell. Dieses kann mit der Funktion *rn_form.m* in die Regelungsnormalform überführt werden:

```
[Ar,br,Cr,dr] = rn_form(A,B,C,D)
```

Auf die Wiedergabe der Ergebnisse wird verzichtet, siehe Beispiel 7.3.

7.5 Vom Signalflußbild zum Zustandsmodell mit *blkbuild* und *connect* sowie *printsys*

Eigenschaft von *blkbuild* und *connect*:
Überführt ein Signalflußbild in ein äquivalentes Zustandsmodell.
Syntax:

$$blkbuild \tag{7.17}$$
$$[A,B,C,D] = connect(a,b,c,d,Q,ein,aus) \tag{7.18}$$

Beschreibung:

Die Funktion *blkbuild.m* nach Glcichung (7.17) bildet aus den durch Übertragungsfunktionen und/oder Zustandsgleichungen beschriebenen Übertragungsgliedern des Signalflußbildes ein Zwischensystem - a,b,c,d -, welches durch die Definition einer Koppelmatrix **Q** sowie der Ein- und Ausgänge - *ein, aus* - mit *connect.m* in das gesuchte Zustandsmodell des Gesamtsystems überführt wird.

Algorithmus:

Der Ablauf, bis auf die Berechnung der Systemmatrizen, wird an Hand des nachfolgend dargestellten Beispiels - Signalflußbild - beschrieben.

1. Schritt
Numerierung der einzelnen Übertragungsglieder (Blöcke) des Signalflußbildes mit $n = 1$ beginnend:

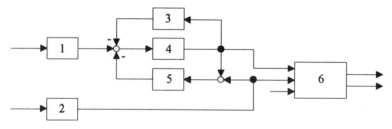

Bild 7.1 Schritt eins, Numerierung der Blöcke

2. Schritt
Kennzeichnung der Zähler, Nenner und Systemmatrizen:
Die Funktion *blkbuild.m* setzt kleine Buchstaben für die Systemmatrizen voraus. Bei Übertragungsfunktionen ist für die Zähler *ni* - *numerator* - und für die Nenner *di* - *denominator* - zu wählen, da *blkbuild.m* diese Abkürzung voraussetzt. Die Matrizen der Zustandsmodelle sind mit:

$$ai = [\ ],\ bi = [\ ],\ ci = [\ ]\ \text{und}\ di = [\ ]$$

zu kennzeichnen. Der Anhang *i* entspricht der Blocknummer.

3. Schritt
Numerierung der Ein- und Ausgänge:

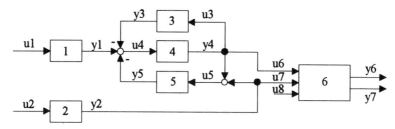

Bild 7.2 Schritt drei, Kennzeichnung der Ein- und Ausgänge

Mit dem ersten Block beginnende fortlaufende Numerierung der Eingänge uj und der Ausgänge yk. Es ist zu beachten, daß Blöcke die Übertragungsfunktionen darstellen jeweils nur einen Ein- und Ausgang haben. Die Anzahl bei Blöcken die Zustandsmodelle beschreiben, ergibt sich aus den Ordnungen der **B**-, **C**- und **D**-Matrizen, siehe Beispiele weiter unten.

4. Schritt
Übergeben der Anzahl der Blöcke an die Variable *nblocks*, z.B. *nblocks* = 6.

5. Schritt
Bilden eines resultierenden Zustandsmodells mit *blkbuild*.

6. Schritt
Zuordnen der internen Ausgänge zu den internen Eingängen:
Jedem internen Eingang werden die entsprechenden internen Ausgänge zugeordnet, von denen er gespeist wird. Die Zeile, in der der Eingang mit den meisten Ausgängen aufgeführt ist, bestimmt die Spaltenzahl der Matrix **Q**, die in den anderen Zeilen fehlenden Stellen sind mit Null aufzufüllen.
Für das Beispiel gilt:

$$\mathbf{Q} = \begin{bmatrix} u & y & y & y \\ 3 & 1 & -3 & -4 \\ 4 & 5 & 0 & 0 \\ 5 & 2 & 5 & 0 \\ 6 & 5 & 0 & 0 \\ 7 & 2 & 0 & 0 \end{bmatrix}$$

7. Schritt
Festlegen der externen Ein- und Ausgänge. Für das Beispiel gilt:

ein = [1 2 8]
aus = [6 7]

8. Schritt: Aufruf der Funktion nach Gleichung (7.18)

[Ac,Bc,Cc,Dc] = *connect*(a,b,c,d,Q,ein,aus)

Die Matrizen **Ac, Bc, Cc, Dc** bilden das zum Signalflußbild gesuchte Zustandsmodell.

9. Schritt:
Darstellen des Gesamtsystems mit *printsys*

Eigenschaft von *printsys*:
Stellt ein lineares System übersichtlich dar.
Syntax:

$\qquad$ *printsys*(A,B,C,D,*eig,aug,zug*)   (7.19)

$\qquad$ *printsys*(Z,N,'s')   (7.20)

Beschreibung:
Mit *eig, aug, zug* werden die Eingangs-, Ausgangs- und Zustandsgrößen angegeben.
Diese Angaben sind ebenso wie 's' bei Übertragungsfunktionen optional.

Bemerkung:
Ausführliche Beispiele zur Transformation eines Signalflußbildes mit *blkbuild* und *connect* in ein äquivalentes Zustandsmodell wurden in den Kapiteln 3.1.6.6 und 3.3 behandelt.
Beispiele zu *printsys* siehe Kapitel 3.1.6.6 sowie in Kapitel 8.2 die Beispiele 8.5 und 8.8.
Auf die Möglichkeit, mit SIMULINK aus einem Signalflußbild ein resultierendes Zustandsmodell zu gewinnen, soll hier nur verwiesen werden.

8 Zusammenschalten von Systemen

Ein aus mehreren Teilsystemen bestehendes dynamisches System ist im allgemeinen dadurch gekennzeichnet, daß seine Teilsysteme untereinander seriell, parallel oder über einen Rückkopplungszweig verbunden sind. Folglich kann als einfachste Form der Verbindung zweier linearer Systeme, beschrieben durch ihre Übertragungsfunktionen oder Zustandsgleichungen, die Reihen-, Parallel oder Rückkopplungsschaltung angegeben werden.

8.1 Beschreibung durch Übertragungsfunktionen

In diesem Kapitel wird die Verknüpfung zweier dynamischer Systeme behandelt, die durch ihre Übertragungsfunktionen:

$$G_i(s) = \frac{Z_i(s)}{N_i(s)} \text{ mit } i = 1, 2 \text{ bzw. } i = v, r \qquad (8.1)$$

und ihre Signalflußbilder:

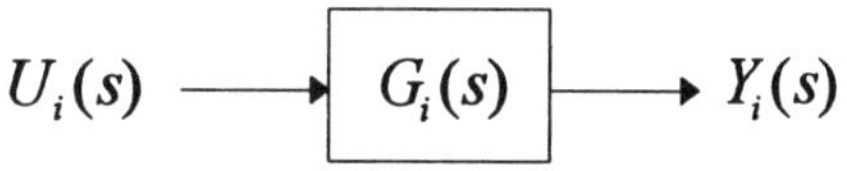

$$U_i(s) \longrightarrow \boxed{G_i(s)} \longrightarrow Y_i(s)$$

Bild 8.1 Signalflußbild eines Übertragungsgliedes

beschrieben sind.

8.1.1 Zwei Übertragungsglieder als Reihenschaltung mit *series*

Bei der Reihenschaltung zweier Übertragungsglieder wird davon ausgegangen, daß das Eingangssignal des zweiten Übertragungsgliedes gleich dem Ausgangssignal des ersten Übertragungsgliedes ist:

$$Y_1(s) = U_2(s) \qquad (8.2)$$

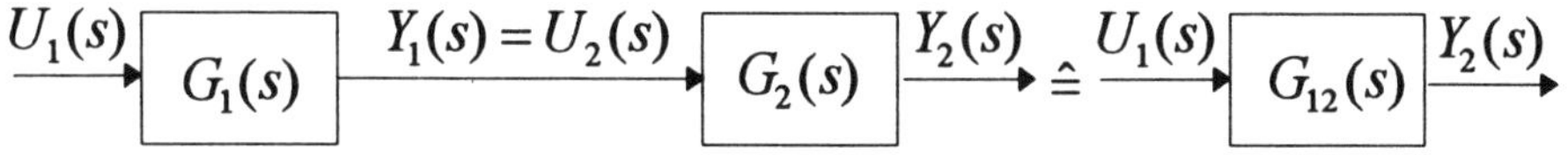

$$U_1(s) \rightarrow \boxed{G_1(s)} \xrightarrow{Y_1(s) = U_2(s)} \boxed{G_2(s)} \xrightarrow{Y_2(s)} \;\hat{=}\; U_1(s) \rightarrow \boxed{G_{12}(s)} \xrightarrow{Y_2(s)}$$

Bild 8.2 Reihenschaltung zweier Übertragungsglieder

Damit ergibt sich für die Reihenschaltung zweier Übertragungsglieder:

$$G_{12}(s) = \frac{Y_2(s)}{U_1(s)} = G_1(s)G_2(s) \qquad (8.3)$$

Eigenschaft von *series*:
  Bildet für die Reihenschaltung zweier Übertragungsglieder die resultierende Übertragungsfunktion.
Syntax:
$$[Z,N] = series(Z1,N1,Z2,N2) \qquad (8.4)$$
Beschreibung:
  Bei Vorgabe der Zähler- und Nennerpolynome der beiden Übertragungsglieder wird durch Multiplikation der Teilübertragungsfunktionen die resultierende Übertragungsfunktion gebildet.

Beispiel 8.1
Es ist die Übertragungsfunktion aus der Reihenschaltung eines *P*- und eines *I*-Gliedes:

$$G_1(s) = K_R = 8 ; \ G_2(s) = \frac{1}{T_I s} = \frac{1}{0,25 s}$$

gesucht. Das Ergebnis ist in der Standardform darzustellen.
Lösung:

```
Z1 = 8; N1 = 1; Z2 = 1; N2 = [0.25 0];

[Z,N] = series(Z1,N1,Z2,N2)
Z =
        0      8
N =
     0.2500          0
```

Der Nenner des *P*-Gliedes und der Zähler des *I*-Gliedes sind jeweils Eins, so daß sie in *series* gleich so eingegeben werden könnten. Das Ergebnis ist ein *I*-Glied mit einer um die Verstärkung des *P*-Gliedes vervielfachten Verstärkung des ursprünglichen *I*-Gliedes.
Das oben erzielte Ergebnis läßt sich mit *minreal* in die Standardform überführen:

```
[Zm,Nm] = minreal(Z,N)
0 pole-zeros cancelled
Zm =
        0     32
Nm =
        1      0
```

$$G_{12}(s) = \frac{8}{0,25\,s} = \frac{32}{s}$$

8.1.2 Zwei Übertragungsglieder als Parallelschaltung mit *parallel*

Bei der Parallelschaltung wird vorausgesetzt, daß beide Übertragungsglieder mit dem gleichen Eingangssignal versorgt werden, d.h. es gilt:

$$U(s) = U_1(s) = U_2(s) \tag{8.5}$$

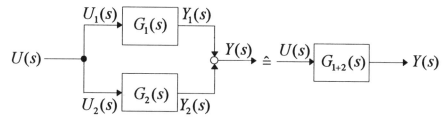

Bild 8.3 Parallelschaltung zweier Übertragungsglieder

Das gemeinsame Ausgangssignal ist die Summe der Ausgangssignale beider Übertragungsglieder:

$$Y(s) = Y_1(s) + Y_2(s) \tag{8.6}$$

damit ergibt sich als Übertragungsfunktion der Parallelschaltung:

$$G_{1+2}(s) = \frac{Y(s)}{U(s)} = G_1(s) + G_2(s) \tag{8.7}$$

Eigenschaft von *parallel*:
   Bildet aus zwei parallel geschalteten Übertragungsgliedern die Gesamtübertragungsfunktion.
Syntax:
   $[Z,N] = parallel(Z1,N1,Z2,N2)$ (8.8)
Beschreibung:
   Bei Vorgabe der Zähler- und Nennerpolynome wird durch Addition der Teilübertragungsfunktionen die resultierende Übertragungsfunktion gebildet. Im Falle eines negativen Ausgangssignals ist der entsprechende Zähler mit negativem Vorzeichen einzutragen.

Beispiel 8.2

Die in Beispiel 8.1 gegebenen beiden Übertragungsfunktionen sind als Parallelschaltung miteinander zu verknüpfen. Das Ergebnis ist in der Standardform darzustellen.
Lösung:

```
[Z,N] = parallel(Z1,N1,Z2,N2);

[Zm,Nm] = minreal(Z,N)
0 pole-zeros cancelled
Zm =
          8      4
Nm =
          1      0
```

Das Ergebnis ist ein I-Glied mit Vorhalt 1. Ordnung:

$$G(s) = \frac{2s+1}{0,25s} = \frac{8s+4}{s}$$

8.1.3 Zwei Übertragungsglieder als Rückführschaltung

Eine Rückführschaltung besteht aus einem Vorwärts- und einem Rückführzweig. Wird das Ausgangssignal des Übertragungsgliedes im Rückführzweig negativ auf den Eingang des Übertragungsgliedes im Vorwärtszweig geschaltet, so liegt eine *Gegenkopplung* vor, anderenfalls eine *Mitkopplung*.
Die Gegenkopplung stellt das Grundprinzip des einschleifigen Regelkreises dar.

8.1.3.1 Rückführschaltung mit *feedback*

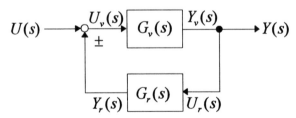

Bild 8.4 Rückführschaltung zweier Übertragungsglieder

Aus Bild 8.4 ergibt sich mit dem Eingangssignal des Vorwärtsgliedes:

$$U_v(s) = U(s) - Y_r(s) \tag{8.9}$$

die Übertragungsfunktion für eine Gegenkopplung (-):

$$G_g(s) = \frac{Y(s)}{U(s)} = \frac{G_v(s)}{1 + G_v(s)G_r(s)} \qquad (8.10)$$

und mit dem Eingangssignal des Vorwärtsgliedes:

$$U_v(s) = U(s) + Y_r(s) \qquad (8.11)$$

die Übertragungsfunktion für eine Mitkopplung (+):

$$G_m(s) = \frac{Y(s)}{U(s)} = \frac{G_v(s)}{1 - G_v(s)G_r(s)} \qquad (8.12)$$

mit der für beide Fälle geltenden Signalverzweigung:

$$Y(s) = Y_v(s) = U_r(s) \qquad (8.13)$$

Eigenschaft von *feedback*:
Bildet von je einem im Vorwärtszweig und im Rückführzweig befindlichen Übertragungsglied die gemeinsame Übertragungsfunktion.
Syntax:

$$[Z,N] = feedback(Zv,Nv,Zr,Nr,sign) \qquad (8.14)$$

Beschreibung:
Bei Vorgabe der Zähler- und Nennerpolynome der Übertragungsfunktionen der Übertragungsglieder im Vorwärts- und Rückführzweig wird nach dem Prinzip *Vorwärts durch Eins plus Vorwärts mal Rückwärts* bei einer Gegenkopplung und *Vorwärts durch Eins minus Vorwärts mal Rückwärts* bei einer Mitkopplung die Übertragungsfunktion gebildet.
Für eine Gegenkopplung gilt *sign* = -1 oder es kann entfallen. Bei einer Mitkopplung ist für *sign* = 1 zu setzen.

Beispiel 8.3
Die in den beiden vorhergehenden Beispielen verwendeten Übertragungsfunktionen eines *P*- und eines *I*-Gliedes sind wechselseitig als Gegenkopplung zu verschalten. Die Ergebnisse sind zu vergleichen und in der Standardform darzustellen.
Was liefert eine Mitkopplung?
Lösung:

```
[Z,N] = feedback(Z1,N1,Z2,N2,-1);

[Zm,Nm] = minreal(Z,N)
0 pole-zeros cancelled
```

```
Zm =
            8        0
Nm =
            1       32
```

$$G(s) = \frac{2s}{0,25s + 8} = \frac{8s}{s + 32}$$

Im Vorwärtszweig ein *P*-Glied und im gegengekoppelten Rückführzweig ein *I*-Glied liefert ein DT_1-Glied - *D*-Glied mit Verzögerung 1. Ordnung -

```
[Z,N] = feedback(Z2,N2,Z1,N1,-1);

[Zm,Nm] = minreal(Z,N)
0 pole-zeros cancelled
Zm =
            0        4
Nm =
            1       32
```

$$G(s) = \frac{1}{0,25s + 8} = \frac{4}{s + 32}$$

Im Vorwärtszweig ein *I*-Glied und im gegengekoppelten Rückführzweig ein *P*-Glied liefert ein PT_1-Glied - Verzögerung 1. Ordnung -. Für beide Fälle ergibt sich der gleiche Nenner.

Bei einer Mitkopplung mit sign = 1, würde sich ein Nenner mit einem Pol in der rechten Hälfte der Gaußschen Zahlenebene ergeben, also ein instabiles System.

8.1.3.2 Rückführschaltung mit *cloop* - Einschleifiger Regelkreis bei Führung -

Vielfach wird von der Übertragungsfunktion der offenen Kette, bestehend aus der Reihenschaltung von Regler und Regelstrecke entsprechend Bild 8.5, ausgegangen. Für diesen Fall liegen die Übertragungsglieder der offenen Kette:

$$G_0(s) = G_R(s)G_S(s) \tag{8.15}$$

im Vorwärtszweig. Der Rückführzweig hat eine Übertragungsfunktion vom Wert Eins, d.h. die Ausgangsgröße $Y(s)$ wird direkt oder auch starr mit negativem Vorzeichen auf die Summationsstelle, die sich vor dem Eingang des Reglers befindet, zurückgeführt, was zur Bezeichnung *starre Rückführung* geführt hat.

$$G_w(s) = \frac{Y(s)}{W(s)} = \frac{G_0(s)}{1 + G_0(s)} = \frac{Z_0(s)}{N_0(s) + Z_0(s)} \tag{8.16}$$

Die Gleichung (8.16) wird auch als Führungsübertragungsfunktion bezeichnet.

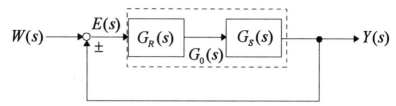

Bild 8.5 Einschleifiger Regelkreis als Beispiel für eine starre Rückführung

Eigenschaft von *cloop*:
   Bildet mit einem im Vorwärtszweig befindlichen Übertragungsglied bei starrer Rückführung die Übertragungsfunktion.
Syntax:
$$[Z,N] = cloop(Z0,N0,sign) \qquad (8.17)$$
Beschreibung:
   Bei Vorgabe des Zähler- und Nennerpolynoms der Übertragungsfunktion des Übertragungsgliedes im Vorwärtszweig wird nach dem Prinzip *Vorwärts durch Eins plus Vorwärts* bei einer Gegenkopplung und *Vorwärts durch eins minus Vorwärts* bei einer Mitkopplung die Übertragungsfunktion gebildet. Für eine Gegenkopplung gilt *sign* = -1 oder es kann entfallen. Bei einer Mitkopplung ist für *sign* = 1 zu setzen.

Beispiel 8.4
Aus den Übertragungsfunktionen nach Beispiel 8.1 sind die Übertragungsfunktion der offenen Kette und anschließend die für Führungsverhalten zu bilden.
Lösung:

```
[Z0,N0] = series(Z1,N1,Z2,N2)
Z0 =
      0      8
N0 =
    0.2500          0

[Z,N] = cloop(Z0,N0,-1)
Z =
      0      8
N =
    0.2500    8.0000
```

Aus dem *PI*-Glied der offenen Kette wird ein PT_1-Glied, wie auch mit *feedback* im zweiten Fall des letzten Beispiels gezeigt.

,

8.2 Beschreibung durch Zustandsgleichungen

In diesem Abschnitt wird die Verknüpfung zweier dynamischer Systeme behandelt, die durch ihre Zustandsgleichungen:

$$\dot{\mathbf{x}}_i(t) = \mathbf{A}_i\,\mathbf{x}_i(t) + \mathbf{B}_i\,\mathbf{u}_i(t)$$
$$\mathbf{y}_i(t) = \mathbf{C}_i\,\mathbf{x}_i(t) + \mathbf{D}_i\,\mathbf{u}_i(t)$$

(8.18)

mit $i = 1,2$ und ihren Vektor-Matrix-Signalflußbildern:

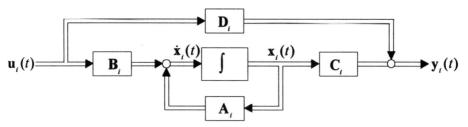

Bild 8.6 Vektor-Matrix-Signalflußbild eines Systems im Zustandsraum

beschrieben werden. Zur übersichtlicheren Darstellung wird das Signalflußbild eines Systems im Zustandsraum wie folgt vereinfacht:

$$\mathbf{u}_i(t) \longrightarrow \boxed{\begin{aligned}\dot{\mathbf{x}}_i &= \mathbf{A}_i\mathbf{x}_i + \mathbf{B}_i\mathbf{u}_i \\ \mathbf{y}_i &= \mathbf{C}_i\mathbf{x}_i + \mathbf{D}_i\mathbf{u}_i\end{aligned}} \longrightarrow \mathbf{y}_i(t)$$

Bild 8.7 Vereinfachtes Signalflußbild eines Systems im Zustandsraum

8.2.1 Vereinigung zweier ungekoppelter Systeme mit *append*

Eigenschaft von *append*:

     Bildet ein aus zwei nicht untereinander verkoppelten Systemen ein neues System mit den Eigenschaften beider Teilsysteme.

Syntax:

     [A,B,C,D] = *append*(A1,B1,C1,D1,A2,B2,C2,D2)   (8.19)

Beschreibung:

     Zwei einzelne Systeme, beschrieben durch einen Satz von zueinander unabhängigen Vektor-Matrix-Gleichungen (8.18) und Bild 8.7, werden zu einem System verbunden. Es werden Diagonalmatrizen gebildet, deren Elemente auf der Hauptdiagonale aus den entsprechenden Matrizen der

Teilsysteme bestehen:

$$\begin{bmatrix} \dot{x}_1(t) \\ \dot{x}_2(t) \end{bmatrix} = \begin{bmatrix} A_1 & 0 \\ 0 & A_2 \end{bmatrix} \begin{bmatrix} x_1(t) \\ x_2(t) \end{bmatrix} + \begin{bmatrix} B_1 & 0 \\ 0 & B_2 \end{bmatrix} \begin{bmatrix} u_1(t) \\ u_2(t) \end{bmatrix} \qquad (8.20)$$

$$\begin{bmatrix} y_1(t) \\ y_2(t) \end{bmatrix} = \begin{bmatrix} C_1 & 0 \\ 0 & C_2 \end{bmatrix} \begin{bmatrix} x_1(t) \\ x_2(t) \end{bmatrix} + \begin{bmatrix} D_1 & 0 \\ 0 & D_2 \end{bmatrix} \begin{bmatrix} u_1(t) \\ u_2(t) \end{bmatrix} \qquad (8.21)$$

bzw. als vereinfachtes Signalflußbild:

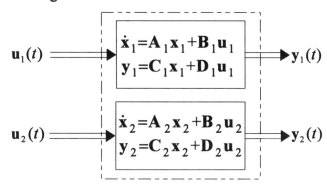

Bild 8.8 Zwei parallel geschaltete Systeme, nicht gekoppelt, mit *append*

8.2.2 Zwei Zustandssysteme als Reihenschaltung mit *series*

Eigenschaft von *series*:

Bildet von zwei hintereinander geschalteten Systemen im Zustandsraum die resultierenden Zustandsgleichungen.

Syntax:

[A,B,C,D] = *series*(A1,B1,C1,D1,A2,B2,C2,D2)   (8.22)

[A,B,C,D] = *series*(A1,B1,C1,D1,A2,B2,C2,D2,aus1,ein2)   (8.23)

Beschreibung:

– $y_1 = u_2$

Die Anzahl der Ausgänge y_1 von System eins ist gleich der Anzahl der Eingänge u_2 von System zwei, d.h. $y_1 = u_2$, somit ergibt sich:

$$\begin{bmatrix} \dot{x}_1(t) \\ \dot{x}_2(t) \end{bmatrix} = \begin{bmatrix} A_1 & 0 \\ B_2 C_1 & A_2 \end{bmatrix} \begin{bmatrix} x_1(t) \\ x_2(t) \end{bmatrix} + \begin{bmatrix} B_1 \\ B_2 D_1 \end{bmatrix} u_1(t) \qquad (8.24)$$

$$y_2(t) = [D_2 C_1 \quad C_2] \begin{bmatrix} x_1(t) \\ x_2(t) \end{bmatrix} + [D_2 D_1] u_1(t) \tag{8.25}$$

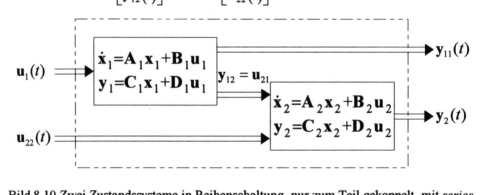

Bild 8.9 Zwei Zustandssysteme in Reihenschaltung, mit *series*

− $y_1 \neq u_2$

Für den Fall, daß nicht alle Ausgangsgrößen $y_1(t)$ des ersten Systems gleich Eingangsgrößen $u_2(t)$ des zweiten Systems sind, folgt:

$$y_1(t) = \begin{bmatrix} y_{11}(t) \\ y_{12}(t) \end{bmatrix}, \quad u_2(t) = \begin{bmatrix} u_{21}(t) \\ u_{22}(t) \end{bmatrix} \tag{8.26}$$

Bild 8.10 Zwei Zustandssysteme in Reihenschaltung, nur zum Teil gekoppelt, mit *series*

Wie aus Bild 8.10 zu entnehmen ist, sind nur die zum Teilausgangsvektor $y_{12}(t)$ gehörenden Ausgänge gleichzeitig Eingänge für das zweite System und im Teilvektor $u_{21}(t)$ vereinigt, so daß $y_{12}(t) = u_{21}(t)$ gilt:

1. System

$$\dot{x}_1(t) = A_1 x_1(t) + B_1 u_1(t) \tag{8.27}$$

$$\begin{bmatrix} y_{11}(t) \\ y_{12}(t) \end{bmatrix} = \begin{bmatrix} C_{11} \\ C_{12} \end{bmatrix} x_1(t) + \begin{bmatrix} D_{11} \\ D_{12} \end{bmatrix} u_1(t) \tag{8.28}$$

2. System

$$\dot{\mathbf{x}}_2(t) = \mathbf{A}_2\,\mathbf{x}_2(t) + \begin{bmatrix} \mathbf{B}_{21} & \mathbf{B}_{22} \end{bmatrix} \begin{bmatrix} \mathbf{u}_{21}(t) \\ \mathbf{u}_{22}(t) \end{bmatrix} \tag{8.29}$$

$$\mathbf{y}_2(t) = \mathbf{C}_2\,\mathbf{x}_2(t) + \begin{bmatrix} \mathbf{D}_{21} & \mathbf{D}_{22} \end{bmatrix} \mathbf{u}_2(t) \tag{8.30}$$

Als Ergebnis des in Bild 8.10 dargestellten Gesamtsystems unter Berücksichtigung der Gleichungen (8.27) bis (8.30) ergeben sich:

$$\begin{bmatrix} \dot{\mathbf{x}}_1(t) \\ \dot{\mathbf{x}}_2(t) \end{bmatrix} = \begin{bmatrix} \mathbf{A}_1 & \mathbf{0} \\ \mathbf{B}_{21}\mathbf{C}_{12} & \mathbf{A}_2 \end{bmatrix} \begin{bmatrix} \mathbf{x}_1(t) \\ \mathbf{x}_2(t) \end{bmatrix} + \begin{bmatrix} \mathbf{B}_1 & \mathbf{0} \\ \mathbf{B}_{21}\mathbf{D}_{12} & \mathbf{B}_{22} \end{bmatrix} \begin{bmatrix} \mathbf{u}_1(t) \\ \mathbf{u}_{22}(t) \end{bmatrix} \tag{8.31}$$

$$\begin{bmatrix} \mathbf{y}_{11}(t) \\ \mathbf{y}_2(t) \end{bmatrix} = \begin{bmatrix} \mathbf{C}_{11} & \mathbf{0} \\ \mathbf{D}_{21}\mathbf{C}_{12} & \mathbf{C}_2 \end{bmatrix} \begin{bmatrix} \mathbf{x}_1(t) \\ \mathbf{x}_2(t) \end{bmatrix} + \begin{bmatrix} \mathbf{D}_{11} & \mathbf{0} \\ \mathbf{D}_{21}\mathbf{D}_{12} & \mathbf{D}_{22} \end{bmatrix} \begin{bmatrix} \mathbf{u}_1(t) \\ \mathbf{u}_{22}(t) \end{bmatrix} \tag{8.32}$$

series.m liefert sich das Ergebnis der Gleichungen (8.31) und (8.32).
- $\mathbf{y}_{12} = \mathbf{u}_{21}$

Mit der Kommandofolge (8.23) kann nur der Teil berechnet werden, der die direkte Kopplung zwischen den beiden Teilsystemen herstellt, womit sich folgendes ergibt:

$$\begin{bmatrix} \dot{\mathbf{x}}_1(t) \\ \dot{\mathbf{x}}_2(t) \end{bmatrix} = \begin{bmatrix} \mathbf{A}_1 & \mathbf{0} \\ \mathbf{B}_{21}\mathbf{C}_{12} & \mathbf{A}_2 \end{bmatrix} \begin{bmatrix} \mathbf{x}_1(t) \\ \mathbf{x}_2(t) \end{bmatrix} + \begin{bmatrix} \mathbf{B}_1 \\ \mathbf{B}_{21}\mathbf{D}_{12} \end{bmatrix} \mathbf{u}_1(t) \tag{8.33}$$

$$\mathbf{y}_2(t) = \begin{bmatrix} \mathbf{D}_{21}\mathbf{C}_{12} & \mathbf{C}_2 \end{bmatrix} \begin{bmatrix} \mathbf{x}_1(t) \\ \mathbf{x}_2(t) \end{bmatrix} + \begin{bmatrix} \mathbf{D}_{21}\mathbf{D}_{12} \end{bmatrix} \mathbf{u}_1(t) \tag{8.34}$$

wenn durch *aus*1 die Ausgänge $\mathbf{y}_{12}$ des 1. Systems und durch *ein*2 die Eingänge $\mathbf{u}_{21}$ des 2. Systems beschrieben werden.

Beispiel 8.5
Gegeben sind die nachfolgenden zwei fiktiven Systeme. Zwischen denen die Eingangs-Ausgangs-Beziehungen $u_{21} = y_{13}$ und $u_{22} = y_{14}$ gelten soll. Gesucht sind die Zustandsgleichungen des Gesamtsystems.
- System eins

$$\dot{\mathbf{x}}_1 = \begin{bmatrix} \dot{x}_{11} \\ \dot{x}_{12} \end{bmatrix} = \begin{bmatrix} -1 & 0 \\ 2 & -4 \end{bmatrix} \begin{bmatrix} x_{11} \\ x_{12} \end{bmatrix} + \begin{bmatrix} 1 & 0 \\ 0 & 2 \end{bmatrix} \begin{bmatrix} u_{11} \\ u_{12} \end{bmatrix} = \mathbf{A}_1\,\mathbf{x}_1 + \mathbf{B}_1\,\mathbf{u}_1$$

$$\mathbf{y}_1 = \begin{bmatrix} y_{11} \\ y_{12} \\ \hline y_{13} \\ y_{14} \end{bmatrix} = \begin{bmatrix} 1 & 0 \\ 0 & 1 \\ \hline 1 & -1 \\ -2 & 1 \end{bmatrix} \begin{bmatrix} x_{11} \\ x_{12} \end{bmatrix} + \begin{bmatrix} 0 & 2 \\ 1 & 0 \\ \hline 0 & 0 \\ 0 & 1 \end{bmatrix} \begin{bmatrix} u_{11} \\ u_{12} \end{bmatrix} = \begin{bmatrix} \mathbf{C}_{11} \\ \hline \mathbf{C}_{12} \end{bmatrix} \mathbf{x}_1 + \begin{bmatrix} \mathbf{D}_{11} \\ \hline \mathbf{D}_{12} \end{bmatrix} \mathbf{u}_1$$

- System zwei

$$\dot{\mathbf{x}}_2 = \begin{bmatrix} \dot{x}_{21} \\ \dot{x}_{22} \end{bmatrix} = \begin{bmatrix} 0 & 1 \\ -12 & -7 \end{bmatrix} \begin{bmatrix} x_{21} \\ x_{22} \end{bmatrix} + \begin{bmatrix} 1 & 0 & \vdots & 0 \\ 0 & 2 & \vdots & -1 \end{bmatrix} \begin{bmatrix} u_{21} \\ u_{22} \\ \hline u_{23} \end{bmatrix}$$

$$\dot{\mathbf{x}}_2 = \mathbf{A}_2 \mathbf{x}_2 + \begin{bmatrix} \mathbf{B}_{21} & \vdots & \mathbf{B}_{22} \end{bmatrix} \mathbf{u}_2$$

$$\mathbf{y}_2 = \begin{bmatrix} 0 & 1 \end{bmatrix} \begin{bmatrix} x_{21} \\ x_{22} \end{bmatrix} + \begin{bmatrix} 1 & 0 & \vdots & 0 \end{bmatrix} \begin{bmatrix} u_{21} \\ u_{22} \\ \hline u_{23} \end{bmatrix} = \mathbf{C}_2 \mathbf{x}_2 + \begin{bmatrix} \mathbf{D}_{21} & \vdots & \mathbf{D}_{22} \end{bmatrix} \mathbf{u}_2$$

Bild 8.11 Vereinfachtes Signalflußbild zum Beispiel 8.5

Lösung:
Systemmatrizen, auf ihre Wiedergabe wird verzichtet.

```
A1 = [-1 0;2 -4]; B1 = [1 0;0 2];
C11 = [1 0;0 1]; C12 = [1 -1;-2 1]; C1 = [C11;C12];
D11 = [0 2;1 0]; D12 = [0 0;0 1]; D1 = [D11;D12];
A2 = [0 1;-12 -7]; B21 = [1 0;0 2]; B22 = [0;-1];
B2 = [B21 B22]; C2 = [0 1];
D21 = [1 0]; D22 = 0; D2 = [D21 D22];
```

Ausgangs- und Eingangsbeziehungen:

```
aus1 = [3 4]; ein2 = [1 2];
```

Berechnen der Matrizen des gekoppelten Teils der beiden Systeme mit *series*:

```
[A,B,C,D] =
series(A1,B1,C1,D1,A2,B2,C2,D2,aus1,ein2);
A =
     -1      0      0      0
      2     -4      0      0
      1     -1      0      1
     -4      2    -12     -7
B =
      1      0
      0      2
      0      0
      0      2
C =
      1     -1      0      1
D =
      0      0
```

Vergleich der Ergebnisse mit den Ergebnissen der Gleichungen (8.33) und (8.34):

Ak = [A1 zeros(2);B21*C12 A2]; Bk = [B1;B21*D12];

Ck = [D21*C12 C2]; Dk = [D21*D12];

Die Ergebnisse stimmen überein.

Die Gleichungen (8.31) und (8.32) liefern unter Beachtung, daß die Eingänge u_{21} und u_{22} sowie die Ausgänge y_{13} und y_{14} nach außen nicht mehr in Erscheinung treten, da sie die Kopplung zwischen den beiden Systemen herstellen, folgende mit *printsys* angezeigte Zustandsgleichungen des Gesamtsystems:

printsys(Ag,Bg,Cg,Dg,['u11 u12 u23'],['y11 y12 y2'],['x11 x12 x21 x22'])

```
a =
            x11    x12    x21    x22
    x11     -1      0      0      0
    x12      2     -4      0      0
    x21      1     -1      0      1
    x22     -4      2    -12     -7

b =
            u11    u12    u23
    x11      1      0      0
    x12      0      2      0
    x21      0      0      0
    x22      0      2     -1
```

```
c =
          x11    x12    x21    x22
   y11     1      0      0      0
   y12     0      1      0      0
   y2      1     -1      0      1

d =
          u11    u12    u23
   y11     0      2      0
   y12     1      0      0
   y2      0      0      0
```

Der Vergleich der Ergebnisse von Gleichung (8.23) sowie (8.31) und (8.32) ergibt:
– Die Systemmatrizen stimmen überein.
– In den Matrizen **B** und **D** fehlt jeweils die Spalte für die Eingangsgröße u_{23} des zweiten Systems.
– In den Matrizen **C** und **D** fehlt jeweils die zu den Ausgängen y_{11} und y_{12} des ersten Systems gehörenden Zeilen.

Es treten also bei dem mit *series* berechneten System nur die Eingänge des ersten und die Ausgänge des zweiten Systems auf, was zu erwarten war.

8.2.3 Zwei Zustandssysteme als Parallelschaltung mit *parallel*

Eigenschaft von *parallel*:
   Bildet die resultierenden Zustandsgleichungen von zwei parallel geschalteten Systemen im Zustandsraum.

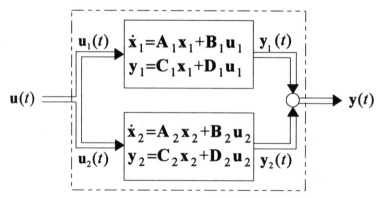

Bild 8.12 Zwei Zustandssysteme in Parallelschaltung mit *parallel*

Syntax:

$$[A,B,C,D] = parallel(A1,B1,C1,D1,A2,B2,C2,D2) \tag{8.35}$$

$$[A,B,C,D] = parallel(...,ein1,ein2,aus1,aus2) \tag{8.36}$$

Beschreibung:
- Es gilt für die Eingänge:

$$\mathbf{u}_1(t) = \mathbf{u}_2(t) = \mathbf{u}(t) \tag{8.37}$$

und für den gemeinsamen Ausgang:

$$\mathbf{y}(t) = \mathbf{y}_1(t) + \mathbf{y}_2(t) \tag{8.38}$$

Dafür ergibt sich mit Gleichung (8.35) folgendes Ergebnis:

$$\begin{bmatrix} \dot{\mathbf{x}}_1(t) \\ \dot{\mathbf{x}}_2(t) \end{bmatrix} = \begin{bmatrix} \mathbf{A}_1 & \mathbf{0} \\ \mathbf{0} & \mathbf{A}_2 \end{bmatrix} \begin{bmatrix} \mathbf{x}_1(t) \\ \mathbf{x}_2(t) \end{bmatrix} + \begin{bmatrix} \mathbf{B}_1 \\ \mathbf{B}_2 \end{bmatrix} \mathbf{u}(t) \tag{8.39}$$

$$\mathbf{y}(t) = \begin{bmatrix} \mathbf{C}_1 & \mathbf{C}_2 \end{bmatrix} \begin{bmatrix} \mathbf{x}_1(t) \\ \mathbf{x}_2(t) \end{bmatrix} + \begin{bmatrix} \mathbf{D}_1 + \mathbf{D}_2 \end{bmatrix} \mathbf{u}(t) \tag{8.40}$$

- Für den Fall,
  daß neben den Ein- und Ausgängen, entsprechend Gleichungen (8.37) und (8.38), jedes System noch einen zusätzlichen Vektor mit Eingangsgrößen:

$$\mathbf{u}_1(t) = \begin{bmatrix} \mathbf{u}_{11}(t) \\ \mathbf{u}(t) \end{bmatrix} \quad \text{und} \quad \mathbf{u}_2(t) = \begin{bmatrix} \mathbf{u}(t) \\ \mathbf{u}_{22}(t) \end{bmatrix} \tag{8.41}$$

und Ausgangsgrößen:

$$\mathbf{y}_1(t) = \begin{bmatrix} \mathbf{y}_{11}(t) \\ \mathbf{y}_{12}(t) \end{bmatrix}, \quad \mathbf{y}_2(t) = \begin{bmatrix} \mathbf{y}_{21}(t) \\ \mathbf{y}_{22}(t) \end{bmatrix} \tag{8.42}$$

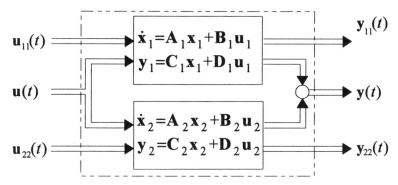

Bild 8.13 Parallelschaltung mit zusätzlichen Ein- und Ausgängen

aufweist, gilt für das 1. System:

$$\dot{\mathbf{x}}_1(t) = \mathbf{A}_1\,\mathbf{x}_1(t) + \mathbf{B}_1\,\mathbf{u}_1(t) = \mathbf{A}_1\,\mathbf{x}_1 + \begin{bmatrix}\mathbf{B}_{11} & \mathbf{B}_{12}\end{bmatrix}\begin{bmatrix}\mathbf{u}_{11}\\ \mathbf{u}\end{bmatrix} \tag{8.43}$$

$$\mathbf{y}_1(t) = \mathbf{C}_1\,\mathbf{x}_1(t) + \mathbf{D}_1\,\mathbf{u}_1(t)$$

$$\begin{bmatrix}\mathbf{y}_{11}(t)\\ \mathbf{y}_{12}(t)\end{bmatrix} = \begin{bmatrix}\mathbf{C}_{11.1}\\ \mathbf{C}_{12.1}\end{bmatrix}\mathbf{x}_1(t) + \begin{bmatrix}\mathbf{D}_{11.11} & \mathbf{D}_{11}\\ \mathbf{D}_{12.11} & \mathbf{D}_{12}\end{bmatrix}\begin{bmatrix}\mathbf{u}_{11}(t)\\ \mathbf{u}(t)\end{bmatrix} \tag{8.44}$$

und für das 2. System:

$$\dot{\mathbf{x}}_2(t) = \mathbf{A}_2\,\mathbf{x}_2(t) + \mathbf{B}_2\,\mathbf{u}_2(t) = \mathbf{A}_2\,\mathbf{x}_2 + \begin{bmatrix}\mathbf{B}_{21} & \mathbf{B}_{22}\end{bmatrix}\begin{bmatrix}\mathbf{u}\\ \mathbf{u}_{22}\end{bmatrix} \tag{8.45}$$

$$\mathbf{y}_2(t) = \mathbf{C}_2\,\mathbf{x}_2(t) + \mathbf{D}_2\,\mathbf{u}_2(t)$$

$$\begin{bmatrix}\mathbf{y}_{21}(t)\\ \mathbf{y}_{22}(t)\end{bmatrix} = \begin{bmatrix}\mathbf{C}_{21.2}\\ \mathbf{C}_{22.2}\end{bmatrix}\mathbf{x}_2(t) + \begin{bmatrix}\mathbf{D}_{21} & \mathbf{D}_{21.22}\\ \mathbf{D}_{22} & \mathbf{D}_{22.22}\end{bmatrix}\begin{bmatrix}\mathbf{u}(t)\\ \mathbf{u}_{22}(t)\end{bmatrix} \tag{8.46}$$

Das Zusammenfassen der Vektor-Matrix-Differentialgleichungen (8.43) und (8.45) liefert die entsprechende Zustandsgleichung:

$$\begin{bmatrix}\dot{\mathbf{x}}_1(t)\\ \dot{\mathbf{x}}_2(t)\end{bmatrix} = \begin{bmatrix}\mathbf{A}_1 & \mathbf{0}\\ \mathbf{0} & \mathbf{A}_2\end{bmatrix}\begin{bmatrix}\mathbf{x}_1(t)\\ \mathbf{x}_2(t)\end{bmatrix} + \begin{bmatrix}\mathbf{B}_{11} & \mathbf{B}_{12} & \mathbf{0}\\ \mathbf{0} & \mathbf{B}_{21} & \mathbf{B}_{22}\end{bmatrix}\begin{bmatrix}\mathbf{u}_{11}(t)\\ \mathbf{u}(t)\\ \mathbf{u}_{22}(t)\end{bmatrix} \tag{8.47}$$

und die Ausgangsgleichung:

$$\mathbf{y}(t) = \mathbf{y}_{12}(t) + \mathbf{y}_{21}(t) \tag{8.48}$$

$$\begin{bmatrix}\mathbf{y}_{11}\\ \mathbf{y}\\ \mathbf{y}_{22}\end{bmatrix} = \begin{bmatrix}\mathbf{C}_{11.1} & \mathbf{0}\\ \mathbf{C}_{12.1} & \mathbf{C}_{21.2}\\ \mathbf{0} & \mathbf{C}_{22.2}\end{bmatrix}\begin{bmatrix}\mathbf{x}_1\\ \mathbf{x}_2\end{bmatrix} + \begin{bmatrix}\mathbf{D}_{11.11} & \mathbf{D}_{11} & \mathbf{0}\\ \mathbf{D}_{12.11} & \mathbf{D}_{12}+\mathbf{D}_{21} & \mathbf{D}_{21.22}\\ \mathbf{0} & \mathbf{D}_{22} & \mathbf{D}_{22.22}\end{bmatrix}\begin{bmatrix}\mathbf{u}_{11}\\ \mathbf{u}\\ \mathbf{u}_{22}\end{bmatrix} \tag{8.49}$$

des Gesamtsystems. Dies ergibt sich mit der Gleichung (8.36) wenn die gemeinsamen Ein- und Ausgänge der beiden Systeme durch *ein*1 und *ein*2 sowie durch *aus*1 und *aus*2 spezifiziert werden.

Beispiel 8.6

Gegeben sind die beiden Systeme:

$$\mathbf{A}_1 = \begin{bmatrix} -1 & 0 \\ 2 & -4 \end{bmatrix}; \mathbf{B}_1 = \begin{bmatrix} 1 & 0 & 2 \\ 0 & 1 & 0 \end{bmatrix}; \mathbf{C}_1 = \begin{bmatrix} 1 & 0 \\ 0 & 1 \\ \hline 1 & -1 \\ -2 & 1 \end{bmatrix}; \mathbf{D}_1 = \begin{bmatrix} 0 & 2 & 0 \\ 1 & 0 & 0 \\ \hline 0 & 0 & 0 \\ 0 & 0 & 1 \end{bmatrix}$$

Das 1. System hat drei Eingänge und vier Ausgänge.

$$\mathbf{A}_2 = \begin{bmatrix} 0 & 1 \\ -12 & -7 \end{bmatrix}; \mathbf{B}_2 = \begin{bmatrix} 0 & 2 & 0 \\ 1 & 0 & 1 \end{bmatrix}; \mathbf{C}_2 = \begin{bmatrix} 0 & 1 \\ 1 & 0 \\ \hline 1 & 0 \end{bmatrix}; \mathbf{D}_2 = \begin{bmatrix} 0 & 2 & 0 \\ 1 & 0 & 0 \\ \hline 0 & 0 & 0 \end{bmatrix}$$

Das 2. System hat drei Ein- und Ausgänge.
Die Eingänge zwei und drei vom 1. System sowie eins und zwei vom 2. System sind die gemeinsamen Eingänge **u**. Die Ausgänge drei und vier vom 1. System sowie eins und zwei vom 2. System bilden den gemeinsamen Ausgang **y**. Gesucht sind die resultierenden Gleichungen nach (8.47) und (8.49).
Lösung:
Eingabe der Systemmatrizen in strukturierter Form nach (8.38) und (8.40):

```
A1 = [-1 0;2 -4];
B11 = [1;0]; B12 = [0 2;1 0]; B1 = [B11 B12];

C11_1 = [1 0;0 1]; C12_1 = [1 -1;-2 1];
C1 = [C11_1;C12_1];

D11_11 = [0;1]; D12_11 = [0;0];
D11 = [2 0;0 0]; D12 = [0 0;0 1];
D1 = [D11_11 D11;D12_11 D12];

A2 = [0 1;-12 -7];

B21 = [0 2;1 0]; B22 = [0;1]; B2 = [B21 B22];

C21_2 = [0 1;1 0]; C22_2 = [1 0];
C2 = [C21_2;C22_2];

D21 = [0 2;1 0]; D21_22 = [0;0];
D22 = [0 0]; D22_22 = 0;
D2 = [D21 D21_22;D22 D22_22];
```

Spezifizieren der gemeinsamen Ein- und Ausgänge:

```
ein1 = [2 3]; ein2 = [1 2];

aus1 = [3 4]; aus2 = [1 2];
```

Lösen mit der Funktion *parallel.m*:

```
[A,B,C,D] = parallel(A1,B1,C1,D1,A2,B2,C2,D2,ein1,
ein2,aus1,aus2)
A =
        -1      0      0      0
         2     -4      0      0
         0      0      0      1
         0      0    -12     -7
B =
         1      0      2      0
         0      1      0      0
         0      0      2      0
         0      1      0      1
C =
         1      0      0      0
         0      1      0      0
         1     -1      0      1
        -2      1      1      0
         0      0      1      0
D =
         0      2      0      0
         1      0      0      0
         0      0      2      0
         0      1      1      0
         0      0      0      0
```

Das Ergebnis läßt sich mit Hilfe der Gleichungen (8.47) und (8.49) auf seine Richtigkeit überprüfen, was dem Leser empfohlen wird.

8.2.4 Zustandssysteme in Rückführschaltung

Die verschiedenen Möglichkeiten der Rückführschaltung wurden im Abschnitt 8.1.3 behandelt. Befindet sich in jedem Zweig der Rückführschaltung ein System, so wird das Ergebnis mit *feedback* ermittelt. Ist dagegen der Rückführzweig durch ein Übertragungsverhalten von Eins gekennzeichnet - starre Rückführung, dann ergeben sich die Zustandsgleichungen mit Hilfe von *cloop*.

8.2.4.1 Rückführschaltung mit *feedback*

Eigenschaft von *feedback*:

  Bildet die resultierenden Zustandsgleichungen von je einem im Vorwärts- und Rückführzweig befindlichen System.

Syntax:

$$[A,B,C,D] = feedback(A1,B1,C1,D1,A2,B2,C2,D2,\text{sign}) \qquad (8.50)$$

$$[A,B,C,D] = feedback(A1,B1,C1,D1,A2,B2,C2,D2,\text{ein1,aus1}) \qquad (8.51)$$

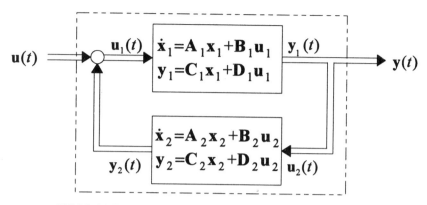

Bild 8.14 Zwei Zustandssysteme in Rückführschaltung, mit *feedback*

Beschreibung:
- Grundlage ist das Vektor-Matrix-Signalflußbild 8.14. Es gilt:

$$\mathbf{u}_1(t) = \mathbf{u}(t) \pm \mathbf{y}_2(t), \ \mathbf{y}_1(t) = \mathbf{y}(t) \ \text{und} \ \mathbf{u}_2(t) = \mathbf{y}(t) \tag{8.52}$$

Die Ausgangsgleichung des Systems ergibt sich zu:

$$\mathbf{y}(t) = \mathbf{C}_1 \mathbf{x}_1 + \mathbf{D}_1 \mathbf{u}(t) \pm \mathbf{D}_1 \mathbf{y}_2(t) \tag{8.53}$$

In der Gleichung (8.53) ist die Ausgangsgleichung:

$$\begin{aligned}
\mathbf{y}_2(t) &= \mathbf{C}_2 \mathbf{x}_2(t) + \mathbf{D}_2 \mathbf{y}(t) \\
&= \mathbf{D}_2 \mathbf{C}_1 \mathbf{x}_1(t) + \mathbf{C}_2 \mathbf{x}_2(t) + \mathbf{D}_2 \mathbf{D}_1 \mathbf{u}(t) \pm \mathbf{D}_2 \mathbf{D}_1 \mathbf{y}_2(t)
\end{aligned} \tag{8.54}$$

zu ersetzen. Die Terme für $\mathbf{y}_2(t)$ werden zusammengefaßt und mittels der vorausgesetzt *nichtsingulären* Matrix:

$$\mathbf{E} = \left(\mathbf{I} \mp \mathbf{D}_2 \mathbf{D}_1\right)^{-1} \tag{8.55}$$

vereinfacht, so daß $\mathbf{y}_2(t)$ nur noch von den beiden Zustandsvektoren und dem Eingangsvektor abhängt:

$$\mathbf{y}_2(t) = \mathbf{E} \mathbf{D}_2 \mathbf{C}_1 \mathbf{x}_1(t) + \mathbf{E} \mathbf{C}_2 \mathbf{x}_2(t) + \mathbf{E} \mathbf{D}_2 \mathbf{D}_1 \mathbf{u}(t) \tag{8.56}$$

Damit ergibt sich die Ausgangsgleichung des Systems zu:

$$\mathbf{y}(t) = \left[\left(\mathbf{I} \pm \mathbf{D}_1 \mathbf{E} \mathbf{D}_2\right)\mathbf{C}_1 \ \vdots \ \pm \mathbf{D}_1 \mathbf{E} \mathbf{C}_2\right] \begin{bmatrix} \mathbf{x}_1 \\ \mathbf{x}_2 \end{bmatrix} + \mathbf{D}_1 \left(\mathbf{I} \pm \mathbf{E} \mathbf{D}_2 \mathbf{D}_1\right)\mathbf{u} \tag{8.57}$$

Mit Gleichung (8.57) läßt sich dann die Vektor-Matrix-Differential-gleichung des rückgekoppelten Systems angeben:

$$
\begin{bmatrix} \dot{x}_1(t) \\ \dot{x}_2(t) \end{bmatrix} = \begin{bmatrix} (A_1 \pm B_1 ED_2 C_1) & \pm B_1 EC_2 \\ B_2(I \pm D_1 ED_2)C_1 & (A_2 \pm B_2 D_1 EC_2) \end{bmatrix} \begin{bmatrix} x_1(t) \\ x_2(t) \end{bmatrix}
$$
$$
+ \begin{bmatrix} B_1(I \pm ED_2 D_1) \\ B_2 D_1(I \pm ED_2 D_1) \end{bmatrix} u(t)
\tag{8.58}
$$

Die Ergebnisse der Gleichungen (8.57) und (8.58) lassen sich mit der Kommandofolge (8.51) ermitteln. Bei einer Gegenkopplung ist *sign* = -1 und bei einer Mitkopplung ist *sign* = 1 zu setzen, keine Angabe entspricht einer Gegenkopplung.

– Für den Fall,

　　daß das System im Vorwärtszweig noch einen zusätzlichen Eingangs- und Ausgangsvektor entsprechend Bild 8.15 aufweist, folgt:

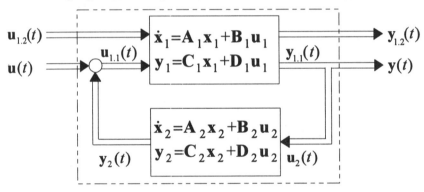

Bild 8.15 Zwei Zustandssysteme in Rückführschaltung mit separatem Eingangs- und Ausgangsvektor im System des Vorwärtszweiges, mit *feedback*

Mit dem Eingangsvektor:

$$
u_1(t) = \begin{bmatrix} u_{1.1}(t) \\ u_{1.2}(t) \end{bmatrix} = \begin{bmatrix} u(t) \pm y_2(t) \\ u_{1.2}(t) \end{bmatrix}
\tag{8.59}
$$

ergeben sich die Gleichungen des Systems im Vorwärtszweig:

$$
\dot{x}_1(t) = A_1 x_1(t) + \begin{bmatrix} B_{1.11} & B_{1.12} \end{bmatrix} \begin{bmatrix} u_{1.1}(t) \\ u_{1.2}(t) \end{bmatrix}
\tag{8.60}
$$

$$\mathbf{y}_1(t) = \begin{bmatrix} \mathbf{y}_{1.1}(t) \\ \mathbf{y}_{1.2}(t) \end{bmatrix} = \begin{bmatrix} \mathbf{C}_{1.11} \\ \mathbf{C}_{1.21} \end{bmatrix} \mathbf{x}_1(t) + \begin{bmatrix} \mathbf{D}_{1.11} & \mathbf{D}_{1.12} \\ \mathbf{D}_{1.21} & \mathbf{D}_{1.22} \end{bmatrix} \begin{bmatrix} \mathbf{u}_{1.1}(t) \\ \mathbf{u}_{1.2}(t) \end{bmatrix} \tag{8.61}$$

sowie für das System im Rückführzweig:

$$\mathbf{u}_2(t) = \mathbf{y}(t) = \mathbf{y}_{1.1}(t)$$

$$\mathbf{u}_2(t) = \mathbf{C}_{1.11} \mathbf{x}_1 + \begin{bmatrix} \mathbf{D}_{1.11} & \mathbf{D}_{1.12} \end{bmatrix} \begin{bmatrix} \mathbf{u}(t) \pm \mathbf{y}_2(t) \\ \mathbf{u}_{1.2}(t) \end{bmatrix} \tag{8.62}$$

Mit der vorausgesetzt *nichtsingulären* Matrix:

$$\mathbf{E} = \left(\mathbf{I} \mp \mathbf{D}_2 \, \mathbf{D}_{1.11}\right)^{-1} \tag{8.63}$$

wird die Ausgangsgleichung des 2. Systems:

$$\mathbf{y}_2(t) = \begin{bmatrix} \mathbf{E}\mathbf{D}_2\,\mathbf{C}_{1.11} & \vdots & \mathbf{E}\mathbf{C}_2 \end{bmatrix} \begin{bmatrix} \mathbf{x}_1 \\ \overline{\mathbf{x}_2} \end{bmatrix} + \begin{bmatrix} \mathbf{E}\mathbf{D}_2\,\mathbf{D}_{1.11} & \vdots & \mathbf{E}\mathbf{D}_2\,\mathbf{D}_{1.12} \end{bmatrix} \begin{bmatrix} \mathbf{u} \\ \overline{\mathbf{u}_{1.2}} \end{bmatrix} \tag{8.64}$$

Aus der Gleichung (8.64), der oberen Zeile von (8.59) und

$$\mathbf{F} = \left(\mathbf{I} \pm \mathbf{E}\mathbf{D}_2\,\mathbf{D}_{1.11}\right) \quad \text{sowie} \quad \mathbf{G} = \left(\mathbf{I} \pm \mathbf{D}_{1.11}\,\mathbf{E}\mathbf{D}_2\right) \tag{8.65}$$

folgt die Ausgangsgleichung der Rückkopplung des Gesamtsystems:

$$\mathbf{y}(t) = \begin{bmatrix} \mathbf{G}\mathbf{C}_{1.11} & \vdots & \pm \mathbf{D}_{1.11}\mathbf{E}\mathbf{C}_2 \end{bmatrix} \begin{bmatrix} \mathbf{x}_1 \\ \overline{\mathbf{x}_2} \end{bmatrix} + \begin{bmatrix} \mathbf{D}_{1.11}\mathbf{F} & \vdots & \mathbf{G}\mathbf{D}_{1.12} \end{bmatrix} \begin{bmatrix} \mathbf{u} \\ \overline{\mathbf{u}_{1.2}} \end{bmatrix} \tag{8.66}$$

Die in den nachfolgenden Gleichungen (8.67) und (8.68) angeführten Ergebnisse lassen sich mit der Kommandofolge (8.51) berechnen. Dabei gibt *ein*1 alle vom Ausgang des 2. Systems kommenden Eingänge des 1. Systems an. Die Signale in *ein*1 sind vorzeichenbehaftet anzugeben. Alle Ausgänge vom 1. System, die Eingänge des 2. Systems sind, werden in *aus*1 definiert.

Mit Gleichung (8.66) folgen die Vektor-Matrix-Differentialgleichung:

$$\begin{bmatrix} \dot{\mathbf{x}}_1(t) \\ \overline{\dot{\mathbf{x}}_2(t)} \end{bmatrix} = \begin{bmatrix} \mathbf{A}_1 \pm \mathbf{B}_{1.11}\mathbf{E}\mathbf{D}_2\,\mathbf{C}_{1.11} & \vdots & \pm \mathbf{B}_{1.11}\mathbf{E}\mathbf{C}_2 \\ \mathbf{B}_2\mathbf{G}\mathbf{C}_{1.11} & \vdots & \mathbf{A}_2 \pm \mathbf{B}_2\,\mathbf{D}_{1.11}\mathbf{E}\mathbf{C}_2 \end{bmatrix} \begin{bmatrix} \mathbf{x}_1(t) \\ \overline{\mathbf{x}_2(t)} \end{bmatrix}$$

$$+ \begin{bmatrix} \mathbf{B}_{1.11}\mathbf{F} & \vdots & \mathbf{B}_{1.12} \pm \mathbf{B}_{1.11}\mathbf{E}\mathbf{D}_2\,\mathbf{D}_{1.12} \\ \mathbf{B}_2\,\mathbf{D}_{1.11}\mathbf{F} & \vdots & \mathbf{B}_2\mathbf{G}\mathbf{D}_{1.12} \end{bmatrix} \begin{bmatrix} \mathbf{u}(t) \\ \overline{\mathbf{u}_{1.2}(t)} \end{bmatrix} \tag{8.67}$$

und die Vektor-Matrix-Ausgangsgleichung:

$$
\begin{bmatrix} \mathbf{y}(t) \\ \hline \mathbf{y}_{1.2}(t) \end{bmatrix} = \begin{bmatrix} \mathbf{G}\,\mathbf{C}_{1.11} & \vdots & \pm\mathbf{D}_{1.11}\,\mathbf{E}\,\mathbf{C}_2 \\ \hline \mathbf{C}_{1.21}\pm\mathbf{D}_{1.21}\,\mathbf{E}\,\mathbf{D}_2\,\mathbf{C}_{1.11} & \vdots & \pm\mathbf{D}_{1.21}\,\mathbf{E}\,\mathbf{C}_2 \end{bmatrix} \begin{bmatrix} \mathbf{x}_1(t) \\ \hline \mathbf{x}_2(t) \end{bmatrix}
$$
$$
+ \begin{bmatrix} \mathbf{D}_{1.11}\,\mathbf{F} & \vdots & \mathbf{G}\,\mathbf{D}_{1.12} \\ \hline \mathbf{D}_{1.21}\,\mathbf{F} & \vdots & \mathbf{D}_{1.22}\pm\mathbf{D}_{1.21}\,\mathbf{E}\,\mathbf{D}_2\,\mathbf{D}_{1.12} \end{bmatrix} \begin{bmatrix} \mathbf{u}(t) \\ \hline \mathbf{u}_{1.2}(t) \end{bmatrix}
$$

$$(8.68)$$

des Gesamtsystems.

Beispiel 8.7
Für das unter Kapitel 3.1 behandelte System Stab-Wagen sind die Systemgleichungen mit *feedback* zu ermitteln. Grundlage sollen die Gleichungen unter 3.1.5 sowie das Signalflußbild 3.6 sein. Die Systemmatrizen ergeben sich mit *invpendl*.
Lösung:
Zunächst ist das Signalflußbild 3.6 in die Form von Bild 8.15 zu überführen:

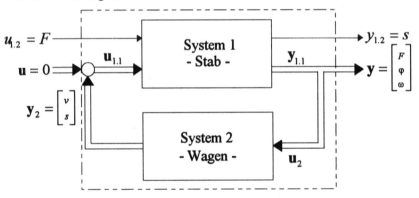

Bild 8.16 Signalflußbild zum Beispiel 8.6, Rückkopplung mit *feedback*

Allgemeiner Aufbau der Vektoren und Systemmatrizen.
– System eins - Vorwärtszweig
   Aus dem Rückführzweig wird im 1. System die Geschwindigkeit $v(t)$ benötigt. Der Weg $s(t)$ wird durch das 1. System geleitet, da er am Ausgang des Gesamtsystems zur Verfügung stehen soll. Die Kraft $F(t)$ ist ein externer Eingang des 1. Systems. Mit $\mathbf{u}(t) = 0$ ergibt sich somit der Eingangsvektor:

$$
\mathbf{u}_1(t) = \begin{bmatrix} \mathbf{u}_{1.1}(t) \\ \mathbf{u}_{1.2}(t) \end{bmatrix} = \begin{bmatrix} \mathbf{u}(t)\pm\mathbf{y}_2(t) \\ F(t) \end{bmatrix} = \begin{bmatrix} \pm\mathbf{y}_2(t) \\ F(t) \end{bmatrix} = \begin{bmatrix} v(t) \\ s(t) \\ \hline F(t) \end{bmatrix}
$$

Die Vektor-Matrix-Differentialgleichung:

$$\dot{\mathbf{x}}_1(t) = \mathbf{A}_1\,\mathbf{x}_1(t) + \begin{bmatrix} \mathbf{B}_{1.11} & \mathbf{B}_{1.12} \end{bmatrix}\begin{bmatrix} \mathbf{u}_{11}(t) \\ \mathbf{u}_{12}(t) \end{bmatrix} = \mathbf{A}_1\,\mathbf{x}_1(t) + \mathbf{B}_1\,\mathbf{u}_1(t)$$

Die Vektor-Matrix-Ausgangsgleichung:

$$\mathbf{y}_1(t) = \mathbf{C}_1\,\mathbf{x}_1(t) + \mathbf{D}_1\,\mathbf{u}_1(t)$$

An das 2. System - Rückführzweig - sind die Kraft $F(t)$, der Winkel $\varphi(t)$ und die Winkelgeschwindigkeit $\omega(t)$ zu übergeben. Der Ausgang des Gesamtsystems benötigt den Weg $s(t)$ und den Winkel $\varphi(t)$:

$$\mathbf{y}_1(t) = \begin{bmatrix} F(t) \\ \varphi(t) \\ \omega(t) \\ \hline s(t) \end{bmatrix} = \begin{bmatrix} \mathbf{y}_{1.1}(t) \\ \hline \mathbf{y}_{1.2}(t) \end{bmatrix} = \begin{bmatrix} \mathbf{C}_{1.11} \\ \hline \mathbf{C}_{1.21} \end{bmatrix}\mathbf{x}_1(t) + \begin{bmatrix} \mathbf{D}_{1.11} & \vdots & \mathbf{D}_{1.12} \\ \hline \mathbf{D}_{1.21} & \vdots & \mathbf{D}_{1.22} \end{bmatrix}\begin{bmatrix} \mathbf{u}_{1.1}(t) \\ \hline \mathbf{u}_{1.2}(t) \end{bmatrix}$$

- System zwei - Rückführzweig -
  Eingangsvektor:

$$\mathbf{u}_2(t) = \mathbf{y}(t) = \mathbf{y}_{1.1}(t) = \mathbf{C}_{1.11}\,\mathbf{x}_1(t) + \begin{bmatrix} \mathbf{D}_{1.11} & \vdots & \mathbf{D}_{1.12} \end{bmatrix}\begin{bmatrix} \mathbf{u}_{1.1}(t) \\ \mathbf{u}_{1.2}(t) \end{bmatrix}$$

Vektor-Matrix-Differentialgleichung:

$$\dot{\mathbf{x}}_2(t) = \mathbf{A}_2\,\mathbf{x}_2(t) + \mathbf{B}_2\,\mathbf{u}_2(t)$$

Vektor-Matrix-Ausgangsgleichung:

$$\mathbf{y}_2(t) = \begin{bmatrix} v(t) \\ s(t) \end{bmatrix} = \mathbf{C}_2\,\mathbf{x}_2(t) + \mathbf{D}_2\,\mathbf{u}_2(t)$$

- System Stab-Wagen als Gesamtsystem
  Mit den Vereinfachungen:

$$\mathbf{D}_2 = \mathbf{0} \quad \Rightarrow \quad \mathbf{E} = \mathbf{F} = \mathbf{G} = \mathbf{I}$$

ergeben sich die Vektor-Matrix-Differentialgleichung nach Gleichung (8.67):

$$\begin{bmatrix} \dot{\mathbf{x}}_1(t) \\ \hline \dot{\mathbf{x}}_2(t) \end{bmatrix} = \begin{bmatrix} \mathbf{A}_1 & \vdots & \mathbf{B}_{1.11}\,\mathbf{C}_2 \\ \hline \mathbf{B}_2\,\mathbf{C}_{1.11} & \vdots & \mathbf{A}_2 + \mathbf{B}_2\,\mathbf{D}_{1.11}\,\mathbf{C}_2 \end{bmatrix}\begin{bmatrix} \mathbf{x}_1(t) \\ \hline \mathbf{x}_2(t) \end{bmatrix} + \begin{bmatrix} \mathbf{B}_{1.12} \\ \hline \mathbf{B}_2\,\mathbf{D}_{1.12} \end{bmatrix}\mathbf{u}_{1.2}(t)$$

und die Vektor-Matrix-Ausgangsgleichung entsprechend Gleichung (8.68):

$$\left[\begin{array}{c} \mathbf{y}(t) \\ \hline \mathbf{y}_{1.2}(t) \end{array}\right] = \left[\begin{array}{c|c} \mathbf{C}_{1.11} & \mathbf{D}_{1.11}\,\mathbf{C}_2 \\ \hline \mathbf{C}_{1.21} & \mathbf{D}_{1.21}\,\mathbf{C}_2 \end{array}\right]\left[\begin{array}{c} \mathbf{x}_1(t) \\ \hline \mathbf{x}_2(t) \end{array}\right] + \left[\begin{array}{c} \mathbf{D}_{1.12} \\ \hline \mathbf{D}_{1.22} \end{array}\right]\mathbf{u}_{1.2}(t)$$

- Berechnung der Matrizen mit *invpendl*
  Stab, System eins - Vorwärtszweig

```
[AS,BS,CS,DS] = invpendl('ST'); A1 = AS
A1 =
              0      1.0000
        12.3788     -0.5500

B1_11 = [BS(:,2) zeros(2,1)]; B1_12 = BS(:,1);
B1 = [B1_11 B1_12]
B1 =
              0           0           0
         0.1143           0     -1.1429

C1_11 = CS; C1_12 = zeros(1,2);
C1 = [C1_11;C1_12]
C1 =
         0      0
         1      0
         0      1
         0      0

D1_11 = zeros(3,2); D1_12 = DS(:,1);
D1_21(1,2) = 1; D1_22 = 0;
D1 = [D1_11 D1_12;D1_21 D1_22]
D1 =
         0      0      1
         0      0      0
         0      0      0
         0      1      0
```

Wagen, System zwei - Rückführzweig

```
[AW,BW,CW,DW] = invpendl('WA'); A2 = AW
A2 =
              0      1.0000
              0     -0.1143

B2 = BW
B2 =
              0           0           0
         1.1429     -2.5721      0.1143
```

```
C2 = [0 1;1 0]
C2 =
      0      1
      1      0

D2 = DW(2:3,:)
D2 =
      0      0      0
      0      0      0
```

Die Eingänge eins und zwei des 1. Systems entsprechen den Ausgängen eins und zwei des 2. System, somit gilt:

```
ein1 = [1 2];
```

Die Ausgänge eins, zwei und drei des 1. Systems sind die Eingänge des 2. Systems:

```
aus1 = [1 2 3];
```

Berechnung des Gesamtsystems mit Gleichung (8.51):

```
[A,B,C,D] =
feedback(A1,B1,C1,D1,A2,B2,C2,D2,ein1,aus1);
```

Da von den Eingängen des Systems im Vorwärtszweig nur die Kraft interessiert und diese in der **B**-Matrix durch die dritte Spalte repräsentiert wird, gilt:

```
B = B(:,3);
```

Als Ausgänge für das Gesamtsystem interessieren nur der Winkel und der Weg, so daß die Matrizen **C** und **D** entsprechend zu kürzen sind.
Von der **C**-Matrix interessieren die zweite und vierte Zeile:

```
C = [C(2,:);C(4,:)];
```

Von der **D**-Matrix sind entsprechend der Aussage für B die dritte Spalte und der Aussage für C die zweite und vierte Zeile zu übernehmen:

```
D = [D(2,3);D(4,3)];
```

Die so gefundenen Systemgleichungen stimmen mit den Gleichungen (3.81) und (3.82) überein, bzw. können leicht mit *invpendl*('SW') überprüft werden.

8.2.4.2 Rückführschaltung mit *cloop*

Eigenschaft von *cloop*:

Bildet die resultierenden Zustandsgleichungen eines im Vorwärtszweig befindlichen Systems durch *Eins-zu-Eins* Rückführung des Ausgangsvektors auf den Eingang des Systems im Vorwärtszweig.

Syntax:

$$[A,B,C,D] = cloop(A,B,C,D,sign) \qquad\qquad (8.69)$$
$$[A,B,C,D] = cloop(A,B,C,D,aus,ein) \qquad\qquad (8.70)$$

Beschreibung:
- Grundlage sind nachfolgendes Vektor-Matrix-Signalflußbild

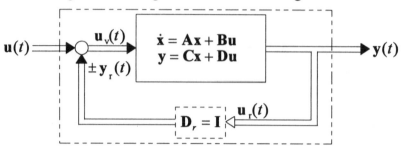

Bild 8.17 Zustandssystem in Rückführschaltung, mit *cloop*

und die Vektor-Matrix-Differentialgleichung:

$$\dot{x}(t) = A\,x(t) + B\,u_v(t) \qquad\qquad (8.71)$$

Für den Eingangsvektor gilt:

$$u_v(t) = u(t) \pm y_r(t) \qquad\qquad (8.72)$$

Die Ausgangsgleichung des Systems ergibt sich damit zu:

$$y(t) = C\,x + D\,u_v(t) \qquad\qquad (8.73)$$

Es wird vorausgesetzt, daß alle *r* Ausgänge von $y(t)$ auf die *m* Eingänge von $u_v(t)$ zurückgeführt werden, so daß $m = r$ gilt und folglich die Rückführmatrix quadratisch vom Typ (m,m) bzw. (r,r) ist. Da außerdem eine *Eins-zu-Eins* Rückführung vorliegt, handelt es sich bei der Rückführmatrix um eine Einheitsmatrix. Somit besteht zwischen dem Ausgang des Gesamtsystems und dem des Rückführgliedes folgender Zusammenhang:

$$y_r(t) = D_r\,u_r(t) = I\,y(t) = y(t) \qquad\qquad (8.74)$$

Gleichung (8.73) in (8.74) eingesetzt:

$$y_r(t) = C\,x(t) + D\,u(t) \pm D\,y_r(t) \qquad\qquad (8.75)$$

mit der vorausgesetzt *nichtsingulären* Matrix :

$$E = (I \mp D)^{-1} \qquad (8.76)$$

ergibt sich für die Ausgangsgleichung des Rückführgliedes:

$$y_r(t) = E\,C\,x(t) + E\,D\,u(t) \qquad (8.77)$$

Mit Gleichung (8.77) ergibt sich für den Eingangsvektor (8.72) folgendes:

$$u_v(t) = \pm E\,C\,x(t) + [I \pm E\,D]u(t) \qquad (8.78)$$

Der Term [I ± E D] läßt sich wie folgt umformen:

$$\begin{aligned}[I \pm E\,D] &= I \pm [I \mp D]^{-1}D = [I \mp D]^{-1}\big[(I \mp D) \pm D\big]\\ &= [I \mp D]^{-1} = E\end{aligned} \qquad (8.79)$$

so daß

$$u_v(t) = \pm E\,C\,x(t) + E\,u(t) \qquad (8.80)$$

Mit Gleichung (8.80) ergibt sich die Vektor-Matrix-Differentialgleichung des Gesamtsystems nach Gleichung (8.71):

$$\dot{x}(t) = [A \pm B\,E\,C]x(t) + B\,E\,u(t) \qquad (8.81)$$

Aus der Gleichung (8.73) folgt für die Ausgangsgleichung:

$$y(t) = [I \pm D\,E]C\,x + D\,E\,u_v(t) \qquad (8.82)$$

Auch in (8.82) läßt sich der Term [I ± D E] wie folgt umformen:

$$\begin{aligned}[I \pm D\,E] &= I \pm D[I \mp D]^{-1} = \big[(I \mp D) \pm D\big][I \mp D]^{-1}\\ &= [I \mp D]^{-1} = E\end{aligned} \qquad (8.83)$$

Damit ergibt sich für die Ausgangsgleichung des Gesamtsystems:

$$y(t) = E\,C\,x(t) + D\,E\,u(t) \qquad (8.84)$$

– Für den Fall,
    daß das System noch je einen zusätzlichen Eingangs- und Ausgangsvektor aufweist, erweitern sich die Gleichungen (8.81) und (8.84) entsprechen

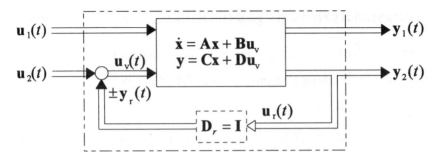

Bild 8.18 Zustandssystem in Rückführschaltung mit separatem Eingangs- und Ausgangsvektor im System des Vorwärtszweiges, mit *cloop*

Bild 8.18 wie folgt:

Die Vektor-Matrix-Differentialgleichung:

$$\dot{\mathbf{x}}(t) = \mathbf{A}\,\mathbf{x}(t) + \begin{bmatrix} \mathbf{B}_1 & \mathbf{B}_2 \end{bmatrix} \begin{bmatrix} \mathbf{u}_1(t) \\ \mathbf{u}_v(t) \end{bmatrix} \tag{8.85}$$

und die Ausgangsgleichung des Gesamtsystems:

$$\begin{bmatrix} \mathbf{y}_1(t) \\ \mathbf{y}_2(t) \end{bmatrix} = \begin{bmatrix} \mathbf{C}_1 \\ \mathbf{C}_2 \end{bmatrix} \mathbf{x}(t) + \begin{bmatrix} \mathbf{D}_{11} & \mathbf{D}_{12} \\ \mathbf{D}_{21} & \mathbf{D}_{22} \end{bmatrix} \begin{bmatrix} \mathbf{u}_1(t) \\ \mathbf{u}_v(t) \end{bmatrix} \tag{8.86}$$

Für den Eingangsvektor $u_v(t)$ gilt:

$$\mathbf{u}_v(t) = \mathbf{u}_2(t) \pm \mathbf{y}_r(t) \tag{8.87}$$

Entsprechend der weiter oben getroffenen Vereinbarung gilt zwischen dem
zweiten Ausgangs- und dem Rückführvektor folgender Zusammenhang:

$$\mathbf{y}_r(t) = \mathbf{y}_2(t) = \mathbf{C}_2\,\mathbf{x}(t) + \mathbf{D}_{21}\,\mathbf{u}_1(t) + \mathbf{D}_{22}\,\mathbf{u}_2(t) \pm \mathbf{D}_{22}\,\mathbf{y}_r(t) \tag{8.88}$$

Mit der vorausgesetzt *nichtsingulären* Matrix:

$$\mathbf{E} = (\mathbf{I} \mp \mathbf{D}_{22}) \tag{8.89}$$

vereinfacht sich die Gleichung (8.88) zu:

$$\mathbf{y}_r(t) = \mathbf{E}\,\mathbf{C}_2\,\mathbf{x}(t) + \mathbf{E}\,\mathbf{D}_{21}\,\mathbf{u}_1(t) + \mathbf{E}\,\mathbf{D}_{22}\,\mathbf{u}_2(t) \tag{8.90}$$

Diese Gleichung in (8.87) eingesetzt und unter Berücksichtigung, daß:

$$\left(\mathbf{I} \pm \mathbf{E}\mathbf{D}_{22}\right) = \mathbf{E}\left(\mathbf{E}^{-1} \pm \mathbf{D}_{22}\right) = \mathbf{E}\left(\mathbf{I} \mp \mathbf{D}_{22} \pm \mathbf{D}_{22}\right) = \mathbf{E} \tag{8.91}$$

gilt, ergibt sich die Eingangsgleichung für die Rückführung:

$$\mathbf{u}_v(t) = \pm \mathbf{E}\mathbf{C}_2\,\mathbf{x}(t) \pm \mathbf{E}\mathbf{D}_{21}\,\mathbf{u}_1(t) + \mathbf{E}\mathbf{u}_2(t) \tag{8.92}$$

Mit Gleichung (8.92) ergeben sich für die Vektor-Matrix-Differential-gleichung des Gesamtsystems (8.85):

$$\dot{\mathbf{x}}(t) = \left[\mathbf{A} \pm \mathbf{B}_2\,\mathbf{E}\,\mathbf{C}_2\right]\mathbf{x}(t) + \left[\mathbf{B}_1 \pm \mathbf{B}_2\,\mathbf{E}\,\mathbf{D}_{21} \quad \mathbf{B}_2\,\mathbf{E}\right]\begin{bmatrix} \mathbf{u}_1(t) \\ \mathbf{u}_2(t) \end{bmatrix} \tag{8.93}$$

und für die Vektor-Matrix-Ausgangsgleichung nach (8.86) und mit:

$$\left(\mathbf{I} \pm \mathbf{D}_{22}\,\mathbf{E}\right)\mathbf{C}_2 = \mathbf{E}\mathbf{C}_2 \quad \text{und} \quad \left(\mathbf{I} \pm \mathbf{D}_{22}\,\mathbf{E}\right)\mathbf{D}_{21} = \mathbf{E}\mathbf{D}_{21} \tag{8.94}$$

$$\begin{bmatrix} \mathbf{y}_1(t) \\ \mathbf{y}_2(t) \end{bmatrix} = \begin{bmatrix} \mathbf{C}_1 \pm \mathbf{D}_{12}\,\mathbf{E}\,\mathbf{C}_2 \\ \mathbf{E}\mathbf{C}_2 \end{bmatrix}\mathbf{x} + \begin{bmatrix} \mathbf{D}_{11} \pm \mathbf{D}_{12}\,\mathbf{E}\,\mathbf{D}_{21} & \mathbf{D}_{12}\,\mathbf{E} \\ \mathbf{E}\mathbf{D}_{21} & \mathbf{D}_{22}\,\mathbf{E} \end{bmatrix}\begin{bmatrix} \mathbf{u}_1 \\ \mathbf{u}_2 \end{bmatrix} \tag{8.95}$$

Beispiel 8.8
Es sind die Systemgleichungen für das im Kapitel 3.3 behandelte *Inverse Pendel* aus den Modellen für die Teilsysteme Stab-Wagen - nach Kapitel 3.1 - sowie für die vom Motor - reduziertes Modell nach Kapitel 3.2 - abgegebene Kraft *F*(*t*) entsprechend Gleichung (3.120) zu berechnen.
Lösung:
Die Lösung erfolgt in folgenden Schritten:
1. Die Matrizen der Systeme Stab und Wagen ergeben sich mit *invpendl* und die des reduzierten Motormodells mit *motor*:

```
[AS,BS,CS,DS] = invpendl('ST');

[AW,BW,CW,DW] = invpendl('SW');

[Am,Bm,Cm,Dm] = motor(2);
```

2. Reihenschaltung der beiden Teilmodelle Stab und Wagen mit *series*, ohne Be-rücksichtigung der über *v*(*t*) erfolgten Rückkopplung entsprechend Bild 8.19:

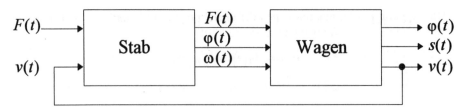

Bild 8.19 Reihenschaltung der Modelle von Stab und Wagen

```
[ASW1,BSW1,CSW1,DSW1] =
series(AS,BS,CS,DS,AW,BW,CW,DW);
```

3. Einbeziehen der durch $v(t)$ erfolgten Rückkopplung mit *cloop*:
   Der Ausgang drei - $v(t)$ - des 2. Systems - Wagen - wird auf den Eingang zwei des
   1. Systems - Stab - geschaltet, d.h. **aus** drei auf **ein** zwei:

```
aus = [3]; ein = [2];

[ASW,BSW2,CSW2,DSW2] =
cloop(ASW1,BSW1,CSW1,DSW1,aus,ein)
ASW =
          0      1.0000        0           0
    12.3788     -0.5500        0      0.1143
          0           0        0      1.0000
    -2.5721      0.1143        0     -0.1143
BSW2 =
          0           0
    -1.1429      0.1143
          0           0
     1.1429           0
CSW2 =
          1      0      0      0
          0      0      1      0
          0      0      0      1
DSW2 =
          0      0
          0      0
          0      0
```

Die Funktion *cloop.m* gibt die zu der als Eingangs- bzw. Ausgangsgröße eliminier-
ten Zustandsgröße $v(t)$ gehörenden zweiten Spalte in **BSW2** und **DSW2** sowie die
dritte Zeile in **CSW2** und **DSW2** mit aus, so daß sie für eine weitere Bearbeitung
gestrichen werden muß:

```
BSW = BSW2(:,1); CSW = CSW2(1:2,:);

DSW = DSW2(1:2,1);
```

Die Ergebnisse stimmen mit denen der Gleichungen (3.81) und (3.82) überein.

4. Berechnung der Kraft nach Gleichung (3.120)

$$\mathbf{F}(t) = \begin{bmatrix} f_{x1} & f_{x2} & 0 & f_{x4} \end{bmatrix} \mathbf{x}(t) + f_{u1} u_a(t)$$

```
fxT = [ASW(4,1) ASW(4,2) 0 ASW(4,4) - Am(1,1)]/
(Bm(1,2) - BSW2(4,1))
fxT =
   0.2288   -0.0102         0   -62.4979
ful = -Bm(1,1)/(Bm(1,2) - BSW2(4,1))
ful =
   2.0053
```

5. Hinzufügen der Kraft entsprechend Gleichung (3.120)

Die Kraft $F(t)$ wird aus den Zustandsgrößen $\varphi(t)$, $\omega(t)$ und $v(t)$ sowie der neuen Eingangsgröße Ankerspannung $u_a(t)$ gebildet. Sie läßt sich neben dem Winkel und dem Weg als dritte Ausgangsgröße im Modell Stab-Wagen darstellen, d.h. die Ausgangs- und Durchgangsmatrizen ändern sich wie folgt:

$$\begin{bmatrix} \varphi(t) \\ s(t) \\ \hline F(t) \end{bmatrix} = \begin{bmatrix} 1 & 0 & 0 & 0 \\ 0 & 0 & 1 & 0 \\ \hline f_{x1} & f_{x2} & 0 & f_{x4} \end{bmatrix} \begin{bmatrix} \varphi(t) \\ \omega(t) \\ s(t) \\ v(t) \end{bmatrix} + \begin{bmatrix} 0 & 0 \\ 0 & 0 \\ 0 & 0 \\ \hline 0 & f_{u1} \end{bmatrix} \begin{bmatrix} F(t) \\ u_a(t) \end{bmatrix}$$

Die erweiterte Ausgangsmatrix:

```
CSW = [CSW;fxT];
```

und die erweiterte Durchgangsmatrix:

```
DSW = [zeros(3,1) [0 0 ful]'];
```

6. Eingangsgröße Ankerspannung

Für die neue Eingangsgröße $u_a(t)$ ist die Eingangsmatrix **BSW** um eine Nullspalte zu erweitern, damit stimmt auch die Spaltenzahl mit der von **D** überein:

```
BSW = [BSW zeros(4,1)];
```

Die dritte Ausgangsgröße $F(t)$ ist mittels *cloop* auf die erste Eingangsgröße $F(t)$ rückzuführen:

```
aus =[3]; ein =[1];

[AIP,BIP,CIP,DIP] =
cloop(ASW2,BSW2,CSW2,DSW2,aus,ein);
```

7. Darstellen der Systemmatrizen des Inversen Pendels
   Das mit *cloop* gewonnene Ergebnis entfernt die zur kompensierten Eingangsgröße
   $F(t)$ gehörenden Zeilen und Spalten in den Matrizen **BIP**, **CIP** und **DIP** nicht, so
   daß sie vor einer endgültigen Darstellung wie folgt eliminiert werden:

```
BIP = BIP(:,3);

CIP = CIP(1:2,:);

DIP=DIP(1:2,3);
```

Mit *printsys* kann nun das Ergebnis, welches mit den Gleichungen (3.129) und
(3.130) übereinstimmt, dargestellt werden:
Definition der Eingangs-, Ausgangs- und Zustandsgrößen:

```
eing = ['ua'];

ausg = ['phi s'];

zug = ['phi w s v'];
```

Darstellung der Systemmatrizen des Inversen Pendels:

```
printsys(AIP,BIP,CIP,DIP,eing,ausg,zug)


a =
          phi          w           s          v
phi         0     1.00000          0          0
w    12.11736    -0.53840          0   71.54042
s           0           0          0    1.00000
v    -2.31071     0.10267          0  -71.54042


b =
              ua
phi            0
w       -2.29174
s            0
v        2.29174


c =
          phi          w           s          v
phi 1.00000          0           0          0
s         0          0     1.00000          0


d =
              ua
phi            0
s              0
```

Verzeichnis der MATLAB Funktionen

Basisfunktionen

Abs	absoluter Wert einer Zahl
angle	Winkel einer komplexen Zahl
ans	allgemeine Variable
atan	Arkustangens
axis	Achseneinteilung
Break	Abbruch einer Anweisungsfolge
Clear	Löscht Daten aus dem Arbeitsspeicher
compact	Ausgabeformat ohne Leerzeile
conv	Polynommultiplikation
Deconv	Polynomdivision
delete	Löscht Dateien aus ihrem Verzeichnis
diary	Speichert eine MATLAB Sitzung in einer Datei
disp	Ausgabe von Text oder einer Matrix
Eig	Eigenwerte und -vektoren einer Matrix
exp	Exponentialfunktion
eye	Einheitsmatrix
Fix	Umwandlung einer reellen in eine ganze Zahl

for	Wiederholte Bearbeitung der nachfolgenden Anweisungen bis end
format	Zahlendarstellung
fprintf	formatierte Ausgabe von Text und Daten
function	erste Anweisung in einer M-Datei, der der Name der Funktion folgt
Grid	Zeichnet ein Netz von Linien in das aktuelle Bild
gtext	Plaziert Text mit Hilfe des Mauszeigers in ein Bild
Help	Hilfefunktion
hold	hält ein Bild zum Eintragen eines weiteren Bildes fest
If	bedingte Bearbeitung der nachfolgenden Anweisungen bis end
imag	Imaginärteil einer Zahl
inf	∞
input	Fordert die Eingabe von Daten oder Text
inv	Matrixinversion
Length	Vektorlänge
limit	Grenzwert einer Funktion, MATLAB 5

linspace	Erzeugt einen linearen Abstandsvektor
load	Lädt eine Datei - .mat - in den Arbeitsspeicher
logspace	Erzeugt einen logarithmischen Abstandsvektor
Max	Maximalwert eines Vektors bzw. einer Matrixzeile
min	Minimalwert eines Vektors bzw. einer Matrixzeile
NaN	Division Null mit Null
nargin	Anzahl der Eingabevariablen einer Funktion
nargout	Anzahl der Ausgabevariablen einer Funktion
num2str	Konvertiert eine Zahl in eine Zeichenkette
Ode23	Löst gewöhnliche Differentialgleichungen
ode45	wie ode23
ones	Einsmatrix
Pause	Hält die Bearbeitung einer Anweisungsfolge an
pi	π
plot	Graphische Darstellung
poly	charakteristisches Polynom einer Matrix
polyval	Wert eines Polynoms für einen vorgegebenen Variablenwert
Rank	Rang einer Matrix
real	Realteil einer Zahl
residue	Partialbruchzerlegung
roots	Lösungen eines Polynoms
round	rundet zur nächsten ganzen Zahl

Save	Speichert eine Datei - .mat - im entsprechenden Verzeichnis
semilogx	halblogarithmische Darstellung
short	Zahlenformat
sign	Signum
size	Type einer Matrix (n,m)
sqrt	Quadratwurzel
stairs	Erzeugt eine Treppenfunktion
startup	Startdatei
subplot	mehrere Bilder in einem Bild
sum	Summe der Vektorelemente bzw. der Spaltenelemente einer Matrix
Text	Text in einem Bild
title	Bildüberschrift
type	Lesen einer Datei
What	siehe Seite 9
which	siehe Seite 9
who, whos	siehe Seite 9
Xlabel	Bezeichnung der x-Achse
Ylabel	Bezeichnung der y-Achse
Zeros	Nullmatrix

Control System Toolbox

Blkbuild	siehe connect
bode	Bode-Diagramm
Canon	Transformation von der Standard- in eine Normalform mit Typangabe
cloop	Rückführschaltung mit starrer Rückführung - Regelkreis
connect	Überführung eines Signalflußbildes in ein Zustandsmodell
ctrb	Steuerbarkeitsmatrix
ctrbf	Aufteilung in einen steuerbaren und einen nicht-steuerbaren Systemteil
Damp	Dämpfungsfaktor, Eigenwerte und -kreisfrequenz des ungedämpften Systems
dcgain	stationäre Verstärkung
Elim	siehe modred
esort	Sortiert die Eigenwerte nach der Größe ihrer Realteile
Feedback	Rückführschaltung eines im Vorwärtszweig und Rückführzweig befindlichen Systems
Impulse	Zeitantwort bei Anfangswerten
Lsim	Zeitantwort bei einem beliebigen Eingangssignal

Margin	Amplituden- und Phasenrand - kritische Verstärkung
minreal	Pol-Nullstellen-Kürzung und Darstellung in der Standardform
modred	Reduzierung der Modellordnung
Nblocks	siehe connect
nyquist	Frequenzgangdarstellung und -berechnung
Obsv	Beobachtbarkeitsmatrix
obsvf	Aufteilung in einen beobachtbaren und einen nichtbeobachtbaren Systemteil
Parallel	Parallelschaltung zweier Systeme
printsys	Darstellung der Systemgleichungen
pzmap	Pole und Nullstellen
Rlocfind	Findet zu einem Wurzelort den variablen Faktor und die restlichen Pole
rlocus	Wurzelortskurve
Series	Reihenschaltung zweier Systeme
ss2ss	Transformation aus einer Zustandsform in die andere, bei vorgegebener Transformationsmatrix

Symbolic Math Toolbox

ss2tf	von der Zustands- in die Polynomform einer Übertragungsfunktion
ss2zp	von der Zustands- in die Pol-Nullstellen-Form einer Übertragungsfunktion
ssdelete	Kürzt Eingangs-, Ausgangs- und Zustandsgrößen
step	Zeitverlauf der Sprungantwort - Übergangsfunktion
Tf	Bildet aus dem Zähler und Nenner die Übertragungsfunktion, MATLAB 5
tf2ss	von der Polynomform einer Übertragungsfunktion in die Zustandsform
tf2zp	von der Polynom- in die Pol-Nullstellen-Form
Zp2ss	von der Pol-Nullstellen-Form einer Übertragungsfunktion in die Zustandsform
zpk	Übertragungsfunktion in der Pol-Nullstellen-Form, MATLAB 5

Allvalues	Lösungen einer Funktion
Charpoly	charakteristisches Polynom einer quadratischen Matrix
collect	Bildet die Summe der zur gleichen Potenz der Variablen eines Polynoms gehörenden Koeffizienten
Determ	Determinante einer Matrix
diff	Ableitung eine Funktion
dsolve	Lösung einer gewöhnlichen Differentialgleichung
Eigensys	Eigenwerte und -vektoren einer Matrix
expand	Erweitert ein Polynom bzw. Zerlegt einen Bruch
Haviside	Einheitssprungfunktion $\sigma(t)$, MATLAB 5
Int	Integral einer Funktion
inverse	Inverse einer Matrix
invlaplace	Laplace-Rücktransformation
Laplace	Laplace-Transformierte
linsolve	Lösung eines Gleichungssystems
Numden	Zähler und Nenner einer Funktion
numeric	Konvertiert aus der symbolischen in die numerische Form

MATLAB Funktionen des Verfassers

Pretty	Darstellung einer Funktion
Simplify	Vereinfacht eine Funktion
solve	Lösung einer algebraischen Gleichung
subs	Ersetzt in einer Funktion Variable durch eine neue Variable oder durch einen numerischen Wert
sym	Symbolische Matrix
sym2poly	Überführt ein symbolisches in ein numerisches Polynom
symadd	Addition
symdiv	Division
symmul	Multiplikation
symop	Führt vorgegebene symbolische Operationen aus
sympow	Potenzieren
symsub	Subtraktion
symsum	Summenbildung
Vpa	Zahlenformat
Bn_form	Beobachtungsnormalform
bode_Tt	Bode-Diagramm eines Totzeitgliedes
bode_TtL	Bode-Diagramm eines linearen Übertragungsgliedes mit Totzeit
Invpendl	Matrizen der Modellgleichungen des Inversen Pendels und der Teilsysteme
Motor	Matrizen der Modellgleichungen des Scheibenläufer-Motors
Netzwerk	Matrizen der Modellgleichungen des sprungfähigen RC-Netzwerkes
nge	Matrizen der Modellgleichungen des Gleichspannungs-Netzgerätes
Pt1tt	Ortskurve eines PT_1-Gliedes mit Totzeit
pt2d	Resonanzfrequenz sowie die dazugehörenden Amplituden und Phasen eines Schwingungsgliedes
pt2dabw	Amplituden für verschiedene Dämpfungswerte eines Schwingungsgliedes
pzmap_bo	pzmap modifiziert
Rlcbruck	Matrizen der Modellgleichungen der Brückenschaltung
rn_form	Regelungsnormalform

Literaturverzeichnis

[Bode-45] Bode, Hendrik Wade
Network Analysis and Feedback Ampliffier Design
New York: Van Nostrand, 1945

[Brockhaus_2-87]
Brockhaus 19. Auflage, 2. Band (1987)

[Bronstein/Semendjajew-61] Bronstein, I.N.; Semendjajew, K.A.
Taschenbuch der Mathematik - Für Ingenieure und Studenten der TH
Leipzig: B.G. Teubner Verlagsgesellschaft, 1961

[Burmeister_6-84] Burmeister, Heinz Ludwig
Theorie der automatischen Steuerung - Zustandsgleichungen linearer Systeme
Dresden: Zentralstelle für das Hochschulfernstudium, 1984

[Doetsch-89] Doetsch, Gustav
Anleitung zum praktischen Gebrauch der Laplace- und der Z-Transformation
München-Wien: R. Oldenbourg Verlag, 1989, 6. Auflage

[Evans-48] Evans, W.R.
Graphical Analysis of Control Systems
Transactions AIEE, Part I, Vol. 67, 1948, pp. 547-551

[Faddejew/Faddejewa-64] Faddejew, Faddejewa
Numerische Methoden der linearen Algebra
Berlin: VEB Deutscher Verlag der Wissenschaften, 1964

[Faires/Burden-94] Faires, J. Douglas; Burden, Richard L.
Numerische Methoden - Näherungsverfahren und ihre praktische Anwendung
Heidelberg, Berlin, Oxford: Spektrum Akademischer Verlag, 1994

[Föllinger_ua-94] Föllinger, Otto; Dörrscheidt, Frank; Klittich, Manfred
Regelungstechnik Einführung in die Methoden und ihre Anwendung, 8. Auflage
Heidelberg: Hüthig Buch Verlag GmbH, 1994

[Föppl-10] Föppl, A.
Vorlesungen über technische Mechanik
Band VI Die wichtigsten Lehren der höheren Dynamik
Leipzig und Berlin: Verlag von B.G. Teubner , 1910

[Göldner_2-82] Göldner, Klaus
Mathematische Grundlagen der Systemanalyse - Ausgewählte moderne Verfahren
Leipzig: VEB Fachbuchverlag, 1982

[Hurwitz-1895] Hurwitz, Adolf
   Über die Bedingungen, unter welchen eine Gleichung nur Wurzeln mit negativen
   reellen Theilen besitzt. In: Mathematische Annalen 46. Band, S. 273-284
   Leipzig: Druck und Verlag von B.G. Teubner, 1895
[Janssen/Offereins-57] Janssen, J.M.L.; Offereins, R.P.
   Die Anwendung eines elektronischen Simulators auf das Problem der optimalen
   Reglereinstellung. Regelungstechnik 5 (1957), S.264 - 270
   München: Verlag Oldenbourg, 1957
[KE-Mathe-77]
   Kleine Enzyklopädie Mathematik
   Leipzig: VEB Bibliographisches Institut, 1977
[Kindler/Hinkel1-72] Kindler, Heinrich; Hinkel, Hannelore
   Theoretische Regelungstechnik, 1. Lehrbrief
   Dresden: Zentralstelle für das Hochschulfernstudium, 1972
[Kneschke-68] Kneschke, Alfred
   Differentialgleichungen und Randwertprobleme, Band III
   Leipzig: B.G. Teubner Verlagsgesellschaft, 1968
[Korn-74] Korn, Ulrich
   Automatische Steuerung 1. Lehrbrief - Zustandsraumbeschreibung
   Berlin: VEB Verlag Technik, 1974
[Kulikowski/Wunsch-73] Kulikowski, R.; Wunsch, G.
   Optimale und adaptive Prozesse in Regelungssystemen
   Band 1 -Systeme, Operatoren und Funktionale-
   Berlin: VEB Verlag Technik, 1973
[Leonhard/Schnieder-92] Leonhard, Werner; Schnieder, Eckehard
   Aufgabensammlung zur Regelungstechnik
   Lineare und nichtlineare Regelvorgänge, 2., durchgesehene Auflage
   Braunschweig-Wiesbaden: Vieweg Verlag, 1992
[Ljapunow-1892] Ljapunow, A.M.
   Das allgemeine Problem der Stabilität der Bewegung
   1892 nach Popow-58
[Lunze-96] Lunze, Jan
   Regelungstechnik 1
   Systemtheoretische Grundlagen Analyse und Entwurf einschleifiger Regelungen
   Berlin Heidelberg: Springer-Verlag, 1996
[Lunze-97] Lunze, Jan
   Regelungstechnik 2 - Mehrgrößensysteme Digitale Regelung
   Berlin Heidelberg: Springer-Verlag, 1997
[Muschik_ua-80] Muschik, W.; Poliatzky, N.; Brunk, G.
   Die Lagrangeschen Gleichungen bei Tschetajew-Nebenbedingungen
   ZAMM 60(1980) T46-47

[Nyquist-32] Nyquist, Harry
   Regeneration theory - Bell System Technical Journal XI(1932) pp. 126-147
[Peschel-72] Peschel, Manfred
   Kybernetik und Automatisierung, Reihe Automatisierungstechnik (RA) 30
   Berlin: VEB Verlag Technik, 1972
[Popow-58] Popow, E. P.
   Dynamik automatischer Regelsysteme
   Berlin: Akademie-Verlag, 1958
[Routh-1898] Routh, Edward John
   Die Dynamik der Systeme starrer Körper
   Erster Band: Die Elemente, Zweiter Band: Die höhere Dynamik
   Leipzig: Druck und Verlag von B.G. Teubner, 1898
[Rüdiger/Kneschke_III-64] Rüdiger, Dieter; Kneschke, Alfred
   Technische Mechanik Band 3 Kinematik und Kinetik
   Leipzig: B.G. Teubner Verlagsgesellschaft, 1964
[Schwarz-71] Schwarz, Wolfgang
   Analogprogrammierung
   Leipzig: VEB Fachbuchverlag, 1971
[Schwarz-79] Schwarz, Helmut
   Zeitdiskrete Regelungssysteme - Einführung
   Berlin: Akademie-Verlag, 1979
[Seifart_AS-88] Seifart, Manfred
   Analoge Schaltungen - 2., durchgesehene Auflage
   Berlin: VEB Verlag Technik, 1988
[DiStefano_u.a.-76] DiStefano III, Joseph; Strubberud, Allen; Williams, Ivan
   Regelsysteme - Theorie und Anwendung,
   Düsseldorf u.a.: McGraw-Hill Book Company GmbH, 1976
[Veltmann-1876] Veltmann, W.
   Über die Bewegung einer Glocke
   Dingler's Polytechnisches Journal Bd. 220(1876)H. 6, S.481-495
   Augsburg: Druck und Verlag der J.G. Cotta'schen Buchhandlung, 1876
[Weber-41] Weber, Moritz
   Die Lagrangeschen Bewegungsgleichungen für verallgemeinerte Koordinaten
   VDI-Zeitschrift, Bd. 85(1941) Nr. 21, S. 471-480
[Wiener-68] Wiener, Norbert
   Kybernetik
   Regelung und Nachrichtenübertragung in Lebewesen und der Maschine
   Reinbek bei Hamburg: Rowohlt Taschenbuch Verlag GmbH, 1968
[Ziegler/Nichols-42] Ziegler, J.G.; Nichols, N.B.
   Optimum Settings for Automatic Controllers
   Trans. ASME 64 (1942) pp. 759 - 768

Namen- und Sachverzeichnis[1]

A

Abgleichbedingung 294
Abhebepunkt 214
abs 11, 165, 171, 212ff.
Achsenbegrenzung 257
Achseneinteilung 196, 198
Achsenwerte 208, 257
Additionssatz 141
additiv 58
Ähnlichkeitssatz 142
Allpaßanteil 178
Allpaßglied 179, 194
allvalues 189
Amplitude 166, 168, 178ff., 189, 190ff., 233, 235, 251, 254
Amplitudenänderung 167
Amplitudengang 178ff.
Amplitudenrand 254, 256
Amplitudenverhältnis 167
Anfangsvektor 266
Anfangswertantwort 219ff.
Anfangswertsatz 147, 225, 229
angle 170ff.
ans 6; 9; 10, 231
aperiodisch 250
append 316, 317
Approximation 125, 183
Approximationsfehler 193
Asymptote 183, 212
asymptotisch stabil 251, 252

atan 170ff., 182, 183
Ausgangsgöße 137
Ausgangssignal 167, 177, 178, 253, 289, 300ff.
Ausgangsvektor 58, 59, 273, 301, 328, 335, 336
Automatisierung 1, 2, 3
Automatisierungsobjekt 4
Automatisierungstechnik III, 1, 3, 4
axis 205, 208, 209, 214, 233, 257, 259

B

Barkhausen, Heinrich Georg 253
Beobachtbarkeit 121, 272, 277, 282, 284, 286, 288, 295
Beobachtbarkeitsindex 284, 285
Beobachtbarkeitsmatrix 284, 285, 288
Beobachtungsnormalform 261, 272, 273, 274, 275, 276
blkbuild 62, 63, 85, 87, 306ff.
bn_form 273ff.
bode 181, 191, 193, 194, 197, 198, 259
Bode, Hendrik Wade 178, 179
bode_Tt 195, 196, 197, 198
bode_TtL 197, 198, 260
Bode-Diagramm 123, 178, 181ff., 256
break 196, 197, 198, 270, 274

---

[1] MATLAB-Funktionen und -Kommandos sind *kursiv* gedruckt.

C

canon 263, 264, 273
Cayley, Arthur 245
clear 7
cloop 108, 314, 315, 326, 333, 334, 336, 338, 339
collect 125, 153, 174, 175, 189
compact 8
connect 62, 63, 85, 87, 306, 308
control 282
conv 23; 24, 102, 108
ctrb 270, 281, 282
ctrbf 286, 287, 295

D

d'Alembert, Jean Le Rond 41
damp 236, 238, 239
Dämpfungsfaktor 236, 238
Dämpfungsgrad 236
Dämpfungskoeffizient 89
Dämpfungssatz 143
Dämpfungswert 191
dB 180ff., 192ff.
dcgain 200, 241, 242, 272
deconv 24, 103, 108
delete 7
Deltafunktion 227
Determinante
 - der charakteristischen Matrix 245
 - des Hurwitz-Kriteriums 252
Diagonalform 246, 261ff., 276, 277, 278, 279, 283, 286, 290
Diagonalmatrix 246, 247, 261
diary 7
diff 40, 41, 46, 47, 145, 146, 152, 189, 214
Differentialgleichung
 -, inhomogene 111
 -, lineare 48ff., 80, 105, 110ff., 159, 166, 219
 -, Laplace-Transformation zum Lösen von 149ff.
 -, Lösung linearer 124ff., 149ff., 249ff.
 -, nichtlineare 45ff., 123, 124, 132
Differentiationssatz 145
Differenzierglied 179, 187
Dipol 218
Dirac Impuls 140, 227
Dirac, Paul Adrien Maurice 140
disp 78, 196, 197, 198, 270, 274
Doetsch, Gustav Heinrich Adolf 132
dsolve 124, 125
DT_1-Glied 179; 186; 187

E

eig 64, 65, 72, 88, 121, 247, 248, 252, 258, 276, 278, 308
Eigenkreisfrequenz 188ff., 236, 238
Eigenvektor 243ff.
Eigenwert 64, 73, 88, 243ff., 264, 298
Eigenwertverteilung 282
Eingangsgrößenvektor 59
Eingangsvektor 58, 59, 71, 75, 134, 267, 269, 273, 277, 287, 327ff.
Eingrößensystem 133
Einheitsmatrix 21; 22, 244, 334
Einheitssprung 200, 223ff., 231, 241
Einschwingzeit 237
Einsmatrix 21
Einstellregeln 215
elim 75
Endwertsatz 148, 225
Energie 4, , 52, 71, 132, 277
-, dissipative 44ff.
-, kinetische Energie 42ff.
esort 64, 65, 72, 88, 202, 211, 248, 258
Euler, Leonhard 166
Eulersche Formel 166, 194, 259
Evans, W. R. 205

exp 11, 125, 127, 140, 143, 144, 153, 158, 240
expand 142, 146, 153, 174, 175
Exponentialfunktion 11
eye 22

F

Faltung 228
Faltungsintegral 228
Farad 122
Faraday, Michael 71
feedback 108, 312ff., 326ff.
file 5, 6, 8
fix 11, 212
for 127, 191, 193, 196, 198, 203, 211, 212, 234, 260, 270, 274
format 8
fprintf 193, 212
Frequenzbereich IV, 22, 109, 138, 141, 145, 147, 151ff., 159, 178, 181, 191, 268, 294, 296
Frequenzfunktion 138, 139, 148ff.
Frequenzgang 166ff., 178ff., 194, 253, 254, 259
Frequenzganggleichung 167ff., 178, 259
Frequenzkennlinien 36, 178
Frequenzmaßstab 180
Frobenius, Georg 135
Führungsübertragungsfunktion 102, 103, 107, 108, 215, 218, 315
function 34, 77, 88, 107, 115, 122, 127, 136, 162, 191, 192, 196, 197, 259, 270, 274

G

Gauß, Carl Friedrich 207
Gaußsche Zahlenebene 207
Gesamtenergiebilanz 45

Gesamtfrequenzgang 259
Gesamtübertragungsfunktion 311
Gilbert, Elmer Grant 277
Gitternetzwerk 127
Glättungstiefpaß 106

Gleichung
-, charakteristische 120, 160, 213, 243ff., 250ff., 262, 266, 269, 271, 275, 302
-, Lösungen der charakteristischen 250
grenzstabil 65, 251
grid 37, 127, 137, 161, 177, 191ff., 220ff.
gtext 232ff., 240

H

Hamilton, William Rowan 245
Harder, D. S. 1
Heaviside, 139
Heaviside, Oliver 139
help 8, 34
Henry 122
Henry, Joseph 71
Hurwitz, Adolf 213
Hurwitz-Kriterium 252
Huygens, Christiaan 44

I

I-Glied 179; 185; 186, 251, 310ff.
imag 11, 12, 171, 202, 203, 239
impulse 228ff., 252
inf 10, 148
Informatik 2
Information 2, 3, 4, 8, 291
initial 219, 220, 222

input 6, 7
Instabilität 251
int 146
Integralsatz 146
Integrier-Differenzier-Glied 110
Integrierglied 179, 185
inv 30, 32, 33, 242, 270, 274, 276,
  279
inverse 30
invlaplace 139, 141, 153, 158
invpendl 60, 61, 62, 63, 83, 84, 88,
  220, 247, 248, 258, 264, 271, 297,
  330, 332, 333, 337
Istwert 100, 104, 105, 107

J

Jordan, Marie Ennemond Camille
  246
Jordan-Normalform 262
Joule, James Prescott 71

K

Kalman, Rudolf Emil 277, 280ff.
Kirchhoff, Gustav Robert 42
Koeffizientenvergleich 155
Kompliziertheitsgrad 3
Koordinaten
  -, verallgemeinerte 43
Koordinatensystem 37, 167
Kopplungen 2, 128
kritischer Punkt 254
Kutta, Wilhelm 125
Kybernetik 2

L

Lagrange, Joseph Louis de 42
Lagrange'sche Bewegungsgleichungen
  43

laplace 139ff., 152
Laplace, Pierre Simon Marquis de
  138
Laplace-Rücktransformation 304
Laplace-Transformation 135, 138ff.
  ,- Regeln für das Rechnen mit der
    138ff.
  ,- Sätze der 138ff., 225, 229, 241
  - zum Lösen von Differentialglei-
    chungen 149ff.
Laplace-Transformierte 138ff., 223ff.
  - des Ausgangs- und Eingangs-
    signals 159
Leermatrix 22, 76, 138, 139, 158
length 127, 191ff., 203, 204, 211,
  212, 231ff., 260, 270, 274, 281,
  285, 298
limit 148, 149
Linearisierung 48
Linearität 223
Linearkombination 265
Linke-Hand-Regel 254, 256, 260
linspace 35, 205, 232, 234, 235, 259
Ljapunow, Alexandr Michajlowitsch
  129, 252
load 8
Logarithmus
  -, dekadischer lg - log10 - 12, 37,
    180, 191ff.
  -, natürlicher ln - log - 12
logspace 36, 37
lsim 230, 232, 233, 234, 235

M

margin 252, 256, 257
Massenträgheitsmoment 44, 49, 77
MATLAB-Dateien.. 33, 34
Matrix/Matrizen
  -, Bilden erweiterter 17
  -, Bilden neuer 19

- der Rechtseigenvektoren   245, 246, 248, 262
-, die Determinante einer 31
-, die Inverse einer 30
-, Eigenwerte einer 244ff.
-, Multiplikation von 29
-, nichtsinguläre 32, 262, 277, 327, 329
-, Operationen mit 13ff., 25ff.
-, Rang einer 31
-, Transponierte einer 25
Mechanisierung 2
minreal 290ff., 310ff.
Modelltransformationen 296
modred 75
monoton instabil 251
motor   71, 72, 74, 77, 78, 90, 221, 231, 242, 337

N

Nachstellzeit 101, 201, 215, 217, 218
Nachstellzeit Tn 101, 105, 107, 108, 109, 201, 202, 215ff., 233, 234
NaN 11
nargin 108, 109, 270, 274
nargout   78, 89, 90, 107, 109, 115, 122, 193, 270, 274
nblocks 63, 87, 307
Nennergrad 177, 267
Nennerpolynom   151, 154, 156, 160ff., 168, 200, 238, 296, 297
netzwerk 112ff., 136, 158, 161, 162, 224, 272
nge 100, 107, 109, 163, 202, 215ff., 229, 233, 234, 242, 257
Nichtbeobachtbarkeit 116
Notebook III, 5, 7, 40, 63, 81
Nullmatrix 20, 22, 221
num2str 196, 198
numden 214
numeric 83, 84, 176

nyquist 169ff.
Nyquist, Harry 169, 252
Nyquist-Kriterium 254ff.

O

obsv 274, 285, 286, 298
obsvf 286, 288, 289, 295, 298
ode23 125ff.
ode45 125ff.
ones 21
Ortskurve 167ff., 252ff.
OV - Operationsverstärker 107

P

parallel 309ff., 317, 322, 326
Parallelschaltung 110, 112, 115, 311, 312, 322, 323
Parameterwahl 121
Partialbrüche 156, 303
Partialbruchzerlegung 153
Phasengang 178ff., 199
Phasenminimumanteil 178, 179
Phasenverläufe 191
pi 11
PI-Regler 92ff., 104, 233
plot 35, 36, 127, 137, 193, 204, 205, 214, 233ff., 239, 240, 257, 260
Pollagen 250
Polpaar 178, 204, 218, 236
Polverschiebung 266
poly 207, 211, 246ff.
Polynom 22ff., 103
    -, charakteristisches 31, 160, 243ff.
    -, Division von 24
    -, Multiplikation von 23
Polynomform 100ff., 159ff., 167, 199, 241, 297ff.
Polynommultiplikation 24
pretty 142, 147, 153

printsys 62, 64, 77, 78, 90, 306, 308, 321, 339, 340
Proportionalglied 179, 181
Prozeß 1, 4, 128
PT_1-Glied 179ff., 251, 259, 260, 314, 315
pt1tt 259, 260
PT_{2d} 179; 188
pt2d 191, 192
pt2dabw 191, 192, 193
pzmap 160, 161, 205, 211, 216, 218, 239, 252
pzmap_bo 205

R

rank 31, 270, 274, 281, 282, 285, 286, 298
Rayleigh, John William Strutt 43, 44
real 12, 202, 203, 212, 238, 239
Rechteckfunktion 233, 234
Rechteckimpuls 225, 227
Regelfehler 1, 103ff.
Regelkreis 1, 100, 101, 105, 199, 215, 218, 251ff., 314, 315
Regelstrecke 1, 100, 101, 106ff., 201, 215, 216, 242, 251ff., 314
Regelung 1, 2, 103, 282
Regelungsnormalform 135, 265ff., 302, 305
Regelungstechnik III, 1, 5, 22, 31, 79, 129, 219
Regelungstheorie III, IV, 48
Regler 1, 4, 92, 94, 95, 104, 107, 109, 199, 201, 215, 216, 251, 314
Reglerparameter 202
Reglerverstärkung 95, 215
Reihenschaltung 55, 57, 58, 65, 96ff., 181, 197, 199, 216, 251, 271, 309ff., 337
residue 158, 303, 304
Residuen 154ff., 303, 304

rlcbruck 121, 122, 238, 294, 295, 205, 206, 216, 217, 252, 257
rlocfind 206, 216, 217
rlocus 205ff., 214, 217, 252
rn_form 269ff., 302, 305
roots 204, 213, 214, 238, 247, 248, 252
round 12
Routh, Edward John 252
Rückführmatrix 334
Rückführnetzwerk 92
Rückführschaltung 312, 314, 326ff.
Rückführvektor 336
Rückführzweig 312ff., 326, 329ff.
Rückkopplung 1, 39, 57, 65, 251, 271, 329, 330, 337, 338
Runge, Carl David Tolmé 125
Runge-Kutta-Verfahren 125

S

save 8
Schwingungsglied 179, 181, 188, 191, 192, 238, 251
script 5
Selbsterregungsbedingung 253
semilogx 36, 37, 191, 196, 198
series 108, 309, 310, 315ff., 337, 338
short 83
sign 313ff., 326, 328, 334
Signal 2, 3, 5, 57, 94, 123, 166, 230
Signalflußbild 56, 57, 60ff., 70ff., 86, 88, 95ff., 115, 119, 123, 133, 159, 199, 253, 264, 265, 271, 278ff., 283, 287ff., 306ff., 316, 317, 320, 327, 330, 334
Signalverläufe 219
simplify 82, 143, 189
size 25, 26, 270, 274

Skalar 20, 26, 133, 206, 269

Skriptdatei 5, 6, 34

solve 50, 147, 153, 176, 189

Spaltenvektor 17, 132, 133, 231, 304, 305

Sprungantwort 219, 223, 224

sqrt 12, 37, 122, 173, 182, 183, 189, 191, 203, 239, 240

ss2ss 270, 276

ss2tf 122, 297

ss2zp 299, 300

ssdelete 75, 76

Stabilitätsaussage 250

Stabilitätsverhalten 249, 252

  - oszillatorisch instabil 251

  - stabil 249, 251ff.

  - strukturinstabil 39, 64

stairs 234

Standardregelkreis 95

startup 8, 9, 34

Steiner, Jakob 43

  -, Satz von 43

Stellgröße 1, 98

Stellsignal 104

step 35, 224, 225, 240, 252

Steuerbarkeit 31, 277, 280, 286

Steuerbarkeitsindex 281

Steuerbarkeitsmatrix 280, 281, 286

Steuerbarkeitstest 281

Steuerungsnormalform 302, 305

Steuervektor 130, 277, 278

Stoff III, 4

Störgröße 1, 69, 71, 75, 92, 98, 99, 100ff., 219, 243, 253

Störgrößenänderung 104

Störübertragungsfunktion 102, 103, 104, 108

Störung 1, 4, 99ff., 163, 165, 229

subplot 137, 191, 192, 196, 198

subs 83, 84, 145, 146, 147, 153, 173ff., 189, 190

Subtrahierer 92

Summationsstelle 94, 95, 103, 314

Superpositionsgesetz 228

sym 8, 81, 82, 83, 145, 148, 174, 179, 189, 190, 207, 214

sym2poly 214

symadd 47

symdiv 47

symmul 82, 158

symop 81, 141, 146, 148, 149, 173ff., 189, 190

symsub 46, 189

System

  -, nichtbeobachtbar 284, 286, 290, 291

  -, nichtsteuerbares 286, 288, 291, 295

  -, sprungfähiges 135

  -, zustandsbeobachtbares 282, 285

  -, zustandssteuerbares 277, 281

Systemmatrix 31, 58, 60, 61, 71, 74, 80ff., 120, 121, 135, 238, 243ff., 261ff., 284ff.

Systemtheorie 2, 178

T

Tastpunkte 127

text 36, 127, 137, 193, 205, 233, 241

tf 162

tf2ss 301

tf2zp 163, 164, 202, 302, 303

Tiefpaßfilter 91, 96

title 36, 37, 127, 137, 191, 193, 196, 198

Totzeitanteil 260

Totzeitglied 194ff., 255, 259

Transformationsmatrix 261, 262, 266, 270, 274, 276, 287, 289

Transformationsvorschrift 266

T_t-Glied 194ff., 259, 260

type 8

U

Übergangsfunktion 219, 223ff., 237, 238, 240, 241
Überlagerungssatz 92
Überschwingweite 237, 240
Ungleichung 31
Unterdeterminante 31, 280

V

Vektoren 16ff., 27ff., 35
Veltmann, W. 42
Verschiebungssatz 144
Verstärkung
-, stationäre 163ff., 169, 199, 241ff.
Verstärkungsfaktor 163ff., 199, 210, 299
Verzögerungsglied 96, 99, 172, 179, 182, 184
Verzögerungszeitkonstante 96, 107
Vorhaltglied 179, 186
Vorhaltverhalten 98
Vorhaltzeit 164
vpa 158, 175

W

Wahl der Zustandsgrößen 52, 117, 131, 134, 261
Wertebereich 196, 198
Wertepaar 242, 291ff.
what 9
which 9
who 9
whos 9
Wiener, Norbert 2
Winword III
Wissenschaftsdisziplinen 2
Wurzelortskurve 201ff., 215, 217

Wurzelortskurvenäste 207, 212
Wurzelortverfahren 199, 205, 215

X

xlabel 36, 37, 193, 205

Y

ylabel 36, 37, 205

Z

Zählerpolynom 160, 162
Zeilenvektor 16, 17, 23, 80, 133, 202, 206, 211, 231, 266, 269, 299
Zeitkonstantenform 95, 96, 159, 164, 165, 178, 236
Zeitvektor 35, 126, 220, 224, 229, 231, 232
zeros 20
zp2ss 305
zp2tf 304, 305
zpk 163, 164
Zusammenschalten von Systemen 57, 69, 309
Zustandsgröße 53, 57, 58, 65, 73, 75, 77, 105, 112, 113, 115ff., 221, 263, 267, 268, 271, 284, 289, 292, 338
Zustandsmodell 76, 104, 106, 107, 112, 131, 160, 261ff., 291, 296, 297, 300, 305, 306, 308
Zustandsraumbeschreibung 129, 130, 134, 220, 242, 301, 305
Zustandsraumdarstellung 87, 224, 229, 230, 286, 288
Zustandssteuerbarkeit 282
Zustandssystem 334, 336
Zustandsvektor 52, 58, 69, 80, 129ff., 266

Günther
Kontinuierliche und zeitdiskrete Regelungen

Von Prof. Dr.-Ing.
Manfred Günther
Technische Universität Ilmenau

1997. IX, 346 Seiten
mit 162 Bildern.
16,2 x 22,9 cm.
Kart. DM 56,–
ÖS 409,– / SFr 50,–
ISBN 3-519-06186-4

Regelungstechnische Problemstellungen spielen im breiten Anwendungsspektrum der Basisautomatisierung eine dominierende Rolle. Die systemtechnische und kybernetische Sicht erlaubt es, generelle Aspekte der Regelungstechnik zu verallgemeinern und somit auch nichttechnische, wie ökologische oder biologische, Regelungen in die Betrachtungen mit einzubeziehen.

Die Besonderheit dieser einführenden Darstellung ist, daß auf der Basis von Übertragungs- und Zustandsmodellen kontinuierliche und zeitdiskrete Regelungen parallel vergleichbar behandelt werden können. Damit wird für das Studium und die Weiterbildung auf diesen beiden regelungstechnischen Teilgebieten ein methodisch und inhaltlich ausgewogener Zugang geschaffen. Ebenso kann der im Entwurf von konventionellen und modernen Regelungen erfahrene Leser seine Kenntnisse in effektiver Weise auf die Beschreibung, die Analyse und den Entwurf entsprechender digitaler Regelungen übertragen.

Aus dem Inhalt

Stellung der Regelungstechnik in der Prozeßautomatisierung – Systemtechnische und kybernetische Aspekte – Kontinuierliche und zeitdiskrete Signalmodelle – Kontinuierliche und zeitdiskrete Übertragungs- und Zustandsmodelle von linearen zeitinvarianten Übertragungsgliedern – Analyse und Entwurf des Führungs- und Störverhaltens kontinuierlicher und zeitdiskreter linearer Ausgangsregelungen in Standardstruktur und erweiterten Strukturen – Analyse und Entwurf kontinuierlicher und zeitdiskreter linearer Zustandsregelungen

Preisänderungen vorbehalten.

B. G. Teubner Stuttgart · Leipzig